Beck'scheReihe

BsR 4024

Nichts erscheint uns heute selbstverständlicher als die Existenz von Staaten und Nationen. Wie aber sind sie historisch entstanden, welche Rolle haben sie in der europäischen Geschichte gespielt, welche Vorstellungen und Ideen haben sich im Laufe der Jahrhunderte mit ihnen verbunden? Hagen Schulze schildert in diesem glänzend geschriebenen Buch ein Jahrtausend europäischer Geschichte vom Mittelalter bis zur Gegenwart.

Hagen Schulze, geb. 1943 in Tanger, ist o. Professor für Neuere Deutsche und Europäische Geschichte an der Freien Universität Berlin. Er war Fellow am St. Antony's College, Oxford, und Mitglied des Institute for Advanced Study, Princeton. Zu seinen zahlreichen Veröffentlichungen gehören u. a. „Otto Braun oder Preußens demokratische Sendung" (1977). „Weimar. Deutschland 1917–1933" (⁶1994), „Gibt es überhaupt eine deutsche Geschichte?" (1989), „Die Wiederkehr Europas" (1991) und „Kleine deutsche Geschichte" (²1998).

Hagen Schulze
Staat und Nation in der europäischen Geschichte

VERLAG C.H.BECK

Dieser Band erschien zuerst in der Reihe
„Europa bauen"
im Verlag C. H. Beck

Die Deutsche Bibliothek – CIP-Einheitsaufnahme

Schulze, Hagen:
Staat und Nation in der europäischen Geschichte / Hagen
Schulze. – Limitierte Sonderaufl. – München : Beck, 1999
  (Beck'sche Reihe ; 4024)
  ISBN 3 406 44024 X

ISBN 3 406 44024 X

Limitierte Sonderauflage. 1999
Umschlagentwurf: Uwe Göbel, München
Umschlagabbildung: Pietro Aldi, In contro di Vittorio Emanuele II
con Garibaldi al ponte di Teano, Palazzo Pubblico, Siena.
© C. H. Beck'sche Verlagsbuchhandlung (Oscar Beck), München 1994
Satz: Fotosatz Janß, Pfungstadt
Druck und Bindung: C. H. Beck'sche Buchdruckerei, Nördlingen
Gedruckt auf säurefreiem, alterungsbeständigem Papier
(hergestellt aus chlorfrei gebleichtem Zellstoff)
Printed in Germany

Europa bauen

Europa wird gebaut. Getragen von großen Hoffnungen. Doch erfüllen werden sie sich nur, wenn sie der Geschichte Rechnung tragen. Ein geschichtsloses Europa wäre ohne Herkunft und ohne Zukunft. Denn das Heute entstammt dem Gestern, und das Morgen entsteht aus dem Vergangenen. Dieses Vergangene soll die Gegenwart jedoch nicht lähmen, sondern sie befähigen, bei allem Bewahren eine andere und im Fortschritt eine neue Gestalt zu gewinnen. Unser zwischen Atlantik, Asien und Afrika gelegenes Europa besteht ja schon seit sehr langer Zeit, so wie die Geographie es gezeichnet, die Geschichte es modelliert hat, seit die Griechen ihm diesen Namen gaben, der stets beibehalten wurde. Auf dieses Erbgut, das seit der Antike, ja seit prähistorischer Zeit dieses Europa befähigt hat, gerade wegen seiner Einheit und Vielfalt einen solchen Reichtum an Kulturgut, eine solch außergewöhnliche Kreativität zu entfalten, muß sich die Zukunft stützen.

Die aus der Initiative von fünf Verlegern unterschiedlicher Sprache und Nationalität entstandene Reihe «Europa bauen» will die Gestaltung Europas und seine nicht zu unterschätzenden Erfolgschancen erhellen, ohne die überkommenen Schwierigkeiten zu vertuschen. Daß dieser Kontinent in seinem Streben nach Einheit so manch internen Zwist, so manchen Konflikt, so manches Trennende und Widersprüchliche erst überwinden mußte, soll in dieser Reihe nicht verschwiegen werden, denn wer sich auf das Unternehmen Europa einlassen will, muß die gesamte Vergangenheit kennen und eine Zukunftsperspektive besitzen. Daraus erklärt sich der «aktive» Titel unserer Reihe. Es scheint uns in der Tat nicht an der Zeit, eine Universalgeschichte Europas zusammenzufügen. Wir wollen das Thema mit Essays umkreisen, die von den besten zeitgenössischen Historikern stammen, wobei es für uns unerheblich ist, ob sie Europäer oder Nicht-Europäer, ob sie schon berühmte oder noch kaum bekannte Autoren sind. Sie werden die entscheidenden Themen europäischer Geschichte aufgreifen – im wirtschaftlichen, politischen, sozialen, religiösen, kulturellen Bereich – und sich dabei auf die lange, von Herodot begründete historiographische Tradition und zugleich auf die in Europa entwickelten neuen Konzeptionen stützen, die die Geschichtswissenschaft im zwanzigsten Jahrhundert und insbesondere in den letzten Jahrzehnten von Grund auf erneuert haben. Durch ihr Bemühen um Klarheit sind all diese Essays für jedermann verständlich.

Wir setzen unseren ganzen Ehrgeiz darein, all denen, die am Aufbau und Ausbau Europas beteiligt sind, aber auch jenen in der Welt, die sich dafür interessieren, Bausteine zur Beantwortung der fundamentalen Frage «Wer sind wir? Woher kommen wir? Wohin gehen wir?» zu liefern.

Jacques Le Goff

Inhalt

Zweites Kapitel

Nationen

Seite 108

Drittes Kapitel

Nationalstaaten

Seite 209

Lettland, Estland, Polen, Rumänien und Portugal · Spanien und der Faschismus · Partei, Nation und Staat im faschistischen Italien · Der totale Staat des Nationalsozialismus · Militarisierung des Volks · Der Unterschied zwischen Nationalsozialismus und Faschismus · Mussolinis Krieg · Hitlers Krieg · «Barbarossa» und Judenmord · Totale Nation, totaler Feind, totaler Krieg

Viertes Kapitel

Nationen, Staaten und Europa

Seite 318

1945: Wiederkehr der Nationalstaaten? · Hegemonie und Gleichgewicht · Europa in globalen Zusammenhängen · Jalta und die Politik der Einflußsphären · Souveränität im Nuklearzeitalter · Bipolare Weltpolitik · Die Sowjetunion und Osteuropa · «Eigener Weg zum Sozialismus» · Tito und der «Nationalkommunismus» · Proletarischer Internationalismus und die Breschnew-Doktrin · Die USA und Westeuropa · Demokrat sein heißt Sieger sein · Hitler und Stalin als Geburtshelfer des geeinten Europa · Europäische Institutionen · Ende des Nationalstaats? · Der Weg zur europäischen Gesellschaft · Zusammenbruch der Sowjetunion und des Systems von Jalta · Wiedererwachen des Nationalismus in Osteuropa und der Westen? · Der Abgrund der Geschichte · Maastricht · Brauchen wir Nationen und Nationalstaaten? · Ohne Nationalstaaten kein geeintes Europa

Anhang

Vorwort

In der westlichen Welt, namentlich in der angelsächsischen, hat sich im Laufe der letzten Jahre nach dem Zusammenbruch der Sowjetunion und des real existierenden Sozialismus ein neuer Optimismus verbreitet. Seit der fundamentalen Umwälzung der politischen Landschaft Europas, liest man beispielsweise in dem 1992 erschienenen vielbeachteten Buch von Francis Fukuyama über das «Ende der Geschichte», leben wir in einer Utopie, die sich dadurch auszeichnet, daß in ihr alle Utopien verschwunden sind. Der politische Liberalismus mitsamt der Doktrin der Marktwirtschaft hat auf dem gesamten Erdball triumphiert und den sozialistischen und kommunistischen Träumen ein Ende gesetzt, nachdem der Faschismus bereits eine Generation früher Bankrott gemacht hatte. Eine neue Weltordnung der freiheitlichen Demokratie, für die es keine ernstzunehmenden Gegner mehr gibt, wird der Menschheit Frieden, Stabilität und Toleranz bringen. Zugleich allerdings wird das Interesse an politischen Auseinandersetzungen abnehmen. Weil aber alle Geschichte auf dem Kampf antagonistischer Doktrinen beruht, komme nun die Geschichte zu ihrem Ende. [1]

Dieser neue Optimismus wird nicht von jedermann geteilt. Namentlich in Europa hat sich ein irritierendes Phänomen erneuert, das allen Bemühungen zu widerstreben scheint, eine mehr oder weniger einheitliche Weltgesellschaft auf der vernünftigen Grundlage liberaler und demokratischer Werte zu errichten. Vielleicht hat Fukuyama recht, wenn er den endgültigen Zusammenbruch der totalitären Ideologien als Haupthindernisse einer neuen Weltordnung vorhersagt, aber er übersieht offenbar – neben anderem – die fortbestehende Doktrin des Nationalismus. Auf dem Balkan, in Siebenbürgen, in der ehemaligen Tschechoslowakei und auf dem Gebiet des früheren Sowjet-Imperiums, aber in mancher Hinsicht auch in Westeuropa war der Unter-

gang des Kommunismus von einem Ausbruch nationaler
Emotionen begleitet, die alle Welt längst für *passé* gehalten
hatte. Zu gleicher Zeit scheint der Enthusiasmus für die politische Einigung Europas zu verblassen; die Nationalstaaten und
ihre Partikularinteressen besetzen erneut die politische Bühne
unseres Kontinents. Es sieht so aus, als nähere sich Europa
dem Zustand, in dem es sich vor dem Ersten Weltkrieg befand. Man ist an Dornröschens Schloß nach dem Kuß des Prinzen erinnert: Nach achtzig Jahren Schlaf wacht die ganze Gesellschaft auf, und jedermann fährt bei der Tätigkeit fort, bei
der er eingeschlafen war, bis hin zum Koch, der jetzt endlich
dem Küchenjungen die lange verzögerte Ohrfeige gibt.

Es scheint sinnvoll, das störende Element des Nationalismus und seiner staatlichen Manifestationen näher zu betrachten. Weshalb sind die Europäer in Staaten organisiert? Wie
und warum hat sich das europäische Konzept der Nation
entwickelt? Weshalb ist es so erfolgreich? Wie entfaltet sich
nationales Bewußtsein? Wie haben Staat und Nation zusam-
mengefunden, um seither in prekärer Einheit die Gestalt Europas und, von dort ausgehend, der übrigen Welt zu formen?
Sind Nationen und Nationalstaaten unvermeidliche Übel,
bestimmt, die Zukunft zu verdunkeln und die Hoffnungen
auf ein vereintes Europa inmitten einer freiheitlichen Weltordnung zuschanden zu machen?

Die Geschichtswissenschaft, assistiert von der Soziologie,
der Politischen Wissenschaft, der Anthropologie und der So-
zialpsychologie, hat über Nation und Nationalismus eine
Fülle von Untersuchungen hervorgebracht; die Bibliographie am Ende dieses Buchs liefert nur eine schmale Auswahl.
Bei näherer Betrachtung zeigt sich jedoch, daß sich der For-
scherfleiß im wesentlichen auf zwei einander entgegenge-
setzte Aspekte konzentriert hat: Auf der einen Seite stehen
die punktgenauen, detailverliebten Dissertationen über Ein-
zelerscheinungen, insbesondere zur Entstehung einzelner
Nationen; auf der anderen Seite eine kaum noch überschaubare Menge von hochaggregierten und generalisierenden
Theorie-Entwürfen. Verglichen mit der Fülle historischer
Reflexionen, die vor dem Ersten Weltkrieg und in der Zwischenkriegszeit über den Staat angestellt worden sind, ist aus

geschichtswissenschaftlicher Perspektive über dieses Thema in jüngerer Zeit erheblich weniger geschrieben worden, mit einer bedeutenden Ausnahme: Das Phänomen der Entstehung des modernen Staats im Mittelalter und in der frühen Neuzeit hat neuerdings das Interesse der Geschichtswissenschaft auf sich gezogen und zu neuen Ergebnissen geführt. Generell gilt jedoch, daß die wissenschaftliche Diskussion über Wesen und Aufgabe des Staats in erster Linie eine Domäne der Staats- und Politikwissenschaften geworden ist, die systematische Fragestellungen den historischen vorziehen.

Mir geht es im folgenden darum, ein vorläufiges Bild der Geschichte von Staat und Nation in Europa seit dem Mittelalter zu entwerfen. Dieses Buch soll weder ein Handbuch sein, in dem jedes Thema zuverlässig abgehakt wird, noch eine Gesamtdarstellung – dazu wäre eine vielbändige Serie notwendig, wenn erst einmal der notwendige Forschungsstand erreicht wäre, was derzeit nicht der Fall ist. Dieses Buch soll statt dessen in einer ersten Annäherung einen historischen Überblick liefern, Zusammenhänge aufhellen und europäische Kontinuitäten wie auch Brüche erkennen lassen. Da häufig breite Forschungslücken klaffen, ist dies ein waghalsiges Unternehmen; zudem fehlen einer europäischen Geschichte noch weithin axiomatische Daten, Voraussetzungen und Epochenbegriffe, die die üblichen nationalgeschichtlichen Darstellungen strukturieren. Dem Leser mögen deshalb manche Darlegungen weniger wichtig vorkommen als dem Autor, während er andererseits Themen und Thesen vermissen wird, die ihm von andersher vertraut sind. Europa, begreift man es als Ganzes und nicht nur als Summe seiner Teile, ist immer noch ein unentdeckter Kontinent.

Die Art der Darstellung nimmt darauf Rücksicht, daß Leser ohne wissenschaftliche Spezialkenntnisse zur Lektüre eingeladen sind. Das heißt, daß ich von abstrakten und theoretischen Überlegungen so weit wie möglich absehe; das heißt aber natürlich nicht, daß meine Erzählung nicht von theoretischen Voraussetzungen ausginge. Ich nehme an, daß die Konzepte von Staat und Nation kulturelle Entwürfe sind, die im Laufe der europäischen Geschichte entstanden sind und sich laufend verändert haben; ich beginne mit der Zeit um das Jahr 1000 n. Chr., weil in dieser Epoche die antiken Staatstraditionen großenteils abgebrochen waren oder nur noch hier und da bruchstückweise weiterlebten, während von Nationen in keinem vernünftigen Wortsinn die Rede sein konnte. Weil sich Staat und Nation historisch wandeln, scheint mir die klassische Definition der Staatsrechtslehre, wonach Staat prinzipiell durch Staatsgewalt, Staatsgebiet und Staatsvolk bestimmt sei, ebenso unzureichend wie die häufig vertretene Annahme, eine Nation sei als souveränes Volk oder aber als sprachlich-kulturelle Einheit zu beschreiben. Meine Sichtweise von «Staat» verdanke ich vor allem Otto Hintzes historischer Staatstypologie; mit ihm unterscheide ich zwischen

1. dem souveränen Machtstaat im Rahmen des europäischen Staatensystems,
2. dem relativ geschlossenen Handelsstaat mit bürgerlich-kapitalistischer Gesellschafts- und Wirtschaftsform,
3. dem liberalen Rechts- und Verfassungsstaat mit Richtung auf die persönliche Freiheit des Individuums, sowie
4. dem alle diese Tendenzen umfassenden und sie steigernden Nationalstaat.[2]

Daß es sich hierbei um eine idealtypische Abfolge handelt, die in der historischen Wirklichkeit nie in reiner Form auftritt, braucht nicht betont zu werden; es handelt sich vielmehr um Kategorien, die der Ordnung und Interpretation des empirischen Quellenbefundes dienen. Dasselbe gilt für die Begriffe, mit denen ich die Geschichte von «Nation» strukturiere. Ich unterscheide – und verdanke dabei viel meinen Gesprächen mit Karl-Ferdinand Werner – zwischen der älteren *Stände- oder Adelsnation* im Gegensatz zu der jüngeren, etwa seit dem späten 18. Jahrhundert auftretenden *Volksnation*; hinzu kommt, um dem Raster eine zusätzliche Dimension zu verleihen, die Unterscheidung zwischen *Kulturnation* und *Staatsnation*. Auch diese Begriffe sind idealtypisch zu verstehen; abstrakt formuliert bezeichnen sie nicht mehr als Endpunkte auf einem Koordinatensystem, mit deren Hilfe eine wirkliche Nation innerhalb des Systems geortet, beschrieben und mit anderen Nationen verglichen werden kann.

Manchen Leser mag es stören, daß wenig von Osteuropa die Rede ist. Mir scheint plausibel, daß seit der Teilung des Kontinents zwischen einem west- und einem oströmischen Reich um 330 n. Chr. zwei europäische Zivilisationskreise entstanden sind, die sich über fast zweitausend Jahre bis in unsere Gegenwart hinweg nebeneinander, nicht ohne Wechselwirkung, aber doch ohne wirkliches Verschmelzen weiterentwickelt haben. Die Geschichte, die ich zu berichten habe, hat sich eindeutig im westlichen Kulturkreis Europas abgespielt – eine Zivilisation, die im Unterschied zum byzantinischen und russisch-orthodoxen Osten von einem frühen Auseinandertreten der weltlichen und der geistlichen Gewalten geprägt war, sowie von einer Säkularisierung des Geistes, für die Begriffe wie Renaissance und Aufklärung, und in deren Folge Volkssouveränität und Demokratie stehen mögen. Es ist die Geschichte einer «Verwestlichung des Abendlandes» (Peter Burke), von der im folgenden die Rede ist; ich habe mich deshalb hauptsächlich auf Frankreich, England, Deutschland, Italien und Spanien konzentriert, jedoch nicht ohne vergleichende Seitenblicke nach Nord- und Osteuropa. Eine ausführlichere Behandlung Skandinaviens und der ostmitteleuropäischen Regionen, etwa Polens oder Ungarns, hätte das Bild zweifellos erweitert, hätte aber auch den begrenzten Umfang dieses Buchs gesprengt.

Schließlich sollte ich darauf hinweisen, daß mein Konzept der welthistorischen «Achsenzeit» und ihrer Bedeutung für die Geschichte der europäischen Kultur und Politik auf Kategorien beruht, die das *Committee on Comparative Politics* des *American Social Research Council* zur Beschreibung der Modernisierung politischer Systeme entwickelt hat[3]; daß «Modernisierung» unter Umständen auch fragwürdige normative Untertöne besitzt, steht auf einem anderen Blatt.

Erstes Kapitel

Staaten

1. Der moderne Staat tritt auf den Plan

Das römische Reich war vergangen. Selbst jetzt, tausend Jahre nach der Geburt Christi, waren die Weiten des Kontinents immer noch überzogen von dem Netz der gepflasterten, schnurgeraden Chausseen, das vor mehr als einem halben Jahrtausend das römische Weltreich zusammengehalten hatte. Aber jetzt waren die Straßen verfallen. Die Natur hatte ihre Rechte über weite Strecken hin zurückerobert, die kunstvoll errichteten Brücken waren zusammengebrochen, die nächsten Furten erforderten tagelange Umwege, und wer dennoch den alten Straßen folgte – und andere gab es nicht – der mußte mit unerfreulichen Abenteuern, mit Überfällen und fremden Heerhaufen rechnen. Die gerodeten Ackerflächen Westeuropas hatten sich in Urwald zurückverwandelt; die spätantiken Riesenstädte verfielen, die Aquädukte – und damit die städtische Wasserversorgung – brachen zusammen, und die Bevölkerung war so geschrumpft, daß von einem städtischen Tagesablauf nicht mehr die Rede sein konnte. Gras und Sträucher drangen vor, die leerstehenden Häuser stürzten langsam ein, auf den Foren weidete Vieh, und in Amphitheatern wuchs das Getreide, aus dem hier und da noch Hermen und Statuen hervorragten.

Um das Jahr 1000 nach Christi Geburt war das römische Reich längst vergangen, aber zugleich war es lebendige Gegenwart. Lebten nicht die Menschen Germaniens und Italiens auch jetzt noch im *Imperium romanum*? War da nicht der Römische Kaiser, vom Papst zum Herrscher des Reichs gekrönt, Augustus und Beschützer der Kirche, Nachfolger Cäsars und Konstantins? Und stand daneben nicht die Kirche, deren Hierarchie sich auf die antike römische Staatsbürokratie zurückführte, und deren Oberhaupt, der Bischof von Rom, als Nachfolger des Apostelfürsten Petrus in der

universalen christlichen Kirche eine unvergleichliche Würde
besaß? Über die Sprachen und Dialekte der Völker wölbte
sich wie vor tausend Jahren das Latein als selbstverständlicher Ausdruck der Politik, des Glaubens und der Weltweis-
heit, und in den Klöstern beugten sich die Mönche immer
noch über die Schriften des Boëtius und Ciceros.

So lebten die Menschen des frühen und des hohen Mittelalters zugleich im Römischen Reich und in einer ganz anderen, archaischen Welt. Die Germanenstämme der Völkerwanderungszeit hatten sich in den leerstehenden Gehäusen
des alten, zerfallenen Imperiums eingenistet, hatten die
unendlich komplexe, verfeinerte römisch-vorderasiatische
Mischzivilisation der Spätantike den einfachen Kulturfor-
men ihrer Herkunft anverwandelt. An die Stelle des niedergeworfenen Reichs, das das Mittelmeer umspannt und Westeuropa beherrscht hatte, waren die Stammesverbände der
Sieger getreten, Franken und Bajuwaren, Langobarden und
Westgoten, Angeln und Sachsen. Europa wäre in eine unzu-
sammenhängende Vielfalt primitiv verfaßter Stämme aus-
einandergefallen, wäre da nicht die einigende Kraft der Kirche gewesen, und die fortdauernde Erinnerung an Rom.

Beides, Kirche und römische Reichsidee, war so dauerhaft, daß mehr als dreihundert Jahre nach dem Sturz des Ro-
mulus Augustulus um 476 n. Chr. und nach dem Ende des
weströmischen Reichs ein neuer Kaiser in der Stadt Rom erschienen war: Karl, König der Franken, genannt der Große,
der sich durch seine Siege über die Langobarden und Sachsen
zum mächtigsten Herrscher Westeuropas aufgeschwungen
hatte, und der Weihnachten des Jahrs 800 von Papst Leo III.
in der Peterskirche zum Kaiser gekrönt wurde. Karls Siegel
trug fortan die Umschrift: «*Renovatio Imperii Romani*», Erneuerung des römischen Reiches.

Man mag es als eine der großen Ironien der Geschichte ansehen, daß diese Erneuerung der Einheit des Imperiums am
Anfang der bunten Staatenvielfalt Europas stand. Denn das
Römische Reich, das Karl der Große erneuern wollte,
konnte nicht dauern. Gewiß gab es von jetzt an fast ununterbrochen tausend Jahre lang einen Römischen Kaiser; der
letzte, der Habsburger Franz II., legte erst 1806 Titel und

Krone nieder, von der Öffentlichkeit kaum bemerkt. Aber obwohl im Westen, in Gallien und in Italien noch Reste der römischen Verwaltung funktionierten und die germanischen Siedlungslandschaften östlich des Rheins, die Gaue, aber auch Kirchspiele, Klöster und Domfreiheiten, weltliche und geistliche Grundherrschaften eine gewisse Verwaltungsstruktur bildeten, reichte es doch nicht zu einem zusammenhängenden, dauerhaften Imperium. Ein Brief, den der Kaiser von Aachen nach Rom schickte, brauchte zwei Monate, und ebenso lange die Antwort: wie sollte man da das Reich zusammenhalten? Das Imperium hätte auch ohne die Erbstreitigkeiten zwischen den Nachkommen Karls zerfallen müssen; die Eilfertigkeit, mit der Karl der Große die römische Krone über die Stammesordnungen stülpte, schloß ein wirkliches Großreich in Europa für die Zukunft aus. Gerade weil der Versuch unternommen wurde, gegen die ökonomischen, verkehrstechnischen, rechtlichen Mittel und Möglichkeiten des frühen Mittelalters in imperialen Formen zu leben, erhielten die partikularen Kräfte ihre eigenen, dauerhaften Formen. «So wird nun das, was für die römische Welt das Feste war, für die germanische der Anhaltspunkt», so die scharfsinnige Beobachtung Hegels, «und die Bildung dieser Welt ist wesentlich eine Reaktion und Bekämpfung des Festen und Unmittelbaren, nicht eine Naturbestimmung. Was dabei zunächst hervortritt, ist formales Recht, Privatgewalt, Vereinzelung, die sich festmacht.»[4]

Die künftige Staatenvielfalt des Abendlandes sollte sich aber auch deshalb als dauerhaft erweisen, weil Rom durch die karolingische Erneuerung fest in den Köpfen der Europäer verankert blieb; alle späteren Staaten Europas projizierten sich auf die grandiose Kuppel des römischen Universalstaats. Das galt ebenso für das ostfränkische Reich, auf dessen Herrscher die Kaiserkrone übergegangen war, und aus dem später Deutschland entstehen sollte, wie für das westfränkische Frankreich, für das angelsächsisch-normannische England, für die christlichen Königreiche der iberischen Halbinsel und Nordeuropas: Für sie alle blieb der römische Reichsmythos verpflichtender Maßstab. Aus diesem Grunde

konnten die Rechtsgelehrten ihre Monarchen rechtmäßig
mit den kaiserlichen Attributen des Altertums und des Mittelalters bekleiden. So zerfiel Europa nicht, wie das karolingische Reich mit dem Vertrag von Verdun 843 zerfiel, sondern es behielt seine innere Einheit gerade aufgrund seiner
staatlichen Vielfalt. «Das Genie Napoleons», meint der spanische Historiker Diez del Corral, «ist tausend Jahre früher
an Karl dem Großen gescheitert. Obgleich sowohl Napoleon als auch andere seinesgleichen sich dem alten Kaiser zu-
wandten, sich unter seinen Schutz stellten und sich als seine
Erben proklamierten, war doch das, was Karl der Große gegründet hatte, in Wahrheit gar kein einheitliches Imperium»[5]
– es war die bunte Vielfalt der europäischen Staatenwelt, in
der das Bewußtsein innerer Zusammengehörigkeit immer
lebendig bleiben sollte.

Von Staaten in unserem heutigen Verständnis, also von
politischen Gebilden, die alle Menschen eines großen Gebiets
umfassen, konnte allerdings im mittelalterlichen Europa
nicht die Rede sein. Daß Staaten in der europäischen Geschichte ziemlich neuartige Erscheinungen sind, wissen wir
erst seit recht kurzer Zeit. Das Bild des Mittelalters, wie es
in den Köpfen der gebildeten Europäer des 19. Jahrhunderts
bestand, unterschied sich nur unwesentlich von dem Bild
der Staatenwelt am Vorabend der Französischen Revolution:
Man glaubte an die Existenz einigermaßen stabiler Feudal-
staaten, an deren Spitze Könige standen, die ihre Macht über
das ständisch gegliederte Volk ausübten: zuoberst der Adel,
darunter die Bürger, unten schließlich die Bauern. Dieses
statisch-friedliche Bild wurde vom Blick in den historischen
Atlas bestätigt, in dem die Herrschaftsbereiche der mittelalterlichen europäischen Staatenwelt ebenso wie zu unserer
heutigen Zeit als einheitlich gefärbte Flächen erschienen.
Man hatte den Eindruck, als seien alle Menschen, die auf
dem Gebiet einer jeweils gleich kolorierten Fläche lebten,
politisch gleichförmig organisiert gewesen, ähnlich wie
Staatsbürger in den modernen Staaten. Die Staaten galten als
uraltes, ewig-menschliches Organisationsprinzip – «origi-
nale Schöpfungen des Menschengeistes», nannte sie Leopold
von Ranke, «man darf sagen, Gedanken Gottes»[6].

Von dieser Idee hat die moderne Forschung Abschied genommen. Wir wissen heute, daß die Strukturen mittelalterlicher Gemeinschaften weitaus komplizierter und veränderlicher waren. Vor allem steht fest, daß bis in das Hochmittelalter hinein von Königsherrschaft über Land und Leute, mithin also von Staaten, nicht die Rede sein konnte. Ein mittelalterlicher König hatte nur zu relativ wenigen Menschen direkte politische Beziehungen. Seine Macht beruhte auf dem Grundbesitz, den er und seine Verwandtschaft besaßen, und darauf, daß andere Grundbesitzer ihn als den Mächtigsten anerkannten und bereit waren, sich ihm unterzuordnen. Daraus entwickelten sich persönliche Beziehungen, die vertraglich gefestigt wurden: Mit dem Lehnseid schwor der Lehnsherr seinem Lehnsmann Schutz zu, während der Lehnsmann, der Vasall, Gefolgschaft versprach. Im Laufe der Zeit wurde es üblich, daß der Lehnsherr mit diesem Eid dem Vasallen Herrschaftsrechte übertrug, also Land oder auch Ämter. Der Vasall konnte seinerseits Lehnsherr sein, von den ihm übertragenen Herrschaftsbefugnissen Unterlehen ausgeben: ein feingegliedertes System von rechtlichen Bindungen, kompliziert und schwer zu durchschauen, weil ein Vasall Lehen von mehreren Lehnsherren annehmen durfte, was die Treuepflicht des Lehnsmanns im Einzelfall stark relativieren konnte. Selbst Könige konnten Lehnsmänner sein; der englische König Johann Ohneland (1199–1216) beispielsweise war Vasall der französischen Krone, bis er 1202 wegen Nichterfüllung seiner Lehnspflichten die meisten seiner französischen Lehen verlor, und die Päpste beharrten darauf, alle Könige Europas hätten ihre Macht als Lehen von St. Peter empfangen. Auf dem Lehnssystem beruhte im größten Teil Europas alle Herrschaft: Nicht Staaten auf territorialer Basis kannte das mittelalterliche Europa, sondern Personenverbände auf der Grundlage des persönlichen Lehnseids. Staaten, wie wir sie kennen, sind auf Dauer angelegt, überpersönlich und an Institutionen gebunden; der mittelalterliche Personenverband dagegen war zeitlich begrenzt, fand sein Ende beim Tod von Lehnsherr oder Vasall und mußte deshalb immer wieder neu begründet werden.

Der moderne europäische Staat hat sich aus dem mittelalterlichen Personenverband entwickelt. Weil sich das Lehnswesen hauptsächlich im karolingischen Reich herausgebildet hat, entwickelte sich europäische Staatlichkeit in erster Linie in jenen Territorien, die die Nachfolge des Reichs Karls des Großen antraten, oder die von diesen Territorien aus erobert wurden: also in Frankreich, Deutschland, Spanien, England, Italien, den Normannenstaaten der Normandie und Siziliens. Aber wie dieser Übergang vom feudalen Personenverband zum Flächenstaat mit mehr oder weniger zentralisierter und bürokratisierter Machtausübung stattfand, ist nicht leicht zu beschreiben. Es war ein Prozeß, der sich in unübersichtlich vielen und kleinen Schritten über die Jahrhunderte hinwegzog. Aus den tausenden Quellen, die sich in den Archiven zur Steuerpolitik, der Heeresorganisation, der Rechtsprechung und so weiter stapeln, ergibt sich kein geschlossenes Bild; sie machen uns nicht völlig deutlich, wie sich zahlreiche Verwaltungsbereiche und -aufgaben bildeten und entwickelten, wie sie von der Kirche und der Stadt auf den Staat oder vom Lehnsmann auf den Fürsten übergingen.

Das Lehen verlor jedenfalls seinen personalen Charakter und wurde zur Sache, zu einem Besitz, den die Lehnsherren im Laufe des Hochmittelalters wieder an sich zu bringen suchten, um ihn ihrem eigenen Vermögen zuzufügen und ihre Gesamtherrschaft wieder herzustellen. Die Lehnsmänner dagegen suchten ihr Lehen in dauerhaftes, vererbbares Gut umzuwandeln. So entstanden zwei Vermögensweisen als Grundlage politischer Herrschaft: Dem König gehörte das Kronvermögen, das einen erheblichen Anteil des Bodens umfaßte; daneben gab es das Lehnsgut, an dem der König zwar die Oberhoheit behielt, das aber erblicher Besitz der Lehnsleute wurde. So entwickelte sich aus dem Lehnsverband der Ständestaat: Fürst und Lehnsleute teilten sich die Macht über Grund und Boden. Während der König oder sonstige Landesfürst seine Macht auszubauen versuchte, schlossen sich die anderen Herrschaftsträger zu gemeinsamem Handeln zusammen. Weltlicher und geistlicher Adel, die aufstrebenden Städte, in einigen Staaten sogar die freien Bauern traten dem Landesfürsten als Stände entgegen, die auf Landtagen ihre Rechte gegenüber dem Fürsten behaupteten und in dessen Machtansprüche einzugreifen suchten.

Mit der «Verdinglichung» des Lehens verwandelte sich die Natur der Herrschaft in noch anderer Weise: Nicht mehr über Personen herrschte der Fürst, sondern über das Land, das seinen eigenen Besitz wie auch den der Lehnsmänner umfaßte. Das war nicht nur Folge der veränderten Bedeutung des Lehens, sondern auch der demographischen Umwälzung, die sich im Laufe des Hochmittelalters in ganz Europa vollzog: Eine sprunghafte Bevölkerungsvermehrung führte dazu, daß Wälder, Sümpfe, Marschen, Ödland kultiviert wurden; die erweiterten Weide- und Anbauflächen ernährten mehr Menschen und lieferten mehr Nahrungsmittel für die neu entstehenden und wachsenden Städte. Seit dem 11. Jahrhundert traten die Menschen aus der Vereinzelung der Dörfer, Klöster, Burgen und Marktflecken heraus, der Güteraustausch nahm ebenso zu wie die Geschwindigkeit und Häufigkeit der Nachrichten. Die herrschaftliche Durchdringung der neugeschaffenen und neu organisierten Flächen mußte die Herrschaft selbst verwandeln.

Aber um diesen Wandel zu bewirken, bedurfte es noch anderer Veränderungen. Das Lehnsverhältnis, wir sagten es bereits, war ursprünglich auf Zeit abgeschlossen; starb Lehnsherr oder Vasall, erlosch das Lehen. Der neuaufsteigende Staat dagegen wollte ewig bestehen, dauerhafte Macht begründen und in seinem Herrschaftsanspruch nicht auf einzelne Menschen begrenzt sein. Völlig neu war der Gedanke nicht. Der König war ja nicht nur die Person, die die Lehnspyramide krönte, und insofern Erster unter Gleichen, sondern er war auch heilig, also ganz anders und übermenschlich: In seinem Amt vereinigten sich Züge des biblischen Priesterkönigtums mit der vorchristlichen, germanischen Idee des «Heils» eines Stammes, das sich in der Person des Herzogs verwirklichte. Der König wurde bei seiner Krönung mit dem heiligen Öl gesalbt, und so erhielt seine Würde nahezu den Charakter des alttestamentarischen Priesterkönigtums: Er war der Beauftragte Gottes zur Wahrung des Rechts der Einzelnen wie der Gemeinschaft, des Friedens nach innen und außen, und Schützer der Kirche. Ihm wurden übernatürliche, magische Fähigkeiten zugeschrieben, er galt als «gemischte Person» (*mixta persona*), als «menschlich

von Natur und göttlich durch die Gnade». Der König ver-
körperte ein göttliches, ein ewiges Prinzip, und das übertrug
sich auf seine irdische Herrschaft. So traten die Person des
Herrschers und dessen Amt auseinander: «Der König ist tot!
Es lebe der König!» hieß es im Trauerritual der französischen
Monarchen: Der König war zwar sterblich wie jeder
Mensch, aber das Königtum überdauerte, und damit der
Staat. Aus diesem Grund erschien auch der Kanzler am Hof
des Königs von Frankreich bei Staatstrauer nicht in Trauer-
kleidung. Das Amt des Herrschers und damit auch der Staat,
den der König verkörperte, war unsterblich.

Und unsterblich war das Recht, das zu wahren und auszuüben der König bei seiner Thronbesteigung feierlich versprach. Was allerdings Recht sei, war lange Zeit fraglich. In
der Völkerwanderungszeit und in der Zeit der Karolinger
hatte man noch das Recht der einzelnen Stämme schriftlich
zusammengestellt, nach dem Vorbild des römischen Rechts:
die fränkische *lex salica*, die *leges langobardorum*, die *lex visigo-
thorum*: überwiegend Listen von Rechtsbrüchen mit den dazugehörigen Strafen. Aber seit dem 10. Jahrhundert waren
die alten Aufzeichnungen nördlich der Alpen in Vergessenheit
geraten, und an die Stelle der königlichen Gesetzgebung war
das Gewohnheitsrecht getreten: Jedesmal, wenn ein Urteil zu
fällen war, suchte man sich früherer, ähnlicher Fälle zu erinnern; gelegentlich, wenn die Rechtsentscheidung besonders
wichtig war, wurde sie auch schriftlich in feierlicher Form
niedergelegt, um späteren Generationen präsent zu bleiben.
Daher die Fülle mittelalterlicher Urkundenfälschungen, mit
denen Rechtsansprüche geltend gemacht werden sollten – von
der Konstantinischen Schenkung, die dem Papst angeblich
das Recht zur Einsetzung der weströmischen Kaiser gab, über
Hunderte päpstlicher Briefe und Dekrete, die von einer während des 9. Jahrhunderts arbeitenden kirchlichen Fälscher-
gruppe stammten («pseudoisidorische Fälschungen») und
ihre Spuren bis in das heute geltende Kirchenrecht hinterlas-
sen haben, bis zu den etwa 270 überlieferten Urkunden Karls
des Großen, von denen nur drei Fünftel echt sind.

Das alte römische Recht war aber nicht völlig vergessen.
Es bildete sich dort fort, wo sich noch weiterwirkende Spu-

ren der Verwaltung des antiken Rom fanden: in der Kirche. Die Kirchenhierarchie, die einzige Verwaltungskörperschaft, die in gewisser Weise von der Spätantike bis ins Mittelalter überdauert hatte, fußte auf der antiken römischen Reichsbürokratie. In der Kirche war die Tradition der Rechtsaufzeichnung nie ganz abgerissen, und seit der Mitte des 12. Jahrhunderts entstand in Italien eine Sammlung kirchlicher Rechtsnormen, die rasch zum allgemein akzeptierten kirchlichen Gesetzbuch wurde: Das *corpus iuris canonici*, das kanonische Recht der römischen Kirche.

Auch für die Laien besaß das alte römische Recht große Anziehungskraft. Das *corpus juris*, die spätantike Sammlung des römischen Rechts, war in einigen italienischen Städten in Gebrauch geblieben; daran konnte man anknüpfen, als man im Laufe des hohen Mittelalters begann, nach allgemeinen Rechtsgrundsätzen, einer streng rationalistischen Systematik, einer unbezweifelbaren Logik zu suchen, um die Verworrenheit des Gewohnheitsrechts und die Privilegierung von Ständen und Kirche einzudämmen. Namentlich die Städte besaßen ein Interesse daran, ihre Verwaltungen mit dauerhaft gültigen Rechtsnormen zu bewaffnen, um die innere Ordnung zu wahren und Übergriffe der Grundherren zu bekämpfen. So kam es zur Neuentdeckung des *Codex Iustinianus*, der spätantiken Zusammenstellung der Kaisergesetze, und der Sammlung der dazugehörigen Juristenkommentare, der Digesten. Die städtischen Bürgersöhne strömten in den Universitäten von Bologna und Paris zusammen, um sich dort in das römische Recht zu vertiefen. Es war kein Zufall, daß im 13. Jahrhundert gerade in den Städten Oberitaliens die rationale, an römische Rechtsgrundsätze gebundene Verwaltungsorganisation schnellere Fortschritte machte als im übrigen, agrarisch-feudalen Europa.

Am römischen Recht geschulte Juristen, die Legisten, erschienen auch an den Fürstenhöfen. Sie hatten ein Instrumentarium anzubieten, das es dem Fürsten erlaubte, seinen Machtanspruch zugleich zu begründen und durchzusetzen. Bisher hatte der König seine Entscheidungen im Rat der Großen getroffen, in der *curia regis*; wollte er Gesetze erlassen, mußte er sich vergewissern, ob der Hochadel sie akzeptierte. Die Juristen dagegen verwiesen jetzt auf den Grundsatz des römischen Rechts: «*Princeps legibus solutis*» – der Fürst ist nicht an die Gesetze gebunden, weil er sie selber macht. Die Gesetze des Fürsten, erklärten die Kommentatoren des römischen Rechts, haben besonderen Rang, und sie verwiesen auf den Grundsatz: Wer öffentliche Gewalt ausübt, von dem darf man annehmen, daß er das nicht tut, um Unrecht zu tun. So boten die am römischen Recht geschulten Juristen des späten Mittelalters den Königen und Landesfürsten ein durchaus neues Herrscheramt an: Allein in der Hand der Herrscher lag die Gewalt, weltliches Recht zu setzen und damit die Regeln zu bestimmen, nach denen der Staat regiert werden sollte.

Der Grundsatz, daß allein der König das Recht setze und ausübe, stand allerdings quer zur Wirklichkeit der mittelalterlichen Gesellschaft. Tatsächlich herrschte weitgehende Anarchie; es galt als selbstverständlich, oft sogar als unausweichlich, daß man sein Recht selbst durchzusetzen suchte, auch mit Gewalt. Mit Ausnahme von Kirchenmännern, denen der Umgang mit der Waffe verboten war, galt der Verzicht auf eigene Gewalt sogar als ehrlos. Jedermann konnte jederzeit gegen jedermann Krieg – im mittelalterlichen Sprachgebrauch Fehde – führen. Fehde führten vor allem diejenigen gegeneinander, die Macht und Waffen besaßen – also Adlige, Fürsten oder auch Städte; aber das hieß nicht, daß nicht auch die friedliche Bevölkerung in Mitleidenschaft gezogen wurde. Fehde hieß Rache und Beute – die bäuerlichen Untertanen des Gegners wurden ausgeplündert, das Vieh wurde weggetrieben, die Ernte abgebrannt. Die Antwort lag seit dem Hochmittelalter in dem Versuch, Landfrieden zu schaffen, also zeitlich und örtlich begrenzte Friedenszonen einzurichten – mit sehr geringem Erfolg. So machte beispielsweise Kaiser Friedrich Barbarossa im Jahr 1152 den Versuch, gewaltsame Selbsthilfe, von Notwehr abgesehen, für das gesamte Reich zu verbieten. Friedrich Barbarossa galt als starker Herrscher, aber mit seinem Landfrieden scheiterte er an dem Adel, der nicht daran dachte, sich seines Fehderechts berauben zu lassen. Immer wieder sind im Laufe des Mittelalters Landfrieden erlassen worden. In einigen Teilen Europas, in England und in den italienischen Städten, seit dem 13. Jahrhundert auch in Frankreich, war das Fehderecht auch mehr oder weniger eingeschränkt; aber mangels eines starken Staates, der den Frieden auch durchsetzen konnte, scheiterten diese Versuche stets, führten allenfalls zu strengeren Regelungen: kirchliche Gebäude sollten verschont, Bauern auf dem Feld und Kaufleute auf der Reise sollten unbehelligt bleiben, bestimmte Tage, etwa die Adventszeit, waren geschützt. Erst 1495 gelang es Kaiser Maximilian I., einen «Ewigen Landfrieden» zu verkünden, der sich dann im Reich tatsächlich langsam durchsetzte.

Immerhin zeigten die fürstlichen Bemühungen um die Befriedung ihrer Länder, daß eine staatliche Gesetzgebung jedenfalls eine Möglichkeit darstellte; das Hauptproblem lag in der Durchsetzung. Deshalb war das Sizilien des Staufer-Kaisers Friedrich II. (1194–1250) in den Augen seiner Zeitgenossen wie in denen späterer Generationen ein so befremdlicher Anblick: Da gab es ein Reich, das von einer engmaschigen Bürokratie verwaltet wurde, von einer allein vom Herrscher abhängigen, juristisch gebildeten Elite, in Ressorts geteilt und in Rangstufen hierarchisch gegliedert. Die Beamten waren fest besoldet und wurden häufig versetzt; Vorgesetzte und Untergebene kontrollierten sich gegenseitig, und über ihre Tätigkeit wurde genau Buch geführt. Höhere Beamte durften nicht aus der Provinz stammen, in der sie amtierten; selbst die Heirat mit einer Einheimischen war ihnen untersagt, damit Objektivität und Unparteilichkeit der Amtsführung gewahrt blieben.

Die Bürokratie verwaltete nicht nur, sie trieb auch die Staatsfinanzen ein, ein ausgeklügeltes System von Vermögens-, Einkommens- und Umsatzsteuern, von Zöllen und anderen Abgaben für Reichsverwaltung, Kriegführung, Straßenbau und Hofstaat. Der Staat finanzierte sich aber nicht nur aus Steuern und Zöllen, sondern er beteiligte sich direkt am Wirtschaftsleben: Er produzierte Getreide, Wein und Baumwolle für den Export und errichtete Monopole für Rohstoffe wie Salz und Eisen, aber auch für Luxusgüter: Seidenballen und kostbare Tuche trugen den Stempel des Herrschers. Der Staat Friedrichs II. suchte, allgegenwärtig zu sein.

Ärzte, Chirurgen, Apotheker und Rechtsanwälte unterlagen staatlicher Approbation, ihre Honorare waren von der Verwaltung festgelegt. Herstellung und Vertrieb von Arzneimitteln wurden bürokratisch überwacht, die Arzneimittelpreise vorgeschrieben. Jedes Handwerk war in allen seinen Einzelheiten gesetzlich normiert, das tägliche Leben der Untertanen war reglementiert, bis hin zu den Bestimmungen für die Reinhaltung von Wasser und Luft. Der Staat mischte sich sogar in das Privatleben der Untertanen ein; Heirat mit Ausländern war verboten, und Ritter und Barone bedurften zur Eheschließung der Erlaubnis des Herrschers.

Die Staatsgewalt war absolut. Selbsthilfe, Privatjustiz, Blutrache waren streng untersagt, die Verbrechensbekämpfung war ausschließlich Sache des Herrschers und der königlichen Beamten, die bei jeder Rechtsverletzung von sich aus tätig wurden; der zuständige Richter erhob Klage und ermittelte gemäß der Prozeßordnung, der alte Grundsatz «Wo kein Kläger, da kein Richter» war abgeschafft. Die Rechtspflege war streng hierarchisch durchrationalisiert; dem obersten Gerichtsrat unterstanden die königlichen Gerichtsräte der Provinzen, welche wiederum die Ortsrichter und die örtlichen Polizeibeamten kontrollierten. Die Gerichte verhandelten und entschieden ohne Ansehen der Person; der Prozeßablauf war genau geregelt, irrationale Beweismittel, etwa der Gottesbeweis, waren nicht zugelassen, und ergab die Überprüfung des Verhandlungsprotokolls Verfahrensfehler, dann wurde der Prozeß vor einem anderen Richter erneut aufgerollt.

Ein absolutistischer Verwaltungs- und Rechtsstaat also, allerdings mit unverkennbaren utopischen Elementen; und tatsächlich hatte der aus Kalabrien stammende Dominikaner Tommaso Campanella dieses Staatswesen im Sinn, als er seinen «Sonnenstaat» schrieb, die Utopie eines in den Kommunismus umgeschlagenen Tyrannenstaats, einer Maschine zur zwangsweisen Herbeiführung der allgemeinen Wohlfahrt. Campanella lebte um die Wende vom 16. zum 17. Jahrhundert: Über dreihundertfünfzig Jahre hinweg hatte sich die Erinnerung an das Staatswesen des staufischen Königs und Kaisers Friedrich II. im Gedächtnis des süditalienischen Volks erhalten.

Das Utopische jenes Staatsentwurfs lag zum Teil darin, daß der rücksichtslos-geniale Macht- und Willensmensch Friedrich II. – «der erste moderne Mensch auf dem Thron» nennt ihn Jacob Burckhardt[7] – bei seiner Thronbesteigung 1198 zwar die funktionierende Verwaltung seiner normannischen Vorgänger vorfand, die aber doch noch so neu war, daß er ohne Rücksicht auf Überlieferung und «altes Recht» einen neuen Staat planen konnte. Seine «Konstitutionen von Melfi» von 1231, ein Staatsgrundgesetz mit normannischen, römischen, byzantinischen und arabischen Versatzstücken, waren nicht weniger als der grandiose Versuch, einen völlig rational durchorganisierten Staat aus einem einzigen Willen am Reißbrett zu entwerfen: einen Staat als Kunstwerk. Friedrich starb 19 Jahre später, zu früh, als daß sein Plan ganz verwirklicht werden konnte; er hatte auch keineswegs so fehlerlos funktioniert, wie dies die bewundernden – meist deutschen – Historiker in der ersten Hälfte des 20. Jahrhunderts hatten sehen wollen. Niemand kann sagen, wie sich Friedrichs Staatswesen entwickelt hätte – der Untergang der staufischen Macht setzte auch dem sizilianischen Experiment ein Ende.

Das Staatswesen Friedrichs II., des «Wunders und Wandlers der Welt», wie seine überwältigten Zeitgenossen diesen unzeitgemäßen Herrscher nannten, war in seiner Zeit einzigartig, wenn auch manche seiner Züge in den italienischen Städten ebenso wiederkehrten wie in England oder Flandern. Papst Gregor IX. schrieb nach der Veröffentlichung der «Konstitutionen von Melfi» entsetzt an Friedrich: «Es kam uns zu Ohren, daß Du aus eigenem Antrieb oder verführt durch den üblen Rat verderbter Menschen neue Gesetze herauszugeben im Sinne hast, aus denen notwendig folgt, daß man Dich einen Verfolger der Kirche und Umstürzer der Freiheit nennt . . .»[8] Nicht die besondere Ausformung des sizilianischen Königsstaats war es eigentlich, worüber sich die Menschen des 13. Jahrhunderts erstaunten und entsetzten; es war die Erscheinung eines Staates überhaupt. Zu neu war das sizilianische Staatswesen, zu sehr das Kunstwerk eines einzelnen, unzeitgemäßen Herrschers, wenn auch manche Überreste der sizilianischen Verwaltung im Aufbau der italienischen Stadtverwaltungen sichtbar blieben.

Der erste moderne Staat, der sich in Europa für die Dauer
ausbildete, war Frankreich. Das Kronland der französischen
Könige, gelegen in der Ile-de-France, war bis ins 12. Jahrhundert hinein unbedeutend gewesen, verglichen mit den
großen Herzogtümern der Monarchie. Doch die Lage in der
Mitte Frankreichs hatte auch ihr Gutes; der König residierte
in Paris, brauchte nicht, wie die anderen europäischen Herrscher, im Lande umherzuziehen, um seine Macht zu sichern.
So konnte das kleine Reich von einem festen Platz aus regiert
werden, der nicht nur Residenz war, sondern auch Sitz der
bedeutendsten Universität Europas. Seit Beginn des 12. Jahrhunderts erweiterte sich zudem der unmittelbare Machtbereich der Krone; die französischen Könige zogen systematisch
die von der Krone vergebenen Lehen wieder an sich, und der
Tod zahlreicher Barone während der Kreuzzüge von 1190/91
und 1202/04 erleichterte den Rückfall großer Güter. Auf diese
Weise konsolidierte und erweiterte sich das Kronland erheblich. Zur Zeit König Philipps II. August (1180–1220) war aus
dem Herrn der Ile-de-France ein König geworden, dessen
Vormachtstellung in Frankreich bereits deutlich sichtbar war,
wenn sie auch noch gefestigt werden mußte. Das Staatsterri-
torium mußte verwaltet werden; Abgaben mußten erhoben
und an die Krone abgeführt werden, Recht mußte nach gleichen Grundsätzen allerorts gesprochen und durchgesetzt werden. Der werdende Staat bedurfte der Verwaltung.

Daß bei der jahrhundertlangen Entwicklung des Beam-
tenapparats, entscheidendes Signum moderner Staatlichkeit,
die Kirche Pate gestanden hatte, war offenkundig; die Kirche
selbst war eine bürokratische Organisation, entstanden aus
der antiken römischen Staatsverwaltung, und das *officium*,
der uneigennützige Dienst an der Sache, zeichnete den Kir-
chendiener ebenso aus wie die Nicht-Erblichkeit seines
Amts, dank dem Zölibat. Der Priester stieg in der Hierarchie
auf; für treue Pflichterfüllung garantierte die Kirche den Le-
bensunterhalt. Es gab Amtsbezirke und Zuständigkeiten und
damit klare, rationale Befugnisse; fehlerhafte Amtsführung
wurde überprüft, ein Amtsvergehen disziplinarisch bestraft:
Die moderne Verwaltung bestand in ihren Grundzügen bereits, die weltlichen Staaten brauchten sie nur nachzuahmen.

In Frankreich hatte die *curia regis*, der königliche Rat, ihren Charakter bereits im Laufe des 12. Jahrhunderts grundlegend verändert; aus der Runde der großen Grundbesitzer, die den König bei wichtigen Entscheidungen berieten, war ein Regierungs- und Justizorgan des Königs geworden, gebildet aus kleinen Rittern, Geistlichen und Bürgern, allesamt des römischen Rechts kundig und vom König ernannt und besoldet. So bildete sich eine Zentralverwaltung heraus, die unabhängig von den Großen des Landes war. Die königlichen Beamten beherrschten den Umgang mit dem Recht wie mit den Staatsfinanzen fachmännisch, hingen dabei allein vom König ab, waren jederzeit absetzbar und besaßen keine Erbansprüche auf ihre Ämter. Daß König Philipp IV. der Schöne (1268–1314) im Jahre 1310 einen Bürgerlichen, Wilhelm von Nogaret, zum Großsiegelbewahrer und damit in das oberste Verwaltungsamt berief, war ein Signal: Nicht Geburt und Besitz, sondern Befähigung und absoluter Gehorsam der Krone gegenüber sollten jetzt den Weg in die höchsten Ämter des Staates öffnen.

Ähnliches galt auch für die unteren Ränge der Staatsverwaltung. Die örtliche Verwaltung war bisher Sache der lokalen Grundherren gewesen, die auf der untersten Ebene den Frieden zu sichern hatten. Aber je mehr die Lehnsleute dazu übergingen, ihr Lehen als vererbbaren Besitz anzusehen, desto weniger ließen sich die Ritter von ihren Lehnsherren sagen. Ihre Krongüter hatten die französischen Könige bereits seit längerem von den *prévôts*, königlichen Amtsträgern, verwalten lassen; König Ludwig VII. (1137–1180) ging daran, auch in den übrigen Gebieten des Königreichs *prévôts* einzusetzen. Hinzu kam als neues Amt das des *bailli*: Oberster Beamter und Vertreter des Königs in einem Bezirk, Vorgesetzter mehrerer *prévôts*, Richter, Verwalter und Steuerbeamter in einer Person. Als König Philipp II. August im Jahre 1190 einen Kreuzzug vorbereitete, konnte er bereits sicher sein, daß er im ganzen Reich zuverlässige Verwaltungsbeamte besaß, die die Ordnung auch aufrechterhalten würden, wenn der König nicht wieder heimkehren sollte. Der Apparat war verläßlich genug, um dem Thronerben das Königtum sichern zu können. In seinem politischen Testament wandte sich der König deshalb vor allem an seine *baillis*, indem er nicht von sich selbst, sondern vom «Königsamt» (*officium regis*) sprach: «Gegenstand des Königsamtes ist es, auf alle Weise für das Wohlergehen der Untertanen zu sorgen und das Gemeinwohl dem privaten Nutzen voranzustellen.»[9]

Spätestens zu Beginn des 14. Jahrhunderts hatten sich in Frankreich die Grundzüge des modernen, zentral verwalteten Staates herausgebildet, wie er uns in annähernder Vollendung später im Frankreich Ludwigs XIV. entgegentritt. Dementsprechend wandelte sich der Charakter der Gesetze, deren Schlußformel bis dahin gelautet hatte: «In Anwesenheit und mit Zustimmung der Prälaten und Barone». Seit dem Anfang des 14. Jahrhunderts konnte man statt dessen lesen: «*Le roi a ordonné et établi par délibération de son conseil*», der König hat in seiner Ratsversammlung beschlossen und verkündet.

Allerdings darf man sich die Staaten, die seit dem Ausgang des Mittelalters die europäische Bühne betraten, nicht als zentralistische, anonym verwaltete Strukturen vorstellen, an der Spitze ein König, der alle Machtbefugnisse an sich gezogen hätte, um sie nach Willkür beliebig zu gebrauchen. Selbst das in vieler Hinsicht staatlich fortgeschrittene französische Königtum übte seine Herrschaft in weiten Bereichen des Staates nur indirekt aus. In den Gebieten der großen Grundbesitzer, der Kirche, der Städte stieß die königliche Verwaltung auf eng gezogene Grenzen. Die Rechtsverhältnisse blieben kompliziert, weil die großen Grundbesitzer, die Barone und Grafen in ihren Territorien ein autonomes Gesetzgebungsrecht behielten, und zudem zerfiel das Reichsrecht in den germanischen Rechtskreis im Norden und den römischen Rechtskreis im Süden des Landes. Zwar verfügte der König in Gestalt des *parlement* von Paris über ein Instrument der hohen Gerichtsbarkeit, vor dem auch der Adel zu Recht stehen hatte, aber nicht einmal Ludwig dem Heiligen (1205–1270), einem König von großer spiritueller Ausstrahlung und Durchsetzungskraft, gelang es, Privatkriege und Fehderecht im Königreich zu verbieten. Bis zur Französischen Revolution sollte das französische Königtum in ganz Europa als Maßstab für staatliche Machtkonzentration gelten; aber es blieb bei einer intermediären, oft nur indirekten

Gewalt, deren Aufgabe es in erster Linie war, als Schieds-
richter und Richter zwischen den weitgehend autonomen
Regionen des Landes, den verschiedenen gesellschaftlichen
Gruppen und dem staatlichen Gemeinwohl zu vermitteln
und Gegensätze auszugleichen.

Das war auch gar nicht anders möglich; die Entwicklung
der europäischen Staaten lief eben nicht auf eine Zusammenfassung und Monopolisierung von Macht hinaus, sondern
auf Machtteilung und Machtkontrolle: Die Lehre von der
Gewaltenteilung, die Montesquieu im 18. Jahrhundert zur
Abwehr des staatlichen Absolutismus formulierte, beschrieb
tatsächlich, wenn auch in systematisierter und schematisier-
ter Form, die Staatswirklichkeit, wie sie sich seit dem Mittelalter allenthalben in West- und Mitteleuropa herausgebildet
hatte – freilich in bunten Mischungsverhältnissen, was die
Beziehungen der staatlichen Machtträger zueinander anging.
Dieser innerstaatliche Machtpluralismus war zwar im gleichen Maße vom Griff des Herrschers nach der ganzen und ungeteilten Gewalt gefährdet, wie sich Macht- und Kommunikationsmittel verbesserten, aber er stellte sich immer wieder
von neuem her: Das vor allem unterscheidet den europäischen
vom herkömmlichen asiatischen oder afrikanischen Staat.

Daß der moderne europäische Staat von Anfang an die
Konzentration staatlicher Macht in einer einzigen Hand
nicht zuließ, hatte mehrere Gründe. Da war zunächst die
Trennung von Kirche und Staat, wie sie sich seit dem mittelalterlichen Investiturstreit herausgebildet hatte. Die großen
Staatsbildungen am Rande Europas, Byzanz und später in
dessen Nachfolge das Rußland Iwans des Schrecklichen, bezogen einen großen Teil ihrer despotischen Machtfülle daraus, daß in ihnen weltliche und geistliche Gewalt nicht geteilt waren. Staat und Kirche waren hier eins; im byzantinischen Reich war der Kaiser heilig, stand als Stellvertreter
Gottes wie Petrus an der Spitze der Reichskirche über den
Patriarchen und konnte jederzeit die religiösen Kräfte für die
Aufgaben des Staates mobilisieren.

Die Kaiser des Heiligen Römischen Reichs hatten zumindest bis zum Untergang der Staufer denselben Anspruch erhoben – schließlich führten sie ihr Amt, nicht anders als die

Kaiser von Byzanz, auf das römische Kaisertum der Antike zurück, das göttliche Verehrung genossen und seit der Christianisierung Roms Titel und Auftrag des *pontifex maximus*, des obersten Priesters und Hüters des Glaubens beansprucht hatte. Aber im Laufe des 12. und 13. Jahrhunderts gelang es dem Papsttum, die weitgehende Oberhoheit über die römische Kirche zu erringen und Kaiser und Könige auf ihre weltlichen Aufgaben zu beschränken – um freilich nur wenig später von den Kronen Frankreichs und Englands gedemütigt zu werden, die ein päpstliches Einspruchsrecht in weltlichen Angelegenheiten nicht mehr akzeptierten.

Gewiß waren die weltlichen Herrscher weiterhin Fürsten «von Gottes Gnaden»; sie waren gekrönt und gesalbt, die französischen Könige galten sogar als wundertätig. Aber die Trennung von geistlicher und weltlicher Gewalt führte auf die Dauer im Herrschaftsbereich der römischen Kirche, also in West- und Mitteleuropa, zu einer Säkularisierung staatlicher Macht. Bisher war alle Ordnung auf der göttlichen Offenbarung begründet gewesen, ihr war jede Autorität untergeordnet. Gegenüber dieser auf göttliche Wahrheit gegründeten Ordnung gab es kein Ausweichen; eine eigene Sphäre des Politischen, des Gemeinwohls war nicht denkbar. Im Verlauf des Hochmittelalters, nach den langen Kämpfen zwischen Kaisertum und Papsttum, aus denen schließlich beide Seiten als Verlierer hervorgingen, änderte sich das. Hatte nicht Aristoteles, der jetzt im 13. Jahrhundert als Urquell staatsphilosophischer Weisheit wiederentdeckt wurde, den Staat als Institution eigenen Rechts bestimmt? Hatte der griechische Philosoph nicht den «politischen» Menschen als natürliches Wesen definiert, das keiner kirchlichen Rechtfertigung bedurfte? Der Franziskanermönch Wilhelm von Ockham lehrte um 1330: «Die weltliche Gewalt ist älter als die geistliche, folglich unabhängig vom Papst. Dieser besitzt nicht das Recht, eine Fürstenwahl zu bestätigen; nicht aus Staatsrecht, denn kein Staat würde ihm das zugestehen; nicht aus Kirchenrecht, denn dieses gilt im Staat nur soweit, als es der Fürst bewilligt; nicht aus Gewohnheitsrecht, denn das ist ungültig, wenn es dem Gemeinwohl schadet.»[10] Das war zu diesem Zeitpunkt noch Ketzerei, aber Wilhelm konnte seine Lehre unter dem Schutz Kaiser Ludwigs des Bayern ungefährdet vom päpstlichen Bann verkünden. Hier lag der Ausgangspunkt für das allmähliche Auseinandertreten von Kirche und Staat und damit für die Herausbildung zweier Freiheitsprinzipien, die für die weitere Geschichte der europäischen Staaten grundlegend sein sollten: Freiheit des Glaubens von staatlicher Zwangsgewalt einerseits, Freiheit der Politik von kirchlicher Gängelung andererseits.

Neben der Trennung von Staat und Kirche gab es aber noch einen anderen Grund, der die Zusammenfassung staatlicher Macht in einer Hand verhinderte: das war der staatliche Dualismus, die Doppelmacht von Fürsten und Ständen, hervorgegangen aus dem Lehnswesen. Offenbar unterschieden sich die europäischen Staatsbildungen in diesem Punkt auffallend von anderen staatlichen Ausformungen, wie sich bereits im Jahr 956 anläßlich des Besuchs einer Gesandtschaft Kaiser Ottos des Großen am Hof des Kalifen von Córdoba zeigte. Daß die Gesandten des römischen Kaisers ihren Herrn in wenig diplomatischer Form als den Mächtigsten der Erde rühmten, beeindruckte den Kalifen überhaupt nicht. Die christlichen Herrscher, entgegnete er, seien offenbar schwach und hilflos; denn selbst der Kaiser dulde es, daß seine Fürsten und Adligen Herrschaft kraft eigenen Rechts ausübten. In der trügerischen Hoffnung, daß sie ihm treu dienten, habe der Kaiser sein Land unter ihnen aufgeteilt; er dürfe sich nicht wundern, wenn daraus nur Hochmut und Rebellion erwüchse.[11]

Was der wohlinformierte Kalif (oder was lokale Kritiker der kaiserlichen Macht in der Niederschrift dieses Gesprächs) an der Herrschaft Ottos des Großen auszusetzen hatten, traf tatsächlich in unterschiedlicher Weise auf alle christlichen Staaten Europas zu. Überall war die Macht zwischen Fürsten und Adel·geteilt, und dabei blieb es auch im Verlauf des Spätmittelalters, als die Herrscher ihre Machtbereiche konsolidierten und erweiterten, mittels einer hierarchisch gestuften Beamtenschaft überwachten, die oberste Rechtsprechung ausübten und so die Voraussetzungen moderner Staatlichkeit herstellten. Aber die direkte Herrschaft über Land und Leute stieß allenthalben an die Macht des

grundbesitzenden Hochadels und auf dessen eigene Rechts-
und Verwaltungskompetenzen. Und nirgendwo in West-
und Mitteleuropa gelang es den Landesfürsten, diese Macht-
barriere zu überwinden, die sich aus dem Lehnswesen
ergeben hatte, und die sich in die mehr oder weniger feste,
genossenschaftliche Organisationsform der Stände wandelte: Es handelte sich um den Zusammenschluß aller Herrschaftsträger eines Territoriums mit Ausnahme des Landesfürsten selbst, also des weltlichen und geistlichen Adels und
der Städte, die dem Herrscher des Landes auf Landtagen
gegenübertraten.

Diese Landtage waren die Vorgänger unserer heutigen
Parlamente, ursprünglich jedoch etwas ganz anderes. Sie waren meist aus der *curia regis* hervorgegangen, dem Kreis der
Großen und Mächtigen um den König, die den Herrscher zu
beraten hatten. Zwar hatte sich die Bindung dieser Vasallen
an den König im gleichen Maße verringert, als das Lehen
sich von einem religös begründeten Treueverhältnis zu –
meist territorialen – Besitztiteln materialisiert hatte, aber gerade deswegen brauchte der Herrscher die Unterstützung
der Grundbesitzer seines Landes um so dringlicher: mit zunehmendem Aufwand für Landesverwaltung und Heer
reichten die Einkünfte der Krone aus der eigenen Grundherr-
schaft des Königs nicht mehr aus. Steuern mußten erhoben
werden, und die Grundbesitzer als zahlungskräftigste Gruppe
mußten die Steuern bewilligen. Deshalb berief der König die
Stände zu Landtagen zusammen; die Forderung «*no taxation
without representation*» wurde zwar erst am Vorabend der amerikanischen Revolution formuliert, aber sie umschrieb das
Grundprinzip, auf dem die Doppelherrschaft der europä-
schen Staatenwelt seit Ende des Mittelalters beruhte.

Das klassische Beispiel für die Herausbildung einer
Machtbalance zwischen Krone und Ständen war England.
Im Verlauf des 12. Jahrhunderts, vor allem unter der Herrschaft Heinrichs II. (1133–1189), hatte die englische Krone
ihre Macht in womöglich noch höherem Maße gefestigt, als
dies in Frankreich der Fall war. Die königliche Autorität
reichte soweit, daß keine Burg ohne Erlaubnis des Königs
gebaut werden konntc. Die Grafschaften wurden von könig-

lichen Beamten verwaltet, den Sheriffs, und da der König sich häufig in seinen aquitanischen Festlandsbesitzungen aufhielt, hatte sich eine Zentralverwaltung ausgebildet, die nicht mehr ständig dem Hof folgte, sondern in den Hauptstädten Westminster und Winchester residierte und den Willen des Königs stetig verkörperte und vollstreckte. Die königliche Rechtsprechung drängte die feudale Gerichtsbarkeit immer weiter zurück, und der Leiter des königlichen *Exchequer*, der Schatzkanzler, erschloß ständig neue Quellen für die königlichen Finanzen. Namentlich die Vasallen des Königs, die Barone und Ritter, wurden vielfältig geschröpft; sie hatten Grundsteuern zu zahlen, weiterhin eine hohe Summe, wenn nach dem Tod eines Lehnsinhabers dessen Sohn erneut belehnt werden wollte, und vor allem das Schildgeld, durch das der Vasall seine Pflicht zur Heerfolge ablösen konnte oder sogar mußte.

Am Anfang des 13. Jahrhundert schien die englische Monarchie also ihre Macht stärker gefestigt zu haben als alle Kronen des Kontinents; aber es zeigte sich, daß auch der englische König auf die Dauer nicht gegen den Adel zu regieren vermochte. Die Barone fühlten sich vom König für dessen Interessen auf dem Festland ausgebeutet; als König Johann (1167–1216) 1213 einen großen Angriff auf Frankreich plante, verweigerten die Barone die Heerfolge. Johann griff dennoch im Poitou an, erlitt jedoch 1214 bei Bouvines eine schwere Niederlage und beging in dieser geschwächten Stellung den Fehler, den Vasallen, die ihm nicht gefolgt waren, ein hohes Schildgeld abzuverlangen. Damit hatte er das Konto der königlichen Macht überzogen; gegen die geschlossene Opposition des hohen Adels, des Klerus und der Stadt London mußte er nachgeben und am 15. Juni 1215 auf der Wiese von Runnymede bei Windsor den Ständen des englischen Reichs eine Reihe von Garantien zugestehen: Wiederherstellung der herkömmlichen Rechte der unmittelbaren Thronvasallen, Verzicht der Krone auf Willkürmaßnahmen, Verbesserungen im Rechtswesen für alle freien Bürger, Freiheit der Kirche. Diese Urkunde nannte man seit 1217 die «Magna Charta Libertatum» – groß wegen ihres Formats, nicht wegen ihrer Bedeutung. Ein solcher Vertrag zwischen

Krone und Ständen war im späteren Mittelalter in Europa durchaus nicht ungewöhnlich; auch ging es hier keineswegs um einen Angriff auf das Königtum oder um Freiheitsgarantien im modernen, liberalen Sinn, sondern um die Wiederherstellung des «guten alten Rechts».

Revolutionär war allerdings ein Artikel, der einen Ausschuß von 25 Baronen vorsah, der die Einhaltung des Vertrags durch den König zu überwachen hatte. Damit hatten sich die englischen Stände ein eigenes politisches Organ geschaffen, das zwar in dieser Form nicht lange bestand, das sich aber unter der Regierung Eduards I. (1239–1307) in Gestalt des Parlaments für die Dauer etablierte. Bis jetzt war es üblich gewesen, fast jährlich einen großen Hoftag einzuberufen, eine Versammlung des hohen Adels, die seit etwa 1250 *parlamentum* hieß. Nach der Magna Charta mußte dieses Parlament den Abgaben der Barone an die Krone zustimmen; bei seiner ständigen Finanznot verfiel Eduard I. jedoch darauf, auch Vertreter des kleinen Landadels und der Städte, die sogenannten *Commons*, ins Parlament zu berufen. Seit 1297 erkannte der König das Recht des Parlaments an, über die Bewilligung aller Geldforderungen zu entscheiden, die über die rechtmäßigen Einkünfte der Krone hinausgingen; andererseits begannen Beschwerden und Petitionen an die Krone im Parlament eine Rolle zu spielen: So bildete sich allmählich jenes doppelte Machtsystem aus ständischen und monarchischen Gewalten heraus, das nicht nur die englische Verfassungsgeschichte, sondern die gesamte europäische Staatenwelt bis in das 18. und 19. Jahrhundert hinein bestimmt hat, und aus dem sich der moderne parlamentarische Verfassungsstaat herausgebildet hat.

In jedem Land besaß diese Doppelmacht ein anderes Gesicht. Auch in Frankreich bedurfte die Krone der Zustimmung der Stände, wenn außerordentliche Finanzlasten zusätzliche Einnahmen erforderten. Doch anders als in England gelang es der französischen Krone meistens, die Einberufung der «Generalstände» des Reiches und damit eine fühlbare Einschränkung der königlichen Handlungsfreiheit zu vermeiden. Statt dessen suchte der König regional begrenzte Ständeberatungen abzuhalten, die von Languedoc in Toulouse oder von Langue d'oeil in Paris oder Poitiers – die Versammlungen waren um so leichter lenkbar, je kleiner sie waren. Da die Generalstände Frankreichs nie eine feste rechtliche Grundlage erhielten, fehlte ihnen die notwendige Kontinuität, um sich wie das englische Parlament zu einer dauerhaften politischen Institution zu entwickeln; sie hingen stets vom Willen des Königs ab, der sie nur unter außerordentlichen Umständen einberief.

Anders wiederum im Heiligen Römischen Reich; hier gelang es den römischen Kaisern und Königen nicht, das Reich mit einer ähnlichen Verwaltung zu überziehen, wie sie sich in Frankreich oder England auszubilden begann. Das lag daran, daß der Versuch der Staufer, die kaiserliche Machtstellung zu konsolidieren, scheiterte. Schon die schiere Ausdehnung des Reichs widerstand einheitlicher Herrschaft; zudem schwächten der frühe Tod Kaiser Heinrichs VI. im Jahr 1198 und die Konzentration seines Sohns Friedrich II. auf Italien die kaiserliche Macht. Der lange Streit mit dem Papsttum, der Kräfteverschleiß durch die Italienzüge, die Vielzahl der Gegengewalten, auch die im Vergleich zu Westeuropa langsamere kulturelle Entwicklung: Alles das führte dazu, daß das Reich seinen überkommenen altertümlichen Charakter behielt. Während die westlichen Nachbarn über ein relativ klar definiertes Territorium verfügten, aber auch über Zentren, die zugleich Haupt- und Residenzstadt, wirtschaftlicher und kultureller Mittelpunkt waren, blieben die Grenzen des Reichs undeutlich, und eine dauerhafte Hauptstadt, vergleichbar mit London oder Paris, hat das Reich bis zu seinem Ende im Jahr 1806 nie gehabt. Anstelle einer zentralen Reichsgewalt traten die territorialen Herrschaften in den Vordergrund: Die Landesherrschaften der hochadligen Familien, die Reichsstädte, in Italien die autonomen Stadtherrschaften, die sich zunehmend vom Reich entfernten.

So entstanden zwei politische Ebenen zugleich: Einmal das Reich selbst, dessen Oberhaupt, der Kaiser, eher symbolische als tatsächliche Macht ausübte, während ihm gegenüber die Reichsstände eine frühzeitig befestigte Stellung einnahmen: Die geistlichen und weltlichen Reichsfürsten, unter denen seit dem 13. Jahrhundert die Kurfürsten als alleinige

Königswähler eine besondere Stellung einnahmen, weiterhin die reichsunmittelbaren Städte sowie die reichsunmittelbaren Grafen und Ritter. Sie versammelten sich auf Reichs-
hoftagen – seit dem 12. Jahrhundert hatte sich der Grundsatz
durchgesetzt, daß der Kaiser in allen wichtigen Reichsange-
legenheiten der Zustimmung der Reichsstände bedurfte.
Aus den Hoftagen entstand der Reichstag, der sich bis zum
15. Jahrhundert zu einer festen, geregelten Institution entwickelte, die einen bedeutenden Anteil an der Reichspolitik
besaß. Man mag sich fragen, weshalb dieses schwache Gebilde, dessen Oberhaupt stets von der Wahl und der Unterstützung durch die Kurfürsten und die Stände abhing, in der
Mitte Europas bis zum Beginn des 19. Jahrhunderts ungeteilt überleben konnte. Die Antwort ist kompliziert, die
Gründe reichen von der Herausbildung einer europäischen
Staatengemeinschaft, die die schwache, in sich zersplitterte
Mitte Europas als Feld des Interessenausgleichs und als
Kriegstheater benötigte, bis zur rechtsbildenden und befrie-
denden Kraft, die gerade ein schwaches Reichsoberhaupt besaß. Ein weiterer Grund für das überraschend lange Überleben des Reichs bestand aber auch in dem fortbestehenden
Prinzip der Königswahl; die Hocharistokratie war deshalb
langfristig auf ein freies Zusammenwirken und auf das Kö-
nig- und Kaisertum ausgerichtet. Jede Königswahl war ein
erneuertes Votum für das Reich, und deswegen waren gerade die Königswähler Garanten für dessen Zusammenhalt
und Überdauern.

Andererseits war da die Ebene der Territorialstaaten, aus
denen sich das Reich zusammensetzte, und auf die immer
mehr Macht und Selbstständigkeit überging, eine fast zoo-
logische Fülle von Kurfürstentümern, Herzogtümern, Für-
stentümern, Bistümern, Grafschaften, Reichsstädten, Abteien und Balleien. Auch in ihnen herrschte der Grundsatz
der Doppelmacht: dem jeweiligen Fürsten gegenüber befanden sich die Landtage, in denen die Stände des Landes vertreten waren, und die angesichts der dauernden Veränderungen
auf der Landkarte Mitteleuropas, der Teilungen und Verbindungen von Ländern durch Kriegsfolge oder dynastischer
Zufälligkeiten die Einheit des Territoriums repräsen-

tierten. Auch in Notlagen, wie etwa bei Minderjährigkeit der Fürsten, bildeten die Landtage eine stabilisierende Kraft: Nicht nur die Fürsten Europas, auch die *forces intermédiaires*, die ständischen Gewalten, die Parlamente, Stände und Landtage haben zur Herausbildung und Stabilisierung der modernen Staaten beigetragen.

2. Christentum und Staatsraison

Um den modernen Staat in der Fülle seiner Macht und Souveränität wirklich werden zu lassen, brauchte es mehr als der allmählichen Durchdringung des Landes mit königlichen Beamten und Richtern und einer Festlegung der Grenzen von fürstlichem und ständischem Recht. Die Formen spätmittelalterlicher Herrschaft, wie sie sich im christlichen Europa herausgebildet hatten, waren wenig effektiv, hingen in weitem Maße von der Person und Persönlichkeit des jeweiligen Herrschers, seiner Hausmacht, seinen Beziehungen zu den übrigen Mächten, den Ständen, der Kirche ab, wie überhaupt das Territorium als Privateigentum des Fürsten galt. Ihrer Hauptaufgabe, nämlich jedermann rechtlichen und tatsächlichen Schutz vor inneren wie äußeren Feinden zu garantieren, kamen die Herrscher Europas um so weniger nach, je weiter das Mittelalter zur Neige ging. Im Verlauf des 14. und 15. Jahrhunderts nahm die Entwicklung des Kontinents eine entschiedene Wendung zum Katastrophalen.

Die Schreckenswelle begann 1309 mit dem Exil der Päpste in Avignon anzusteigen und erreichte immer höhere Marken: 1339 mit dem Beginn des Hundertjährigen Krieges zwischen Frankreich und England, mit den zunehmenden Hungersnöten und Seuchenwellen, die in der Pestkatastrophe von 1348/49 gipfelten, weiter mit der Jacquerie, dem französischen Bauernaufstand von 1358, der großen Kirchenspaltung von 1378 bis 1417, den Aufständen in England und Frankreich 1381/82, dem Sieg der schweizerischen Eidgenossen über das habsburgische Ritterheer bei Sempach 1386, sieben Jahre danach mit der Vernichtung des ungarischen Heers unter König Sigismund durch die Türken bei Nikopolis –

und so fort, bis zum Fall Konstantinopels 1453: Eine endlose
Folge von Unglücksfällen und Schreckensmeldungen, die
jedesmal die gesamte Christenheit erschütterten.

Im Herbst des Mittelalters war Europa übervölkert. Seit
dem dunklen 9. Jahrhundert, als ungefähr 30 Millionen
Menschen über die Weiten des Kontinents verstreut gelebt
hatten, waren die Bevölkerungszahlen rasant angestiegen,
bis auf nie dagewesene 80 Millionen zu Beginn des 14. Jahrhunderts. Die herkömmlichen Methoden des Ackerbaus
reichten nicht mehr aus, die Menschen satt zu machen; sie litten an Unterernährung und waren deshalb anfälliger für die
Seuchen, die wie schwarze Wogen regelmäßig über Europa
hinwegrollten. Im Laufe des 14. Jahrhunderts wurde ungefähr ein Drittel der Bevölkerung von der Pest, dem schrecklichen «schwarzen Tod», dahingemäht, ohne daß sich die
Ernährung verbesserte, weil große fruchtbare Landstriche in
kürzester Frist verödeten. Die Menschen lebten in einem
scheinbar ausweglosen Zirkel von Hungersnöten und Epidemien.

Die allgemeine Not führte zu den tiefgreifendsten gesellschaftlichen Erschütterungen, die die Geschichte Europas bis
dahin kannte. Zum alltäglichen Leben gehörten Aufstände in
den Städten, Bauernrevolten auf dem Lande, Banden von her-
untergekommenen Adligen, die von Raubzügen lebten, und
Plünderungen durch entlassene Soldateska. «Das Volk»,
schreibt Johan Huizinga, «kann sein eigenes Los und die Ereignisse jener Zeit nicht anders erfassen denn als eine unaufhörliche Abfolge von Mißwirtschaft und Aussaugung,
Krieg und Räuberei, Teurung, Not und Pestilenz. Die chro-
nischen Formen, die der Krieg anzunehmen pflegte, die fortwährend Beunruhigung von Stadt und Land durch allerlei
gefährliches Gesindel, die ewigen Bedrohungen durch eine
harte und unzuverlässige Gerichtsbarkeit und außerdem
noch der Druck von Höllenangst, Teufels- und Hexenfurcht
hielten ein Gefühl allgemeiner Unsicherheit wach . . .»[12]

Nicht nur das Dasein des einfachen Mannes war hart und
unsicher; auch die Großen lebten gefährdet. Man denke
nur an den September 1399, in dem der englische König Richard II., besiegt und gefangengenommen von seinem Vetter

Lancaster, der Krone entsagte, während zugleich in Mainz die deutschen Kurfürsten versammelt waren, um König Wenzel abzusetzen. Der König des dritten großen Reichs, Karl VI. von Frankreich, war wahnsinnig; sein Land wurde bald darauf durch die wilde Rivalität zwischen den Häusern Orléans und Burgund erschüttert: Ludwig von Orléans, der Bruder des Königs, fiel 1407 einem Meuchelmord zum Opfer, zwölf Jahre später wurde der Auftraggeber, Johann ohne Furcht, Herzog von Burgund, auf der Brücke von Montereau verräterisch erschlagen. Und so allenthalben; die irdische Ordnung war in Auflösung begriffen, die kirchliche nicht weniger; das Jahr 1409 sah drei Päpste, das Jahr darauf drei deutsche Könige, und jeder nannte den anderen Betrüger und Usurpator.

Die irdische Ordnung löste sich auf: das war die Grunderfahrung des Jahrhunderts, und mit ihr löste sich das Denken vom Kosmos des Mittelalters. Noch Thomas von Aquin (1225–1274) hatte, fußend auf Aristoteles und Augustin, die irdische Herrschaft als Teilbereich der ewigen Herrschaft Gottes bestimmt. Gott, so Thomas, hat die Formen des menschlichen Zusammenlebens vorgegeben, weshalb Veränderungen von Herrschaft und Gesellschaft undenkbar sind, Sünde gegen göttliches Gebot. Zweihundert Jahre nach dem großen Aquinaten, der die Summe mittelalterlicher Gott- und Welterkenntnis gezogen hatte, war diesem Denken der Boden entzogen. Worin bestand denn die göttliche Ordnung überhaupt? Selbst das Denken hatte sich verwirrt; die aristotelischen Begriffe der mittelalterlichen Scholastik wurden von nominalistischen Zweifeln zersetzt. Die Universalien, die allgemeinen Begriffe sind bloßer Schein, lehrten Philosophen wie Wilhelm von Ockham oder Johannes Buridan. Nur die Phänomene sind wirklich; Gott dagegen und seine Ordnung werden unerkennbar, der logisch-begrifflichen Erfassung entzogen. Und zeigt nicht die alltägliche Erfahrung, daß in dieser Welt kein erkennbarer göttlicher Plan herrscht, sondern die launische Göttin Fortuna, deren Werkzeug das Rad, deren Merkmal der fortwährende, unberechenbare Wandel ist? Niccolò Machiavelli (1469–1527), ehemals Kanzler des florentinischen «Rats der Zehn» und nach einem Umsturz des Stadtregiments von Florenz soeben aus schuldloser Haft entlassen, kannte die Dame Fortuna aus eigenem Erleben: «Ich möchte Fortunas Macht vergleichen mit einem reißenden Strom, der, wenn er wütend überschwillt, die Fluren überflutet, Bäume und Häuser niederreißt, hier Erde fortspült, um sie dort anzuschwemmen: jeder flieht vor ihm, alles weicht seinem Anprall, ohne irgendwelchen Widerstand leisten zu können . . .»[13]

Aber das heiße nicht, daß die Menschen Fortunas Willkür hilflos ausgesetzt seien; in ruhigen Zeiten könnten die Menschen Vorkehrungen treffen, Dämme und Deiche errichten, um die Fluten zu bändigen. «Ebenso ist es mit Fortunas Macht: Auch sie zeigt ihre Gewalt dort, wo keine Kräfte zur Gegenwehr gerüstet stehen, und die Wogen des Schicksals wälzen sich dorthin, wo sie sicher sind, keine Dämme und Deiche zu finden, die sie hemmen. Betrachtet man Italien, das Land, das der Schauplatz jener Umwälzungen ist und den Anstoß dazu gegeben hat, so erscheint es als eine Flur, die durch keinen Damm geschützt ist. Besäße es eine hinreichend starke Schutzwehr wie Deutschland, Spanien und Frankreich, so hätte die Flut nicht solche Verheerungen anrichten können oder wäre ganz ausgeblieben . . .»[14]

Das Wirken Gottes in der Welt ist undeutlich geworden, die Menschen sind an ein blindes Schicksal ausgeliefert; und überdies zeigt die Erfahrung, daß es den Menschen nicht um ihr Seelenheil zu tun ist, sondern «daß alle Menschen schlecht sind, und daß sie stets ihren bösen Neigungen folgen, sobald sie Gelegenheit dazu haben».[15] Die Schutzwehr, der es zur Bändigung aller dieser Unbilden Fortunas bedarf, ist der Staat – *il stato*, welcher Begriff sich, bezogen auf politische Herrschaftsorganisation, bei Machiavelli auch das erste Mal findet, allerdings noch für längere Zeit auf das Italienische beschränkt bleibt. Bis dahin war die Terminologie undeutlich gewesen, entsprechend dem Gegenstand; man hatte von «Herrschaft» (*dominium*) oder «Obrigkeit» (*regimen*) gesprochen, von «Königreich» (*regnum*) oder «Fürstentum» (*principatus*), von «Landschaft» (*terra*, *territorium*), was zugleich Personenverband und rechtlich zusammengehöriges Gebiet hieß. Von Aristoteles und Cicero war die *res publica* überkommen, was keineswegs Republik, sondern jedes Gemeinwesen bedeutete, wie immer es verfaßt war. Wenn jedoch Machiavelli und seine italienischen Zeitgenossen, von Villani bis Guicciardini, von *stato* redeten, dann schwebte ihnen eine Idee von Herrschaft vor, wie sie bisher nicht gedacht worden war: Sie war im Kern ein Zustand konzentrierter, öffentlicher Machtausübung in einem Territorium, durch wen oder in wessen Namen auch immer – und sie war ohne Transzendenz, alleiniger Grund ihrer selbst.

Italien hatte seit dem Ende der Staufer um die Mitte des 13. Jahrhunderts eine nicht endenwollende Abfolge von Kriegen zwischen den Stadtstaaten erlebt; um 1500 hatten hauptsächlich die *cinque principati* Florenz, Mailand, Venedig, Rom und Neapel überlebt, vor allem aufgrund ihrer Finanzkraft, die es ihnen erlaubte, mächtige Söldnerheere ins Feld zu stellen. Zudem war Italien zum Spielball fremder Mächte geworden – der Kaiser, Frankreich, Aragon nutzten die italienischen Mächte wie Schachfiguren in der Partie um die Vorherrschaft in Europa. Und nicht nur die Herrschaft war unsicher geworden, sondern auch die Verfassung; Machiavelli erlebte Florenz als Republik, als Monarchie, als Tyrannis – treue Pflichterfüllung in einem hohen Amt konnte über Nacht Hochverrat und Verbannung, wenn nicht Schlimmeres, bedeuten.

Der *stato*, den Machiavelli dachte und beschrieb, erstand vor den geistigen Augen des Betrachters, wenn man irdische Herrschaft allen Scheins und Trugs entkleidete und sie auf ihr Wesen zurückführte: Da fand sich, daß der Inbegriff des Staates die Macht war, das Vermögen, das Gaukelspiel der Fortuna durch *virtù*, durch politische Energie, zu bezwingen, mit dem Ziel des *mantenere lo stato*: Den Staat um jeden Preis und mit allen Mitteln zu erhalten. Die Erhaltung des Staates und seiner Macht nach innen wie nach außen bedarf keiner Rechtfertigung; das Ziel bestimmt die Mittel: «Ein Fürst braucht nur zu siegen und seine Herrschaft zu behaupten, so werden die Mittel dazu stets für ehrenvoll gelten und von jedem gepriesen werden. Denn der Pöbel läßt sich durch den Augenschein und den Erfolg bestechen, und in der Welt gibt es nur Pöbel . . .»[16] Bisher war alles irdische Leben und

Handeln als eingebunden in den göttlichen Heilsplan gedacht worden; jetzt traten Theologie und Politik weit auseinander, ja, Machiavelli forderte geradezu dazu auf, das Vaterland mehr zu lieben als die Seele. Sein Landsmann Francesco
Guicciardini (1483–1540) gab zu, daß die mittelalterliche Idee
von der Unterwerfung der Politik unter die Theologie wirk-
lichkeitsfremd sei, und «daß man nicht zutiefst im Sinne
Gottes leben kann, ohne sich gänzlich von der Welt zurückzuziehen, und daß man andererseits nur schlecht mit der
Welt in Einklang leben kann, ohne Gott zu beleidigen.»[17]

Das Auf und Ab der Staaten folgt anderen Gesetzen als denen der Religion oder der persönlichen Moral; Machiavelli
zeigte das am Beispiel des Cesare Borgia, der skrupellos
seine *virtù*, seine Energie einsetzte, um sich mit Gewalt und
Betrug ein Fürstentum zusammenzuraffen, und der von *fortuna* verlassen wurde, als er den Versprechungen des Papstes
Julius II., des Nachfolgers seines Vaters, vertraute und deshalb stürzte. Der Staat besitzt seine eigenen Regeln, seine
Raison, und diese Staatsraison bestimmt das Verhalten der
Staatsmänner, wenn sie erfolgreich sein wollen. Nicht nur
Machiavelli dachte so; schon im 14. Jahrhundert hatte Philipp von Leiden, ein Geistlicher im Dienst des Grafen von
Holland, erklärt, ein Landesherr dürfe ein von ihm gegebe-
nes Versprechen brechen, wenn es die *publica utilitas*, der öffentliche Nutzen, erfordere, und der Doktor der Theologie
Jean Petit verteidigte im März 1408 in einer sehr sophisti-
schen Rede seinen Herrn, den Herzog von Burgund, wegen
des Mordes, den dieser an Ludwig von Orléans begangen
hatte: Versprechungen und Bündnisse zwischen Rittern
dürften nicht gehalten werden, wenn sie den Fürsten oder
dem öffentlichen Wohl schädlich seien. Der Begriff der
Staatsraison erschien im übrigen das erste Mal bei Guicciardini, der die Tötung der gefangenen Pisaner für gerechtfertigt hielt; das sei zwar unchristlich, entspreche aber *ragione e
uso degli stati*, der Vernunft und der Gewohnheit der Staaten.[18]

Wie allerdings der Staat verfaßt sein solle, um der Staatsraison am besten zur Wirkung zu verhelfen, darüber herrschten unterschiedliche Ideen; Machiavelli, trotz seiner Bewun-

derung für tyrannische Machtmenschen, die *fortuna* in die Knie zwangen, war Anhänger der republikanischen Staatsform; «denn das Verlangen des Volkes ist berechtigter als das Verlangen der Großen, da diese auf Bedrückung ausgehen, das Volk aber nur auf Schutz vor Bedrückung.»[19] Aber die italienischen Stadtrepubliken fielen im Laufe des 16. Jahrhunderts allesamt nacheinander dem Zugriff der mächtigsten Adelsfamilien zum Opfer, die die Stadtstaaten in Fürstentümer umwandelten; selbst Venedig, von Zeitgenossen gerne mit dem republikanischen Rom verglichen, hatte bereits 1462 den Hinweis auf die «Kommune der Venezianer» aus dem Eid des Dogen entfernt und wurde von einer kleinen Gruppe adliger Familien regiert. Bereits Filippo de' Nerli, ein Zeitgenosse Machiavellis, beschrieb das republikanische Florenz als ein Chaos von Fraktionskämpfen und Gruppenegoismen, in dem die Willkür Triumphe feierte; in der absoluten Herrschaft der Medici sah er den einzigen Weg, den Staat auf die Dauer zu festigen und die politischen Probleme zu lösen.

Das Italien des 15. und 16. Jahrhunderts glich gerade wegen seiner politischen Labilität einem Labor, in dem Staatsformen auf ihre Funktionsfähigkeit getestet wurden; nicht umsonst waren die bedeutendsten Staatsdenker der Zeit Italiener. Italien war in dieser Epoche Mittelpunkt des europäischen Reichtums und der europäischen Kultur, möglicherweise gerade auch wegen der territorialen Zersplitterung, die viele kulturelle Zentren und deshalb vielfältige Entfaltungsmöglichkeiten für Musik, Malerei, Dichtung und Architektur auf kleinstem Raum bot, ähnlich wie im antiken Griechenland oder im zersplitterten Deutschland des 18. Jahrhunderts. Aber der starke, allein seiner Raison verpflichtete und daher dauerhafte Staat war in Italien nicht zu finden; er entstand erst allmählich und anderswo in Europa und blieb noch lange Zeit eine Utopie: Nicht zufällig erschienen der *Principe* Machiavellis und die *Utopia* des englischen Staatsmanns und Diplomaten Thomas Morus (1478–1535) fast zur selben Zeit. Morus' *Utopia*, also Nicht-Land, ist wie Machiavellis Schrift eine Antwort auf das Elend und die Plagen der Gegenwart – nicht als Handlungsanweisung

für erfolgreiche Staatsmänner, sondern als ideales Staatsmodell: Ein sinnvoll, mathematisch durchgeplantes Staatswesen, in dem sich die menschliche Vernunft offenbart,
darin eine Gesellschaft, die alle äußeren Unterscheidungen
zwischen den Menschen abgeworfen hat und nach einem
umfassenden kommunistischen Entwurf lebt. Der Schau-
der, der den heutigen Leser bei dieser totalitären Vision erfaßt, wird dem Verfasser, dem späteren Lordkanzler Englands, nicht gerecht: In der Morgenröte einer neuen Zeit beschrieb er voller Optimismus einen Staat, der auf der reinen
Vernunft seiner Bürger beruhte, ein Spiegel für die Staatsmänner seiner Zeit, an deren wölfischen Machtwillen Machiavelli appellierte. Der Idealist Morus wurde später von
der katholischen Kirche heiliggesprochen; der Realist Machiavelli lebt im englischen Volksbewußtsein als «Old Nick»
weiter, ein Spitzname des Teufels.

Noch wirkten zahlreiche Umstände gegen das Entstehen
von Staaten mit zentralisierter Machtausübung in Europa.
Das größte Problem bildeten die langsamen Transport- und
Nachrichtenverbindungen. Ein von Venedig abgeschickter
Brief brauchte 12 Tage nach Paris, 20 Tage nach Nürnberg,
27 Tage nach London. Zugkarren konnten allenfalls 30 Kilometer pro Tag zurücklegen, berittene Reisende 40, Eilboten
100 Kilometer – alles vage Durchschnittsschätzungen.[20] Ge-
birgsüberquerungen verlangsamten die Geschwindigkeiten
enorm, Raubüberfälle erhöhten das Risiko, Kriege oder Epidemien zwangen zu großen Umwegen, und in nassen oder
kalten Jahreszeiten war das Reisen fast unmöglich. Je größer
ein Reich, desto schwerfälliger der Nachrichtenfluß zwischen Herrscher und Provinzverwaltungen, desto langsamer
Entscheidungen und deren Durchsetzung. Auch die Vielfalt
von Sprachen oder Dialekten erschwerte den Zusammenhalt
ebenso wie regional unterschiedliche Bräuche und Überlieferungen. Zudem war da die Vielzahl der Zwischengewal-
ten, die die Durchsetzung fürstlicher Macht behinderten:
Die Kirche suchte ihre Unabhängigkeit von den staatlichen
Gewalten beizubehalten, ihre Diener waren von Loyalitäts-
konflikten zwischen Fürst und Papst hin- und hergerissen.
Befestigte Städte stellten ein besonderes Problem dar; sie

wahrten eifersüchtig ihre Rechte und waren reich genug, um eigene Streitkräfte zu unterhalten. Der Zugriff auf den Reichtum der Städte war entscheidend wichtig für die Landesherrschaft; wer in den Städten keine direkten oder indirekten Steuern eintreiben konnte, war von der wichtigsten Quelle staatlicher Finanzkraft abgeschnitten. Und schließlich waren da die ständischen Kräfte, vertreten in Körperschaften, bei denen der Fürst um Steuerbewilligung nachzusuchen hatte; einige waren stark, wie das englische Parlament oder die aragonesischen Cortes, andere, wie die französischen Generalstände oder der deutsche Reichstag, waren verhältnismäßig schwach.

Andererseits jedoch nahmen die zentralisierenden Momente zu, vor allem, weil die Macht des Adels abnahm. Mit der Verödung großer agrarischer Anbaugebiete, verursacht durch den scharfen Bevölkerungsrückgang im Verlauf des 14. Jahrhunderts, hatten viele adlige Grundherren die Basis ihrer wirtschaftlichen Selbständigkeit verloren, während die Leibeigenschaft in fast ganz Westeuropa verschwand. Mit der wirtschaftlichen und demographischen Erholung Europas seit dem Ende des 15. Jahrhunderts wurden landwirtschaftliche Erschließungen hauptsächlich durch Kapitalinvestitionen getätigt; viele wohlhabende Städter erwarben Grundbesitz und legten neue Kulturen an, weil sie sich bei den ständig steigenden Weizenpreisen eine gute Verzinsung ihres Kapitals erwarteten. Hinzu kam ein allgemeiner Aufschwung von Gewerbe und Handel; auch hier waren es in erster Linie städtische Unternehmer, deren sich die Landesherren gegen den politisch und wirtschaftlich geschwächten Adel bedienten.

Und da war die Umwälzung des Heerwesens und der Kriegstechnik. Die mittelalterliche Kriegsführung hatte auf dem Lehnswesen beruht, auf der Heerfolge der Lehnsleute, von deren Bereitwilligkeit zum Kriegsdienst die Herrscher Europas abhängig gewesen waren. Schon im Laufe des 12. Jahrhunderts hatte der englische König Heinrich II., um sich aus dieser Abhängigkeit zu lösen, Söldner in seinen Dienst genommen; der König von Frankreich war ihm bald darin gefolgt. Diese sogenannten Brabanzonen, die in der Regel aus dem gemeinen Volk kamen, dienten für Geld, nicht für die Ehre; so waren es die größten und reichsten Fürsten, die sich Söldnerheere leisten konnten. Und diese Heere waren auch militärisch erfolgreich; in den großen Schlachten des Hundertjährigen Kriegs, bei Crécy (1346), Poitiers (1356) und Agincourt (1415) siegten die englischen, mit Langbogen bewaffneten Fußtruppen über die französischen Ritterheere. Mit dem Gebrauch von Feuerwaffen ging die militärische Unentbehrlichkeit des Adels dann unwiderruflich zu Ende; Kanonen, seit der Mitte des 13. Jahrhunderts in Gebrauch, zerschmetterten die Mauern jeder Burg, und Geschosse aus Handfeuerwaffen, die seit Beginn des 14. Jahrhunderts auf den Schlachtfeldern Europas auftauchten, durchschlugen jede Ritterrüstung. An die Stelle der schwer zu lenkenden Reiterheere trat die Infanterie als Hauptruppe in der Schlacht, deren Schußwaffen aus der Entfernung töteten, deren Pikenkarrees von der gegnerischen Reiterei kaum aufzubrechen waren und die zudem diszipliniert und lenkbar waren – vorausgesetzt, der Sold stimmte.

Um die militärischen Kosten tragen zu können – die *bandes d'ordonnance*, die die französische Krone 1445 aufstellte, bildeten die erste stehende Armee in Europa, wenn man von den fürstlichen Leibwachen absieht, die es seit dem 8. Jahrhundert gab –, mußte die Effizienz der königlichen Finanzverwaltung erhöht werden. Die Einkünfte aus dem Eigenbesitz der Herrscher, den Krondomänen, traten in den Hintergrund. Die Staatseinkünfte beruhten auf Regalien, also auf Staatsmonopolen wie dem Münzrecht, dem Bergbau, dem Salzgewinn und -handel, weiterhin auf Zöllen – es gab Abschnitte des Rheins, in denen die Zollstellen nicht mehr als 10 Kilometer voneinander entfernt lagen. Alle anderen Staatseinnahmen wurden aber von den Steuern in den Schatten gestellt, die zunächst nur in Notfällen und aus besonderen Anlässen, erst seit dem 16. Jahrhundert regelmäßig erhoben wurden. Frankreich war auch in dieser Hinsicht besonders weit fortgeschritten; hier wurden seit dem 14. Jahrhundert indirekte Steuern in Gestalt von Waren- und Verkehrssteuern erhoben, die sogenannten *Aides* und *Traites*, weiterhin die Salzsteuer (*Gabelle*) sowie die direkte Steuer, die *Taille*, die im Norden pro Kopf der Bevölkerung, im Süden auf bürgerlichen Landbesitz erhoben wurde. Um diese Einkünfte einzutreiben, bedurfte es einer verzweigten Finanzbürokratie und einer rational organisierten Verwaltung. So wurden in Frankreich im 15. Jahrhundert, nach dem Ende des Hundertjährigen Kriegs und der Vertreibung der Engländer, vier Steuerbezirke für Languedoc, Langue d'oil, Normandie und Paris eingerichtet. Das Funktionieren der Finanzverwaltung, dem Kern der Staatsverwaltung, garantierte ein Korps spezialisierter Beamter, die in den Provinzen von Finanzgerichtshöfen kontrolliert wurden, den *Cours des Aides*. Von nun an konnte der französische König auf die Mitwirkung der Stände verzichten, und die steigenden Einnahmen verschafften ihm erhöhte politische Handlungsfreiheit.

Auch die Kirche hatte sich der staatlichen Macht zunehmend zu beugen. Noch 1302 hatte Papst Bonifatius VIII. «in grandioser Verachtung der realen Gegebenheiten» (Ilja Mieck) seinen universalen Machtanspruch bekräftigt; bereits sein Nachfolger hatte 1309 unter dem Druck Frankreichs die «babylonische Gefangenschaft» in Avignon und damit im Schatten der französischen Krone angetreten. Von diesem Macht- und Ansehensverlust hat sich das Papsttum nie wieder erholt; die mit Frankreich verfeindeten Fürsten, allen voran England, gingen daran, das Abfließen der Kircheneinnahmen nach Avignon zu unterbinden und wichtige päpstliche Hoheitsrechte selbst zu übernehmen. Um die Mitte des 15. Jahrhunderts verfügte die englische Krone fast ausnahmslos über Kirchengut, Pfründenvergabe und Einkünfte des Klerus. Auch in Frankreich kam es zu einer weitgehenden Entmachtung des Papsttums, nachdem es 1377 wieder nach Rom zurückgekehrt war. Ein Konzil französischer Bischöfe beschloß 1438 die Pragmatische Sanktion von Bourges und eröffnete damit die Entwicklung einer gallikanischen Kirche, die 1516 mit dem Konkordat von Bologna bekräftigt wurde. Der französische Klerus besaß seitdem – und bis 1789 – ein weitgehendes Selbstregierungs- und Selbstergänzungsrecht unter der Oberhoheit des Königs, der alle Erzbistümer, Bistümer und Abteien nach Belieben besetzen konnte; Anwärter auf hohe Kirchenposten waren also völlig von der königlichen Gnade abhängig.

Die Herausforderung durch fast permanenten Krieg, innere Zerrissenheit sowie die Machtkonkurrenz zwischen Krone, Adel und Kirche führten zur Entwicklung des modernen Staates: Das erwies sich an einem politisch wie geographisch extremen Fall, an dem Spaniens – hier geschah, was sich Machiavelli für Italien erträumte: Die Einigung und innere Konzentration eines großen Reichs dank fürstlichen Machtwillens und der rücksichtslosen Durchsetzungsfähigkeit der herrscherlichen Autorität. Vor dem letzten Drittel des 15. Jahrhunderts hatte es kaum Grundlagen für das Entstehen eines in sich zusammenhängenden Staatswesens auf der iberischen Halbinsel gegeben. Im andalusischen Süden bestand das maurische Königreich Granada, im Westen das stabile Königreich Portugal. Des weiteren waren da Leon, Asturien, Katalonien, Aragon und Navarra, in denen starke ständische Rechtstraditionen herrschten, wie sie in den kastilischen und aragonesischen Ständeversammlungen, den *Cortes*, zum Ausdruck kamen. Mit Ausnahme Aragons, das im Mächtespiel des Mittelmeerraums eine wichtige Rolle ausübte und Herrschaftsrechte in Sizilien und Süditalien beanspruchte, waren die zentralisierenden Gewalten schwach ausgeprägt; die *reconquista*, die über Jahrhunderte sich hinziehende Rückeroberung der von Mauren beherrschten Landesteile, war weitgehend Sache privater Interessengruppen: Granden, Siedlergemeinschaften, städtischer Korporationen. Für Kastilien galt, was ein zeitgenössischer Chronist schrieb: «In diesem Reiche herrschten so verdorbene und abscheuliche Sitten, daß jeder nach seinem freien Willen lebte, ohne daß es jemanden gab, der ihn tadeln oder bestrafen wollte ... Wo kein Recht gewahrt wurde, waren die Ortschaften zerstört, die Besitzungen der Krone entäußert, die königlichen Einnahmen auf einen so geringen Wert herabgesunken, daß ich mich schäme, es zu sagen ...»[21]

Das änderte sich mit der 1469 geschlossenen Ehe zwischen den Thronfolgern von Aragon und Kastilien, Ferdinand (1452–1516) und Isabella (1451–1504), deren Königreiche seit 1479 in Personalunion miteinander verbunden waren. Den beiden *Reyes católicos* – der Ehrentitel war ihnen vom Papst verliehen worden – lag vor allem der Abschluß der Reconquista am Herzen, der letzte Kreuzzug gegen die Mauren in Andalusien. Dabei war ihnen sehr wohl bewußt, daß der sehr lebendige Kreuzzugsgeist der Spanier, eine Mischung von religiöser Leidenschaft, Abenteuerlust und Beutegier, die Länder der beiden Kronen auch innerlich zusammenführen mußte. Die Homogenität des künftigen Spanien litt allerdings darunter, daß die beiden Königreiche erst 1516 staatsrechtlich zusammengefügt werden sollten; doch war Kastilien mit Léon, Andalusien und Granada mehr als dreimal so groß wie Aragon mit seinen Nebenländern Katalonien und Valencia, und dieses Übergewicht Kastiliens machte sich in wirtschaftlicher wie in politischer Hinsicht geltend, um so mehr, als König Ferdinand in Kastilien residierte und in seinen eigenen Ländern nur durch Vizekönige präsent war. So war es eigentlich Kastilien, das sich immer stärker in den spanischen Einheitsstaat umbildete. Nicht nur die Reconquista diente der Integration, sondern auch die zunehmende Vorherrschaft der kastilischen Sprache; der Humanist Antonio de Nebrija widmete im Jahr der Entdekkung Amerikas seine kastilianische Grammatik der Königin Isabella mit dem ausdrücklichen Hinweis darauf, daß «die Sprache zu jeder Zeit ein Instrument der Herrschaft» gewesen sei.[22] Auch die Verwaltung Kastiliens entwickelte sich schnell zugunsten der königlichen Prärogative; die Krone beanspruchte das volle Recht der Gesetzgebung, während die kastilische Cortes lediglich der Aufhebung bestehender Gesetze zuzustimmen hatte. Auch das Steuerwesen wurde von der Krone monopolisiert, die zudem bald weder Adel noch Klerus, sondern nur noch Vertreter der Städte zu den Cortes einberief, um mit deren Hilfe um so wirksamer gegen den souveränen hohen Adel vorzugehen. Die Städte waren es auch, die den katholischen Königen das entscheidende innenpolitische Machtmittel in die Hand gaben: Die *Hermandades*, städtische Bruderschaften, die die öffentliche Sicherheit und die städtischen Interessen zu überwachen hatten, wurden von Isabella zur Heiligen Bruderschaft *(Santa Hermandad)* zusammengefaßt, der in Kastilien und seit 1488 auch in Aragon alle Rechtsprechung und Exekution der Urteile zustand, die ihre Gesetze aber direkt von der Krone erhielt. Vor

allem blieb Adligen das Richteramt in der Heiligen Hermandad verschlossen, während die adlige Feudalgerichtsbarkeit
empfindlich beschnitten wurde. Der Heiligen Hermandad
gelang es in kurzer Zeit, im Namen der Krone den Rechts-
frieden mit barbarischer Härte zu sichern, und sie wuchs zu
einer mächtigen Stütze der königlichen Macht heran.

Die entscheidende Maßnahme zur inneren Einigung der
spanischen Königreiche jedoch bestand in der Fortsetzung
der *reconquista* mit anderen Mitteln; nach dem Fall Granadas
1491 nutzten die katholischen Könige die Kreuzzugsstim-
mung, um auch die religiöse Einheit Spaniens herbeizuzwin-
gen. 1492 erging ein Edikt, das sämtliche Juden vor die Wahl
stellte, sich taufen zu lassen oder innerhalb weniger Monate
das Land zu verlassen; ein Jahrzehnt später erging eine ähnliche Aufforderung an die mohammedanische Bevölkerung.
Selbst Richelieu, dessen Hugenottenverfolgungen ganz ähnlichen Zielen dienten, nannte später das Edikt gegen die spanischen Mauren eins der barbarischsten Dokumente der
Weltgeschichte. Von den etwa 1 Million Muslimen verließen
mehr als 300 000 das Land, von den 200 000 Juden etwa
150 000. Von diesem wirtschaftlichen Aderlaß haben sich
Spaniens Städte nie wieder völlig erholt, aber das eigentliche
Ziel war erreicht: Die religiöse Vereinheitlichung des Staates, die Disziplinierung der Bevölkerung im Namen des
Glaubens wie im Namen Spaniens. Die Kirche diente dabei
als reines Instrument des Staates; wie auch der französischen
Krone war es den spanischen Königen gelungen, das alleinige Vorschlagsrecht für die Besetzung aller wichtigen kirchlichen Stellen zu erlangen und sogar einen Teil des Kirchen-
zehnten für die Staatskasse in Anspruch zu nehmen. Vor
allem aber war da die Inquisition, das höchste kirchliche Gericht Spaniens, das hauptsächlich mit dem Kampf um die Einheit und Reinheit des katholischen Glaubens befaßt war. Im
Gegensatz zur römischen Inquisition befand sich die spanische
von Anfang an unter unmittelbarer Kontrolle der Krone und
war einem eigenen königlichen Rat unterstellt, ein gewal-
tiges Machtinstrument im Dienst der inneren Egalisierung
und Homogenisierung des spanischen Reiches. Die Einheit
von Glaube und Staat als Mittel der unauflöslichen Bindung

zwischen Herrschern und Untertanen: Das sollte sich für die kommenden Jahrhunderte als entscheidendes Mittel für die innere Festigung der modernen Staaten Europas erweisen.

So sind auch Reformation und Gegenreformation nicht allein säkulare Umwälzungen von Glaube, Kirche und Gesellschaft, sondern entscheidende Elemente der europäischen Staatsbildungen. Schon am spanischen Beispiel wurde das sichtbar; die Einbindung der Kirche in den Staat war von einer Kirchenreform begleitet gewesen, einer scharfen Disziplinierung und Läuterung der Mönchsorden wie des Weltklerus: die einzige Kirchenreform vor der Reformation, die sich im Schoß der Papstkirche selbst vollzog. Ein anderer Fall lag bereits ein halbes Jahrhundert zurück: der Versuch König Georgs von Podiebrad (1420–1471), die böhmische Krone von Papst und Kaiser unabhängig zu machen, indem er das Bündnis mit den gemäßigten Hussiten suchte. Er war am Widerstand des starken böhmischen Adels gescheitert, der das Bündnis zwischen der hussitischen Stadtbevölkerung und der Krone fürchtete und, mit päpstlicher und kaiserlicher Unterstützung versehen, Georg unüberwindlichen Widerstand entgegensetzte.

Anders der Fall Englands; hier fehlte der ständische Widerstand gegen die staatskirchlichen Bestrebungen der Krone schon deshalb, weil seit dem Hundertjährigen Krieg das gemeinsame Staatsbewußtsein von König, Parlament, Adel, Geistlichkeit und Städten geschärft war, und weil der Hochadel aus den Bürgerkriegen des 15. Jahrhunderts geschwächt hervorgegangen war. König Heinrich VIII. operierte parallel zu dem französischen König Franz I., indem er die von ihm gewünschte Scheidung von seiner ersten Ehefrau Katharina von Aragon nutzte, um alle Rechtsbefugnisse über innerenglische Angelegenheiten dem Papst zu entreißen und selbst zu übernehmen. Franz I. war bei der Bildung der gallikanischen Kirche allerdings insoweit stehengeblieben, als er den Papst als Oberhaupt der Kirche förmlich anerkannt hatte; Heinrich VIII. ging den entscheidenden Schritt weiter. 1534 beschloß das Parlament die «Suprematsakte», die besagte, daß der König «*justly and rightfully is and ought to be Supreme Head of the Church of England*». Fortan gab es keinen

Papst mehr, sondern lediglich den Bischof von Rom; der König herrschte über die weiterbestehende englische Bischofskirche und übernahm die kirchenrechtliche sowie die liturgie- und dogmenbestimmende Macht des Papstes. Daß es davon abgesehen zunächst keine sichtbare Veränderung der kirchlichen Organisation und der Liturgie gab, erleichterte die Entstehung der englischen Staatskirche beträchtlich und wurde durch die Hoffnung unterstützt, nur noch einen statt zweier finanziell anspruchsvoller Herren zu haben.

Auch in der Mitte Europas, im Heiligen Römischen Reich, erwies sich, daß das Ringen um die Staatsmacht gleichbedeutend mit dem Kampf um die Kirche war. Anders als im Fall der Staaten Westeuropas hatten sich hier zwei politische Strukturen zugleich herausgebildet, die miteinander in Konkurrenz standen. Da waren einerseits Kaiser und Reich, letzteres vertreten durch die Reichsstände auf dem Reichstag; da war andererseits die Vielzahl der reichsunmittelbaren Territorien und Städte, die dem Reich auf dem Weg zur Staatlichkeit bereits weit, wenn auch in sehr unterschiedlicher Weise, vorausgeeilt waren. Neben kleinen und kleinsten Herrschaften, die sich oft von der Zinne des Schlosses aus überblicken ließen, standen große reichsfürstliche Territorien mit ausgebauter Zentralverwaltung und eigenen Landtagen, wie etwa die Herzogtümer Bayern, Württemberg, Lothringen, Luxemburg oder Savoyen, die Kurfürstentümer Sachsen und Brandenburg, die Kurpfalz und die Landgrafschaft Hessen, die geistlichen Kurfürstentümer Köln, Mainz und Trier, um nur einige der größten Territorien zu nennen. Allerdings hatten die Reichsreformbestrebungen Kaiser Maximilians I. gezeigt, daß das Reich noch keineswegs zu einem rein metaphysischen Körper verkümmert war; die Errichtung des Reichskammergerichts 1495, verbunden mit dem erklärten «Ewigen Landfrieden» im gesamten Reich, die Einteilung des Reichs in zehn Kreise waren nur ein Anfang gewesen. Die Einführung eines zentralen «Reichsregiments» als handlungsfähige Repräsentation der Reichsstände, die Erhebung von Reichssteuern sollten den nächsten Schritt zur Etablierung einer souveränen und durchsetzungsfähigen kaiserlichen Machtstellung bilden.

Mit dem Tod des Kaisers im Jahr 1519 blieben die Reichs-
reformpläne stecken, doch sein Nachfolger Karl V. nahm sie
wieder auf und suchte die *Monarchia universalis* zu stabilisie-
ren und zu modernisieren, nun allerdings als universales Kaisertum, das neben Deutschland, Böhmen, Burgund und
Mailand auch noch Spanien und die neuentdeckten spanischen Besitzungen jenseits des Atlantiks umfassen sollte.
Karl V. war sich darüber im klaren, daß das Reich unter kaiserlicher Hoheit nur dann in einen Staat umgeformt werden
konnte, wenn er die Macht des Papstes beschränkte und,
ähnlich wie in Frankreich und Spanien, eine Reichskirche errichtete. Doch er scheiterte zum einen an der Radikalität der
Reformation Martin Luthers, zum anderen an dem Widerstand der Reichsfürsten, die eine starke kaiserliche Zentralgewalt fürchteten und sich das «Reichsregiment» lediglich
als Ausschuß des Reichstags, mithin als Instrument der
reichsständischen Interessen, vorstellten.

Noch zu Beginn des Reichstags von Worms 1521 waren
die Würfel nicht gefallen; der aufrührerische Mönch aus Wit-
tenberg, der mit dem Papst gebrochen hatte, der die wahre
Kirche Christi aus der Gemeinschaft der Gläubigen erneuern
wollte, dem die einzige Glaubensautorität die Schrift Gottes,
sola scriptura, war, wurde vor den Reichstag geladen – das
erste Mal, daß ein weltliches Gremium sich anmaßte, über
Fragen der Kirchendogmatik zu urteilen. Die Stimmung im
Reichstag war scharf gegen die Mißstände in Kirche und
Papsttum gerichtet, und die kaiserlichen Räte waren geneigt,
sich Luthers zu bedienen, um Druck auf den Papst auszuüben. Aber Luther weigerte sich, diplomatische Zugeständ-
nisse zu machen, und seine Weigerung, auch nur Teile seiner
Lehre zu widerrufen, ging dem Kaiser zu weit. Luther hätte
das Schicksal des böhmischen Reformators Jan Hus geteilt,
wäre er nicht von einigen Reichsfürsten beschützt worden.
Zweifellos geschah dies auch, vielleicht sogar in erster Linie
aus Glaubensgründen – «Neun Zehntel von Deutschland erheben das Feldgeschrei von Luther,» meldete der päpstliche
Legat nach Rom, «und das übrige Zehntel wenigstens ›Tod
dem römischen Hof‹ . . .» Vor allem aber erwies sich Luthers
Reformation als geeignet, die Machtansprüche des Kaisers

gegen die Reichsstände zurückzuweisen und die landesherrliche Macht zu konsolidieren.

Auf dem Reichstag von Speyer 1526 hatte man sich auf
eine Kompromißformel geeinigt, die es den lutherischen
Landesherren und Stadtmagistraten erlaubte, das Kirchen-
wesen innerhalb ihres Territoriums selbständig zu ordnen.
Ohne weiteres übernahmen die evangelischen Obrigkeiten
die Aufgabe von «Notbischöfen», die an der Spitze der Kir-
chenorganisationen ihrer Länder standen. Luther hatte dies
eigentlich nur als Übergangslösung vorgesehen, aber die
Fürsten dachten nicht daran, ihre einmal gewonnene Kontrolle über die Kirche wieder aufzugeben, zumal fast alles
Kirchengut vom Staat übernommen, zum Teil verkauft,
hauptsächlich aber dem Besitz des Landesherrn zugeschla-
gen wurde. Erleichtert wurde das landesherrliche Kirchen-
regiment durch Luthers Lehre, der unter Berufung auf den
Apostel Paulus – «Denn es ist keine Obrigkeit, außer von
Gott; wo aber Obrigkeit ist, die ist von Gott verordnet»[23] –
der weltlichen Macht die Aufgabe zugewiesen hatte, die Gemeinschaft der Christen gegen das Böse zu schützen. So war
der evangelische Landesherr, ähnlich dem englischen König,
summus episcopus und Haupt einer streng hierarchisch gegliederten Kirchenorganisation, womit der konfessionelle
Bereich vollständig in den bürokratischen Staatsapparat eingegliedert war.

Auch in den altgläubig gebliebenen Territorien suchten die
Landesherren, die Kirche in staatlichen Griff zu nehmen. So
verbündeten sich die bayerischen Herzöge mit der Universität Ingolstadt, um gegen die Amtsgewalt der Bischöfe ein
Aufsichtsrecht der Obrigkeit über die Kirchenlehre durchzusetzen – hier allerdings bereits im Sinne der Gegenreformation, denn es gab allzuviele Geistliche, deren Amtsverständ-
nis der neuen katholischen Sittenstrenge nicht entsprach,
oder die sich allzusehr mit der Lehre Luthers befreundet hatten. Auf jeden Fall stellten sich Reformation wie Gegenreformation in den Dienst der Staaten und ihrer Herrschaft: Die
mühsam aus zahllosen zersplitterten Besitzrechten heraus-
wachsenden Territorien bedurften aus politischen Gründen
der zusammenhaltenden geistigen Klammern, und bei der

Bedeutung der Religion, die alle Lebensbereiche durchdrang, war diese geistige Klammer nur in der Einheit des
religiösen Bekenntnisses gegeben. So proklamierte der
Augsburger Religionsfrieden von 1555, mit dem die lutherischen Reichsstände endgültig ihre Gleichberechtigung mit
den katholischen erhielten, für alle Landesherren das *ius refor-
mandi*: Das hieß, daß die Bevölkerung sich dem Bekenntnis
des jeweiligen Landesherren anschließen mußte; wer nicht
dazu bereit war, dem blieb immerhin das *ius emigrandi*, also
das Recht, in ein Land seines Bekenntnisses auszuwandern.
Die innere Homogenisierung der deutschen Länder und
Reichsstädte war damit weit vorangeschritten, entscheidende Voraussetzung für die zunehmende Eigenstaatlichkeit
und innere wie äußere Selbständigkeit; zugleich aber war das
Heilige Römische Reich entscheidend geschwächt, denn die
territoriale Zersplitterung wurde nun durch die konfessionelle Spaltung verstärkt. Während das Reich in der Folgezeit
immer mehr an staatlicher Substanz verlor, zogen sich die
habsburgischen Kaiser immer stärker auf ihre österreichischen Erbländer zurück; das langsame Herauswachsen
Österreichs aus der deutschen Geschichte begann bereits mit
der Reformation.

Um die Mitte des 16. Jahrhunderts konnte es scheinen, als
habe sich die autonome Staatsidee, wie sie Machiavelli verkündet hatte, unter dem Druck des Glaubensstreits verflüchtigt. Einerseits gewannen Staaten an Stärke und Integrations-
kraft, wenn es ihren Herrschern gelang, ihre Konfession bis
in das letzte Dorf durchzusetzen. Andererseits jedoch erwies
sich die Sprengkraft der religiösen Überzeugung, sobald sie
in Konkurrenz zu einem anderen Bekenntnis geriet. Noch
galt die Überzeugung, daß die Wahrheit herrschen sollte,
und daß zur Wahrheit die Einheit des Reiches Gottes auf
Erden gehöre. Über dem Glaubenskonflikt, der Europa infolge von Reformation und Gegenreformation heimsuchte,
konnten Staaten in blutige Anarchie geraten oder gar auseinanderfallen.

Dabei war nicht Luthers Lehre der eigentliche Stein des
Anstoßes, sondern der radikalere Calvinismus, dessen Anhänger den Obrigkeitsgehorsam Luthers ablehnten und die

Durchsetzung ihrer Glaubenswahrheit um jeden Preis forderten; verfolgt ein Herrscher den Glauben seiner Untertanen, so wird nach der Lehre Johann Calvins (1509–1564) der aktive Widerstand zur Pflicht jedes einzelnen. Das hieß Bereitschaft zum Bürgerkrieg, und dieser Bürgerkrieg brach 1562 in Frankreich aus, nachdem einer der Führer der katholischen Partei, Franz von Guise, in Vassy ein Blutbad unter den zum Gebet versammelten Calvinisten veranstaltet hatte. Die Calvinisten, in Frankreich Hugenotten genannt, griffen im gesamten Reich zu den Waffen, und von nun an bis 1598 fegte ein blutiger Krieg nach dem anderen über das Land, wobei die aufgeputschte religiöse Leidenschaft auf beiden Seiten schauerliche Greuel verursachte. Der Autoritätsverlust der Krone war schwer; nach der Bartholomäusnacht vom 23. August 1572, als fast alle Hugenotten in Paris und weitere zehntausend im übrigen Frankreich ermordet worden waren, bildeten die Hugenotten die Calvinistische Union, ein Staat im Staate mit eigener Armee, eigener Justiz- und Finanzverwaltung.

Wenn auch das Auseinanderfallen Frankreichs schließlich durch den Übertritt des Hugenottenführers Heinrich von Navarra zum Katholizismus und mit Heinrichs Krönung zum König von Frankreich verhindert wurde, so war doch der Bürgerkrieg in Frankreich nur ein Teil eines langdauernden Blutbades, in dem die meisten Staaten Europas zu versinken drohten. In den sieben nördlichen Provinzen der spanischen Niederlande erhob sich der reformierte Adel gegen die gegenreformatorische Politik Madrids; seit 1567 wütete der Krieg, der sowohl Züge eines Befreiungs- wie eines Bürgerkriegs trug, sich weit über das Jahrhundertende hinauszog und eigentlich erst mit der Anerkennung der niederländischen Unabhängigkeit im Westfälischen Frieden von 1648 sein Ende fand.

In Deutschland dagegen herrschte nach dem Augsburger Religionsfrieden von 1555 bis 1618 die längste Friedensperiode in der deutschen Geschichte. Sie ging zu Ende, weil sich im Laufe dieser Zeit konfessionelle Bündnisse unter ehrgeizigen Führern gebildet hatten, die auf die Gelegenheit zum Losschlagen warteten. Die Gelegenheit ergab sich, als sich die latente Spannung zwischen den vorwiegend protestantischen Ständen Böhmens und der katholischen, gegenreformatorischen Landesverwaltung der Habsburger entlud. Am 23. Mai 1618 erhoben sich die böhmischen Stände, warfen einige kaiserliche Beamte aus einem Fenster der Prager Burg, bildeten eine provisorische böhmische Regierung, vertrieben die Jesuiten und stellten ein Heer auf. Kaiser Ferdinand II., im Bündnis mit den Staaten der katholischen Liga unter Führung Bayerns, griff ein, während die Staaten der protestantischen Union sich auf der Seite ihrer böhmischen Glaubensgenossen engagierten. Damit begann der Dreißigjährige Krieg, in den nach und nach fast alle europäischen Mächte hineingezogen wurden, und der 1648 mit dem Frieden von Münster und Osnabrück zu Ende ging. Um diese Zeit tobte noch der englische Bürgerkrieg, der 1642 begonnen hatte, im Grunde ein Aufstand des niederen Adels, der *gentry*, und des Parlaments gegen die fiskalischen Forderungen der mit dem kaufmännischen Großbürgertum liierten Krone. Auch hier überlagerten konfessionelle Strömungen den politischen Machtkampf, denn das Parlament neigte dem schottischen Presbyterianismus zu, während hinter Karl die englische Bischofskirche stand; die Parlamentsarmee dagegen verkörperte puritanische und andere, noch radikalere Sekten. Hier geschah sogar das Ungeheuerliche, daß der besiegte König vom Unterhaus als Tyrann und Volksfeind zum Tode verurteilt und öffentlich hingerichtet wurde.

Alle diese Kriege hingen miteinander zusammen und waren Teil desselben europäischen Bürger- und Glaubenskriegs. Im Hintergrund fand das weltgeschichtliche Ringen zwischen Frankreich und Habsburg um die Vormacht in Europa statt, wobei Frankreich, ungeachtet der eigenen inneren Wirren, außerhalb seiner Grenzen meist die Partei der Protestanten ergriff. Auf einer anderen Ebene ging es in den meisten Staaten Europas um die Abwehr landesherrlicher Machtansprüche durch die ständischen Gewalten, die im Protestantismus das Mittel fanden, um ihre schwächer gewordene Stellung im Staat zu legitimieren. Und nicht zuletzt ging es in diesem europäischen Bürger- und Glaubenskrieg

um die christliche Einheit Europas und damit um die Herrschaft universaler, überstaatlicher Ideen in der Politik.

3. Leviathan

Mit dem Frieden von Münster und Osnabrück im Jahr 1648
neigte sich das Zeitalter der großen Ungewißheit seinem
Ende zu. Aus dem Blutbad der Religionskriege war ein
neuer Kontinent erwachsen: Das Zeitalter der absolutistischen Staaten brach an, der Machtkampf zwischen Fürsten
und Ständen war entschieden, Konfession und Staat bildeten
eine untrennbare Einheit, und bis in das letzte Dorf wußte
jedermann, was Gesetz und Recht, was Ordnung und was
wahrer Glaube war. Einer, der auf der Verliererseite stand,
Paul de Gondi, Kardinal Retz, der mehrmals für die Interessen der Ständevertretung und der großen Familien gegen die
Krone von Frankreich zur Waffe gegriffen hatte, klagte gegen Ende seines Lebens: «Seit mehr als zwölfhundert Jahren
hat Frankreich Könige; aber diese Könige waren niemals bis
zu dem Grade absolut wie heute. Ihre Autorität war niemals,
wie die der Könige von England und Aragon, durch ge-
schriebene Gesetze geregelt. Sie war nur durch die bestehenden Gewohnheitsrechte anerkannt und gleichsam in Verwah-
rung gegeben, zuerst in die Hände der Generalstände und
dann bei den Parlamenten . . .»[24] Jetzt, um 1665 unter der
Herrschaft des jungen Ludwig XIV., waren die Generalstände Frankreichs seit einem halben Jahrhundert nicht mehr
einberufen, die Parlamente zu reinen Gerichtshöfen degra-
diert, und alle Macht im Staat verkörperte sich im König –
«die empörendste und gefährlichste Tyrannei, die vielleicht
jemals einen Staat unterworfen hielt,» behauptete Kardinal
Retz.[25] Ludwig XIV. hat nie gesagt: «*L'état c'est moi*», der
Staat bin ich, aber er hätte es sagen können, und wie er die
meisten regierenden Fürsten in Europa.

Man versteht diesen Satz nur unzureichend, wenn man
von unserem heutigen Wortverständnis ausgeht, also von
«Staat» als Inbegriff umfassender Souveränität und Unabhängigkeit. Zur Zeit Ludwigs XIV. war das Wort *l'état* in der

Einzahl überraschend und neu. Man war gewohnt, es in der Mehrzahl zu gebrauchen: *les états* waren die Stände, also das gemeinsame Regiment des Fürsten (der ebenfalls einen Stand darstellte) mit den übrigen Ständen, mit Adel, Klerus und Bürgertum. In der deutschen Sprache ist dieser Zusammenhang nicht so augenfällig wie im Französischen; man muß sich schon an die altertümliche Bezeichnung «General-staaten» für die gemeinsame Versammlung der niederländischen Provinzialstände erinnern, die sich bis heute als Name für das niederländische Parlament erhalten hat. «Stände» und «Staat» fielen in Alteuropa bis weit ins 17. Jahrhundert zusammen, und deshalb war die Aussage «Der Staat bin ich» nicht anmaßend, sondern revolutionär: In der Krone sollten sich fortan sämtliche ständischen Gewalten vereinen.

Die neue Idee von der alleinigen königlichen Gewalt im Staat war in den harten und grausamen Bürgerkriegen entstanden, die Frankreich im letzten Drittel des 16. Jahrhunderts zerrissen hatten und bis zur Alleinherrschaft Ludwigs XIV. im Jahr 1661 immer wieder aufgeflackert waren. Hatte das Morden im Namen des christlichen Glaubens nicht bewiesen, daß der Streit um die gerechte Ordnung eben jene Ordnung zerstörte? Angesichts der Auflösung der Sitten, der Moral und der politischen Normen, angesichts des religiösen Massenwahns auf allen Seiten erhob sich eine kleine Elite von Juristen, Magistratsbeamten, Parlamentsmitgliedern und humanistisch gebildeten Literaten und erklärte: Jede Herrschaft, die den Bürgerkrieg beende, sei dem Bürgerkrieg vorzuziehen. Jene Gruppe, zu der der Kanzler Michel de l'Hôpital wie auch der Schriftsteller und Parlamentsrat Michel de Montaigne gehörten, hieß die *politiques* – also Menschen, denen es auf rechtes politisches Handeln ankam, bei dem nicht die Konfession das Ziel abgab, sondern der Friede, ein Frieden fast um jeden Preis. Das hieß, daß die Entscheidung über religiöse Wahrheiten ausgeklammert werden mußte. Fragen der Religion seien Angelegenheit der Kirche, militärisch nicht lösbar, und sie dürften den Staat nicht bestimmen. Die *politiques* waren Anhänger einer starken Monarchie, weil nur sie den Frieden erzwingen konnte, und weil der Monarch als die natürliche Quelle aller Gesetze

erschien. Die Summe dieser Ideen zog der Jurist und Philosoph Jean Bodin (1529–1596), der in seinen *Les six Livres de
la République*, sechs Büchern vom Staat, systematisch das
konfessionell neutrale, innerweltlich legitimierte Gemeinwesen begründet: «*République est un droit gouvernement de plu-
sieurs mesnages et de ce qui leurs est commun, avec puissance sou-
veraine*», der Staat (womit das Wort Republik hier im alten
Wortsinn zu übersetzen ist) ist die am Recht orientierte, souveräne Regierungsgewalt über eine Vielzahl von Haushaltun-
gen und das, was ihnen gemein ist.[26] Die wesentliche, wenn
nicht einzige Eigenschaft des Staates ist also seine Souveränität. Unter «Souveränität ist die dem Staat eignende absolute
und zeitlich unbegrenzte Gewalt zu verstehen»[27], sie bezeichnet also den höchsten Ort der politischen Entscheidung, und da diese Gewalt ihrer Definition nach absolut und
unbegrenzt ist, kann sie auch nur von einer Person ausgeübt
werden, also vom Monarchen, dem einzigen Gesetzgeber.
Wie Gott dem Weltall Gesetze gegeben hat, so muß der souveräne Herrscher dem Staat Gesetze geben. Alle weiteren
politischen Befugnisse, also dessen sonstigen Rechte, wie
auch die der Gerichte, Magistrate und Untertanen, so Bodin, leiten sich von dem Gesetzgebungsmonopol des Herrschers ab. Deshalb stellt sich auch gar nicht die Frage nach
der religiösen Rechtfertigung von Herrschaftsakten – der
Souverän als Gesetzgeber ist konfessionell neutral. Das heißt
allerdings nicht, daß der Souverän nach Belieben schalten
und walten kann; Souveränität zielt auf gerechte Herrschaft,
die sich in der Beachtung des göttlichen Rechts und des
Naturrechts, aber auch der herkömmlichen Grundsätze der
Monarchie, der *leges imperii*, erweist – mit dieser inneren
Schranke, die Bodin vor dem Machtmißbrauch aufrichtet,
widerspricht er Machiavelli.

   Was Bodins Theorie von der einen und ungeteilten Souveränität angeht, so paßte sie ausgezeichnet, um die Niederlage des Feudaladels und der Stände in den europäischen
Bürgerkriegen des 17. Jahrhunderts und die Machtkonzentration bei den Königen und Fürsten zu erklären und zu legitimieren. Aber Bodins Herrschaftstheorie blieb in einem
Punkt unbefriedigend: Was berechtigte den Herrscher zur

Ausübung der gottähnlichen Macht, den Menschen Gesetze zu geben? Bodin argumentierte historisch: Die Stellung des Souveräns beruhe auf dem alten Recht des Königreichs. In einem logikbegeisterten Zeitalter wirkte dieses Argument nicht überzeugend; man verlangte den Nachweis eines Rechts, auf das sich die Entstehung und die Existenz der souveränen Macht gründete. Eine derartige Erklärung gab es bereits, aber sie wurde üblicherweise von den Gegnern absoluter Fürstenmacht vorgetragen: Es handelte sich um die Lehre vom Herrschaftsvertrag, der zwischen dem Volk – meist in Gestalt seiner ständischen Vertretung – und dem Herrscher abgeschlossen wurde, wobei in der Regel eine dritte Macht, die Kirche, als Garant des Vertrags auftrat. In der jüngeren staatstheoretischen Literatur waren es vor allem die sogenannten Monarchomachen gewesen, die die Vertragslehre vertreten hatten, um zu begründen, weshalb ein aktives Widerstandsrecht gegen tyrannische Herrscher gerechtfertigt sei, die den Vertrag gebrochen hätten. Die Idee vom Herrschaftsvertrag, den Herrscher und Volk miteinander schlossen, war also ein gewichtiges Argument in der Waffenkammer der Gegner des Absolutismus; daß sich diese Waffe in einen Stützpfeiler des Absolutismus umgießen ließ, zeigte der englische Philosoph Thomas Hobbes (1588–1679).

Auch Hobbes dachte vom Bürgerkrieg her: So ähnlich stellte er sich den menschlichen Naturzustand vor. Ursprünglich sind alle Menschen frei und gleich gewesen, ihren Trieben und eigensüchtigen Beweggründen unterworfen und deshalb im Krieg aller gegen alle: «Der Mensch ist des Menschen Wolf». Weil sie aber den gewaltsamen Tod fürchteten und nach einem angenehmen Leben strebten, bemühten sie sich um Frieden. Zu diesem Zweck, meinte Hobbes, müßten die Menschen einen Vertrag miteinander abgeschlossen haben, mit dem sie auf ihr natürliches Recht verzichteten, einander zu töten. Dieses Recht hätten sie auf den Staat übertragen, der die gesamte Macht der Vertragspartner in sich vereine. Der Staat sei das biblische Ungeheuer Leviathan, der künstliche Übermensch, der als Einziger die Wolfsmacht des Urzustandes beibehalte, indem er allein über

Krieg und Frieden, Freund und Feind, Tod und Leben ent-
scheide.

Vor die Frage gestellt, welcher Staatsform er den Vorzug
gebe, entschied sich Hobbes für die Monarchie, denn nur in
der Person des Monarchen könne sich die Souveränität des
Staates ungeteilt verwirklichen; eine gemischte Regierungsform, in der die Macht auf Monarch und Parlament verteilt
war, lehnte Hobbes unzweideutig ab. Erst wenn Staat,
Monarch und Souveränität restlos in eins zusammenfielen,
sei das Vertragsziel erreicht: Sicherung des Friedens, Schutz
aller Untertanen gegeneinander.

Verwirklichte sich Hobbes‹ Leviathan im Staat des Absolutismus? War der absolute Herrscher jener Souverän, den
Bodin beschrieben hatte? Wer sich dies fragte, dessen Blick
richtete sich unweigerlich auf Frankreich. Noch hundert
Jahre zuvor hätte man auf Spanien geblickt, weitere hundert
Jahre früher auf Italiens Stadtstaaten und Fürstentümer; aber
spätestens seit dem Ende des Dreißigjährigen Kriegs, seit der
Mitte des 17. Jahrhunderts, war Frankreich zur unbestrittenen Hegemonie in Europa aufgestiegen – politisch wie kulturell. Es zählte etwa 20 Millionen Einwohner, etwa doppelt
soviele wie das Heilige Römische Reich, dreimal soviele wie
England und Schottland gemeinsam, mehr als viermal soviele wie Spanien. Das bisher führende Spanien war besiegt
und mit der französischen Krone durch einen Heiratsvertrag
verbunden. Frankreich war Garantiemacht des Westfälischen
Friedens und damit der inneren Verfassung des Heiligen Römischen Reichs; die habsburgische Bedrohung, Frankreichs
Albdruck seit zweihundert Jahren, war geschwunden. Zumindest in der zweiten Hälfte des 17. Jahrhunderts leitete
Frankreich die europäische Politik, und Ludwig XIV., König seit 1643, seit seiner Volljährigkeit 1661 unabhängig von
Ratgebern und Regenten, leitete Frankreichs Politik. «Der
König», so Paul Hazard, «ist ganz auf Handlung, auf Ausstrahlung eingestellt; er wird das Licht sein, ja sogar die
Sonne; er schafft ein Sonnensystem, dessen Zentrum Versailles ist, zu dessen Trabanten er die europäischen Völker machen will . . .»[28] Was Rom in der Antike war, beanspruchte
im Zeitalter Ludwigs XIV. Paris für sich, und wirklich war

es Mittelpunkt der geistigen wie der gebürtigen Aristokratie Europas; ihre Bücher, ihre Sprache, ihre Sitten, der ganze Ablauf ihres täglichen Lebens wurde französisch.

An der Spitze des Staates stand der König; er war oberster Gerichts-, Lehns- und Kriegsherr, alleiniger Lenker der Außenpolitik, der Finanzen, der Verwaltung und weitgehend auch der Kirche. Er war das wandelnde Gesetz, *rex lex*. Die Grundgesetze der französischen Monarchie, seit dem Spätmittelalter von den Legisten nach Vorbildern der römischen Rechtstradition formuliert, waren die eine Quelle, aus der der königliche Absolutismus seine Berechtigung schöpfte; die andere war die Bibel, auf die sich Jacques-Bénigne Bossuet stützte, Hofprediger Ludwigs XIV. und später Bischof von Meaux: In seiner *Politik nach den Worten der Heiligen Schrift* schrieb er, daß Gott durch den Monarchen seine Herrschaft ausübe. Das bedeute, daß die Person des Königs geheiligt sei, aber auch, daß die Könige ihre Gewalt als eine ihnen von Gott anvertraute Sache mit Zurückhaltung einsetzen sollten, denn Gott fordere von ihnen Rechenschaft. Solche Zurückhaltung sei aber allein Sache des Fürsten; der Untertan dagegen könne allenfalls Gott im Gebet bitten, den Sinn des Fürsten zu ändern, aber nie direkt vom Fürsten einen Sinneswandel verlangen: Die fürstliche Gewalt war absolut.

Der Hof war der Rahmen der königlichen Glorie, ein Tempel der Herrscherverehrung, dessen Liturgie strengen und komplizierten Regeln unterlag, und in dem jeder der etwa zehntausend Beteiligten sein ihm genauestens bestimmtes Amt mit Hingebung auszuüben hatte. Hier war der Ort, an dem die Angehörigen des Königshauses und die Getreuen und Diener der Dynastie miteinander verkehrten und oft auch miteinander wohnten. Wer zum Hof zugelassen wurde, war Mitglied der königlichen Hausgemeinschaft; eine größere Ehre war nicht denkbar. Auf diese Weise war es gelungen, den französischen Feudaladel zugunsten des Staates weitgehend zu domestizieren; die vornehmsten Familien des Landes hatten ihre Schlösser verlassen, um ihr Leben in Versailles, unter den Augen des gnadenspendenden Monarchen, zu verbringen. Das größte Unglück, das einen Höfling treffen konnte, war die Verbannung auf seine Güter in der Provinz.

Der Staatsrat (*Conseil d'état du Roi*), das königliche Beratungs- und Entscheidungsgremium, war strikt vom Hof getrennt. Die Prinzen von Geblüt und der Hochadel, traditionellerweise Mitglieder des Staatsrats durch Geburtsrecht, waren aus dieser Stellung verdrängt; sie konnten allenfalls vom König berufen werden und verdankten dann ihre Stellung ausschließlich dem königlichen Vertrauen. An ihre Stelle traten Verwaltungsfachleute, Adlige «der Feder» (*noblesse de la plume*), meist bürgerlicher Herkunft, die ihren Titel dem Amt, und das hieß: dem König, verdankten, und die ihren Adel in der Regel nicht vererben konnten. Der Staatsrat bestand aus verschiedenen Gremien, die mit den verschiedenen Sparten staatlicher Tätgkeit befaßt waren: Handel, Finanzen, Rechtsprechung; sämtliche Beschlüsse ergingen, als handle es sich um persönliche Entscheidungen des Monarchen. Für die Ausführung der Beschlüsse hatten Zentralbehörden zu sorgen: die Staatssekretariate für die auswärtigen Angelegenheiten, für das königliche Haus, für den Krieg, für die Marine; die Kanzlei (*chancellerie*) als oberste Justizbehörde; die Generalkontrolle der Finanzen, die nicht nur für die Staatseinnahmen zuständig war, sondern auch für die Wirtschaftsförderung, den Straßen-, Kanal- und Hafenbau und für die öffentliche Ruhe und Ordnung schlechthin.

Unterhalb dieser Zentralbehörden, die bereits eine frühe Form von Ressortministerien darstellten, erstreckte sich das landesweite Netz der königlichen Verwaltung. Das Land war in etwa hundert staatliche Gerichtsbezirke geteilt, die im Norden meist *baillages*, im Süden *sénéchaussées* hießen. Die Rechtsprechung lag in der Regel nicht mehr bei den adligen Richtern, den *baillis* und *sénéchaux*, sondern bei ihren oft bürgerlichen Stellvertretern, den *lieutenants généraux*, die in ihrem Bezirk nicht nur für die oberste Rechtsprechung, sondern auch für die allgemeine Verwaltung zuständig waren. Die nächsthöhere Ebene bildeten die *cours présidiales* als Berufungsinstanzen; darüber wiederum die obersten Gerichtshöfe (*Cours souverains*) sowie die Parlamente, die ihrer ständisch-politischen Bedeutung verlustig gegangen waren und

lediglich als oberste Instanzen für alle Zivil- und Strafpro-
zesse dienten. Es gab dreizehn *parlements* in allen Teilen
Frankreichs; nur das von Paris besaß eine gewisse hervorge-
hobene Funktion, denn ihm gehörten auch die königlichen
Prinzen und andere hochadlige Mitglieder an, und es besaß
das Recht und die Pflicht, den König beim Erlaß von Gesetzen zu beraten und notfalls dagegen Vorstellungen (*remon-
trances*) zu erheben. Den Widerspruch des Parlaments von
Paris konnte der König nach herkömmlicher Sitte nur durch
sein persönliches Erscheinen brechen; Ludwig XIV. hielt
sich daran allerdings nicht mehr. Bezeichnenderweise durften sich die Parlamente seit 1665 nur noch «Hohe Höfe»
(*conseils supérieurs*), nicht mehr «Souveräne Höfe» nennen;
souverän war allein der König.

Das eigentliche Machtinstrument des französischen Absolutismus waren jedoch die Intendanten, deren Machtbefug-
nis größer war als die der heutigen Präfekten, in gewisser
Hinsicht ihre Nachfolger. Ihr Urbild waren die *missi dominici*
Karls des Großen, die zeitweise in die entferntesten Regionen des Reichs entsandt wurden, um Gerichtsfälle oder
Steuerangelegenheiten zu ordnen. Ludwig XIV. ging weiter;
er überzog ganz Frankreich mit einem Netz von 35 Bezirken,
denen jeweils ein Intendant als Vertreter der Zentralgewalt
vorstand. Als Justizintendanten hatten sie über die Rechtspflege zu wachen, ungesühnte Delikte vor Gericht zu bringen und in den Justizbehörden gegebenenfalls den Vorsitz zu
führen. Als Polizeiintendanten übten sie die Aufsicht über
die Straßen- und Wegepolizei (*marechaussée*) aus, sorgten für
Ruhe und Ordnung, beaufsichtigten zusammen mit den
Gouverneuren das Militär, überprüften Haushaltsführung
und Finanzgebaren der Städte und Dörfer. Als Finanzinten-
danten schließlich überwachten sie den größten Teil der
Steuerveranlagungen und -einziehung. Das Neue, ja Revolutionäre der Intendantenverwaltung lag nicht nur in der flä-
chendeckenden Zuständigkeit, mit der die Intendanten und
ihre Vertreter, die *subdélégués*, den Staat in seiner gesamten
Tätigkeit auf mittlerer Ebene repräsentierten, sondern auch
in ihrer Unabhängigkeit von Kollegialentscheidungen und
von ständischen Einspruchsrechten: reines Instrument der

Regierung, Prototyp einer auf Effizienz angelegten bürokratischen Behörde.

Der Einheit des Staates diente auch das stehende Heer, unter Ludwig XIV. etwa 100 000 Mann. Die Armee bildete den eigentlichen fürstlichen Freiraum; in den stehenden Regimentern verkörperten sich nicht nur Ruhm und Glanz des Fürsten, sondern vor allem seine ganz persönliche Souveränität, nach außen, vor allem aber auch nach innen: Das stehende Heer war die *ultima ratio regis*, das alles entscheidende Machtmittel des Königs im Ausnahmezustand. Die Armee bestand aus angeworbenen Söldnern; hinzu kamen regionale Milizen, die 1688 in eine königliche Miliz zusammengefaßt wurden. Neben militärischen Pflichten hatte das Heer auch polizeiliche Aufgaben wahrzunehmen und Unruhen zu unterdrücken; nach der Aufhebung des Edikts von Nantes 1685 war es das Militär, das mittels schikanöser Einquartierungen in hugenottischen Plätzen, den sogenannten Dragonaden, die Rekatholisierung des Königreichs förderte. Das militärische Kommando in den Provinzen lag bei den königlichen Gouverneuren, Angehörigen des hohen Adels, die in früheren Zeiten als notorisch unzuverlässig im Sinne der Krone gegolten hatten; die Aufstände und Insubordinationen vergangener Jahrzehnte hatten sich stets auf Provinzgouverneure und deren Truppen stützen können. Ludwig XIV. ging dazu über, diese Posten nur für drei Jahre zu besetzen und dabei Offiziere seiner Leibgarde zu bevorzugen: «Ich habe mich stets an diese Bestimmung gehalten», schrieb er in seinen Memoiren, «und ich konnte feststellen, daß sie zweierlei verschiedene gute Wirkungen hatte. Einmal waren die Untergebenen des Gouverneurs von ihm nicht mehr so abhängig und ihm nicht mehr so zugetan wie früher; ferner aber konnten sich die Gouverneure auf ihren Posten nur dann erhalten, wenn ich ihnen gewogen blieb, und sie mußten sich daher weit unterwürfiger zeigen als früher.»[29] Die tatsächliche militärische Kommandogewalt wurde in den Provinzen mehr und mehr von den *Lieutenants généraux* ausgeübt, während das Gouverneursamt zur reinen Ehrenstellung herabsank. Bis zur Französischen Revolution blieb die Armee zuverlässiges Instrument in den Händen der Krone.

Der Staat schickte sich an, allgegenwärtig zu sein. Selbst in das denkbar bürgerlichste Milieu drang er ein, in das der Wirtschaft. Jene Form der Staatswirtschaft, die Finanzminister Jean Baptiste Colbert, Sohn eines kleinen Tuchhändlers aus Reims, in der Glanzzeit Ludwigs XIV. zur Blüte brachte, wurde Merkantilismus genannt und beruhte auf der Anschauung, daß die Größe und der Ruhm des Souveräns von der wirtschaftlichen Prosperität des Staates abhinge, und daß zu diesem Zweck der Staat bis ins kleinste reglementierend in die Wirtschaft eingreifen müsse. Die dem zugrundeliegende Theorie lautete: Die Menge des in Europa umlaufenden Geldes ist ziemlich konstant. Ein Land kann daher nur reicher werden, indem es anderen Ländern Geld entzieht: Man muß also möglichst viel ins Ausland verkaufen und darf nur wenig importieren. Aufgabe des Staates ist es also, Industrien zu fördern und zu betreiben, mit deren Hilfe Rohstoffe veredelt und verarbeitet werden, um deren Erzeugnisse dann zu möglichst hohen Preisen zu exportieren. Damit die industriellen Gewinne auch dem Staat zugute kommen, muß der Staat selbst als Produzent auftreten, Monopole schaffen und eigene Manufakturen gründen, und er muß ein effektives Steuersystem einrichten, um privaten Gewinn abzuschöpfen. Die Ergebnisse dieser Politik waren außerordentlich; der Standard der handwerklichen und künstlerischen Ausbildung in Frankreich übertraf den aller anderen europäischen Staaten, die französische Textil-, Porzellan- und Parfumfabrikation sorgte für enorme Staatseinnahmen, die Verbesserung der französischen Verkehrsverhältnisse zur Förderung des Binnenhandels, der Bau von Kanälen und Chausseen, hatte in Europa nicht ihresgleichen.

So also sah das Modell eines erfolgreichen Staates aus, wie es um 1700 allen Europäern vor Augen stand. Allerdings war das Modell Frankreich keineswegs ohne Mängel; der Abstand zwischen den Staatsträumen eines Bodin oder Hobbes und dem Frankreich Ludwigs XIV. war beträchtlich. Die Welt des 17. und beginnenden 18. Jahrhunderts war immer noch eine Welt der Dauer, statisch und von Traditionen geleitet. Europas Zivilisation beruhte auf einer tief eingewurzelten Kontinuität. Die Übermittlung einer Nachricht, die

Geschwindigkeit einer Reise, der Transport von Handelsgut: Alles vollzog sich mit etwa denselben Geschwindigkeiten wie im römischen Altertum. Die Anschauungen von Zeit und Raum, in denen sich menschliche Erfahrungen ausbildeten, hatten sich seit Menschengedenken nicht verändert. So sehr sich die Stile und Denkweisen von Epoche zu Epoche wandelten, sie beruhten doch auf Grundmustern, die sich seit der Antike herausgebildet hatten und in immer neuer Variation ständig wiederkehrten. Wäre ein gebildeter Römer der Augustuszeit nach siebzehnhundert Jahren in Paris wieder zum Leben erweckt worden, er wäre in einer Gesellschaft erwacht, in der er sich ohne große Schwierigkeiten hätte zurechtfinden können. Die Revolution des Absolutismus stieß auf die träge Kraft der Beharrung, die Schwierigkeiten der Befehlsübermittlung, die Traditionen früherer Unabhängigkeit, die fest verwurzelten Gewohnheiten und Privilegien, und hier fand sie ihre Grenzen.

Vor allem gelang es den französischen Königen bis 1789 nicht, ihren Machtanspruch über ganz Frankreich gleichermaßen auszudehnen. Um die alten Königslande mit Paris und Versailles im Mittelpunkt gruppierten sich die Provinzen an der Peripherie, die meist später in den französischen Staatsverband eingegliedert worden waren, und in denen eigenständige Herrschafts- und Rechtstraditionen bestanden. Eine Anzahl von ihnen – Bretagne, Burgund, Languedoc, das wallonische Flandern, Artois, Cambrésis sowie einige Pyrenäengebiete – besaßen eigene Landtage, in denen Adel, Klerus und die Städte vertreten waren. Die Landtage mußten für ihre Provinzen den Steuerforderungen der Krone zustimmen; auch beschlossen sie eigene Steuern und waren für das Wirtschaftsleben, Aufrechterhaltung der öffentlichen Ordnung, Straßenbau und manches weitere zuständig. Es gab ständische Provinzialregierungen, die die Macht der Intendanten erheblich einschränkten. Hinzu kam in allen diesen Provinzen eine autonome, in provinzialen Obergerichten gipfelnde Rechtsprechung, die die Autonomie des Landes gegen den Zentralismus der Regierung verstärkte.

Deshalb war die Regierung auch nicht imstande, ihre Souveränität in zwei entscheidenden Bereichen staatlicher

Machtausübung zu festigen: der Rechtsprechung und der Finanzordnung. Auf dem Gebiet des Rechts kam es zwar zu bedeutenden Gesetzgebungswerken im Bereich des Prozeßrechts und der Gerichtsverfassung, doch gelang es der Krone nicht, die große Trennungslinie zwischen der Zone des kodifizierten römischen Rechts im Süden und derjenigen des Gewohnheitsrechts im Norden zu überwinden; so bestanden bis zum Ende des *Ancien Régime* zwei große Rechtskulturen fast unverbunden nebeneinander. «Jede kleine Provinz versteift sich darauf, nach ihrem eigenen, im 16. Jahrhundert aufgeschriebenen und festgelegten, später noch durch Kommentare ergänzten Gewohnheitsrecht zu richten; das von der Krone gesetzte Recht ist nur eines unter anderen; es muß bei den obersten Gerichtshöfen registriert werden, und diese verstehen sich ausgezeichnet darauf, die Fälle zu verschleppen und Ausflüchte zu suchen, da sie nicht ablehnen können; im übrigen bezieht sich die königliche Gesetzgebung selten auf das ganze Reich; nicht einmal für die Aufhebung des Edikts von Nantes traf dies zu . . .»[30] Und was die Steuern anging, so kann der imponierende Aufbau der königlichen Finanzverwaltung nicht darüber hinwegtäuschen, daß ein einheitliches Steuersystem nicht existierte. Die verschiedenen Provinzen wurden unterschiedlich besteuert; ein Heer von Privilegierten, die eine erheblich geringere Steuerlast zu tragen hatten als die Mehrzahl der Bevölkerung, erbitterte das Volk. Hinzu kam, daß die Einnahmen aus direkten Steuern verpachtet wurden; die Steuerpächter, die bei der Eintreibung der Steuern weitgehend freie Hand hatten und Schmuggel und Steuerhinterziehung mit zahllosen Kontrolleuren brutal bekämpften, waren in der Bevölkerung verhaßt. Colbert war angetreten, dieses ineffektive und ungerechte Steuersystem zu vereinheitlichen und auf neue Grundlagen zu stellen, doch daran scheiterte er; zuviele mächtige Interessen waren zu überwinden, zuviele Gewohnheiten, zur Routine gewordene Formen und Vorrechte. Dieses Scheitern sollte sich für die Monarchie als schicksalhaft erweisen.

So war also der französischen Absolutismus im Vergleich zu seinem theoretischen Modell mit beträchtlichen Abstrichen zu versehen – erst die Französische Revolution sollte, indem sie mit Krieg und Massenterror den revolutionären Einheitsstaat herbeizwang, die absolutistische Staatsidee verwirklichen. Aber im Europa des 17. und 18. Jahrhunderts wirkte das Beispiel stark. Fast alle Staaten des Kontinents verwandelten sich in dieser Ära in absolutistische Herrschaften; allerdings dürfen die äußerlichen Ähnlichkeiten, die allgemeine Neigung zu theatralischer Hofinszenierung fürstlicher Macht, die vielfachen Versailles-Kopien, die europaweite Einheit des französischen Geschmacks und der französischen Sprache, nicht über tiefgreifende Unterschiede hinwegtäuschen, die aller Neigung zur Anlehnung an das Modell Ludwigs XIV. zum Trotz zwischen den europäischen Staaten bestanden. Jedes Land hatte seine Verfassung aus eigenen historischen Verhältnissen gebildet, und das absolutistische Modell wurde höchst individuellen, in Jahrhunderten gewachsenen Umständen angepaßt. Es gibt deshalb auch nicht den eigentlichen Staat des Absolutismus, es sei denn in der Idee; vielmehr gab es so viele verschiedene Annäherungen an das absolutistische Staatsmodell, wie es Staatswesen gab.

Man kann das am Beispiel jenes Kernproblems des frühneuzeitlichen Staates zeigen, auf das der Absolutismus, seiner Idee nach, die Antwort war: Am Fall des Verhältnisses zwischen Krone und Ständen. In Frankreich war die Domestizierung des Adels, die Entmachtung der *parlements* weit gediehen; immerhin waren die ständischen Gewalten und Vorrechte in einer Anzahl von Provinzen an der Peripherie Frankreichs kaum angetastet, und die Gerichtsbarkeit auf den Herrengütern lag weiterhin bei den *seigneurs*, den Grundherren, die daher im Alltag der ländlichen Welt nach wie vor die Obrigkeit darstellten. Zudem war der Adel steuerlich erheblich begünstigt, und ihm allein stand nach wie vor der Zugang zu zahlreichen attraktiven Ämtern offen.

Anders der Fall Württembergs, immerhin an Frankreich angrenzend und 1658 bis 1668 Mitglied des ersten Rheinbundes, einer an Frankreich angelehnten antihabsburgischen Allianz westdeutscher Staaten. Das absolutistische Modell wirkte auch hier; die neue Steuerordnung von 1713, die Modernisierung der Verwaltung und Maßnahmen zur Intensivierung der Wirtschaft wiesen ebenso in diese Richtung wie die im kleinstaatlichen Absolutismus übliche Günstlingswirtschaft, die Schloßbauten und die stehende Miniaturarmee. Allerdings blieb es in Württemberg bei der Doppelherrschaft von Fürst und Ständen; seit dem Tübinger Vertrag von 1514 stand dem Herzog die Landschaft gegenüber, ein ständisches Parlament, dem ausschließlich Bürger angehörten – im Laufe des 18. Jahrhunderts wurden auch Bauern Mitglieder der Landschaft, die das Recht zur Mitberatung und Kontrolle in allen wichtigen Staatsangelegenheiten besaß, einschließlich der Steuerbewilligung, des Militärwesens und der Außenpolitik. Der Adel dagegen fühlte sich dem Reich, nicht dem Land zugehörig, war deshalb in der Landschaft nicht vertreten, besetzte jedoch die wichtigsten Staatsämter. Herzog Eberhard Ludwig (1676–1733) versuchte 1715, die Landschaft auszumanövrieren, indem er das bisherige Regierungsorgan, den der Landschaft verpflichteten Geheimen Rat, durch ein rein herzogliches Gremium ablöste, was zu schweren Konflikten führte. Als sein Nachfolger 1735 auch noch von seinen Untertanen den Unterhalt eines stehenden Friedensheers in Höhe von drei Prozent der Bevölkerung verlangte und sich anschickte, die Staatsschulden ohne ständische Beteiligung zu regulieren, stand das Land vor dem offenen Aufruhr. Der Herzog fühlte sich zu schwach, um die Landschaft endgültig zu entmachten – dies um so mehr, als der Tübinger Vertrag von 1514, auf den sich die Landschaft stützte, nach wie vor gültiges Landesrecht war. So kam es auf dem Landtag von 1737 bis 1739 zur Wiederherstellung der ständischen Rechte, und dabei blieb es bis zur Epoche Napoleons: ein Triumph der Stände, welcher der württembergischen Verfassung europäische Berühmtheit eintrug.

In entgegengesetzter Richtung verlief die Entwicklung in Dänemark, das im Krieg gegen Schweden 1660 nur knapp dem Untergang entronnen war und nun daran gehen mußte, den Weg aus der Niederlage zu finden und die zerrütteten Staatsfinanzen in Ordnung zu bringen. Die dafür erforderlichen Sondersteuern mußten von den Ständen bewilligt werden, weshalb im September 1660 der dänische Reichstag einberufen wurde.

Dänemark war eine Wahlmonarchie, die Krone befand sich also in einer erheblichen Abhängigkeit von den Ständen, unter denen der Adel eine herausragende Stellung einnahm; der Reichsrat, das ständische Regierungsgremium, das der Krone gleichberechtigt war, befand sich praktisch in der Hand der Reichsaristokratie. Die Reichstagssession von 1660 verlief allerdings ungewöhnlich. Während die Stände der Kirche und des Bürgertums an Plänen für eine Finanzreform arbeiteten, verweigerte der Adel jeden Beitrag zur Lösung der staatlichen Finanznot und drohte mit Abreise. Daraufhin erhob sich die Kopenhagener Bürgermiliz und sperrte die Tore der Hauptstadt; die adligen Reichsratsmitglieder mußten bleiben. Sie und der Reichsrat gaben schließlich unter dem Druck der übrigen Stände und der aufgeregten Bevölkerung nach. Es folgte eine in Europa einmalige Kapitulation der ständischen Gewalten: Da die Krise von den Ständen nicht einvernehmlich gelöst werden konnte, übertrug der Reichstag mit den Unterschriften seiner sämtlichen Mitglieder am 10. Januar 1661 in der «Erb- und Alleinherrschaftsakte» die vollständige staatliche Gewalt auf die Krone: Damit war der Absolutismus in Dänemark förmlich per Staatsvertrag eingeführt, die Stände hatten feierlich und rechtlich bindend abgedankt.

Ein ganz anderes Gesicht besaß der Absolutismus in Preußen. Das herkömmliche Bild eines hierarchisch geordneten Staatswesens mit starker monarchischer Spitze, das in aller Regel mit Preußen verbunden ist, trügt. Tatsächlich war der Kurfürst von Brandenburg, der sich 1701 weit außerhalb der Reichsgrenzen in Königsberg selbst die Königskrone aufgesetzt hatte und seitdem zur Empörung und Belustigung des Wiener Hofs beanspruchte, «König in Preußen» zu sein, ein schwacher Herrscher. Die Macht der brandenburgischen Markgrafen und Kurfürsten war, verglichen mit den Kronen Westeuropas, noch sehr jung; erst im Verlauf des 16. Jahrhunderts war es ihnen überhaupt gelungen, ihren territorialherrlichen Anspruch auf oft gewaltsame Weise durchzusetzen. Aber die völlige Entmachtung des widerspenstigen grundbesitzenden Adels erwies sich als unmöglich, und die Gefahr eines erneuten Zerfalls der Territorialherrschaft blieb stets nahe. Es kam hinzu, daß das Besitztum der preußischen Krone weit zerstreut war und keinen natürlichen inneren Zusammenhalt besaß; in der Mark Brandenburg lebte, betete, sprach man anders als in Ostpreußen, in Cleve am Niederrhein oder gar in Neufchâtel in der Schweiz.

So kam es unter dem Großen Kurfürsten Friedrich Wilhelm, dem ersten preußischen König Friedrich I. und dem sogenannten Soldatenkönig Friedrich Wilhelm I., also etwa im letzten Drittel des 17. und im ersten Drittel des 18. Jahrhunderts, zu einer Art Kompromiß zwischen Landesherrn und Junkern. Die Souveränität wurde horizontal zwischen Krone und adligen Ständen geteilt. In Berlin domizilierte die königliche Zentralverwaltung für sämtliche preußischen Staaten – bis 1806 war der Begriff des einen preußischen Staates unüblich, die Provinzen mit ihren völlig verschiedenen Rechtsordnungen und unabhängigen Landständen wurden als eigene Staaten verstanden, deren Zusammengehörigkeit lediglich im Monarchen Ausdruck fand. Dessen Zentralverwaltung, seit 1723 das Generaldirektorium, bestand aus vier Provinzialverwaltungen, denen jeweils Sachgebiete zugeordnet waren, wie Armee, Münzwesen, Grenzangelegenheiten, Finanzfragen. In den Provinzen sorgten die Kriegs- und Domänenkammern für die Durchsetzung der königlichen Verwaltung.

Bis dahin reichte die königliche Macht in ihrer ganzen Fülle, aber nur bis dahin. Auf der nächstniedrigeren ländlichen Verwaltungsebene, in den Kreisen, herrschten die Stände; sie wählten einen der ihren zum Landrat, also zum Leiter der Kreisverwaltung – der König war bei der Ernennung des Landrats an den Vorschlag der Kreisstände gebunden. Und innerhalb des Kreises, in den Grenzen seines Gutsbezirks, war der adlige Besitzer der nahezu unumschränkte Herr. Mit dem Gutsbesitz hatten die preußischen Herrscher dem Adel auch die Hoheit über die im Gutsbezirk lebenden bäuerlichen Untertanen in wirtschaftlicher, rechtlicher und politischer Hinsicht überlassen. Der Gutsbesitzer war in seinem Bezirk mit der Polizeigewalt und der Gerichtsbarkeit in erster Instanz ausgestattet; als Patron führte er die Aufsicht über Schule und Kirche. Wie der Gutsherr unter dem König stand, so stand der Bauer unter dem Gutsherrn; an den Grenzen der Gutsherrschaft endete die königliche Gewalt. Hieraus ergab sich die politische Bedeutung der nahezu unumschränkten Herrschaft des adligen Gutsherrn in Haus, Bauernhof und Dorf, in Kirche und Schule: Alle staatliche Politik, die sich auf das platte Land Ostelbiens richtete, war in der Regel durch die gutsherrliche Gewalt mediatisiert.

Allerdings besaß der König ein Mittel, mit dessen Hilfe der preußische Adel in den Staat hineingezwungen werden konnte. Friedrich Wilhelm I. hatte sein Vorhaben nicht ganz durchführen können, das er in einem berühmten Schreiben vom 13. Januar 1717 an die ostpreußischen Stände angekündigt hatte. Die hatten sich beim König über eine neue Steuer beschwert und behauptet, das ganze Land werde dadurch ruiniert; Friedrich Wilhelm I. replizierte in seinem höchst preußischen Mischstil aus deutschen, lateinischen, französischen und polnischen Wortbrocken: «Tout le pays sera ruiné? Nihil Kredo, aber das Kredo, daß die Junkers ihre Autoritaet Nie pos volam wird ruinirt werden. Ich stabilire die Souveraineté wie einen Rocher von Bronce.»[31]

So wurde der widerspenstige preußische Adel an die Kandare genommen wie in keinem anderen Land Europas; er war fast ebenso fest an die Scholle gebunden wie die bäuerlichen Untertanen, weil adliges Gut praktisch nicht verkäuflich war, und weil Standesrücksichten eine andere Tätigkeit als die Landwirtschaft unmöglich machten. Überdies untersagten scharfe Edikte den Junkern, außer Landes zu gehen, im Ausland zu studieren oder gar fremde Dienste zu nehmen. Ein junger Herr von Stande hatte die fast zwangsweise Einweisung in das königliche Kadettenkorps zu Berlin zu gewärtigen, und so lief alles auf den einzigen ehrenhaften Broterwerb hinaus, den der König von Preußen seinem Adel als Alternative zur Landwirtschaft eröffnete: auf den Dienst im Offizierskorps; der Adel sollte, mit den Worten Friedrich Wilhelms I., «keinen herren Kennen als Gott und den Köhnig in Preussen»[32]. Nicht der Hofdienst wie in Frankreich und in den meisten anderen Staaten des Absolutismus, sondern der Kriegsdienst band den preußischen Adel an den Herrscher; «des Königs Rock» zu tragen galt als höchste Ehre, und des Königs Rock war eine Uniform.

So gleichförmig das Bild der Staaten Europas im Zeitalter des Absolutismus auf den ersten Blick erscheint, so bunt und vielfältig erweist es sich bei näherer Betrachtung. Hinzu kommt, daß der Absolutismus durchaus nicht alle Staaten Europas kennzeichnete; an der Peripherie des Kontinents gab es Staaten, die vom europäischen Regelfall bedeutend abwichen. Da war beispielsweise Polen; hier waren die Weichen bereits im 15. Jahrhundert gestellt worden, als die Jagiellonen-Könige versucht hatten, die Macht des Hochadels durch Begünstigung des niederen Adels, der *szlachta*, zurückzudrängen. Dabei hatten sie die Gemeinsamkeit des Adels unterschätzt; das Königtum geriet in immer stärkere Abhängigkeit vom Adel, der seine rechtliche und soziale Vorrangstellung immer weiter ausbauen konnte und erreichte, daß kein königliches Gesetz ohne Zustimmung der Adels-Landtage ergehen konnte. Im Reichstag war – mit Ausnahme der Stadt Krakau – nur der hohe und der niedere Adel repräsentiert; zu dessen verfassungsmäßigen Rechten gehörte die freie Wahl des Königs, ein Widerstandsrecht gegen königliche Verfassungsverletzungen, was in der Praxis auf gewöhnliche Adelsrebellionen hinauslief, sowie die Religionsfreiheit: eine monarchisch verschleierte Adelsherrschaft. Den Interessen des Adels wurde der polnische Staat endgültig ausgeliefert, als 1652 der Entsandte eines Adels-Landtags durch seinen Einspruch die ordnungsgemäße Beendigung des Reichstags verhinderte. Das *liberum veto*, die Verhinderung von Reichstagsbeschlüssen durch Einspruch, wurde zum Gewohnheitsrecht und machte den Weg in die Anarchie frei. Tatsächlich war Polen um 1700 nicht mehr als ein lockerer Verband von etwa 60.000 adligen Herrschaften, die sich außenpolitisch nach Rußland, Preußen oder Österreich orientierten; schon lange vor den Teilungen des Landes 1772, 1793 und schließlich 1795 war Polen das politische Exerzierfeld der Nachbarstaaten geworden, ein faszinierender Beweis *ex negativo* für die Segnungen des Absolutismus.

Daß es auch anders ging, zeigte die Republik der Vereinigten Niederlande – im 17. Jahrhundert Groß- und Kolonial-

macht, obwohl es einen Herrscher, der alle staatlichen Kompetenzen in seiner Person vereinigte, nicht gab; Träger der
Souveränität waren die Stände der autonomen Provinzen,
die ihrerseits die allgemeine Versammlung der Generalstände (*Staten generaal*) in Den Haag beschickten. Der Erb-
statthalter aus dem Haus Oranien, der in der Notlage des
Kriegs mit Frankreich 1672 von den holländischen Ständen
mit nahezu diktatorischen Vollmachten versehen worden
war, veränderte jedoch die Verfassung nicht; in der Folgezeit
standen die Ständepartei, die die Freiheiten der Provinzen
und der Generalstaaten über alles stellten, und die Oranier-
partei, die einen absolutistischen Machtzuwachs des Statt-
halters befürworteten, einander gegenüber, ohne daß die
permanente Schwebelage der Verfassung beendet wurde.
«So wurde in der ersten Hälfte des 18. Jahrhunderts die Republik ein kleiner, altertümlicher, aristokratischer Handelsstaat, der durch eine Oligarchie von reichen Bürgern, Adligen und Großbauern, die eine Kaste bildeten, beherrscht
wurde . . .»[33] Polen und die Niederlande waren nicht die einzigen europäischen Ausnahmen – da war Venedig, dessen
altertümliche Verfassung die Oligarchie einiger Adelsfamilien festschrieb, und da war der große Sonderfall Englands,
das mit der Stuart-Herrschaft seine absolutistische Phase hinter sich gelassen und mit der *Glorious Revolution* 1688 die
Souveränität des Parlaments etabliert hatte.

Aber das waren Ausnahmen, die zur Buntheit des Gesamt-
bildes beitrugen, ohne dessen Grundcharakter zu verändern.
Für Europa gilt im großen und ganzen, daß sich aus den feudalen Verhältnissen des Mittelalters und der Renaissance der
in der Hauptsache weltliche Staat herausgebildet hat, befreit
von kirchlicher Vormundschaft und zugleich souveräner
Machtstaat. In den Bürger- und Religionskriegen des 16.
und 17. Jahrhunderts hatte sich der Kampf um die Macht im
Staat und damit um die Frage der Souveränität entschieden;
Staat und Herrscher fielen – jedenfalls der Idee nach – in eins;
der Souverän verfügte fortan, um eine berühmte Staatsdefi-
nition Max Webers zu verwenden, über «das Monopol legitimer physischer Gewaltsamkeit»[34]. Mit anderen Worten: der
Staat des Absolutismus beendete den Bürgerkrieg, indem er

als einziger über das Leben der Menschen verfügte. Nur der Staat war dazu legitimiert, von den eigenen Untertanen im Kriegsfall Todesbereitschaft und Tötungsbereitschaft zu verlangen und außerhalb des Staates stehende Menschen zu töten. Dem entsprach die Befugnis, in Form eines Strafurteils über Leben und Tod zu bestimmen. Alle weiteren Merkmale des absolutistischen Staates ergeben sich hieraus: die Selbstdarstellung des Souveräns, der seine gottähnliche Macht über Leben und Tod ebenso zelebriert wie seine Gnade; das religiös-kirchliche Sorgerecht des Fürsten; die Unterwerfung konkurrierender Machtgruppen, insbesondere der Kirche und der – meist adligen – Stände; der Aufbau einer formalen Regeln gehorchenden, hierarchisch geordneten Bürokratie, die in leidenschaftsloser Pflichterfüllung amtiert und dem Untertan als Behörde, nicht als Person gegenübertritt; und die Aufstellung eines stehenden Heeres. Soweit der Idealtyp des absolutistischen Staates, der in seiner Realität immer nur eine Annäherung an diese Idee darstellte. In Wirklichkeit war die staatsfreie Sphäre im Zeitalter des Absolutismus in der Regel erheblich größer als im heutigen Staat.

Der Staat des 17. und 18. Jahrhunderts definierte sich also letztenendes durch sein Gewaltmonopol nach innen wie nach außen. Der Krieg war *ultima ratio regis*, wie auf preußischen Kanonen zu lesen war, also letztes, aber legitimes Mittel der königlichen Außenpolitik. Die Schwelle vor dieser *ultima ratio* lag allerdings niedrig; zu den Kriegsgründen zählten hauptsächlich die Durchsetzung von Rechtstiteln, die ein Staat auf den territorialen Besitz eines Nachbarn beanspruchte, aber auch die Schwäche eines Staates, die angrenzende Staaten zur Arrondierung der eigenen Territorien ermunterte, oder einfach die Ruhmsucht eines Fürsten. Die europäische Staatengemeinschaft befand sich auf höherer Ebene in jenem Zustand, den der Absolutismus im Inneren der Staaten beendet hatte: im Zustand des fast permanenten Kriegs, Kehrseite ihrer dauerhaften Vielfalt und Buntheit. Vor 1815 gab es kein Jahrzehnt, in dem nicht wenigstens eine Schlacht in Europa geschlagen worden wäre; im 17. Jahrhundert kannte Europa ganze vier Friedensjahre, im 18. Jahrhundert immerhin sechzehn. Diese Neigung zur

Kriegführung ist von manchen Historikern mit der «militärischen Revolution» in Verbindung gebracht worden, die zwischen etwa 1560 und 1660 stattgefunden hat – Durchsetzung der Feuerwaffen auf dem Gefechtsfeld, Vergrößerung der Armeen um etwa das Zehnfache, neue taktische und strategische Konzepte und dramatisch ansteigende Auswirkungen des Krieges auf die Gesellschaft.[35] Die veränderte Größenordnung der Kriege habe zwangsläufig zu einem Autoritätszuwachs des Staates geführt. Massenarmeen konnten nur noch von Staaten aufgestellt werden, Partisanentruppen und Privatarmeen, die das Kriegsbild früherer Jahrhunderte bestimmt hatten, verschwanden. Die Probleme, die sich mit der Finanzierung, Versorgung und Verwaltung großer Armeen ergaben, erforderten rational und effizient arbeitende Verwaltungsapparate und Steuersysteme. Die neuen Taktiken, die Notwendigkeit, große Soldatenmassen präzise zu führen, setzten hohe Disziplin voraus, und da immer größere Bevölkerungsteile mit dem Militär in Berührung kamen, übertrug sich die militärische Disziplinierung auf weite Bereiche der Gesellschaft – der preußische Fall gilt hierfür als beispielhaft. Alles dies führte zur inneren Machtkonzentration des absoluten Staates, und da sich kein Staat Europas der dauernden Kriegsbereitschaft entziehen konnte, mußte sich der Absolutismus europaweit durchsetzen – was zu einem gewissen Grade erklärt, weshalb der Inselstaat England dem Absolutismus nicht anheimfiel.

Andererseits stellt sich jedoch die Frage, weshalb angesichts des europäischen Dauerkriegs nicht ein europäischer Leviathan ins Leben trat, etwa in Gestalt einer Hegemonialmacht, die dem Kriegszustand des Kontinents ein Ende setzte und ein absolutistisches Großreich errichtete, ein erneuertes Rom, ein wiedergekehrtes karolingisches Reich? Dafür war es zu spät. Dauerhafte Großreiche entstehen in aller Regel, wenn Stammesverbände zusammengefaßt werden, die den Schritt zur Staatsbildung noch nicht vollzogen haben. Das gilt für Rom wie für Rußland, für das Mogulreich im 16. und 17. Jahrhundert, für Japan, China, das türkische Reich, das der Abassiden. In Europa dagegen hatte sich das Karolingerreich, aus ähnlichen Voraussetzungen erwachsen, aufgrund der Erbteilung wie der Verwaltungs- und Verkehrsprobleme schnell wieder aufgelöst, seine Legitimationsgrundlage jedoch auf die Nachfolgestaaten übertragen: die Idee der römischen Weltherrschaft, des Imperiums, der *monarchia universalis* fand sich in Spanien, in Frankreich, in England ebenso wieder wie bei dem Heiligen Römischen Reich.

Aber dem Herrschaftsanspruch dieser Staaten stand die europäische Staatengemeinschaft entgegen, eine «säkularisierte Metamorphose der mittelalterlichen Glaubens- und Kirchengemeinschaft»[36]. Jenseits aller Machtkonflikte bildeten die Staaten Europas – und das ist das weltgeschichtlich Einmalige – eine Kulturgemeinschaft, die sich durch verwandtschaftliche Bindungen ihrer Herrscher und ihres Hochadels untereinander, durch die gemeinsamen Verkehrssprachen Latein und Französisch, durch ein gemeinsames Zivilisationsklima, die Aufklärung, und durch gemeinsame Wurzeln in der Antike und im Christentum konstituierte. Gerade die Staatsraison, das wohlverstandene Eigeninteresse der Souveräne, erforderte, daß die Beherrscher der europäischen Staaten sich gegenseitig als gleichberechtigt anerkannten – unter strenger Wahrung einer zeremoniellen Hierarchie, an deren Spitze der Römische Kaiser stand. Die Kriege unterlagen gewissen Regeln, eine Form gehegter Kriegsführung, die als «Kabinettskrieg» beschrieben worden ist: Eben weil der souveräne Herrscher das Recht zum Krieg besaß, galten Vernichtungskriege als durch nichts gerechtfertigt. Das *ius publicum europeum*, das europäische Völkerrecht, war nicht nur Produkt moderner Rationalität, sondern stand auch unter der Einwirkung mittelalterlicher Vorstellungen von göttlichem und natürlichem Recht, die durch die Kirchenphilosophie hindurch bis auf die antike Stoa zurückreichten. Auf der Grundlage eines Bündels wechselnder Konventionen und Verträge erwuchsen allmählich verbindliche, über die Tagespolitik hinausreichende, auch in Kriegszeiten gültige Rechtsnormen, die die besondere Stellung der Diplomaten, die Formen von Kriegseröffnung und Friedensschluß, die Rechtmäßigkeit von Kriegen, die Unantastbarkeit staatlicher Souveränität, die Erhaltung des Friedens betrafen.

Diese durch rechtsförmige Verfahren regulierte, labile, aber als Ganzes dennoch dauerhafte Staatengemeinschaft wurde durch die Idee des europäischen Gleichgewichts gekrönt: Die Souveränität und das Überleben der Staaten beruhte darauf, daß die großen Mächte sich gegenseitig in Balance hielten. Die Zeitgenossen dachten dabei in erster Linie an Österreich und Frankreich, die beide seit Jahrhunderten gesucht hatten, ihre Macht über den gesamten Kontinent auszudehnen, und die stets an den übermächtigen Koalitionen anderer europäischer Mächte gescheitert waren. Bei näherem Hinsehen erwies sich dieses europäische Gleichgewichtssystem allerdings als ein höchst kompliziertes Gebilde, mit Subsystemen und mit Bauteilen, deren Funktion ungewiß war. So gab es auch ein Gleichgewicht der Konfessionen, das jenes der Großmächte überlagerte, es gab regionale Gleichgewichtssysteme, etwa das nordische Gleichgewicht, das den Ostseeraum zwischen Schweden, Rußland und Polen in der Balance hielt, oder das mittelmeerische, das die Einflüsse Spaniens, Frankreichs, der Türkei und neuerdings auch Englands austarierte.

Auch das Heilige Römische Reich, der Flickenteppich in der Mitte der europäischen Landkarte, wurde als Gleichgewichtssystem begriffen, mal zwischen protestantischen und katholischen Staaten, mal zwischen Kaiser und Ständen, mal zwischen Österreich und Bündnissen mittlerer Staaten wie Sachsen oder Bayern, die meist durch fremde Mächte, Frankreich oder Schweden, gestützt wurden. Daß das armselige Preußen, die «Streusandbüchse des Heiligen Römischen Reichs», die deutsche Gegenmacht zu Habsburg bilden und europäische Großmacht werden sollte, stand noch in den Sternen. Ob und wie Rußland zu diesem System gehörte, war zu Beginn des 18. Jahrhunderts ebenso umstritten wie die Rolle des Osmanischen Reichs; in den Hinterköpfen auch der aufgeklärtesten Staatsdenker der Epoche war immer noch die *res publica christiana* früherer Jahrhunderte präsent, die Gemeinschaft der lateinischen Christenheit, und die hatte die islamischen Türken ebenso ausgeschlossen wie die orthodoxen Russen.

Diese wundervolle, vernünftige Gleichgewichtsmaschine wurde von Staatsmännern und Diplomaten in Gang gehalten, die die gleiche Sprache sprachen – das Französische –, die als Mitglieder einer nach überall in Europa verwandten Aristokratie Denk- und Verhaltensweisen miteinander teilten und in Gestalt des *ius publicum europeum*, des europäischen Völkerrechts, ein stets anwendbares Regelwerk zur Schadensbehebung besaßen, wenn die Maschine einmal ins Stocken geriet.

Es gab auch einen Maschinisten, der von außen dafür sorgte, daß der europäischen Gleichgewichtsmaschine stets Brennstoff in Gestalt von Unterstützungsgeldern zugeführt wurde, und der nicht zögerte, einzugreifen, wenn die innere Balance Europas in Gefahr zu geraten schien: das war England. England sah sich selbst nicht als Bestandteil des europäischen Gleichgewichtssystems; man konnte sogar von einer reinen Schimäre des Gleichgewichts reden, wie das beispielsweise der österreichische Finanzrat Johann Heinrich Gottlob von Justi tat, nur erfunden, um Englands Handelsinteressen zu fördern. Nun war allerdings augenfällig, daß England in der Regel nur dann auf dem Kontinent militärisch präsent war, wenn die Häfen im Mündungsgebiet von Rhein, Schelde und Maas von einer Großmacht erobert zu werden drohten; denn über diese Häfen lief der englische Wollhandel mit dem Kontinent, auf dem lange Zeit der Wohlstand der Insel beruht hatte. Aber Europa war für die britischen Handelsinteressen nur ein Platz neben anderen, und nicht einmal der wichtigste. Der politische und wirtschaftliche Horizont Englands war viel weiter gespannt; während die Landmächte im engen Europa miteinander auszukommen suchten und ihre Macht an den nahen Nachbarn maßen, umspannte der Blick der Seemacht England bereits den Erdball: «Die See zu beherrschen», so hat es der englische Schriftsteller, Projektemacher und Kaufmann Daniel Defoe auf den Punkt gebracht, «heißt, alle Mächte und allen Handel in Europa, Afrika und Amerika zu beherrschen.»[37] Die Spannweite der englischen See- und Handelsmacht reichte vom Ganges-Delta bis zum westindischen Jamaika; nicht das kleine Europa bildete den Maßstab britischer Politik und britischen Handels, sondern der Raum zwischen den *two Indies*, den beiden Indien. So war es auch England, das sich seit dem Frieden von Utrecht 1713 anschickte, Frankreich als europäische Vormacht abzulösen, und damit auch jenes Staatsmodell, das Frankreich repräsentierte.

4. Rechts- und Verfassungsstaat

Der Friede von Utrecht, der 1713 dem langen spanischen Erbfolgekrieg ein Ende machte, enthielt in Artikel 6 des englisch-französischen Abkommens als erster völkerrechtlicher Vertrag den Begriff der *balance of power*, der damit in den Rang eines rechtlich anerkannten Grundprinzips der europäischen Politik erhoben wurde. Maßgeblich an der Formulierung dieses Vertrags beteiligt war der britische Außenminister Henry St. John, Viscount Bolingbroke. Zwei Jahre später war der Günstling der Königin Anna gestürzt; die neue Whig-Mehrheit im Unterhaus klagte ihn eines allzu milden, Frankreich begünstigenden Friedensschlusses an, und Bolingbroke floh nach Paris, um dem Tower oder Schlimmerem zu entgehen. Fortan widmete er sich dem politischen Ränkespiel und der Philosophie, und obwohl er nie wieder ein Amt erhielt, blieb er bis zu seinem Tod 1751 der brillanteste Kopf der Tory-Partei.

Bolingbrokes politische Ansichten, 1749 veröffentlicht in *The Idea of a Patriot King*, gingen dahin, das Königtum sei auf das gemeine Recht gegründet; das ergebe sich aus dem natürlichen allgemeinen Gesetz der Vernunft sowie aus dem besonderen Gesetz, dem sich jeder Staat freiwillig unterworfen habe. Wer die Macht im Staat ausübe, sei ihrer nur solange würdig, wie er die Achtung, das Vertrauen und die Zuneigung der Regierten verdiene; die Macht «bleibt ein freiwilliges Geschenk der Freiheit, die darin ihre eigene Sicherheit findet». Nur «patriotische» Könige dürfe es künftig geben, die dem Wohl des Vaterlandes verpflichtet seien und das Gesetz akzeptierten, das ihnen das Vaterland auferlege.

Daß der Atheist Bolingbroke nicht von Gott, sondern dem Gesetz sprach, lag in dem vom Naturrecht überzeugten

Jahrhundert nahe; im übrigen hatte er keine ewigen Wahrheiten im Auge, sondern den Zustand der britischen Monarchie, die ihm unter der Herrschaft der Whigs zu einer korrupten Ein-Parteien-Wirtschaft zu verkommen schien; das Parlament sei zum willfährigen Werkzeug der Minister ihrer Majestät herabgesunken. Die Verfassung Englands bedürfe daher ausgleichender Elemente, die dem Machtmißbrauch einer Institution Grenzen setzten, wobei Bolingbroke in erster Linie an den englischen Landadel dachte. Bei der Beschreibung dieser ausgleichenden Institutionen erinnerte sich der Außenpolitiker Bolingbroke an den größten Triumph seines politischen Lebens, den Frieden von Utrecht; was lag näher, als das Prinzip der *balance of power* auf das englische Verfassungsleben zu übertragen? Zurück zu den Grundsätzen der *Glorious Revolution* von 1688/89, zur Unabhängigkeit des Parlaments von der Exekutive, zur Dezentralisation von Macht und zur niedrigen Besteuerung des kleinen Landadels, dessen Freiheit die Balance zwischen den Ministern des Königs und der plebejischen Masse bildete.

Das war ein Parteiprogramm und zum Gebrauch in der Tagespolitik bestimmt; doch der schillernde Zirkel um Bolingbroke, der in Pariser Salons ebenso gute Figur machte wie in Londoner Clubs, faszinierte auch Nichtpolitiker, unter ihnen Voltaire und Montesquieu, und beide waren von Bolingbrokes Ideen tief beeindruckt. Vor allem Charles-Louis de Secondat Baron de La Brède et de Montesquieu (1689–1755) hat von Bolingbroke gelernt; das berühmte 11. Buch seines 1748 erschienenen Hauptwerks *De l'esprit des lois*, Vom Geist der Gesetze, behandelt «die Gesetze, die die politische Freiheit in Bezug auf die Verfassung bilden», und dieses Kapitel fußt ganz auf dem parteiischen Bild von der englischen Verfassung, das Montesquieu während seines England-Aufenthalts 1729 bis 1732 im Umgang mit Bolingbroke und dessen Freunden gewonnen hatte. Montesquieus Lehre von der Gewaltenteilung war ein Ideal, das in England nie erreicht wurde, aber außerhalb Englands sollte es Folgen haben.

Wie Bolingbroke glaubte Montesquieu an die Gesetze und ihre regulierende, befriedende, befreiende Kraft. Hatten nicht die brillanten neuen Wissenschaften, die Astronomie,

die Kosmologie, die Physik ihren Siegeszug angetreten, weil
es der menschlichen Vernunft gelungen war, das Wirken der
Natur auf Gesetze zurückzuführen, die allen Erscheinungen
zugrunde lagen? War nicht auch der Mensch ein natürliches
Wesen, mithin von Gesetzen geleitet? An dieser Stelle blieb
Montesquieu vage; «Gesetz» bedeutete ihm ebenso das Na-
turgesetz, dem der Mensch als natürliches Wesen zwangsläufig unterworfen war, wie auch das Gesetz, mit dem eine
menschliche Gemeinschaft geregelt wurde. Man lasse nur die
dem Menschen eingeborene Vernunft walten, und man wird
erkennen, welche Gesetze der menschlichen Natur gemäß
sind! Allerdings glaubte Montesquieu nicht, daß sich ein Gesetz für alle Länder schickte; vielmehr meinte er, daß je nach
der physikalischen Beschaffenheit eines Landes, des Klimas,
der Lebensart, der Produktionsweise, kurz, nach seinem eigentümlichen Charakter jeder Staat seine besondere, ihm an-
gemessene Gesetzgebung brauche. Vernünftig, also naturgemäß ist ein Gemeinwesen, wenn es den anarchischen Drang
der Menschen nach individueller Freiheit durch Gesetze regu-
liert: «Die politische Freiheit besteht nicht darin, zu tun, was
man will. In einem Staat, das heißt in einer Gemeinschaft, in
der es Gesetze gibt, kann die Freiheit nur darin bestehen, das
tun zu können, was man wollen darf, und nicht gezwungen zu
sein, zu tun, was man nicht wollen darf.» Die Freiheit des
einzelnen muß also ihre Grenze in der Freiheit der anderen
finden; Sache des Staates ist es, die notwendigen Gesetze zu
erlassen, um die Freiheiten aller gegeneinander auszubalan-
cieren: «Freiheit ist das Recht, alles zu tun, was die Gesetze
erlauben. Wenn ein Bürger tun könnte, was die Gesetze verbieten, so hätte er keine Freiheit mehr, weil die anderen
ebenfalls diese Macht hätten . . .»[38]
    Allerdings war diese segensreiche Wirkung der Gesetze
nur zwei Regierungsformen zu eigen: den *gouvernements
modérés* der Republiken sowie der Monarchien. Republiken,
in denen das Volk als Ganzes die souveräne Gewalt innehabe,
seien allerdings nur in kleinen, überschaubaren Verhältnissen
möglich, in einigen Alpentälern und in der klassischen Antike; den heutigen Staaten sei die Monarchie gemäß. Allerdings sei die Monarchie stets in Gefahr, zur Despotie zu ent-

arten, in einen Un-Staat, in dem die Willkür des Monarchen die Gesetze außer Kraft gesetzt hat und mit Gewalt herrsche. Um solchen Machtmißbrauch zu verhindern, müsse die Gewalt auf mehrere Institutionen verteilt werden, die sorgfältig voneinander zu trennen seien: Die Exekutive, also Monarch, Regierung und Verwaltung; die Legislative, also die Repräsentanten des Volkes, zu denen eine zusätzliche Vertretung des Adels hinzutreten müsse, der dem Monarch als unabhängige Körperschaft die Balance zu halten habe; und die Judikative, die rechtsprechenden Gewalten, die man sich als unabhängige Geschworenengerichte vorzustellen hat. Diese drei Gewalten sollten sich die Waage halten und sich wechselseitig behindern, wie sich in sozialer Hinsicht Monarch, Adelsstand und Volk das Gleichgewicht zu halten hatten: das war die Voraussetzung für eine moderate, vernünftige, freiheitssichernde Gesetzgebung.

In Frankreich konnte Montesquieu seine liberale, an Gesetze und vermittelnde Gewalten gebundene Monarchie nicht entdecken. Das französische Regierungssystem, einst von Europa bewundert, hatte um die Mitte des 18. Jahrhunderts keine gute Presse mehr; Montesquieu war nur einer von vielen beißenden Kritikern, die den Verfall der Monarchie beklagten und einen direkten Vergleich zu orientalischen Despotien zogen: Der Fürst als der erste Gefangene seines Hofs, dem Laster ergeben und an Staatsgeschäften desinteressiert; der Adel seiner ursprünglichen Bestimmung entwöhnt, die Freiheit aller Stände zu gewährleisten, und zu einem dumpfen Dasein als Hofschranzentum degeneriert; Wesire, also unverantwortliche Räte und Minister als Handlanger despotischer Herrschergewalt; und religiöser Aberglaube, der an die Stelle der Gesetze getreten ist. Das ist das Bild der französischen Monarchie, wie es Montesquieu und viele andere französische Schriftsteller und Journalisten seiner Zeit beschrieben haben, das in Hunderten von Variationen ausgemalt, in Genf oder Amsterdam vervielfältigt und allenthalben in Europa in Umlauf gesetzt wurde: Das Frankreich Ludwigs XV. und Ludwigs XVI. war von seinen Intellektuellen lange vor der Revolution preisgegeben und denunziert.

Dagegen England: Hier schienen die zeitüblichen Ideal-
vorstellungen Wirklichkeit geworden. War hier nicht die
Trennung der Gewalten, der vollziehenden, der gesetzgeben-
den, der richterlichen, verwirklicht? Aufgeklärte Geister aus
ganz Europa pilgerten auf die glückliche Insel und berichte-
ten nach ihrer Rückkehr von den Verdiensten der englischen
Verfassungsordnung: «Außer einer Menge Vorrechte und
Privilegien aller Arten», schrieb 1785 einer der einflußreich-
sten Publizisten des 18. Jahrhunderts, der aus Danzig ge-
bürtige Johann Wilhelm von Archenholtz, «welche die Engländer teils durch ihre *Magna Charta* erhalten, teils bei den
verschiedenen Revolutionen und günstigen Zeitumständen
errungen haben, kann man die Hauptvorrechte dieses Volks
in fünf Rubriken bringen: 1) die Preßfreiheit. 2) Die *Habeas
Corpus*-Akte. 3) Die öffentlichen Tribunäle. 4) Die Prozeß-
urteile durch Geschworene und 5) die Repräsentation im Parlament.»[39]
Die Freiheitsrechte und die unabhängige Rechtsprechung
– das war es, was ausländische Besucher vor allem faszinierte. Die *Habeas-Corpus*-Akte von 1679, die willkürliche
Verhaftungen ausschloß, hatte erheblich zur Rechtssicher-
heit der Bevölkerung beigetragen, und das Gerichtswesen,
vor allem die Einrichtung des Geschworenen-Gerichts, ge-
währte allen Bürgern einen wirksamen Rechtsschutz. Mit
der *Bill of Rights* von 1689 hatte sich das Parlament zu Westminster in einem Akt der Souveränität selbst konstituiert,
während das Königtum sein göttliches Recht verloren hatte;
es wurde fortan wie ein gewöhnliches – allerdings mit außerordentlichen Rechten ausgestattetes – Staatsamt vom Parlament vergeben. Ein Parlament freilich, das mit den Volksvertretungen des 19. und 20. Jahrhunderts wenig Ähnlichkeit hatte – es handelte sich immer noch um eine Ständever-
sammlung, beherrscht von einer allerdings verhältnismäßig
breiten Führungsschicht aus Hochadel, Landadel und finanz-
kräftigem Bürgertum. Nicht der König, sondern Parlament
und Gerichtshöfe entschieden über die königliche Prärogative und das Gemeinwohl; dem König standen weiterhin die
Wahl der Minister, die Ämtervergabe und die hohe Politik
zu. Mit seiner Schrift *Two Treatises of Government* von 1690

hatte John Locke (1632–1704) die neue Lage beschrieben, die auf *trust* basiere, einer Treuhandschaft, die Krone und Parlament gemeinsam zum Nutzen des Volkes ausübten: das war mit «*the king in parliament*» gemeint, der staatsrechtlichen Umschreibung des britischen Souveräns. Der König war an seinen Eid auf die Religion und auf die Grundgesetze des Königreichs gebunden, an die Bestätigung der «*ancient rights and liberties*», der alten Rechte und Freiheiten, und er mußte auf das alte königliche Recht verzichten, Gesetze zu suspendieren: Das Gesetz stand über der Krone.

Mit dem Siegeszug der Aufklärung setzten sich die politischen Ideen der Zeit auch an anderen Höfen Europas durch; Monarchen umgaben sich mit aufgeklärten Beratern und ihre Söhne mit Erziehern, die ihnen die neuen Ideale einpflanzten. Und waren die Ideen von der Herrschaft des natürlichen Rechts im Staat der absolutistischen Herrschaft so sehr entgegengesetzt? War nicht auch der absolute Herrscher bemüht, das Recht in seinem Staat zu vereinheitlichen, gleiches Recht für alle zu etablieren, die Privilegien des Adels zu beseitigen, die Übergriffe der Kirche zu verhindern, das Bürgertum zum Staatsdienst heranzuziehen, die Verwaltung zu zentralisieren, durch wirtschaftliche Maßnahmen das Glück seines Volks zu mehren, kurz, den Staat vernünftigen Grundsätzen zu unterwerfen?

Man nehme den Fall Preußens. Der Kronprinz Friedrich, der 1740 als Friedrich II. den Thron besteigen sollte, war der Liebling der Philosophen; sein Briefwechsel mit Voltaire, in dem der Kronprinz von dem populärsten Philosophen des Zeitalters als neuer Salomon begrüßt wurde, zirkulierte in der gelehrten Welt und beeindruckte selbst den Königshasser Rousseau. Zwar war mit Friedrichs Regierungsantritt 1740 alle Philosophie fortgewischt – der Einmarsch preußischer Truppen in Schlesien noch im selben Jahr war ein sensationeller Anschlag auf das Rechtsempfinden der Zeit. Aber in den Augen der fortschrittsgestimmten, aufgeklärten Öffentlichkeit blieb Friedrich *le roi philosophe*, der Philosophenkönig, weil er nicht nur mit Philosophen korrespondierte und sie in seine Akademie aufnahm, wenn sie von anderen Königen verfolgt wurden, sondern seine Herr-

schaft auch nach Maßgabe aufgeklärter Regierungsmaximen
ausübte.

Friedrichs Staatsauffassung war an Montesquieu und an
Christian Wolff gebildet; letzterer hatte in seinen *Vernünftigen
Gedanken von dem gesellschaftlichen Leben* 1721 erklärt, sowohl
Obrigkeit als auch Untertan seien es schuldig, «den zwischen ihnen aufgerichteten Vertrag zu halten»; der aufgeklärte Fürst sei deshalb an die Gesetze gebunden, die der Beförderung des Volkswohls dienten. Ähnlich sah es Friedrich:
«Die große Wahrheit, daß wir die anderen so behandeln sollen, wie wir von ihnen behandelt zu werden wünschen, wird
zur Grundlage der Gesetze und des Gesellschaftsvertrags . . .
Da jedoch die Gesetze ohne unaufhörliche Überwachung
weder fortbestehen noch Anwendung finden konnten, so
wurden Obrigkeiten gebildet, die das Volk erwählte und denen es sich unterordnete. Man präge sich dies wohl ein: Die
Aufrechterhaltung der Gesetze war der einzige Grund, der
die Menschen bewog, sich Obrigkeiten zu geben; denn das
bedeutet den wahren Ursprung der Herrschergewalt. Ihr
Inhaber war der erste Diener des Staates . . .»[40]

Hier liegt der entscheidende Bruch zwischen dem Absolutismus Ludwigs XIV. und dem aufgeklärten Absolutismus,
der sich in der zweiten Hälfte des 18. Jahrhunderts in Europa
durchzusetzen begann und selbst vor dem Thron der russischen Zarin nicht haltmachte: Nicht Gott legitimierte den
Herrscher, sondern das Gesetz, hervorgegangen aus der Vernunft und dem Gesellschaftsvertrag; und der Herrscher war
nicht mehr der Staat, sondern erster Diener des Staates, und
deshalb nur dann gerechtfertigt, wenn er seine Dienste gut,
also zum Wohl des Volks, versah. Staat und Herrscher traten
damit auseinander; der Staat verlor seine strahlende, an die
Glorie des Monarchen gebundene Erscheinung und wurde
abstrakt, gebildet aus Gesetzen und Institutionen, faßbar nur
in der Tätigkeit seiner Beamten: der Staat wandelte sich zum
Rechts- und Verwaltungsstaat.

Es gehört zu den charakteristischen Merkmalen des Staates, und insbesondere des preußischen Staates im Laufe des
18. Jahrhunderts, daß mit fortschreitender Zentralisierung
und Verrechtlichung der Staatsmacht die Bürokratie ein

wachsendes Eigengewicht erhielt. Es ergab sich aus der Intensivierung der Verwaltungstätigkeit in den geographisch weit auseinandergezogenen Teilen der Monarchie, aber auch aus der zunehmenden fachlichen Qualifikation der Beamten und aus ihrem zunehmenden Korpsgeist. Namentlich in den neuerworbenen Provinzen, Schlesien, Westpreußen und Friesland, war eine wirkliche Kontrolle durch die Zentrale in Berlin kaum möglich, auch wenn der «erste Diener des Staats» unablässig durch seine Länder reiste, die Bürgermeister und Richter an den Schlag seiner Kutsche zitierte und die Bauern nach der Ernte, dem Vieh und dem Salz fragte. Das zunehmende Eigengewicht der preußischen Verwaltung führte zu einem funktionalen Etatismus, zur «Herrschaft der formalistischen Unpersönlichkeit», wie Max Weber seinen am Vorbild des preußischen Beamtenstaates gebildeten Idealtyp der bürokratischen Herrschaft beschrieb: «Ohne Haß und Leidenschaft, unter dem Druck schlichter Pflichtbegriffe; ohne Ansehen der Person, formal gleich für jedermann.»[41]

Daß das Nebeneinander rationaler, abstrakter Gesetzlichkeit und der Person des absoluten Herrschers innere Widersprüche mit sich brachte, wurde öfter sichtbar, so im Fall des Müllers Arnold: Der Wassermüller Christian Arnold hatte eine Mühle bei Pommerzig in der Neumark vom Grafen Schmettau in Erbpacht genommen. Sie wurde in ihrer Nutzbarkeit beeinträchtigt durch Karpfenteiche, die der Landrat von Gersdorff oberhalb der Mühle anlegen ließ. Als Arnold daraufhin den Pachtzins nicht mehr zahlte, wurde ihm 1778 die Mühle genommen. Seine Beschwerde bei der Küstriner Regierung und dann beim Berliner Kammergericht wurde zurückgewiesen; schließlich wandte er sich an den König, der glaubte, daß die Richter ihre adligen Standesgenossen parteilich begünstigt hätten, und deshalb beschloß, ein Exempel zu statuieren. Er ließ die Kammergerichts-Räte zu sich kommen, verhörte sie, ohne ihre Einwände zu berücksichtigen, und ließ sie in Festungshaft bringen. Justizminister von Zedlitz allerdings weigerte sich, das Urteil des Kammergerichts zu kassieren, und Friedrich wagte es nicht, den renitenten Minister deswegen zu entlassen.

In diesem Fall wird die ganze innere Widersprüchlichkeit des aufgeklärten Absolutismus sichtbar: War der König Teil der Rechtsordnung, durfte er nicht in die Rechtsprechung eingreifen; was aber, wenn der Grundsatz «Gleiches Recht für alle» von den Richtern verletzt wurde? Friedrich hatte sich entschieden, gleichsam in die alte Rolle des absoluten Herrschers zurückzukehren und durch seinen Machtspruch das Recht zu sichern – zu Unrecht übrigens; die Kammergerichtsräte wurden nach dem Tod Friedrichs rehabilitiert. Aber der Fall des Müllers Arnold, der in ganz Europa debattiert wurde, war ein populärer Anlaß dafür, eine Gesetzeskodifikation in Angriff zu nehmen, mit der der Wust von altständischen, regionalen und örtlichen Gesetzen und Rechtsgepflogenheiten vereinheitlicht und ersetzt und die Grundsätze des monarchischen Rechtsstaats festgelegt werden sollten. Der Geheime Oberjustizrat Carl Gottlieb Svarez, der zum Hauptautor des Gesetzeswerks ausersehen war, ging ebenso wie sein königlicher Herr von dem Gesellschaftsvertrag aus, den der Monarch mit den Untertanen geschlossen habe, und folgerte daraus, daß auch der Staatsbürger an seinen Souverän Forderungen stellen könne. Die allgemeine Gesetzgebung habe «feste, sichere und fortdauernde Grundsätze über Recht und Unrecht festzustellen, die besonders in einem Staat, welcher keine eigentliche Grundverfassung hat, die Stelle derselben gewissermaßen ersetzen soll, die also auch für den Gesetzgeber selbst Regeln enthalten muß, denen er ... nicht zuwiderhandeln darf»[42]. Das *Allgemeine Landrecht für die Preußischen Staaten*, das 1794 in Kraft gesetzt wurde, hatte im Lauf seines Entstehens viel von seinem ursprünglichen aufgeklärten Elan verloren; unter dem Eindruck der Revolution in Frankreich war das vorgesehene Verbot königlicher Machtsprüche ebenso gestrichen wie die Erwähnung der «natürlichen Rechte und Freiheiten der Bürger». Was blieb, war in seiner Zwiespältigkeit das Sinnbild des friderizianischen Staates: In 19000 Paragraphen regelte das Allgemeine Landrecht das Verhältnis zwischen Staat und Bürgern. Auf der einen Seite wurde die ständische Gesellschaftsordnung ausdrücklich festgeschrieben; Bauernschaft, Bürgertum und Adel wurden getrennt voneinander behandelt, der Adel in hervorgehobener Stellung, was «die Verteidigung des Staates» und «die Unterstützung der äußeren Würde und inneren Verfassung desselben» anging. Andererseits jedoch trennten sich nunmehr Herrscher und Staat auch rechtsgültig voneinander; der Staat wird als «bürgerliche Vereinigung» gefaßt, die dem Herrscher die staatliche Macht übertragen hat. Aber der Herrscher ist an das Recht gebunden, sobald es einmal gesetzt ist; er ist der oberste Beamte des Staates, nicht weniger, nicht mehr. So hat ihn auch Friedrich Schiller in *Kabale und Liebe* gesehen; darin läßt er den Major Ferdinand von Walther auf Lady Milfords Hinweis: «Diesen Degen gab Ihnen der Fürst» antworten: «Der Staat gab ihn mir durch die Hand des Fürsten». Wozu aber im Lichte des Allgemeinen Landrechts der Staat in der Welt sei, erklärte Svarez so: «Die Erhaltung und Befestigung der allgemeinen Ruhe und Sicherheit, die Erleichterung und Begünstigung der Mittel, wodurch einem jeden einzelnen die Gelegenheit verschafft werden kann, seine Privatglückseligkeit ohne Beeinträchtigung und Beleidigung anderer zu befördern . . .»[43]

Daß der Staat dazu da sei, die «Privatglückseligkeit» jedes einzelnen zu fördern, war Allgemeingut der Epoche; der englische Staatsrechtslehrer Jeremy Bentham (1748–1823) erklärte den Staatszweck geradezu als Verwirklichung des größtmöglichen Glücks der größtmöglichen Zahl, weshalb Verfassungen und Rechtskodifikationen vonnöten seien, die dem Bürger *pleasure* bereiteten. «Alle Welt ging schwanger mit Kodifikationsplänen» (H. Hattenhauer), von Florenz bis St. Petersburg. Kaum einer dieser Pläne wurde schließlich verwirklicht, aber die Zielrichtung war allenthalben dieselbe: der absolutistische Staat war auf dem Wege, sich zum aufgeklärten Wohlfahrts- und Fürsorgestaat zu wandeln – alles für das Volk, nichts durch das Volk. Der Hallenser Professor Georg Friedrich Lamprecht betont 1784 in seinem *Versuch eines vollständigen Systems der Staatslehre*: «Der erste Grundsatz in allen Regierungsgeschäften ist die Beförderung der Glückseligkeit der Bürger», um anschließend das Modell eines allgegenwärtigen Polizeistaats zu entwickeln, der den Bürger notfalls mit Gewalt zu seinem Glück und Wohlbefin-

den zwingt; schlechthin jede Regung des Untertans soll polizeilicher Obhut unterliegen, von der Einschränkung des
Tee-, Schokolade- und Kaffeegenusses, weil die Verdauung
darunter leide, bis zum Verbot des Bemalens von Osterei-
ern, weil das der Gesundheit schade.

Das Neue, das wohlmeinende Philosophen, philantropi-
sche Bürger und aufgeklärte Herrscher dem Volk zu seinem
Wohl verordnen wollten, stieß auf Mißtrauen und Widerstand. Gewohnheit und altes Recht regierten die Gesellschaft, eine tiefe Scheu vor der Abweichung von dem, was
seit Menschengedenken üblich war. Wer die Neuerungen zu
weit trieb, scheiterte deshalb radikal. Joseph II. lieferte das
Exempel: In den zehn Jahren seiner Alleinregierung nach
dem Tod seiner Mutter Maria Theresia, von 1780 bis 1790,
versuchte er, die aufgeklärten Ideen von der Freiheit und
Gleichheit aller Menschen in den österreichischen Staaten
durchzusetzen: Die Gutsuntertänigkeit wurde aufgehoben,
die unbezahlte Arbeit der Bauern für den Grundherrn, die
«Robot», wurde abgeschafft. Ein Toleranzpatent verkündete
die Freiheit der Religionsausübung; ein modernes Rechtssystem mit klarer Trennung zwischen Justiz und Verwaltung
und Abschaffung des privilegierten Gerichtsstandes für den
Adel wurde in Angriff genommen; die Steuerprivilegien von
Adel und Geistlichkeit wurden beseitigt. Erste Ansätze einer
allgemeinen Sozialgesetzgebung fanden sich, wie die Kontrolle von Kinderarbeit in Fabriken, und die Verwaltung
wurde gestrafft, zentralisiert und vereinheitlicht, um die Reformen durchzusetzen. Ein revolutionäres Riesenwerk, das
aber bereits zu Josephs Lebenszeiten weitgehend am Widerstand der Bauern, des Adels, der österreichischen, belgischen,
lombardischen und ungarischen Stände scheiterte: Dem rück-
sichtslos rationalen Willen des Herrschers stand das alte Recht
im Weg, die überlieferten Freiheiten und Gewohnheiten der
Stände, die sich als stärker erwiesen, und Josephs Bruder und
Nachfolger Leopold II. mußte den größten Teil der josephini-
schen Reformen wieder rückgängig machen.

Ähnliches ereignete sich 1774 in Amerika, als die britische
Regierung im Interesse der Gleichgestaltung des Landes die
Charter von Massachusetts aus dem Jahr 1691 annullierte

und den Versuch unternahm, die Stellung der Städte zu schwächen und die des Gouverneurs zu stärken. Gerade diese Verletzung des alten Rechts rief den Widerstand der Kolonisten wie auch der Whig-Opposition im britischen Unterhaus hervor – ein Vorspiel zur amerikanischen Revolution von 1776. Nicht anders auch 1788 in Frankreich: Der leitende Minister Loménie de Brienne versuchte das Parlament von Paris zu entmachten. Diese Körperschaft besaß das Recht, gegen alle königlichen Erlasse Einspruch zu erheben, und da sie aus Mitgliedern der *noblesse de robe* bestand, also aus einem Amtsadel, der erst 1715 in den eigentlichen Adelsstand aufgenommen worden war, verhinderte sie alle Reformversuche der Krone, die adligen Privilegien gefährlich werden konnten. Diesmal ging es um einen Erlaß, mit dem die Lage der Bauern verbessert, die Folter abgeschafft, die Freiheit der Religionsausübung auch für Protestanten gewährleistet und der Getreidehandel freigegeben werden sollte. Ein vergleichsweise maßvolles Reformprogramm also, aber es stieß auf die wütende Gegnerschaft des Parlaments von Paris, und zwar im Namen der Freiheit und der Nation, dic vor der Gesetzgebungs- und Neuerungssucht der Krone geschützt werden müßten. Juristen und Staatsangestellte traten in Streik, Jugendbanden durchzogen plündernd die Hauptstadt und lieferten der Polizei Straßenschlachten, bei denen es Tote gab; in Béarn, der Dauphiné und der Bretagne kam es zu Aufständen. Der König gab nach; von nun an war klar, daß Reformen nur noch durch den Appell an die Generalstände möglich waren, die seit 1614 nicht mehr einberufen worden waren.

Bemerkenswert an allen diesen Vorkommnissen ist nicht, daß Privilegierte sich an ihre Privilegien klammerten; auffallend ist vielmehr, daß sie damit Erfolg hatten, weil ihnen das Bündnis mit den Nichtprivilegierten gelang, und zwar im Namen des hergebrachten, des alten Rechts. Und wo dann, wie 1776 in Amerika oder 1789 in Frankreich, der alte Staat im Orkus der Revolution verschwand, da war es nicht anders: Revolution bedeutete bis zum Ende des 18. Jahrhunderts gerade nicht die Beseitigung des Alten und die Heraufkunft des gänzlich Neuen, sondern die Wiederherstellung der guten, alten Ordnung, die durch die aufgeklärte Tyrannei der Kronen in Unordnung verwandelt worden war.

Zurück zur Natur: Das war die Devise, die aus der Perspektive des ausgehenden 18. Jahrhunderts in die Zukunft führte. Der Prophet dieser Idee war der Genfer Bürger Jean-Jacques Rousseau (1712–1778), der den genialen Einfall gehabt hatte, die seit langem gängige Theorie vom Herrschaftsvertrag einfach umzudrehen: Hobbes hatte behauptet, im Urzustand sei der Mensch dem Menschen ein Wolf gewesen; daher die allgemeine Übereinkunft, die zum heutigen Staat geführt habe, der den Frieden stiftet und jedermann sein Recht zuteilt. In Wirklichkeit, erklärte Rousseau, verhält es sich umgekehrt: Einst lebten die Menschen als Wanderhirten in Großfamilien, besaßen kein Privateigentum und waren deshalb so glücklich wie tugendhaft: ein goldenes Zeitalter. Heute dagegen regieren Reichtum und Eigensucht die Gesellschaft: «Hier haben wir die verderbliche Quelle der Gewalttätigkeiten, des Verrats, der Heimtücke und all der anderen Scheußlichkeiten, die ein Zustand notwendig macht, in dem jeder, während er vorgibt, zum Glück, zum Wohlstand und zum Ansehen der anderen beizutragen, nur danach strebt, das Seine über sie und auf ihre Kosten zu heben.»[44] Der Herrschaftsvertrag, auf dem die Staaten der Gegenwart beruhten, sei ein Schwindelunternehmen der Besitzenden, die mit Scheingründen die Habenichtse zur Staatsgründung überredet hätten. Der heutige Staat beruhe auf ungerechten Grundlagen, seine Rechtsprinzipien seien null und nichtig, und es komme jetzt darauf an, einen neuen Staat zu gründen: Eine echte *association*, eine Gemeinschaft also, einen politischen Körper, in dem jeder einzelne alle seine Rechte freiwillig an die Gemeinschaft abgebe.

Indem so jedermann tugendhaft auf seine egoistischen Privatinteressen zugunsten des Ganzen verzichtet, entsteht auf mystische Weise die *volonté générale*, der Gemeinwille, der auf das Wohl und den Erhalt der Gemeinschaft abzielt, und dem alle tugendhaften Staatsbürger, die *citoyens*, sich mit Freude unterordnen; so wird die wahre Souveränität im Staat, die Souveränität des Volks, konstituiert. Dieser Staat ist im Idealfall eine demokratische Republik, in der alle Entscheidungen von der Gesamtheit der Bürger gefällt werden; aber Rousseau war sich darüber im klaren, daß das allenfalls in kleinen, überschaubaren Gemeinwesen wie etwa in den Schweizer Kantonen funktionieren konnte. Größere Staaten müßten aus praktischen Gründen von Beauftragten des Volks, also von einer republikanischen Aristokratie, regiert werden, und sehr große Staaten kämen nicht umhin, einen demokratisch legitimierten Monarchen zu akzeptieren. Gewiß sei es auch dem tugendhaftesten Staatswesen nicht möglich, zum goldenen Urzustand eines selbstgenügsamen, kommunistisch verfaßten Hirtenvolks zurückzukehren; aber es komme darauf an, jeden Fortschritt zu verhindern, der auf Arbeitsteilung und einseitige Gewinnanhäufung hinauslaufe. Arbeitssparende oder –verkürzende Maschinen müßten deshalb verboten werden; der gesunde Staat Rousseaus bestand aus Kleinbauern und Handwerkern, autark und selbstgenügsam.

Das Staatsmodell, das Rousseau präsentierte, war seiner Natur nach revolutionär; und es war kein Zufall, daß die amerikanische Unabhängigkeitserklärung von 1776 Rousseaus Thesen fast wörtlich wiederholte, um den zwischen der britischen Krone und den englischen Kolonisten in Amerika abgeschlossenen Gesellschaftsvertrag für nichtig zu erklären: «Wir halten diese Wahrheiten für in sich einleuchtend: daß alle Menschen gleich geschaffen sind; daß sie von ihrem Schöpfer mit gewissen unveräußerlichen Rechten ausgestattet sind, darunter Leben, Freiheit und Streben nach Glück; daß zur Sicherung dieser Rechte Regierungen unter den Menschen eingesetzt sind, die ihre gerechten Vollmachten von der Einwilligung der Regierten herleiten; daß, wenn immer eine Regierungsform diesen Zielen zum Schaden gereicht, es das Recht des Volkes ist, sie zu ändern oder abzuschaffen und eine neue Regierung einzusetzen, die sich auf solchen Grundsätzen aufbaut und ihre Macht in einer Weise organisiert, wie sie am geeignetsten erscheint, seine Sicherheit und sein Glück zu schaffen . . .»[45] Die natürliche Unschuld und die moralische Überlegenheit der transatlantischen Wildnis schienen wie geschaffen, Raum für den neuen Staat nach den Begriffen Rousseaus zu geben; die dreizehn

Staaten Neuenglands, die sich gegen die britische Krone
erhoben, wurden als Vorbild Europas angesehen, als

> «Die beßre Hälfte der Welt,
> Wo süße Gleichheit wohnet, und Adelsbrut,
> Europens Pest, die Sitte der Einfalt nicht
> Befleckt,»

wie 1783 ein Anonymus in der Berlinischen Monatsschrift
jubelte. Die Alte Welt mußte der Neuen Welt folgen und
selbst zu einer neuen Welt werden. Und als das geschah, als
im Juli 1789 die Nachricht aus Paris kam, der Dritte Stand
der Generalstände habe sich zur einzigen legitimen Vertretung des französischen Volks proklamiert und gehe nun
daran, eine Staatsverfassung auf der Grundlage von Volkssouveränität und Menschenrechten zu verkünden: Da schien
festzustehen, daß die Alte Welt *ancien régime* war, abgetan,
am Ende.

Sie war es nicht. Rousseau hatte zwar die Begriffe geliefert, ohne die sich der revolutionäre Volksstaat nicht legitimieren konnte; aber der Versuch, den neuen Staat auf einem
Gesellschaftsvertrag der Tugendhaften zu begründen, ein
Paradies der kleinen Handwerker und selbständigen Parzel-
lenbauern, endete in Blutströmen: Die Diktatur des Wohl-
fahrtsausschusses unter Robespierre 1793/94, der große Terror
gegen die vielen, die der republikanischen Tugend ermangel-
ten, scheiterte an der unmenschlichen Menschenliebe einer
Handvoll ideologisch entflammter Jakobiner. Man wird die
weitere Wirkung Rousseaus ideengeschichtlich einordnen:
mit ihm war die Forderung nach Volkssouveränität und
Menschenrechten in der Welt, aber auch das Doppelgesicht
der Volksherrschaft: Demokratie ebenso wie die Unterdrük-
kung im Namen des Volkes und der *volonté générale*: «Man
muß den Einzelnen zwingen, seinen Willen in Einklang mit
der Staatsvernunft zu bringen, und muß das Volk lehren,
was es will.»[46]

Es hat lange gedauert, bis der Schock der Französischen
Revolution soweit abgeklungen war, daß die Betrachter dieses Ereignis in seinen größeren europäischen Zusammenhängen erkennen konnten; und dabei fand sich, daß bei allem

Neuen, das seit 1789 in die Welt gekommen war, die Wirklichkeit der Staaten sich nicht grundlegend geändert hatte, allenfalls in einer Hinsicht: Revolution und napoleonische Diktatur hatten jenen Staat hergestellt, den der Absolutismus angestrebt, aber nie verwirklicht hatte. Als erster hat Alexis de Tocqueville (1805–1859) in seinem 1856 erschienenen Werk *L'Ancien Régime et la Révolution* auf dieses scheinbare Paradox hingewiesen: Es war der alte, absolutistische Staat, der sich darangemacht hatte, die Aristokratie zu entmachten, die Parlamente und Gerichtshöfe einzuschränken, in die herkömmlichen Rechte der Provinzen einzugreifen und über das ganze Land ein immer dichteres Netz der Zentralverwaltung zu legen. Das absolute Königtum, erklärte Tocqueville, hat die Revolution bereits zu mehr als drei Vierteln beendet; gerade deshalb aber wuchs in Frankreich eine revolutionäre Stimmung, weil die restlichen Überbleibsel an ständischen Vorrechten und Feudalrechten, die das Königtum nicht beseitigen konnte, keine Legitimation mehr besaßen und ein ständiges Ärgernis darstellten. Die Revolution selbst bedeutet lediglich eine Beschleunigung; die bürgerlichen Beamten und Juristen, die bereits unter der Monarchie die wesentlichen Verwaltungsposten innegehabt haben, treten nun auch nach außen hin an die Stelle ihrer ehemaligen adligen Chefs; und nachdem sie mit oftmals blutigen Mitteln die Verwaltung Frankreichs endgültig zentralisiert, den Freiheitsrechten der Provinzen den Garaus gemacht, Maße und Gewichte ebenso wie die Rechtsverhältnisse vereinheitlicht haben, erblickt das Europa des 19. Jahrhunderts als direkten und legitimen Erben des absolutistischen Staates den modernen zentralistischen Verwaltungsstaat, der sich ganz wie der aufgeklärte Despot des *ancien régime* die Glückseligkeit der verwalteten Bürger zum Ziel gesetzt hat.

Das Modell dieses Staates ist das Kaiserreich Napoleons: Fachminister als Verwaltungsspitze, darunter die Präfekten und Unterpräfekten der Départements, Nachfolger der Intendanten und *subdélégués* der Monarchie. Minister, Präfekten und Unterpräfekten vermitteln Befehle und Weisungen der Staatsspitze bis in den kleinsten Ort und leiten umgekehrt Informationen von unten bis zur Zentralgewalt weiter: ein nach den Grundsätzen der Vernunft aufgebautes System von Ober- und Unterordnung, eine geometrisch genaue Pyramide der Macht, ganz im rational-mathematischen Sinn der Aufklärung erdacht. In allen Behörden herrscht das Fach-referenten-Prinzip und damit der Grundsatz der Professio-nalisierung der Verwaltung. Die Bürokratie besteht aus Kar-riere-Beamten, die ihre Ämter weder kaufen noch erben, sondern nach Maßgabe ihrer Fähigkeit und ihrer politischen Zuverlässigkeit befördert werden. Aus den eingesessenen städtischen Notabeln ernennt die Regierung die Bürgermei-ster, die formal Funktionsträger der Regierung, tatsächlich jedoch Unterbeamte der zuständigen Präfekturen sind. Zwar existieren Repräsentationsorgane in den Départe-ments, den Distrikten und den Städten, aber sie haben nur beratende Aufgaben. Das eigentlich militärische Prinzip von Befehl und Gehorsam regiert auch die Verwaltung, vom Dorfbürgermeister bis zur Staatsspitze, dem Kaiser: Der Staat als perfekte Maschine.

Wie einst das Vorbild Ludwigs XIV. strahlte auch dieses Modell auf ganz Europa aus, kein Wunder angesichts der Hegemonie, die das revolutionäre, mehr noch das kaiserliche Frankreich bis 1812 auf dem gesamten Kontinent besaß. Wo französische Satellitenregierungen installiert waren – das galt für die italienischen Königreiche, für Holland, die Helve-tische Republik, das Königreich Westfalen und das Großher-zogtum Berg – wurden Verwaltung und Rechtssystem direkt von Frankreich oktroyiert. Die Verbündeten Frank-reichs, insbesondere die Rheinbundstaaten, übernahmen die französischen Institutionen und Rechtsnormen in unter-schiedlicher Weise, oft eigenen Traditionen angepaßt; auch hier galt, daß die Reformen nach französischem Muster, die Rechtsvereinheitlichung, Unabhängigkeit der Justiz und Verwaltungszentralisierung, dort besonders erfolgreich wa-ren, wo der Absolutismus bereits vorgearbeitet hatte. Aber auch diejenigen Staaten, die außerhalb des Rheinbunds, aber stets unter napoleonischer Bedrohung standen, reformierten ihre Strukturen im wesentlichen nach französischem Vor-bild: Österreich und Preußen.

Für die Regierenden und die leitenden Beamten dieser Staaten ging es vor allem darum, die Niederlagen von Austerlitz und Jena zu kompensieren und die Machtfülle ihrer Staaten wiederherzustellen und auszuweiten. Frankreich diente hier vor allem insoweit als Vorbild, als es den Reformern zweierlei eingab: Eine Niederlage wie 1805 oder 1806 darf uns nie wieder passieren, und, zumindest in einigen Köpfen: So etwas wie Napoleon wollen wir auch einmal machen. Namentlich in Preußen, das sich bei den Reformen als zielgerichteter und veränderungsfähiger erwies als der schwerfällige Körper der Donaumonarchie, wurde der neue Staat in unerhörter Konzentration und Machtfülle gedacht. Auch in Preußen war es die Schicht der Beamten und Juristen, die die Reformen trug, und die sich als legitime Vertreterin des Staatsganzen sah. Mit geradezu revolutionärem Schwung ging man daran, den neuen Staat per Dekret zu verfertigen; das Innere des Staates, so Minister Altenstein, nehme der Reformer «nicht wie es ist, sondern wie es sein kann, und schafft es hiernach für seinen Zweck, der mit dem höchsten Zweck für das Ganze zusammentrifft, um . . . Es muß eine neue Schöpfung eintreten»[47]. Die preußische Bürokratie als Demiurg, als «Rüstzeug, welches die Weltregierung zur Erziehung des Menschengeschlechtes auswählt», wie Staatskanzler Hardenberg noch am Ende der Reformära erklärte[48] – das hatte etwas von dem gleichen Vertrauen in das Vernunftgesetz, das einen Robespierre und einen Napoleon beflügelte.

Aber die Neuschöpfung des preußischen Staates, die ja trotz aller Widerstände und schließlichen Resignation bei der Neuorganisation von Regierung, Verwaltung und Militär zu einigem Erfolg führte, war doch zugleich im Kern nichts anderes als ein Triumph absolutistischer preußischer Tradition. Zentralisierung und Rationalisierung der Staatsmacht, Entmachtung der ständischen Kräfte zugunsten der monarchischen Staatsspitze, Ausdehnung des staatlichen Machtmonopols auf alle regionalen, gesellschaftlichen und kulturellen Bereiche, und nicht zuletzt eine von ständischen Einflüssen unabhängige, nur dem Staat und dem Monarchen verpflichtete Verwaltung – das alles war in der brandenburgisch-preußischen Geschichte seit langem angelegt. Hinzu kommt ein unverkennbar patriarchalischer Einschlag: Nie hat Preußen den Charakter eines vergrößerten ostelbischen Gutshofs ganz abgelegt; der König war gleichsam oberster Gutsherr, und die väterliche Sorge um das Wohl der Untertanen gehörte zu den Christen- und Ordnungspflichten der Herrschaft.

So war also die europäische Staatenwelt, wie sie sich 1814 aus den Abgründen der Revolution und eines zweiundzwanzigjährigen Weltkriegs erhob, in ihrem inneren Aufbau zwar von Staat zu Staat unterschiedlich, in den Grundzügen jedoch weitgehend dem französischen Modell verpflichtet; es lag gewiß teilweise an der napoleonischen Hegemonie, aber auch an der Reichweite des früheren Absolutismus, daß wie einst im 18. Jahrhundert nur die beiden Flügelstaaten Europas, Rußland und England, sich deutlich von den Staaten des europäischen Kontinents abhoben – Rußland, weil seine autokratische Tradition sich als weitaus stärker erwiesen hatte als die Lockungen der Modernisierung *à la française*, England, weil die Souveränität des Parlaments und die privilegierte Stellung des Landadels die napoleonischen Kriege unbeschadet überstanden hatten.

Allerdings hatte sich mit der umfassenden Verstaatlichung der öffentlichen Sphäre Europas ein wesentlicher Aspekt geändert: Seit der Französischen Revolution konnte revolutionäre Gewalt als legitim gelten; Rousseaus Diktum «Der Mensch wird frei geboren und ist doch überall in Fesseln»[49] war jetzt in den Köpfen der Menschen. Und die Verheißungen irdischer Glückseligkeit, die alle Parteien im Kampf um das Erbe der Revolution versprachen, die zunehmende Ideologisierung der Politik, der Abkehr von Pragmatismus und Kompromiß, schuf die Bereitschaft zu Menschenopfern, zur Glorifizierung von Gewalt und Terror. Anders als vor der Revolution waren jetzt Massen von Menschen bereit, für politische und gesellschaftliche Ziele auf die Barrikaden zu gehen. Das galt nicht allein für das Mutterland der Revolution, sondern für ganz West- und Mitteleuropa; selbst in Preußen, das von außen so furchterregend diszipliniert und organisiert wirkte, hatten sich gefährliche gesellschaftliche Spannungszonen und Bruchlinien gebildet. Man konnte nicht die allgemeine Wehrpflicht einführen, die Erziehung verbessern, das Instrument der öffentlichen Meinung spielen bis zur Aufpeitschung der Massenemotionen in den Freiheitskriegen von 1813–1815 und dann damit rechnen, daß das Volk sich weiterhin gehorsam den weisen Erziehungsmaßnahmen einer aufgeklärten Beamtenelite unterordnete. Zu den wachsenden sozialen Spannungen des Vormärz gesellte sich die Verbitterung über gebrochene Verfassungsversprechen und über eine Obrigkeit, die, erschrocken ob der radikalen Töne in der oppositionellen Öffentlichkeit und voller Furcht vor einer Wiederholung der französischen Ereignisse von 1789, die Zensurschraube anzog und der Forderung, wirtschaftliche Freiheit mit politischer Mitsprache zu verbinden, mit polizeilicher Unterdrückung Herr zu werden suchte.

So wurden Staat und Gesellschaft auseinandergetrieben; die Quittung bekamen die europäischen Staatsmänner in den Revolutionen von 1830 und 1848. Die Schlüsselbegriffe der europäischen Diplomatie: Wiedergeburt, Regeneration, Restauration, Wiederherstellung, das alles war ebenso blaß wie die «Heilige Allianz», die nach dem Willen des russischen Zaren die Mächte Europas miteinander eingehen sollten. Alexander I. war in schwärmerischer Aufrichtigkeit überzeugt, auf diese Weise die Solidarität der Fürsten und ihrer Völker zu befestigen; der englische Außenminister Castlereagh dagegen nannte den Rückgriff auf das Gottesgnadentum der Fürsten eine Mischung von sublimer Mystik und Unsinn. Der starke Staat benötigte eine starke Rechtfertigung, sollte er nicht in Revolution und Bürgerkrieg untergehen, eine neue Begründung von Gemeinschaft, eine neue Legitimation von Herrschaft, eine massenwirksame Idee, die über den Interessen und Ideologien stand und die Völker mit ihren Staaten verband. Daß Europa nicht wieder, wie nach der Reformation, in Bürger- und Religionskriege auseinanderfiel, lag daran, daß es diese gemeinschaftsstiftende Idee gab: Es war die Idee der Nation.

Zweites Kapitel

Nationen

1. «Nation» ist nicht Nation

Das Hermanns-Denkmal bei Detmold: Waldumrauscht,
touristenumflutet, ragt der Cheruskerfürst in Siegespose fast
dreißig Meter hoch; sein Schwert trägt in goldenen Lettern
die Inschrift: «Deutschlands Einigkeit meine Stärke, meine
Stärke Deutschlands Macht». Hermann den Deutschen
nannte ihn bei der Denkmalsenthüllung 1875 Kaiser Wilhelm I., und als anläßlich der Zentenarfeier 1975 der Historiker Thomas Nipperdey skeptische Bemerkungen über die
nationale Vereinnahmung des cheruskischen Häuptlings und
römischen Ritters Arminius fallen ließ, war der Entrüstungs-
sturm nicht nur bei den heimatverwurzelten Lippern enorm.
Den anderthalb Millionen Besuchern, die jährlich zu dem
Denkmal pilgern, sind die Bedenklichkeiten der Historiker
gleichgültig; daß der Bronzekoloß mit ihrer eigenen Vergangenheit zu tun habe, bestätigen dutzende vaterländischer Ge-
denktafeln rundum, und jedenfalls die Älteren erinnern sich
an Viktor von Scheffels Lied «Als die Römer frech geworden», das mit dem Vers endet:

> «Und zu Ehren der Geschichten
> Tat ein Denkmal man errichten,
> Deutschlands Kraft und Einigkeit
> Verkündet es jetzt weit und breit:
> ‹Mögen sie nur kommen›.»

«Sie» – das waren einst die Römer gewesen, deren Legionen
unter dem Statthalter P. Quinctilius Varus im Jahr 9 n. Chr.
von germanischen Stämmen unter der Führung des Arminius vernichtet wurden; später waren es die Franzosen, gegen die der erzene Hermann sein Schwert hob. Und so zieht
sich der historische Faden bis in die unmittelbare Gegenwart:
Von der «ersten großen Gestalt der germanisch-deutschen

Geschichte» spricht der Autor einer neuen, überraschend populären Arminius-Darstellung, und er schlägt auch den Bogen vom Beginn der deutschen Geschichte zur deutschen Zukunft: An Hermann müsse gedacht werden, wenn es um die Überwindung der deutschen Teilung gehe – denn diente nicht auch sein Kampf der deutschen Einheit?[50] Von Hermann dem Cherusker bis Helmut Kohl: Zweitausend Jahre deutsche Nation?

Nicht viel anders in Frankreich: Was Hermann der Cherusker für die deutsche Geschichte, das ist Vercingetorix für die französische, wie überhaupt die meisten europäischen Nationen ihre halb mythischen Helden haben, die einst den Freiheitskampf gegen Rom führten – so Viriathus als Heros des spanischen Nationalismus, Civilis, der Anführer des Bataveraufstands, den Rembrandt für das Amsterdamer Rathaus gemalt hat, Boadicea, die gegen die Legionen Neros kämpfte, und die auf ihrem Streitwagen vor dem Parlament in London steht. Das Denkmal des Vercingetorix überragt die Wallreste des alten Alesia, jenes Orts, den Cäsar im Jahr 52 v. Chr. belagerte und schließlich eroberte; am Sockel des Denkmals findet sich die aus den Kommentaren Cäsars entlehnte Inschrift: «*La Gaule unie, formant une seule nation, animée d'un même esprit, peut défier l'univers*» – das geeinte Gallien, eine einzige Nation, beseelt von einem gemeinsamen Geist, kann dem Universum die Stirn bieten. Nur 19. Jahrhundert? Nicht weit von diesem Ort entfernt, auf dem Mont Beuvray bei Autun, findet sich ein Gedenkstein aus dem Jahr 1985, der verkündet, diesen Ort habe François Mitterand, Präsident der Republik, zur Gedenkstätte der Nation erklärt; denn hier hätten sich einst die Häuptlinge der gallischen Stämme unter Vercingetorix zusammengeschlossen.[51] Frankreich, eine Nation seit Vercingetorix?

Der französische Religionswissenschaftler Ernest Renan (1823–1892) ist nach dem deutsch-französischen Krieg von 1870/71, bewegt von der nationalen Zerrissenheit des Elsaß zwischen Deutschland und Frankreich, der Frage nachgegangen, was denn eine Nation sei. In seinem Vortrag «*Qu'est-ce qu'une nation?*», den er am 11. März 1882 in der Sorbonne hielt, griff er sachlich-methodisch eine gängige

Antwort nach der anderen auf, um sie zu widerlegen: Die Nation ist nicht gleichbedeutend mit der Rasse, denn offensichtlich weisen alle modernen Nationen ein ethnisches Gemisch auf: Frankreich ist keltisch, iberisch, germanisch, Deutschland germanisch, keltisch und slawisch, Italien ethnisch überhaupt unentwirrbar. Eine Politik, die die Einheit einer Nation mit rassischen Argumenten betreibt, gründet also auf einer Chimäre; sie würde die europäische Zivilisation zugrunde richten. Eine Nation ist auch nicht identisch mit der Sprache – wie wäre sonst die Trennung der Vereinigten Staaten von Amerika von Großbritannien, Spaniens von Südamerika zu erklären, wie andererseits der Zusammenhalt der Schweiz? Auch die Religion taugt nicht als Grundlage einer modernen Nation, wie die unterschiedlichen Grenzen der Staaten und der Konfessionen erweisen. Eine Gemeinschaft von Interessen? «Ein Zollverein ist kein Vaterland.» Und die Geographie? Es gibt keine willkürlichere, gefährlichere Theorie, als die Nation zwischen «natürlichen Grenzen» errichten zu wollen; die Vergangenheit zeigt, daß die Lebensräume der Nationen immer fluktuiert haben.

Eine Nation, schließt Renan daraus, kann mit materiellen Umständen nicht hinreichend beschrieben und begründet werden. Seine Schlußfolgerung: «Eine Nation ist eine Seele, ein geistiges Prinzip. Zwei Dinge, die in Wahrheit nur eins sind, machen diese Seele, dieses geistige Prinzip aus. Eins davon gehört der Vergangenheit an, das andere der Gegenwart. Das eine ist der gemeinsame Besitz eines reichen Erbes an Erinnerungen, das andere ist das gegenwärtige Einvernehmen, der Wunsch, zusammenzuleben ... Eine Nation ist also eine große Solidargemeinschaft, getragen von dem Gefühl der Opfer, die man gebracht hat, und der Opfer, die man noch zu bringen gewillt ist. Sie setzt eine Vergangenheit voraus, aber trotzdem faßt sie sich in der Gegenwart in einem greifbaren Faktum zusammen: der Übereinkunft, dem deutlich ausgesprochenen Wunsch, das gemeinsame Leben fortzusetzen.»[52]

Ernest Renans Definition hat bis heute ihre Gültigkeit behalten: Nationen sind geistige Wesen, Gemeinschaften, die existieren, solange sie in den Köpfen und Herzen der

Menschen sind, und die erlöschen, wenn sie nicht mehr gedacht und gewollt werden; Nationen beruhen auf Nationalbewußtsein. Nationen erkennen sich in einer gemeinsamen Geschichte, in gemeinsamem Ruhm und gemeinsamen Opfern wieder – man muß hinzufügen, daß diese gemeinsame Geschichte in aller Regel von begrenzter Realität ist, in aller Regel mehr erträumt und konstruiert als wirklich.

Was Renan als «Solidargemeinschaft» bezeichnet, ist Untersuchungsgegenstand der Gruppensoziologie. Seit dem amerikanischen Soziologen William G. Sumner (1840–1910) spricht man von der Unterscheidung zwischen Eigengruppe (*in-group*) und Fremdgruppe (*out-group*) als fundamentalem Strukturmerkmal aller Gruppen. Die Eigengruppe wird von einem «Wir-Gefühl» zusammengehalten – das ist es, was Renan unter «geistigem Prinzip» versteht –, die Fremdgruppe sind die Anderen, und die Tendenz ist stark, alle Gruppengenossen als gleichwertig, die Mitglieder von Fremdgruppen dagegen als minderwertig anzusehen. Innerhalb der Gruppe herrschen Friede und Ordnung, nach außen Spannung, wenn nicht Kampf. Die «Wir»-Gruppe vermittelt dem Einzelnen Zugehörigkeit, Geborgenheit und das Gefühl, daß sein Handeln in dieser Gruppe und für diese Gruppe seiner Existenz Sinn verleiht. Die Sinnhaftigkeit der «Wir»-Gruppe wird nicht nur durch die Normen und Verhaltensweisen hergestellt, mit denen sich die Gruppenmitglieder im Wir zusammenschließen, sondern auch durch die Identifikation mit Symbolen: Wappen, Fahnen, Embleme. Eine Gruppe bedarf der Kontinuität, um ihre Normen und Symbole zu entwickeln, und um sich über die Existenz der einzelnen Mitglieder hinaus als dauerhaft und damit als legitimiert zu empfinden – daher die Neigung, die Geschichte der Gruppe bis auf ihre Gründung zurückzuverfolgen, sie für die Zwecke der Gruppenintegration zu vereinfachen oder notfalls auch zu erfinden. Niemand gehört jedoch ausschließlich einer einzigen Gruppe an; von der Zweier-Gruppe, also Freundschaft oder Ehe, über die Familie, die Sippe, die Gemeinde, den Verein bis zu Großgruppen, der Nation oder der Kirche, gibt es viele Gruppen, zu denen jemand gleichzeitig gehören kann, die jeweils Loyalität von ihm fordern, in unterschiedlichen Situationen auf verschiedene Weise Geborgenheit versprechen, die aber auch Loyalitätskonflikte hervorrufen können, wenn in einer gegebenen Situation unterschiedliche Gruppenzugehörigkeiten unterschiedliche Verhaltensweisen fordern.[53]

Unter allen diesen Gruppen hat sich die integrierende Kraft der Nation als politisch besonders mächtig erwiesen. Das war keineswegs immer so; wie alle politischen und kulturellen Gemeinschaftsformen ist auch die Nation eine Erscheinung der europäischen Zivilisation, ist also historisch entstanden, hat Veränderungen und Entwicklungen durchlaufen, und wie alles geschichtlich Gewachsene wird auch sie einmal wieder vergehen oder in ihrer politischen und kulturellen Bedeutung zurücktreten und einem anderen Zustand menschlicher Gemeinschaft Platz machen. Zwar gab es den Begriff «Nation» schon lange, viel länger als den des «Staates», aber in der heutigen Bedeutung, die die gesamte Bevölkerung umfaßt und Nation kaum noch ohne Staat definieren kann – in dieser Bedeutung sind Nationen noch sehr jung.

Natio ist ein alter, aus der römischen Antike überlieferter Traditionsbegriff, der ursprünglich Geburt oder Abstammung als Unterscheidungsmerkmal von Gruppen aller Art bezeichnete. Cicero etwa faßte unter diesem Begriff eine Gruppe des Volkes, nämlich die Aristokraten, zusammen, für Plinius war eine Philosophen-Schule eine *natio*. Auffallend häufig finden wir aber auch *natio* als Gegenbegriff zur *civitas*, also als unzivilisierte Völkerschaft, die keine gemeinsamen Institutionen kennt – etwa in demselben Sinn, in dem die heutigen Engländer von *natives* reden, die Franzosen von *natifs*, die Deutschen von *Eingeborenen*. Die Heiden der Vulgata, die Barbaren des Isidor von Sevilla, die ungläubigen mohammedanischen Horden des Bernhard von Clairvaux waren *nationes*, und auch die germanischen Großstämme des frühen Mittelalters, die Franken, Langobarden oder Burgunden wurden als *nationes* beschrieben, weil sie zwar jeweils einer Herkunft waren, scheinbar jedoch ohne jenes innere politische und gesellschaftliche Gefüge, das ein zivilisiertes Volk ausmacht. Neben ähnlichen Bezeichnungen wie *gens* oder *populus* führte dieser Wortgebrauch zu der spätmittel-

alterlichen Bedeutung von *nationes*, die europäische Groß-
völker meinte, welche ihrerseits aber mehrere *gentes* oder
nationes umfassen konnten.

Die Grenzen einer *natio* waren und blieben noch lange undeutlich; doch festigte sich der Gebrauch des Wortes, durchaus im ursprünglichen lateinischen Sinn, als jene Rechtsgemeinschaft, zu der jemand kraft seiner Geburt gehörte. Der
Adel eines Königreichs konnte verschieden nach Geburt, Sitten, Recht und Sprache sein; zum Beispiel konnte im ostfränkischen Reich, das später einmal Deutschland werden sollte,
ein Mitglied des Reichsadels aus der sächsischen, fränkischen, alemannischen oder bajuwarischen *natio* kommen
und für sich in Anspruch nehmen, nach dem Recht seiner
natio zu leben. Die Rechtsgemeinschaft, zu der jemand dank
seiner *natio*, seiner Geburt also, gehörte, wurde in der Regel
als *patria* bezeichnet – die innere, persönliche Bindung galt
dieser Geburts- und damit Rechtsgemeinschaft. «Geburt
und Heimat», résumiert der Historiker Karl Ferdinand Werner, «werden, wie das fortlebende antike Motiv des Todes
für das Vaterland, durch die Jahrhunderte mit der ›Nation‹
verbunden bleiben, die letztlich Gruppensolidarität und An-
derssein gegenüber Fremden am stärksten zum Ausdruck
brachte.»[54]

Auch die heutigen Namen von Nationen mußten sich erst
langsam bilden. Besonders spät kamen die Deutschen dazu,
zu wissen, daß sie Deutsche seien. Das lag daran, daß es einen «deutschen» Stamm nicht gab; vielmehr gab es seit dem
Zerfall des Karolingischen Reichs im Verlauf des 9. Jahrhunderts eine Anzahl von Stammesherzogtümern, die keineswegs auf die Stämme der Völkerwanderungszeit zurückgeführt werden können, sondern aus den Verwaltungsbezirken
des Reichs Karls des Großen hervorgingen; die Siedlungsge-
biete der Thüringer, Bayern, Alemannen und später auch der
Sachsen waren «ducatus», unterstanden also jeweils einem
«dux»: keinem Stammesführer, sondern einem hohen fränkischen Beamten, dessen Titel noch auf die Verwaltungsre-
form Konstantins des Großen zurückging. Dieser fränkische
Reichsadel zerfiel im Laufe des 9. Jahrhunderts in Familien
und Fraktionen; nicht «deutsche» Stämme, sondern eine

fränkisch geprägte Aristokratie bildete den politischen Zusammenhalt des Gebiets östlich des Rheins, das seit römischen Zeiten als *Germania* bezeichnet wurde. Diese Schicht von Aristokraten akzeptierte seit 833 die Herrschaft des Kaisersohns Ludwig im ostfränkischen Reich, der damit *rex Germaniae*, König der östlich des Rheins gelegenen Länder, wurde und eben nicht «Ludwig der Deutsche», wie national denkende Historiker ihn seit dem 19. Jahrhundert genannt haben.

Bis weit in das 11. Jahrhundert hinein sollte sich dieses Reich, das da östlich des Rheins entstanden war, als fränkisches Reich verstehen, seine Traditionen also in den fränkischen Überlieferungen über die Karolinger und Merowinger zurück nach Rom und bis Troja verfolgen, nicht anders, als dies auch für den westfränkischen Reichsteil galt. Die Könige des Ostfrankenreichs vermieden jede nähere ethnische Bestimmung ihres Königstitels, nannten sich also lediglich *rex* und nicht etwa *rex Francorum* und schon gar nicht *rex Teutonicorum*, also deutscher König – diese Bezeichnung taucht in den Quellen des 10. Jahrhunderts nur einmal auf, völlig isoliert. Nachdem 919 mit Heinrich I. die sächsische Dynastie die Königskrone erworben hatte, traten Sachsen für mehr als hundert Jahre in den Vordergrund und an die Stelle der Franken; für Widukind von Corvey bestand das ottonische Imperium aus dem *regnum saxonum*, dem sächsischen Königtum im Norden und dem *regnum latinorum*, dem lateinischen Königtum im Süden; von Deutschland war nicht die Rede. Dies um so weniger, als 962 mit der Kaiserkrönung Ottos I. durch Papst Johannes XII. das ottonische Königshaus in die Tradition Karls des Großen und damit des Römischen Reichs aufstieg und damit die höchste Legitimation besaß, die das Mittelalter in weltlichen Dingen überhaupt kannte. Das Reich, so wußte man seit Augustin, besaß einen festen Platz in der Weltgeschichte, die zugleich Heilsgeschichte war; es war die letzte große Weltmonarchie. Das waren Perspektiven, die weit über den ostfränkischen Königstitel hinausgingen; das Reich integrierte sich daher römisch, nicht deutsch.

Das Wort «deutsch» kommt von «thiutisk», ein Begriff, der sich im 8. und 9. Jahrhundert, von Bayern ausgehend, in Mitteleuropa ausbreitete und einfach «Volkssprache» bedeutete: Keineswegs eine einheitliche Sprache, sondern eine Vielfalt von germanischen Stammesdialekten, die sich vom gelehrten Latein der Kirche wie von den romanischen und slawischen Sprachen Europas unterschieden. Die lateinische Übersetzung «teutonicus» führt fehl; tatsächlich gab es keine Verbindung zu jenen germanischen Teutonen, die 102 v. Chr. bei Aquae Sextiae von den Römern unter Marius vernichtend geschlagen worden waren, worauf sie aus der Geschichte verschwanden. Allerdings hatte der Schrecken dieser ersten Germaneneinfälle in Norditalien überdauert, und den Italienern lag es nahe, die Leute, die aus der *Germania* kamen und behaupteten, die römische Kaiserwürde sei auf einen der Ihren übergegangen, als Teutonen zu bezeichnen – Herablassung ob deren plumper, barbarischer Erscheinung schwang darin mit. So flossen *thiutisk* und *teutonicus* in eins und begannen, sich ins Politische zu wandeln, als Papst Gregor VII. im Jahr 1076, auf dem Höhepunkt des Investiturstreits, den römisch-deutschen König Heinrich IV. *«rex teutonicorum»* nannte: Der Anwärter auf das Kaisertum, hieß das, sollte seines präsumptiven heilsgeschichtlichen Rangs entkleidet und auf die Ebene eines gewöhnlichen christlichen Königs herabgestuft werden.

Das Reich hieß dennoch weiterhin Römisches, seit 1157 Heiliges Römisches Reich, doch *thiutisk/teutonicus* kam allmählich in Gebrauch, denn da der lehnsrechtliche Personenverband, an dessen Spitze sich der Römische Kaiser in seiner Eigenschaft als (ost)-fränkischer König befand, jenseits des Konglomerats von Stämmen stand, benötigte er auch einen Namen; und die Bezeichnung «Franken» hatte sich bereits bei dem westlichen Nachbarn eingebürgert, gegen den man sich ebenso wie gegen Italien und die römische Kurie zu unterscheiden wünschte. So wuchsen im Laufe des 11. und 12. Jahrhunderts «regnum» und «teutonicum» allmählich zusammen. Die deutsche Nation war und blieb aber eine undeutliche Angelegenheit, weil es nach dem Fall der Staufer jahrhundertelang keiner Dynastie gelang, sich die deutsche Königskrone dauerhaft zu sichern. Anders als in England oder Frankreich, wo die Dynastien im Verlauf des 13. Jahrhunderts starke Kristallisationskerne für die Entwicklung nationsbildender Kräfte darstellten, blieb die deutsche Königskrone schwach; die deutsche Nation stand im Schatten der starken, mythenmächtigen Reichsidee, und auch die politischen Symbole waren dem Reich zugeordnet, nicht dem Königtum: die Heilige Lanze, die Reichskrone, der Reichsthron Karls des Großen im Aachener Dom.

Zudem schoben sich die Stammesverbände und deren territoriale Nachfolger, von Sachsen bis Baiern («Bayern» erst seit dem 19. Jahrhundert), als *patriae*, also Vaterländer, in den Vordergrund. Für den Untertan war das Land, dem er zugehörte, sein eigentliches Vaterland; er definierte sich als Sachse oder Baier und sah in seinem Landesfürsten den *pater patriae*, den Vater des Vaterlands. Das Reich war eben nicht das Vaterland; Reichszugehörigkeit war im wesentlichen Sache der Landesherren und der städtischen Obrigkeiten. Noch Anfang des 19. Jahrhunderts sollte Ernst Moritz Arndt die Frage stellen: «Was ist des Deutschen Vaterland, ist's Baierland, ist's Schwabenland?» Vaterland und Nation traten in Deutschland auseinander; die deutsche Nation als politischer Körper bestand nicht aus den Menschen, die in Deutschland lebten oder deutsch sprachen, sondern aus dem Reichsfürstenstand, der zusammen mit dem Kaiser das Reich konstituierte, den Kaiser wählte oder jedenfalls an den oft langen Entscheidungen über die kaiserliche Nachfolge beteiligt war, und der dem Kaiser im Reichstag gegenübersaß.

Leichter und schneller verlief die Nationsbildung westlich des Rheins. Die westfränkischen Könige sahen sich stets als legitime Nachfolger Karls des Großen; auch nachdem die Trennung von Ost- und Westfranken-Reich seit etwa 888 unumkehrbar geworden war, nahmen die Könige des Westreichs die Traditionen der Karolinger und Merowinger ungeteilt für sich in Anspruch und nannten sich *reges francorum*, Könige der Franken. Franken waren nicht alle Bewohner des früheren Gallien, sondern jene, die dem König Heerfolge leisteten: *franci* waren die Königstreuen – im königlichen Dienst konnte auch ein Bretone oder Aquitanier Franke werden. So bildete sich die französische Nation kontinuierlich und im gleichen Maß, in dem das französische Königtum erstarkte und seine Herrschaft über die Loire nach Süd- und

Westfrankreich vorschob, und diese Nation bildete sich hauptsächlich durch den Bezug auf die Krone, deren besonderer sakraler Rang auf den König und sein Gefolge ausstrahlte und das Nationalbewußtsein im werdenden Frankreich stärkte; insofern kann man sagen, daß in Frankreich der Staat die Nation hervorgebracht hat.[55]

Allerdings handelte es sich nicht um eine Nation, wie sie uns heute entgegentritt; bis ungefähr zur Französischen Revolution 1789 bestand die französische Nation wie die übrigen Nationen Europas aus denjenigen Individuen, die sich im *status politicus* befanden, die also politisch handelten, indem sie eine Beziehung zur Krone besaßen, oder die jedenfalls ständisch vertreten waren. Die deutsche Nation bestand aus Reichsadel, Reichskirche und Reichsstädten, die auf dem Reichstag versammelt waren; die englische Nation trat im Parlament zu Westminster in Erscheinung, die französische in den Generalständen, und noch Montesquieu sollte in der Mitte des 18. Jahrhunderts kategorisch erklären, in den *états généraux* versammle sich «*la nation, c'est-à-dire les seigneurs et les evèques*» – die Nation, das heißt Adel und Klerus. Als das Reich 1711 mit der «ungarischen Nation» den Frieden von Szátmar schloß, bedeutete «Nation» keineswegs die Gesamtheit des Volkes, sondern, wie es im Vertrag ausdrücklich heißt, «Barone, Prälaten und Adlige Ungarns». Im Falle Ungarns oder auch Polens handelte es sich in diesem Sinne also um reine Adelsnationen, während in West-, Mittel- und Nordeuropa von Fall zu Fall auch bürgerliche und gelegentlich bäuerliche Stände zur Nation gezählt werden konnten. Im übrigen muß, wenn wir uns in unserer Betrachtung auf die großen Nationen beschränken, daran erinnert werden, daß bis in das beginnende 19. Jahrhundert hinein Nation auch immer im kleineren, landständischen Sinne verstanden wurde. So konnten zum Beispiel die Ostpreußen noch um 1800 als Nation bezeichnet werden, weil sie einen Landtag hatten, in dem allein das «Land» politisch in Erscheinung trat, auch unter der absoluten Monarchie der Hohenzollern. Vom Hohen Mittelalter bis gegen das Ende des 18. Jahrhunderts galt: Nationen bildeten nicht die Gesamtheit des Volks, sondern die herrschende, politisch repräsentierte Schicht;

nicht mit «Volksnationen» haben wir hier zu tun, sondern mit «Adelsnationen».

Wie der Begriff *natio* benutzt wurde, um Unterscheidungsmerkmale im politischen Raum zu gewinnen, so war er auch brauchbar, um sprachliche Unterschiede zu bezeichnen. Trotz des herrschenden Latein als paneuropäisches Verständigungsmittel von Kirche, Politik und Wissenschaft war das Europa des Hohen Mittelalters doch vielsprachig geworden, und so lag es nahe, überall dort, wo Fremde aus vielen Teilen des Kontinents zusammenkamen, ihre Sprachen zum Unterscheidungsmerkmal zu machen. Auf dem Konzil von Konstanz (1414–1417) wurde festgelegt, daß nach Nationen abzustimmen sei. Die Vertreter der geistlichen Stände des Heiligen Römischen Reichs traten als *natio germanica* auf, soweit sie «deutscher Zunge» waren; der *natio germanica* gehörten allerdings auch die Geistlichkeiten Englands, Ungarns, Polens und der skandinavischen Länder an, während die Prälaten aus Savoyen, Provence und Lothringen ihrer Sprache wegen zur französischen Nation geschlagen wurden, obwohl sie zum Reich gehörten. Die – politisch nicht existierende – italienische Nation umfaßte zusätzlich zu den italienisch Sprechenden auch Konzilsteilnehmer aus Griechenland, Slawonien und Cypern. Offenbar fehlten klare Kriterien für die Zugehörigkeit zu Nationen, und bis zum Ende des Konzils blieben Zahl und Eingrenzung umstritten.

Wie unsicher der Zusammenhang von Sprache und Nation noch war, zeigte sich auch bei den Studenten, die seit dem 13. Jahrhundert aus allen Teilen Europas an die Universitäten strömten, und die dort nach Nationen eingeteilt wurden. Auch hierbei ging es nicht um Geburtsregion, sondern um Sprachen oder um Sprachgruppen, denn die waren einigermaßen klar zu erkennen. Die Universität von Paris, neben der von Bologna älteste Universität Europas, unterschied seit 1249 die gallische Nation, zu der auch Italiener, Spanier und Griechen zählten, die normannische, die englische – darunter die Deutschen, Polen und Skandinavier – sowie schließlich die picardische Nation, die eine Sprache ihr eigen nannte, die im Paris des 13. Jahrhunderts als besonders abweichend vom Französischen wie von ähnlichen Idiomen wie dem Burgundischen, Normannischen und Wallonischen angesehen wurde. Die Universität von Orléans war hundert Jahre später in zehn Nationen aufgeteilt: in Frankreich, Normandie, Picardie, Aquitanien, Champagne, Lothringen, Touraine, Burgund, Schottland sowie die *«nation germanique»*, der Studenten aus dem Heiligen Römischen Reich angehörten, aber auch die aus Polen, England, Dänemark, Italien und Dalmatien. Das Prinzip, nach dem die Einteilung vorgenommen wurde, wirkt nur auf den ersten Blick verwirrend; tatsächlich ging es ganz pragmatisch darum, die Studenten, die aus näher gelegenen Sprachregionen kamen, differenziert zu unterscheiden, denn sie waren zahlreich und mußten daher strenger unterteilt werden. Diejenigen, die aus größerer Entfernung stammten, waren weniger zahlreich, weshalb eine umfassendere Kategorie ausreichte. Daß die Einteilung nach Nationen nicht nur künstlich war, zeigte der enge innere Zusammenhalt dieser frühen «Landsmannschaften» ebenso wie die Reibereien zwischen ihnen; eine Prügelei zwischen der picardischen und der normannischen Nation, bei der es mehrere Tote gab, führte 1328 in Paris zu bürgerkriegsartigen Zuständen; die Universität Oxford hatte zu dieser Zeit bereits das Nationen-Prinzip aufgegeben, um den häufigen Schlägereien ein Ende zu machen.

Man ersieht aus diesem verhältnismäßig trivialen Fall, daß der Mechanismus von «Eigen-Gruppe» und «Fremd-Gruppe» bei den mittelalterlichen Universitäts-Nationen funktionierte; Angehörige der gleichen Sprachfamilie erlebten ihre Einheit nicht in der Heimat, sondern in der Fremde. Ähnliches gilt auch für die politischen Nationen des Mittelalters; auch ihr «Wir»-Gefühl entstand vor allem aus der Begegnung mit den Fremden. Mit der Bevölkerungszunahme in Europa seit der Jahrtausendwende hatte auch die Zahl der Reisenden beträchtlich zugenommen; Wallfahrten, Handelsreisen, Wanderungen der Scholaren von einer Universität zur anderen hatten immer häufiger zu Kontakten mit Fremden geführt. Wenn auch die Berichte über dergleichen Erfahrungen zu selten sind, als daß sie zuverlässige Auskunft über das Selbstbewußtsein der entstehenden europäischen Nationen liefern könnten, kann man dennoch annehmen, daß insbesondere die Pilgerfahrten, die häufig in größeren Gruppen unternommen wurden, Auslöser von Vorurteilen und Ressentiments unter den Völkern gewesen sind.

In noch größerem Ausmaß gilt das für die Kreuzzüge, und hier befinden wir uns auf festerem Boden, was die Überlieferung angeht. Vor allem die gegenseitige Abgrenzung von Franzosen und Deutschen, die beginnende Herausbildung von Nationalbewußtsein und der Zusammenhang zwischen «Wir»-Gefühl und negativen Fremd-Stereotypen wird erkennbar, wenn um 1165 Johann von Würzburg in seiner *Descriptio terrae sanctae*, einer Art Handbuch für Pilgerfahrten in das Heilige Land, die Waffentaten der deutschen Ritter während des ersten Kreuzzugs (1096–1099) hervorhebt. Nicht die *Franci*, also Franzosen, sondern die schwertgewaltigen *Francones*, also deutsche Mainfranken, haben das heilige Jerusalem vom Joch der Heiden befreit. Allerdings seien die deutschen Ritter dann, von Heimweh befallen, in ihre Heimat zurückgekehrt, und andere Nationen – Franzosen, Lothringer, Normannen, Provenzalen, Italiener, Spanier und Burgunder – hätten deren Platz in Palästina eingenommen. Obwohl Gottfried von Bouillon, der Eroberer Jerusalems, und dessen Bruder Balduin, der zum König von Jerusalem gekrönt wurde, aus Deutschland stammten («aus unseren Teilen Germanias»), werde heute der Anteil der Deutschen an den Waffentaten einfach unterschlagen, ja die «Verunglimpfer unserer Nation» löschten die Erinnerung daran böswillig aus, indem sie die deutschen Grabsteine entfernten. Wären die Deutschen geblieben, meint der in seinem Nationalgefühl gekränkte Verfasser, dann wären die Grenzen der Kreuzfahrerstaaten schon weit über den Nil und über Damaskus hinaus vorgeschoben. Doch nachdem die Deutschen abgezogen seien, hätten die anderen Nationen so gut wie nichts mehr ausgerichtet. Eine besondere Pointe dieser Klage liegt darin, daß der Reichsfürst Gottfried von Bouillon als Anführer der Deutschen erscheint, die Lothringer dagegen, deren Kontingent in Wirklichkeit Gottfried als deren Herzog geführt hat, im Katalog der Völker erscheinen, die sich anstelle der Deutschen im Heiligen Land breitgemacht haben. Das wird dadurch ermöglicht, daß unser Autor von den Deutschen nicht als «*Teutonici*», sondern als «*Germani*» spricht, und damit lediglich von den Bewohnern der *Germania*, also des Landes östlich des Rheins. Das französischsprachige Lothringen war damit ausgegrenzt, obwohl es zum Reich gehörte.

Dergleichen Klagen häuften sich im Verlauf der Kreuzzüge, die sich als produktiv für nationale Ressentiments erwiesen. Von französischer Seite wurde entsprechend gekontert: Odo von Deuil, der als Kaplan König Ludwigs VII. von Frankreich am zweiten Kreuzzug (1147–1149) teilnahm, räumt die Überheblichkeit seiner Landsleute ein; die Deutschen (hier: *Alemanni*) seien aber einfach unerträglich. Franzosen und Deutsche hätten nicht einmal gemeinsam lagern können, ohne daß die Deutschen Streit angefangen hätten – nicht zuletzt, weil die Sprachen der Franzosen und Deutschen einander unverständlich waren. So hätten die Deutschen überall nur Verwirrung verbreitet; der gemeinsame Angriff auf Damaskus und damit der ganze Kreuzzug habe daher scheitern müssen. Bemerkenswert an dieser Schilderung ist nicht, daß der Grund für das Scheitern des Kreuzzugs den Anderen zugeschoben wird, sondern die Begründung: Die Deutschen reden unverständlich, und daraus folgt Verwirrung.

Offenbar bestanden zur Zeit der Kreuzzüge links und rechts des Rheins bereits Vorstellungen von der eigenen Identität wie von der der benachbarten Anderen, die mit gewissen Stereotypen gekoppelt waren. Der Neid auf die Erfolge der Franzosen im Heiligen Land saß tief im deutschen Nachbarn; als die Bischöfe und Großen Ostsachsens im Jahr 1108 zum Kriegszug gegen die heidnischen Wenden aufriefen, beriefen sie sich auf die Heldentaten der Franzosen im Orient: Es galt, die als hochmütig angesehenen Krieger aus dem Nachbarreich zu übertreffen. Französischer Hochmut, deutscher Neid: Die negativen Eigenschaften der Anderen bestätigten die eigene nationale Identität. Zweihundertfünfzig Jahre später waren die nationalen Stereotypen bereits voll ausgebildet; Philippe de Commynes, französischer Diplomat und Geschichtsschreiber (1447–1511), beschrieb die Begegnung zwischen Karl dem Kühnen, Herzog von Bur-

gund, und Friedrich dem Siegreichen von der Pfalz, die 1467
in Brüssel stattfand: «Die Leute des Herzogs sagten, die
Deutschen seien schmutzig, würfen ihre Stiefel auf die schön
bereiteten Betten und hätten keinen Anstand wie wir; und so
achteten sie sie weniger, als vor ihrer Bekanntschaft. Die
Deutschen dagegen mißbilligten wie neidische Leute den
großen Prunk. Tatsächlich liebten sie sich seitdem nicht
mehr und taten einer dem anderen keinen Dienst mehr.» Der
erfahrene Diplomat zog daraus die Lehre, daß Fürsten
zweier Nationen gut daran täten, einander nie zu treffen,
wenn sie Freunde bleiben wollten.[56]

Noch stärker als im deutsch-französischen Verhältnis erwies sich die Gegnerschaft zwischen Deutschen und ihren
slawischen Nachbarn als fruchtbar für die Herausbildung nationaler Identitäten. Das galt besonders für Böhmen, das
durch die deutsche Ostkolonisation im Laufe des 12. und
13. Jahrhunderts sprachlich gespalten war; die Stadtbevölkerung sprach großenteils deutsch, die Landbevölkerung und
der Adel tschechisch. Wie von Frankreich nach Deutschland,
so gab es von Deutschland nach Böhmen und Polen eine
Art «Modernitätsgefälle» und damit auf slawischer Seite die
Neigung, sich national vor allem gegen den westlichen
Nachbarn abzuheben: Die Deutschen, heißt es in böhmischen
Quellen des 13. Jahrhunderts, verachten den Heiligen Wenzel,
den Patron Böhmens; ihre Überheblichkeit ist den Slawen
unerträglich, ganz wie die der Franzosen den Deutschen.
Kronzeugin der frühen tschechischen Eigendefinition durch
Feindmarkierung ist eine anonyme Reimchronik aus dem ersten Viertel des 14. Jahrhunderts, bekannt unter dem Namen
des sogenannten *Dalimil*: Herzog Oldrich (Ulrich) trifft auf
der Jagd ein Bauernmädchen namens Božena, das so schön
ist, daß der Herzog es sogleich heiratet. Seine Standesgenossen mokieren sich über die Heirat, aber er erklärt ihnen:

«Lieber möchte ich mit einer tschechischen Bäuerin lachen
als eine deutsche Königin zur Frau haben. Denn jedem
brennt das Herz für die eigene Sprache, und eine Deutsche
würde meinem Volke wenig gewogen sein. Die Deutsche
würde deutsches Gesinde haben und meine Kinder deutsch
lehren. Und daraus würde eine Teilung der Sprache und

zugleich ein sicheres Verderbnis des Landes entstehen. Ihr Herren, ihr wißt nicht, was für euch gut ist, wenn ihr wegen meiner Ehe schimpft. Wo nähmt ihr Dolmetscher her, wenn ihr vor einer deutschen Fürstin stündet?»[57] Die Deutschen werden vom Dichter als Feinde der Tschechen dargestellt; Unterscheidungsmerkmal ist für ihn die Sprache, die so dominant ist, daß sie sogar die Barrieren zwischen den Ständen in Frage stellt: Lieber eine böhmische Bäuerin als eine deutsche Fürstin. Dahinter steht ein weiterer, unausgesprochener Konflikt: der zwischen dem Land, wo tschechischer Adel und Bauerntum leben, und der Stadt, die zur Entstehungszeit des *Dalimil* noch vorwiegend von deutschen Bürgern bewohnt wurde.

Wie stark die Sprache nationales Bewußtsein transportierte, läßt sich in vielen spätmittelalterlichen Quellen ausmachen. So besteht eins der frühesten Zeugnisse dafür, daß die normannisch-französische Erobererschicht sich mit der älteren angelsächsischen Bevölkerung in einem neuen, englischen Gemeinschaftsbewußtsein verbunden hat, in einem Aufruf König Eduards I. von 1295 zum Zusammentritt eines Parlaments: Es drohe eine gemeinsame Gefahr, die vom König von Frankreich ausgehe; der betrüge nicht nur den Plantagenet-König um dessen Land Gascogne, sondern bereite auch die Eroberung von dessen Königreich vor. Mit einer riesigen Flotte und zahlreichen Kriegern habe der König von Frankreich sich vorgenommen, die englische Sprache gänzlich zu vernichten, was Gott verhüten möge.[58] Die Gleichsetzung von *lingua*, also Zunge oder Sprache, mit «Nation» findet sich auch im englischen Blick nach Westen, also als Abgrenzungsmerkmal der Englischsprachigen gegen die Waliser: Im Jahr 1283 wurden je zwei Städtevertreter zu einem Parlament eingeladen, bei dem es vor allem um die Verurteilung des walisischen Fürsten David ap Gruffudd ging, der gegen die englischen Eroberungstruppen unter Eduard I. Widerstand geleistet hatte. Das Ladungsschreiben wurde mit den Worten eröffnet: «Mit wieviel Arten von Betrügereien und Machenschaften die Zunge der Waliser nach dem Vorbild der Füchse unsere Vorfahren, uns selbst und unser Königreich überfallen haben, ... kann die menschliche

Zunge kaum einzeln und vollständig berichten.»[59] «Zunge»
heißt also sowohl die walisisch Sprechenden, aber auch die
Sprache selbst – die Nachbarschaft von Nation und Sprache
ist hier bereits zum Greifen deutlich. «Wê dir, tiuschiu zunge,
wie stêt dîn ordenunge!» – weh dir, deutsche Zunge, wie steht
es um deine Ordnung, ruft um 1198 Walther von der Vogel-
weide aus und meint damit die deutsche Nation und ihre Fürsten, die sich nicht auf einen König einigen können.

Vor allem kleinere Völker erfuhren ihre nationale Identität
oft im Kampf um ihre Freiheit, ein Topos, der seit der Antike
wirkte, und der häufig aufgenommen und mit der eigenen
Überlieferung gekoppelt wurde: So etwa in dem Schreiben
der irischen Könige an Papst Johannes XXII. aus dem Jahr
1317, in dem sich die Iren bitter über die Grausamkeiten der
Engländer beschwerten, und in der sie ihr Recht auf Eigenständigkeit so begründeten: Vor 3500 Jahren seien die Vorfahren der irischen Könige aus Spanien gekommen; seitdem
hätten 136 Könige, in deren Adern kein fremdes Blut geflos-
sen sei, das Land regiert, bis der Heilige Patrik Irland zum
Christentum bekehrt habe; auch seitdem hätten stets «rein-
rassige» Könige in Irland geherrscht und ihre angeborenen
Freiheiten verteidigt, bis Irland schließlich im Jahr 1170 von
den Engländern erobert worden sei. Das Recht auf
Eigenständigkeit bestand also im Alter des Volks, dem Alter
der Bekehrung zum Christentum und in der Reinheit des
irischen Bluts.[60]

Zur gemeinsamen Sprache, die anders ist als die des
– meist bösen – Nachbarn, und zur Freiheit des Vaterlands,
beruhend auf altem Recht und Herkommen, gesellt sich der
Ruhm der «Wir»-Gruppe. Namentlich gewonnene Schlachten ließen sich leicht mythisch überhöhen und als triumphale
Bestätigung eines «Wir»-Gefühls nutzen; man denke nur an
die Schlacht von Bouvines im Jahr 1214, als ein französisches
Heer unter dem Kapetinger-König Philipp II. die verbündeten Heere des Königs Johann Ohneland von England und
des deutschen Königs Otto IV. schlug. Damit waren die Gebiete nördlich der Loire der englischen Krone verloren, der
Ruhm und die Macht des französischen Königs glänzend
vergrößert – Philipp II. nannte sich seitdem Augustus. Die

historische Bedeutung der Schlacht war also erheblich, aber ihre Spiegelung in den Chroniken und Epen der Zeit erhob das Ereignis zum Kampf zwischen Christ und Antichrist schlechthin, zwischen dem französischen und dem deutschen König, und zwischen den «Kindern Frankreichs», die ihrem König zur Seite standen, und den Teutonen, die wie wilde Tiere kämpften und französischem Edelmut nicht gewachsen waren. In der «Philippide» des Wilhelm Brito, deren meisterhafte Interpretation wir George Duby verdanken, treffen fast alle Merkmale zusammen, die eine Nation in den Augen des Spätmittelalters bestimmen können – abgesehen davon, daß das Wort «Nation» nicht gebraucht wird: Da ist die Überlieferung – denn Philipp August trägt in der Schlacht die Gewänder des Äneas und erinnert daran, daß die Franken Nachkommen der Trojaner und, wie die Römer, berechtigt sind, die Welt zu führen. Da sind die Symbole – die Oriflamme, das königliche Kriegsbanner, das angeblich Karl dem Großen vorangeweht hatte, und das dem heiligen Dionysius, dem fränkischen Hauptheiligen, geweiht war. Da ist die Abgrenzung gegen den Feind – Franzosen und Deutsche als Weiße und Schwarze. Und da sind schließlich die «Kinder Frankreichs», jene Ritter, die dem König den Treueeid geschworen hatten und ihn in der Schlacht umgaben. Ihre innige Gemeinschaft mit dem König stiftete die französische Nation, eine Gemeinschaft der Auserwählten.[61]

Schlachten von ähnlicher Bedeutung für nationale Empfindungen, vielfältig ausbeutungsfähig für die Propaganda der siegreichen, aber auch der unterlegenen Seite, gab es zahlreich: die Schlachten auf dem Marchfeld 1278, in der König Ottokar von Böhmen einem deutschen Heer unter Rudolf von Habsburg unterlag; von Bannockburn 1314, Sieg der Schotten über die Engländer; von Morgarten 1315, mit dem die Eidgenossen über die Österreicher siegten; von Kossovo Polje (Amselfeld) 1389, als das serbische Heer und damit die serbische Freiheit von türkischer Übermacht vernichtet wurde; oder von Tannenberg-Grunwald 1410, polnisch-litauischer Triumph über den Deutschen Orden. Neben den Schlachtentraditionen steht die Erinnerung an große Kriege, etwa an den Hundertjährigen Krieg zwischen

Frankreich und England, an die Kämpfe Karls des Kühnen im Reich, an den sogenannten Schwabenkrieg in der Schweiz 1499, der die tatsächliche Selbständigkeit der Eidgenossenschaft zur Folge hatte; auch an den Krieg der Sizilianischen Vesper um Unteritalien 1282 bis 1302 gegen die Herrschaft des Hauses Anjou ist zu denken, der einen der ältesten italienischen Freiheitsmythen begründete.

Der Krieg ist nicht der Ursprung der Nation, wohl aber ihr Katalysator. Von Beginn an waren es die Abgrenzung gegen den Nachbarn, die Feindschaft und der Kampf, wodurch die europäischen Nationen zu sich selbst fanden – ein Prozeß allerdings, der sich über Jahrhunderte erstreckte, der noch für lange Zeit Sache des Adels und weniger bürgerlicher Patrizier und Intellektueller war, der in Zeiten relativer politischer Ruhe stagnierte, um in unruhigen Perioden wieder aufzuleben, und der eigentlich erst um die Wende vom 18. zum 19. Jahrhundert begann, die Massen dauerhaft zu ergreifen und zur materiellen Gewalt zu werden. Nationen waren von Anbeginn an undeutliche, proteushafte Wesen, wo sie nicht genau definiert waren – etwa als Universitätsnation oder als die politisch repräsentierten Stände. Als ganz in kollektiven Gefühlen verankerte Gemeinschaft existierten Nationen allerdings bereits, bevor sie mit diesem Begriff genannt wurden – als Sprach-, Traditions-, Kampfgemeinschaften, die nach Dauerhaftigkeit strebten, aber auch Dauerhaftigkeit versprachen, und die deshalb in ein fruchtbares und dynamisches Spannungsverhältnis zu den Staaten traten, und damit zu jenen politischen Organisationsformen, die sich seit dem Ausgang des europäischen Mittelalters zugleich mit den Nationen zu entwickeln begannen.

2. Staatsnationen und Kulturnationen

Die Geschichte der europäischen Nationen, wie sie sich seit dem Ende des Mittelalters herausgebildet haben, ist eine Geschichte von lauter Sonderwegen, auch schon, bevor sich der Vorhang vor dem Zeitalter der Nationalstaaten hob, also vor der Wende vom 18. zum 19. Jahrhundert. Die bunte

Vielfalt der nationalen Kollektiv-Individualitäten, die den Kontinent bereits lange vor der Erfindung von Wörtern wie «Nationalbewußtsein» oder «Nationalismus» überzog, verstand sich allerdings nicht zufällig. Das Erscheinungsbild jeder einzelnen nationalen Gemeinschaft, einstweilen lediglich in verschwommenen Umrissen zu erkennen, beruhte auf einigen bestimmenden Voraussetzungen: Auf der räumlichen und historischen Entfernung zur einstigen Zivilisation Roms; auf dem Anteil an der Nachfolge des karolingischen Reichs; auf der Nähe zum Papsttum; auf der Verdichtung der Zivilisation, der Rolle des Handels und der Städte, der Geschwindigkeit, mit der sich Nachrichten verbreiten konnten und der Zahl derer, die Nachrichten entgegennahmen und aussandten; auf der staatlichen Durchdringung des Territoriums, der Verwaltungs- und Rechtsordnung; und nicht zuletzt auf der geographischen Lage.

Die ganze Bandbreite der Möglichkeiten entfaltet sich bei der Gegenüberstellung eines geographischen Gegensatzpaares: Deutschland und England. Einerseits jener Flickenteppich in der Mitte Europas, der «Heiliges Römisches Reich» hieß. Seit 1512 änderte sich die Titulatur: Von nun an sprach man vom «Heiligen Römischen Reich deutscher Nation», was die Sache nicht klarer machte – «Reich» und «Nation» standen ebenso quer zueinander wie «römisch» und «deutsch». Das Reich zerfloß, besaß keine geographisch definierten Grenzen; überdies hatte es mehr Nachbarn als jedes andere Land in Europa. Unklar war auch der Ort zentraler Machtenfaltung; was für Frankreich das Seine-Becken war, für England der Südosten zwischen Themse und Südküste, hätte für Deutschland das Rheingebiet werden können, wenn sich nicht bereits im Laufe des Mittelalters die politischen Zentren nach Osten verschoben hätten, während die großen Handelszentren am Rand entstanden, in der Nähe der transalpinen Handelsstraßen wie Augsburg oder Nürnberg oder an Nord- und Ostsee wie Hamburg oder Lübeck. Kein Land hat im Laufe seiner Geschichte so viele Residenzen, Grablegen, Krönungs- und Hauptstädte gehabt: Aachen, Speyer, Goslar, Bamberg, Magdeburg, Frankfurt, Nürnberg, Prag, Wien, um nur einige Orte zu nennen.

Noch im 18. Jahrhundert, als alle großen europäischen Staaten längst fest gegründet waren, konnte niemand genau sagen, welches die Hauptstadt des Heiligen Römischen Reichs deutscher Nation war: Wien war eher die Hauptstadt der Großmacht Österreich als des Reichs, das in anderen Städten weitaus größere Präsenz besaß: in Regensburg, wo der Reichstag seinen Sitz hatte, in Frankfurt, der alten Krönungsstadt, in Wetzlar, dem Sitz des Reichskammergerichts, dessen Existenz uns durch Goethes Schilderung in seinen Lebenserinnerungen so deutlich vor Augen steht. 1782 berichtete der russische Gesandte im Reich, Graf Rumjantzeff, Kaiser Joseph II. habe ihn gefragt, weshalb er seine Residenz in Frankfurt gewählt habe; er, der Gesandte, habe zurückgefragt, welche Stadt denn der Kaiser für die Hauptstadt des Heiligen Römischen Reichs halte. Die kaiserliche Antwort habe gelautet: Eigentliche Hauptstadt und wirkliche Mitte des Reichs sei selbstverständlich Rom. Der russische Gesandte vermutete einen kaiserlichen Scherz, aber eine bessere Antwort auf seine Frage bekam er nie.

Das Reich war undeutlich, schien sich in Widersprüchen aufzulösen – hatte nicht der Staats- und Völkerrechtler Samuel Pufendorf 1667 in seiner Schrift über die Reichsverfassung das Reich einen «unregelmäßigen, einem Monstrum gleichenden Staatskörper» genannt[62], hatte nicht selbst noch am Ende des 18. Jahrhunderts Friedrich Schiller gefragt: «Deutschland? Aber wo liegt es? Ich weiß das Land nicht zu finden . . .»[63]?

Ein anderes Land, ein anderer Dichter:

«Der Herrscherthron hier, dies gekrönte Eiland,
Dies Land der Majestät, der Sitz des Mars,
Dies zweite Eden, halbes Paradies,
Dies Bollwerk, das Natur für sich erbaut,
Der Seuche und der Hand des Kriegs zu trotzen,
Dies glückliche Volk, diese kleine Welt,
Dies Kleinod, in die Silbersee gefaßt,
Die ihr die Dienste einer Mauer leistet . . .
Dieses gesegnete Gefild, dies Reich, dies England.»[64]

Im Unterschied zu Schiller wußte Shakespeare schon zweihundert Jahre früher genau, wo sein Land zu finden war.
England lag auf einer Insel; seine Grenzen waren deshalb klar
definiert, wenn auch nach Westen zu Wales lag, das aber bereits seit der Unionsakte von 1536 mit der englischen Krone
verbunden war, und nach Norden zu Schottland, dessen
König als Jakob I. 1603 den englischen Thron bestiegen
hatte. Seither war Schottland mit England in Personalunion verbunden, bis 1707 die staatsrechtliche Einheit hergestellt wurde; von nun an sprach man von dem Vereinigten Königreich von Großbritannien, ohne daß sich an der
politischen wie kulturellen Dominanz Englands etwas geändert hätte.

Das Inseldasein erleichterte die Entstehung und die innere
Konsolidierung eines in sich geschlossenen Königreichs. Vor
allem seit der normannischen Eroberung von 1066 hatte sich
die königliche Autorität schnell in ganz England durchgesetzt; im gesamten Reich herrschte ein einziges königliches
Recht, das die örtlichen Rechte überwölbte, und seit spätestens dem 13. Jahrhundert hatte sich eine Herrschaftsord-
nung etabliert, die eine Mischung normannisch-französi-
scher und angelsächsischer Elemente darstellte, und die von
den Untertanen der Krone als englische Gemeinschaft empfunden wurde. Dabei half, daß sowohl der Druck des keltischen Gürtels, also Irlands, Wales' und vor allem Schottlands,
das Bewußtsein einer englischen Nation ebenso schärfte wie
der Kampf um das Festlanderbe der englischen Krone, womit Frankreich zum Erbfeind für Jahrhunderte avancierte.
Dieses frühe englische Nationalbewußtsein wird beispielsweise faßbar in den panegyrischen Versen des Dichters Lau-
rentius Minot um die Mitte des 14. Jahrhunderts, in denen
«unser anmutiger König» Eduard III. als herrlicher Sieger
über Schottland und Frankreich erscheint; hinter ihm stehe
die Einheit der Engländer, gegen die die Feinde des Landes
keinerlei Bedeutung besäßen. Sie seien Maulhelden und
Feiglinge, während es schon lange vor Christi Geburt keine
besseren Kämpfer gegeben habe als die Engländer. Dem
schottischen König habe Eduard III. das Tanzen beigebracht,
und unter Eduards Führung habe England die französischen

Lilien zertrampelt und jenes Frankreich gedemütigt, das so
stolz und überheblich gewesen sei.[65]

Dieser Ausbruch nationaler Gefühle gewinnt seine Bedeutung dadurch, daß er während des Hundertjährigen Kriegs
und in nordenglischer Volkssprache verfaßt wurde, sich also
keineswegs in erster Linie an ein höfisches Publikum
wandte. Allerdings beschleunigte der Krieg gegen Frankreich auch das Vordringen der englischen Sprache; 1363
wurde erstmals ein englisches Parlament durch den Kanzler
in englischer Sprache eröffnet, 1368 ging erstmals eine königliche Verlautbarung nur mittelenglisch heraus, und 1399
trug König Heinrich IV. Lancaster vor einer parlamentsähn-
lichen Versammlung seinen Thronanspruch in englischer
Sprache vor. Bei diesem Siegeszug des Englischen spielten
durchaus praktische Gesichtspunkte eine Rolle: Im Hundertjährigen Krieg erwies sich die Überlegenheit der englischen
Langbogen-Schützen über die französische Ritterschaft. Die
Bogenschützen wurden zum Hauptbestandteil der englischen Armee, und die Offiziere mußten notwendigerweise
die Volkssprache beherrschen. Zu derselben Zeit gewannen
die Städte, vor allem London, an wirtschaftlicher Bedeutung; die Kaufleute sprachen Englisch, und die Städte waren
im Parlament vertreten. Solche Gründe trafen sich mit dem
Bedürfnis, die englische Identität gegen die französische
auch durch die Sprache abzusichern, und damit entstand ein
verhältnismäßig geschlossener englischer Sprachraum, der
nicht nur das einfache Volk, sondern auch Adel, Parlament
und Hof umfaßte.

Das allerdings war ein langer Weg, der sich über Jahrhunderte erstreckte. Die mundartliche Vielfalt des Englischen stand bis weit in das 16. Jahrhundert hinein einer
einheitlichen Verkehrssprache entgegen, und noch 1589
empfahl der Dichter George Puttenham, das Englisch des
Nordens, der Dörfer und auch der Universitäten zu vermeiden: «Man soll die gebräuchliche Sprache des Hofs vorziehen, und die, die in London gesprochen wird und in den
Gemeinden, die in einem Umkreis von bis zu zehn Meilen
um London herum liegen.»[66] Jedoch sorgte die Kronkanz-
lei, deren Anordnungen alle Ebenen der Landesverwaltung

erreichten, für eine gewisse sprachliche Vereinheitlichung, unterstützt durch die erste englische Bibelübersetzung John Wielifs vom Ende des 14. Jahrhunderts; sie wurde hauptsächlich von Laien aus dem Mittelstand, aber auch von einigen Landadligen und Priestern gelesen. Hinzu kam die Einführung der Druckerpressen seit etwa 1480, mit der nicht nur der Ruhm der englischen Renaissanceliteratur möglich wurde, sondern auch die massenhafte Verbreitung von Flugblättern und Pamphleten, die einen volkstümlichen Protestantismus in die Bevölkerung trugen und die Kirchenreform Heinrichs VIII. auf eine nationale Grundlage stellten.

Hier zeigt sich auch, daß die Einheitlichkeit der Sprache mit der Einheitlichkeit der Konfession zusammenhängt; die Nationalsprache in allen Gottesdiensten wurde 1549 und 1552 durch zwei *Acts of Uniformity* obligatorisch. Der Kanon geheiligter Literatur bestand in der großen Bibelübersetzung von 1539, dem *Common Prayer Book* von 1548 sowie der populären Geschichte der Märtyrer von John Foxe (1563). Aus diesen Büchern wurde allsonntäglich in allen Kirchen Englands gelesen – auch dort, wo nicht Englisch gesprochen wurde, also in Wales und Irland. Der Stolz auf die englische Sprache als besonders starkes Band englischer Gemeinsamkeit trat bereits bei den Schriftstellern des elisabethanischen Zeitalters stark hervor; Aussagen wie das dreifache Credo des Pädagogen Richard Mulcaster aus dem Jahr 1582 finden sich nicht selten: «Ich liebe Rom, doch mehr noch London; ich ziehe England selbst Italien vor; ich ehre Latein, aber verehre Englisch.»[67]

Damit tritt die Religion in das Blickfeld, eins der tiefsten und dauerhaftesten Elemente im englischen Nationalgefühl. Angelegt war das, wir sagten es bereits, durch die Bibelübersetzung John Wiclifs, die seit Ende des 14. Jahrhunderts kursierte; die Lollarden, Anhänger Wiclifs, der die Papstkirche und die Lehre von der Transsubstantiation verwarf, trugen dessen Lehre bis zur Reformation, die in zweierlei Hinsicht nationalenglisch gefärbt war: durch die Etablierung der englischen Hochkirche und durch die Anglisierung der Kirchensprache.

Wie stark Religion und nationales Selbstbewußtsein miteinander verbunden waren, zeigte sich bereits nach dem Tod
Eduards VII. ; die Thronfolgerin Maria Tudor (1516–1558),
auch «Maria die Katholische» oder einfach «Blutige Maria»
genannt, versuchte England mit grausamsten Mitteln zu
rekatholisieren. In der Flut protestantischer Streitschriften,
meist im Ausland gedruckt, die sich in den Jahren zwischen
1553 und 1558 über das Land ergoß, waren nationale und religiöse Argumente unmittelbar miteinander vermischt: Die
Furcht vor einer erneuten Rekatholisierung und damit erneu-
ter Abhängigkeit der englischen Kirche vom Papsttum trifft
sich mit einem scharf konturierten Feindbild: Spanien, dessen
König Philipp II. 1554 Maria heiratete, verdrängte das Feindbild Frankreich; die Schreckensherrschaft in den Spanien unterworfenen Gebieten, in Neapel, Mailand, den Niederlanden,
wurde lebhaft den englischen Freiheiten gegenübergestellt, die
nun verlorenzugehen drohten, und der englische Adel wurde
beschworen, den Schmeicheleien der Spanier kein Ohr zu leihen. In zahlreichen Pamphleten figurierten die feindlichen Spanier als heimliche Heiden, die unter dem Deckmantel papisti-
scher Frömmigkeit halbe Juden seien. Damit aber nicht genug;
mit ihrer spanischen Ehe verriet Maria nicht nur die Religion,
sondern auch England, und die Stimmen waren zahlreich, die
Widerstand gegen die unenglische Königin predigten und Adel
und Parlament an ihre ursprüngliche Pflicht erinnerten, aus
Liebe zum Vaterland das unterdrückte Volk von tyrannischen
Herrschern zu befreien.

Die ganze Ambivalenz des religiösen Arguments bei der
Herstellung der geistigen Einheit der Nation wird hier erkennbar: Wo Krone, Nation und Konfession eins waren,
folgte ein beträchtlicher Schub nationaler Empfindungen,
der die Integration des Staatswesens erleichterte und beschleunigte; war diese Einheit nicht gegeben, drohte der
Bürgerkrieg. Die Vielfalt protestantischer Bekenntnisse, die
in England existierte, ausgegrenzt und politisch benachteiligt von der Hochkirche und der Krone, war ein Hauptgrund
für die Revolution von 1642 bis 1649, die deshalb auch als puritanische Revolution beschrieben werden kann, wobei das
Parlament die Sache des presbyterianischen Puritanismus

gegen die Krone und die anglikanische Bischofskirche ver-
trat. Im Verlauf dieser Revolution war es vor allem die puritanische Parlamentspartei, die auf das Argument der nationalen Einheit setzte, und die dabei den Rückgriff auf das Alte
Testament als zusätzliches, hochwirksames religöses Element nutzte: Das englische Volk war das auserwählte Volk
Gottes, wie es das jüdische bis zum Kreuzestod Christi gewesen war. England war das neue Israel, die englische Nation war geheiligt, und die englische Geschichte war Heilsgeschichte.

Seitdem war die englische Nation das «Volk, dem Gott
selbst seinen Stempel gab», wie Oliver Cromwell vor dem
Parlament erklärte.[68] Die Auswirkungen des Puritanismus
auf die Entwicklung des englischen Nationalbewußtseins ist
kaum zu überschätzen; obwohl nach dem Scheitern des puri-
tanischen Commonwealth und dem Beginn der Stuart-Re-
stauration 1660 Puritaner oder, wie man auch sagte, Dissen-
ters weitgehend von öffentlichen Ämtern ferngehalten wurden, hat doch ihr Gedankengut die englische Kultur bis in
die Gegenwart hinein tief geprägt, und damit auch jenen alt-
tcstamentarisch-missionarischen Zug des englischen Nationalbewußtseins, der die Sendung Englands weit über die
englischen Grenzen hinaus rechtfertigte, der später dem britischen Imperialismus providentielle Züge verlieh und noch
die Niederlage von Dünkirchen 1940 als göttliches Sieges-
versprechen erscheinen ließ. Das bekannteste Photo aus der
Zeit der deutschen Luftangriffe auf London während des
Zweiten Weltkriegs zeigt die Kuppel der St. Paul's-Kathe-
drale («Pfarrkirche der Nation»), die unversehrt aus Qualm
und Zerstörung aufragt, ein Sinnbild für die protestantische
Festung England, die mit Hilfe der Vorsehung den Entschei-
dungskampf zwischen Gut und Böse siegreich übersteht.

Neben Sprache und Religion ist es das Bewußtsein der gemeinsamen Herkunft, der gemeinsam gebrachten Opfer
und der gemeinsam begangenen großen Taten, um erneut
Ernest Renan zu paraphrasieren, die die englische Nation
konstituierten. Aus dem Mittelalter waren Werke wie Bedas
Kirchengeschichte des Volks der Engländer (731) überliefert,
das damit zum Gegenstand historischer Betrachtung avan-

cierte, und das Werk des Bischofs Geoffrey von Monmouth *Geschichte der Könige von Britannien* (ca. 1136), in dem der britische Herkunftsmythos das erste Mal ausgebreitet wurde: Der Bogen spannt sich von Äneas über dessen Urenkel Brutus, Begründer des britischen Reiches, und über Artus, Sinnbild des vollkommenen Königs und vollkommenen Ritters in einer Person, bis zu Wilhelm dem Eroberer. Wie allenthalben in Europa erhielt die englische Geschichtsschreibung in der Renaissance neue Impulse; bemerkenswert ist, daß über den Hauptgegenstand der Geschichtsschreibung kein Zweifel bestand: Geschichte war durchweg englische Nationalgeschichte, ob in Edward Halls 1548 posthum erschienenem *The Union of the Two Noble and Illustre Families of Lancastre and Yorke*, in dem das Ende der Rosenkriege und die Einheit der Nation unter der Herrschaft der Tudors besungen wurde, ob John Lelands antiquarische Sammeltätigkeit mit dem Ziel, «die Wahrheit zum Wohl deines Landes» zu entdecken, oder William Camdens Hauptwerk von 1586, das einfach den Titel *Britannia* trägt, ein immer wieder aufgelegtes und vermehrtes Werk, das seit 1610 auch in englischer Sprache erschien und ausdrücklich zum Ziel hatte, «patriae charitas, Britannici nominis gloria» zu verteidigen, also die Liebe zum Vaterland, den Ruhm des britischen Namens.

Es hieße, den Einfluß der gelehrten Geschichtsschreibung auf den Zeitgeist zu überschätzen, wenn man einen direkten Einfluß ihrer Thesen, Interpretationen und Erklärungen auf die Politik unterstellte; daß aber über Jahrhunderte hinweg die Geschichte Englands Hauptthema der britischen Historiker blieb, hat das Weltbild derjenigen Eliten, die die Erzeugnisse der Geschichtsschreibung tatsächlich zur Kenntnis nehmen, zweifellos ebenso beeinflußt wie die Tendenz der Historiographie, englische Geschichte zum Maßstab weltgeschichtlicher Entwicklungen zu erklären. Das begann mit dem Loblied auf England in William Harrisons *The Description of England* (1577), in dem die Freiheit und Noblesse der englischen Nation den ausschweifenden und korrupten Sitten der Franzosen gegenübergestellt werden, und zog sich bis zur Whig-Geschichtsschreibung des 19. und beginnenden 20. Jahrhunderts, zu den Werken Thomas Macaulays oder George Trevelyans, in denen die britische Verfassungsgeschichte als Richtmaß einer Weltgeschichte erschien, die letztenendes auf die Verwirklichung freiheitlicher und parlamentarischer Verhältnisse hinstrebte.

Unmittelbar folgenreicher für die Herausbildung eines volkstümlichen, nationalen Geschichtsbildes war die Verarbeitung der gelehrten Historie in der Dichtung. *Die Feenkönigin*, Edmund Spencers groß angelegtes Nationalepos, erschienen zwischen 1590 und 1596, stützte sich auf die Geschichtswerke Geoffrey von Monmouths und Edward Halls, um die Spannbreite von König Artus bis zur Gegenwart zu überbrücken. Gloriana, die Feenkönigin, war Königin Elisabeth I. und zugleich das weibliche Pendant zu König Artus, der nach der Tudor-Mythologie seinerseits Vorfahre Elisabeths war. Quelle alles Guten, das lernt der Leser und Zuhörer aus dem Mund König Artus' selbst, ist das Vaterland England:

> «Wie roh ist der, der nicht versteht,
> Wie viel wir ihm schuldig sind, das uns alles gab;
> Das uns all' das gab, was an Gutem wir besitzen.»[69]

Artus' Rede richtete sich an jeden Zuhörer, der Engländer war, nicht nur an die politischen Stände. Ähnlich die englischen Historiendramen, die mit dem Beginn der Tudor-Dynastie aufkamen, durchaus offizielle Propaganda-Instrumente, die die Legitimation der Dynastie im Volk zu verbreiten hatten, aber wegen ihrer Mischung von Geschichtserzählung, Verbrechen, Liebe und drastischem Witz äußerst erfolgreich. Als Shakespeare um 1580 begann, seine Chronik-Stücke auf die Bühne zu bringen, war das Genre längst populär; Shakespeares Botschaft von dem Eiland des Friedens, «zweites Eden», «halbes Paradies», das stets von äußeren Feinden und inneren Unruhestiftern bedroht ist, weshalb es einer starken Krone bedarf, spiegelte bereits ein volkstümliches Nationalbewußtsein wider, nicht unähnlich dem, das in unserem Jahrhundert der Besucher alljährlich in der «Last Night of the Proms» in der Royal Albert Hall in

London erlebt, in der die Menge unmittelbar vor der Nationalhymne William Blakes *Jerusalem* anstimmt:

> «Ich werde nicht von geist'gem Kampf ermüden,
> Noch wird mein Schwert zur Ruhe kommen,
> Bis wir Jerusalem erbaut
> In Englands grünem, frohen Land.»[70]

Ziemlich früh, in der elisabethanischen Zeit, hatte sich in England also bereits ein kulturelles «Wir»-Bewußtsein herausgebildet, beruhend auf einer gemeinsamen Sprache, einem gemeinsamen Geschichtsbild, einer gemeinsamen Religion – gemeinsam jedenfalls, insofern es um die Gegnerschaft zum römischen Katholizismus ging – sowie einer gemeinsamen Vorstellung, was England war, und was es sein sollte. Hilfreich war dabei eine gesellschaftliche Durchlässigkeit, die jene der übrigen europäischen Regionen überstieg; zwischen Hochadel, Landadel und städtischem Bürgertum herrschte eine Mobilität, die zur kulturellen Vereinheitlichung beitrug. Man wird allerdings für das 16. Jahrhundert und auch noch geraume Zeit später erhebliche Abstriche machen müssen; der Horizont der Landbevölkerung und der Bewohner der kleinen Städte, vor allem im englischen Norden, reichte selten bis zu den Grenzen des Königtums, die Lebenswirklichkeit vollzog sich innerhalb des Dorfs, des Guts, der Grafschaft. Wir wissen heute nicht, inwieweit, wenn überhaupt, ein Bauer aus Lancashire oder Kent sich für einen Engländer hielt; die Truppen aus Cornwall rebellierten im Jahr 1497, weil sie Kriegsdienst im fernen Norden gegen die Schotten leisten sollten und der Meinung waren, daß so entfernte Dinge sie nichts angingen. Aber die politischen Stände, Adel, Geistlichkeit, Hof und darüber hinaus die Bevölkerung zumindest der großen Handelsstädte waren doch bereits von einem in sich kohärenten Kulturkreis umschlossen. Insofern gibt es seit dem 16. Jahrhundert eine englische Kulturnation.

Die vergleichsweise frühe, vor allem aber dauerhafte Herausbildung einer gemeinsamen englischen Identität war jedoch nicht nur kulturell begründet; der kulturellen Integration entsprach die staatliche Integration, die der kulturellen

sogar vorausging. Da die normannischen Herrscher Englands seit der Eroberung von 1066 es vermieden hatten,
großflächige, zusammenhängende Lehen an den Hochadel
zu vergeben, fiel es der Krone England viel leichter als den
Herrschern des europäischen Kontinents, ihren Herrschaftsanspruch und ihre Rechtsordnung über das gesamte Königreich auszuweiten. Die staatliche Einigung Englands war
dennoch ein mühsamer Prozeß; erst mußten die Rosenkriege, die Rivalität der Häuser Lancaster und York, beendet
sein, das blutigste und düsterste Kapitel des englischen Mittelalters, in dem das Königtum verfiel. Das änderte sich mit
der Krönung Heinrichs VII. Tudor auf dem Schlachtfeld von
Bosworth im Jahr 1485. Er herrschte 24 Jahre lang; ihm
folgte sein Sohn Heinrich VIII. Der Tudor-Dynastie gelang
es, in England stabile politische Verhältnisse zu schaffen. Der
König war der größte Grundherr im Lande, konnte also
seine Herrschaft auf eine starke Hausmacht und erhebliche
Einnahmen stützen. Die durchgreifende Behördenorganisation, die Thomas Cromwell als Vertrauter Heinrichs VIII.
durchführte, vereinheitlichte den königlichen Herrschafts-
apparat; das Steuer- und Gewaltmonopol der Krone war
unangefochten, und die *Justices of Peace*, die königlichen
Richter, sorgten im Namen der Krone für Recht und Ordnung.

Diese im Vergleich zum europäischen Festland weit fortgeschrittene staatliche Konzentration machte der Bevölkerung bis weit auf das Land hinaus bewußt, daß dieses Land
in der Person des Königs nur einen Herrn besaß; seit Heinrich VII. war klar, daß der König Herrscher des gesamten
englischen Volks war, und nicht nur Haupt einer Adels-
partei. Die Krone war nicht nur als machtvolle Institution in
hohem Maße präsent; sie wußte sich auch symbolkräftig dar-
zustellen. Von der Geschichtsschreibung bis zum Straßen-
theater wurden die Dynastie und ihr sagenhafter Ursprung
in Troja, Rom und Camelot gefeiert; zum Einklang von
Krone und Nation trug zudem seit der Reformation die
Rolle des Königs als Oberhaupt der Kirche bei.

Und da war das Parlament, in dem sich die Einheit von
Königreich und Nation manifestierte. Wie die Lobredner der

Tudors nie müde wurden zu betonen, war jeder Untertan
der Krone im Parlament präsent, entweder in Person oder in
Vertretung – noch lange nicht durch eigene Wahlentschei-
dung, aber doch kraft seines Wohnsitzes. Es bestand Übereinstimmung darin, daß alles, was das Parlament tat, die Zustimmung von jedermann im Lande besaß. Das Parlament,
das – noch für lange Zeit ausschließlich in königlichem Auftrag – Gesetze für das gesamte Königreich erließ und die
königlichen Steuern autorisierte, war eine politische Institution, in der sich die partikularistischen Interessen des Landes
trafen und sich – so jedenfalls die Theorie – zum Gemeinwohl zusammenfanden: Beweis für die Realität der englischen
Nation.

Die politischen Institutionen Krone und Parlament schufen die englische Staatsnation, Rahmen und Voraussetzung
der Kulturnation, die ihrerseits die Staatseinrichtungen legitimierte und festigte. Mit den Institutionen des Staates gewann die Idee der Nation an selbstverständlicher Anschauung; die patriotischen Empfindungen der Engländer mußten
sich nicht an Mythen halten und die nationale Einheit in der
Imagination entwerfen, sondern sie konnten sich in der ge-
lassenen Darstellung der politischen Institutionen äußern:
«Sehet nun diesen großen Staat, ein Staat der Zuflucht, das
Haus, in dem die Freiheit wohnt, mit starkem Schutz umge-
bend . . .»[71]

Das gilt, *mutatis mutandis*, auch für andere große westeuro-
päische Staatswesen. Auch Frankreich machte im Verlauf des
Hundertjährigen Kriegs einen beträchtlichen Schritt hin zur
Entdeckung einer eigenen, nationalen Identität; die Legende
der Jungfrau von Orléans begann bereits nach ihrem durch
englische und burgundische Machenschaften verursachtem
Märtyrertod 1431. Von jetzt an galt als gewiß, daß Gott zum
Wohl Frankreichs direkt in die Geschichte eingegriffen hatte;
die Nationallegende von der heiligen Johanna und ihren
Stimmen, die ihr die Rettung Frankreichs befohlen hatten,
besaß einen realen, historischen Kern. Zudem hatte Frankreich in der Krone eine kontinuierliche staatliche Institution,
um die sich die Nation allmählich ausbildete; allerdings war
das ein längerer Prozeß, verzögert durch die im Vergleich zu

England weitaus größeren bürokratischen und rechtlichen Unterschiede und Gemengelagen im französischen Königreich, aber auch durch die weitaus geringere gesellschaftliche Mobilität, die dazu führte, daß die französische Sprache und Literatur bis zur Revolution weitgehend eine Sprache des Hofs, des Adels und der großen Städte Nordfrankreichs blieb – und dies trotz der Bemühungen der *Académie Française*, 1635 von Richelieu ins Leben gerufen, um der französischen Sprache «feste Regeln zu geben und sie rein, elegant und zur Behandlung der Künste und der Wissenschaften fähig zu machen», wie es im königlichen Gründungspatent hieß.[72]

Auch in Spanien entfaltete sich die Staatsnation allmählich im Zusammenhang mit der kulturellen Integration, wobei Kastilien für Spanien eine vergleichbare Rolle spielte wie England für Großbritannien; so lesen wir bei Quevedo, der Charakter der spanischen Nation unterscheide sich von den infolge des kalten Klimas phlegmatischen Deutschen wie von den infolge der Hitze arbeitsscheuen Negern und Indianern dadurch, daß wegen der ausgeglichenen Temperaturen in Spanien gute Sitten und Gewohnheiten herrschten: König und Gesetz empfingen daher Loyalität und Gehorsam von der gesamten Nation.[73] Allerdings galt dies nicht für Aragons Verfassungsordnung, in der die ständischen Cortès eine wesentlich stärkere Rolle spielten als im politisch dominierenden Kastilien, dessen Sprache sich andererseits frühzeitig auf ganz Spanien ausweitete; eine sprachlich, kulturell und religiös homogene Bevölkerung folgte, mit gewissen Ausnahmen, bereitwillig einem bürokratisch-modern regierenden Herrscherhaus. Die geographisch abgesonderte Lage Spaniens, aber auch die hohe Militarisierung der Bevölkerung seit der Reconquista – alles das führt dazu, daß wir bereits im Spanien des 16. Jahrhunderts, wenn auch in gänzlich anderen Formen, einen ähnlich hohen staatlichen wie kulturellen Nationalisierungsgrad vorfinden wie bei dem Erbfeind England.

Von staatlichen Institutionen, an die sich eine Kulturnation anlehnen konnte, konnte in Mitteleuropa nicht die Rede sein. Daß seit dem Kölner Reichsabschied von 1512 vom

«Heiligen Römischen Reich deutscher Nation» gesprochen
wurde, zeigte lediglich an, daß das Reich zunehmend an
Macht und Universalität verlor. Je mehr mit Renaissance
und Humanismus die Kaiserkrone ihre mittelalterliche Heils-
idee einbüßte und die Herkunft von den römischen Cäsaren
zu abgelebter Tradition herabsank, um so näher lag es, den
Begriff «deutsche Nation» als Auffangposition zu benutzen;
waren es nicht die Deutschen, auf die das Reich übergegangen war? Seit dem Ende des 15. Jahrhunderts war der Ruf
nach einer Reichsreform allgemein geworden, und die Reform des Reichs war im Verständnis der Zeit untrennbar mit
der Reform der Kirche verbunden – waren doch beide, Reich
und Kirche, aufeinander angewiesen, im Heilsplan Gottes
vorgesehen. Die Schrift des kölnischen Stiftsgeistlichen
Alexander von Roes *Denkschrift über das Vorrecht des Römischen Reichs*, schon Ende des 13. Jahrhunderts geschrieben,
wurde jetzt wiederentdeckt und machte in zahlreichen Ausgaben die Runde; darin hieß es: «Man soll also wissen, daß
Karl der Große, der heilige Kaiser, mit Zustimmung und im
Auftrag des römischen Papstes . . . bestimmt und befohlen
hat, daß das römische Kaisertum auf immer bei der rechtmäßigen Wahl der deutschen Fürsten bleibe . . .»[74] Die deutsche
Nation war also die politisch handelnde Gemeinschaft der
deutschen Fürsten, die insgesamt als «Reich» dem Kaiser
entgegentraten. Die Suche nach einer Reichsreform seit der
Mitte des 15. Jahrhunderts zielte darauf, Institutionen zu
gründen, die dem Reich zu moderner Staatlichkeit verhelfen
konnten; wäre das gelungen, hätte die «deutsche Nation» die
Chance bekommen, sich als – einstweilen adlige – Staatsnation zu etablieren.

In der Tat war die Wohlfahrt der «deutschen Nation» ein
starkes Argument in der Debatte um die Reichsreform; so
hatte auf dem sogenannten «Türkenreichstag» zu Regensburg 1454 der Leiter der kaiserlichen Gesandtschaft, Enea Silvio Piccolomini, zum Kreuzzug gegen die Türken und zur
Wiedereroberung Konstantinopels aufgerufen und seitens
der deutschen Kurfürsten die Antwort erhalten, daß der Kaiser sich erst einmal um das Reich selbst kümmern solle, weil
«solich fuernemig wirdig und edel land, als Teutsch gezunge

ist, ... und auch das heilig reich, so loblich an Teutsch gezunge bracht, in großer unordenung» befände.[75] Ohne
Reichsreform kein Türkenkrieg – mit anderen Worten: den
Fürsten war das deutsche Hemd näher als der Reichsmantel,
wobei «Teutsch gezunge» – deutsche Zunge – sehr genau die
deutschsprachigen Stände im Reich bezeichnete. Wie eng die
Reichsreform mit der Kirchenreform zusammenhing, zeigten die «Gravamina (Beschwerden) der deutschen Nation»,
die von den Reichsständen immer häufiger gegen den päpstlichen Stuhl vorgebracht wurden. Tausend Maßnahmen
denke sich der römische Stuhl aus, heißt es in einer Zusammenstellung dieser «Beschwerden», um den Deutschen das
Geld aus der Tasche zu ziehen, weshalb ihre «einstmals berühmte Nation», die «durch ihre Tapferkeit und ihr Blut das
Reich erworben» habe und «Herrin und Königin der Welt»
gewesen sei, nunmehr in Armut gestürzt und zur Sklavin gemacht worden sei.[76] Die deutsche Nation, politisch verstanden, war also zu Beginn der Neuzeit ein Oppositionsbegriff,
gerichtet gegen die universalen Gewalten Kaiser und Papst –
nicht tragfähig genug, um dauerhafte staatliche Macht zu
begründen.

Als kulturelle Identifikationsidee dagegen avancierte die
«deutsche Nation» beträchtlich, seit der italienische Humanist Poggio Bracciolini in der Bibliothek des Klosters Fulda
den verschollenen Text der *Germania* des Tacitus zutage gefördert und 1455 in Italien veröffentlicht hatte. Im Zeitalter
der Renaissance und des Humanismus hatte sich die alte Idee
von der Herkunft der Stämme von sagenhaften, erlauchten
Vorfahren mit der Suche nach den klassischen, griechischen
oder lateinischen Quellen verbunden. Die Geschichtsstudien
der humanistischen Gelehrten des 16. und 17. Jahrhunderts
waren ganz darauf ausgerichtet, die Identität ihrer jeweiligen
Nationen zu bestätigen und zu stärken, aber auf der Grundlage der Antike, deren Denken und Erfahrungen als vorbildlich galten, und die dem allgemeinen Streben nach nationaler
Besonderheit einen kosmopolitischen, allgemein europäischen Kulturboden verlieh. Die Entdeckung der *Germania*
machte deshalb Furore: Aus der Feder eines der ganz großen
Schriftsteller der Alten, einer hochverehrten und unzweifel-

baren Autorität, konnte man jetzt erfahren, daß die Deutschen schon seit alters her ein Volk, und zwar ein ganz besonderes, gewesen waren. Bisher hatten die deutschen Gelehrten im internationalen Wettkampf um nationalen Ruhm weit hinten gelegen, denn einen deutschen Volksstamm, aus dem sich eine deutsche Nation entwickeln konnte, ähnlich dem fränkischen Stamm, aus dem Frankreich hervorgegangen war, gab es nicht; deutsch war eine Sammelbezeichnung germanischer Volksdialekte und ansonsten ein reiner Kunstbegriff. Jetzt übersetzte man ganz einfach: Die Germanen des Tacitus waren die Vorfahren der heutigen Deutschen; d*er Germania* der Römer entsprach also ein heutiges «Deutschland» – erst jetzt, um 1500, tauchte dieses Wort im Singular auf, bisher hatte man sich mit «deutschen Landen» beholfen.

Mit Hilfe der Autorität des Tacitus konnten die deutschen Humanisten endlich den abfälligen Bemerkungen gegen die Deutschen entgegentreten, die im Ausland umliefen. Dem verbreiteten Topos vom rohen, unzivilisierten, trinkfesten Deutschen wurde jetzt die tacitische Idealgestalt des unverbildeten, treuen, tapferen und einfach lebenden Germanen gegenübergestellt – man kam nicht auf den Gedanken, daß Tacitus die germanischen Lichtgestalten erfunden haben könnte, um der Sittenverderbnis seiner römischen Gegenwart einen Spiegel vorzuhalten. Tatsächlich aber taten die deutschen Humanisten des 16. Jahrhunderts nichts anderes: Die Deutschen figurierten jetzt als Träger einer ursprünglichen, unverdorbenen Nation, die die erschlaffte, alte Zivilisation der Italiener und Franzosen ablösen werde; die unverdorbene Sittlichkeit der Deutschen wurde gerne der Verdorbenheit der Sitten der römischen Kurie entgegengehalten.

Aber auch dem französischen Nachbarn gegenüber demonstrierten deutsche Gelehrte ihr neues nationales Selbstbewußtsein. Daß Karl der Große Vorgänger der französischen Kapetinger-Dynastie gewesen sei, ein Pfeiler in der Legitimation der französischen Krone, erklärte Jacob Wimpfeling in seiner *Epitome Germanorum* von 1505 für eine lächerliche Behauptung; tatsächlich sei Karl ein «Teutscher» gewesen, der über Franzosen geherrscht habe, während niemals ein Franzose oder Gallier römischer Kaiser gewesen sei – Beweis genug für die Überlegenheit der Deutschen über die Franzosen. Für Wimpfeling, wie eine erhebliche Anzahl weiterer deutscher Humanisten ein Elsässer, stand auch fest, daß seit den Zeiten des Augustus die Bewohner des Elsaß Deutsche gewesen seien, weshalb Straßburg und das ganze Elsaß nie unter französische Hoheit fallen dürften.

Innerhalb einer Generation entstand um 1500 herum auf diese Weise die Basis für einen deutschen Nationalmythos, ein Vorgang, wie er zur gleichen Zeit überall in Europa stattfand; Erasmus von Rotterdam, der es allerdings ablehnte, sich an der Verfertigung nationaler Mythen zu beteiligen, konstatierte betrübt, daß die Natur nicht nur jedem einzelnen eine persönliche, sondern auch den verschiedenen Nationen eine allgemeine Eigenliebe eingepflanzt habe.[77] Allerdings fehlte diesem Nationalmythos nicht nur der politisch-staatliche Rahmen, um zur Dauerhaftigkeit zu gelangen, sondern auch das sprachliche Substrat: Die deutschen Humanisten schrieben mit ganz wenigen Ausnahmen in lateinischer Sprache. Die deutschen Gelehrten blieben in erster Linie humanistische Weltbürger; ihre nationale Sendung, Deutschland aus der Barbarei herauszuführen, führte über die lateinisch-klassische Kultur.

Nicht die gelehrten Bemühungen der Humanisten, nicht die gescheiterte Reichsreform haben Deutsch zur Nationalsprache erhoben, sondern die Reform Martin Luthers. Luthers Theologie war Worttheologie, ausgehend vom Beginn des Johannes-Evangelium: «Im Anfang war das Wort, und das Wort war bei Gott, und Gott war das Wort . . .» Die Bibel war also die einzige Autorität des christlichen Glaubens, und da die Kirche Luthers die Gemeinschaft aller Gläubigen war, mußte das Wort Gottes auch in der Sprache der Gläubigen verkündet werden. So wurde die Übersetzung der Bibel in Luthers kräftigem, sächsisch-meißnischem Deutsch zum Lesebuch der Nation, und das galt auch für Luthers Traktate und Sendschreiben: Luthers *Sermon von Ablaß und Gnade* beispielsweise erschien im Frühjahr 1518 und erlebte bis 1520 fünfundzwanzig Auflagen und Nachdrucke; von seiner Schrift *An den christlichen Adel deutscher Nation*

waren innerhalb von achtzehn Tagen 4000 Exemplare verkauft, die zweite Auflage erschien bereits eine Woche nach
der ersten. An die Seite des Reformators trat eine große Anzahl weiterer protestantischer Autoren, Theologen, Ordens-
geistliche, gebildete Bürger, Handwerker-Dichter. Dem
Strom deutschsprachiger, hauptsächlich theologischer Literatur entsprach ein rasch anwachsendes Lesepublikum; in
den Gebieten, in denen die Reformation Fuß faßte, nahmen
Laienbildung und Lesefähigkeit enorm zu. Wenn aber Luther
1520 *An den Christlichen Adel deutscher Nation* appellierte, so
meinte er mit deutscher Nation nichts anderes als den deutschen Adel, also die geistlichen und weltlichen Obrigkeiten,
und sein Appell zielte nicht auf staatlich-politisches Handeln, sondern auf «des christlichen Standes Besserung» und
auf die Reform der römischen Papstkirche.

Es ist ein außerordentliches Beispiel geschichtlicher Iro-
nie, daß gerade die Reformation Martin Luthers, des «deutschen Herkules», der «deutschen Nachtigall», die Herausbildung einer deutschen Kultur- und möglicherweise auch
Staatsnation im zeitlichen Gleichtakt mit den übrigen Ländern Westeuropas entscheidend zurückgeworfen hat. Daß
sich die Reformation nicht im gesamten Reich durchsetzte,
daß der Protestantismus Sache der Landeskirchen und der
Protestantischen Stände wurde, hatte zur Folge, daß der
Kampf zwischen den Konfessionen in Deutschland in der
Schwebe blieb, im territorialstaatlichen Grundsatz «cuius
regio, eius religio» (der Landesherr bestimmt die Konfession)
versteinerte, so daß die fortdauernde territoriale Spaltung
des Reichs durch die konfessionelle Spaltung ergänzt und
vertieft wurde.

Den vorläufigen Rest besorgte der Dreißigjährige Krieg,
an dessen Ende 1648 der Westfälische Frieden von Münster
und Osnabrück stand. Von einem zentralstaatlichen Reich
konnte nun auch nicht im entferntesten mehr die Rede sein;
die Reichsstände erhielten die Hoheit in ihren Territorien
und das Recht, untereinander sowie auch mit fremden
Mächten Bündnisse einzugehen. Samuel Pufendorf, der die
staatsrechtliche Summe aus dem Westfälischen Friedensschluß zog, erklärte die Formel «Römisches Reich deutscher

Nation» für widersinnig, weil das neue deutsche Gemeinwesen (*modernam Germanorum rempublicam*) mit dem alten römischen Reich nichts zu tun habe – bemerkenswert nicht nur,
weil damit der zentralen Legitimation des Reichs der Boden
entzogen war, sondern auch, weil damit ganz beiläufig der
Nationsbegriff aus der Staatsbezeichnung eliminiert wurde.
Pufendorfs Kollege Ludwig von Seckendorff schrieb zu gleicher Zeit seinen *Teutscher Fürsten-Staat* (1656) – er hielt zwar
an der «deutschen Nation» in politischer Bedeutung fest,
konstatierte aber, daß es in und unterhalb dieser Nation weitere Nationen gebe: auch die vielen deutschen Fürstentümer
beruhten auf Nationen, von Württemberg bis Anhalt, von
Brandenburg bis Braunschweig–Calenberg. Nach dem
Dreißigjährigen Krieg hatte sich das Reich gewissermaßen
verdünnt, war zu einem rein rechtlichen Konfliktregulie-
rungs-Institut geworden, während alle Staatlichkeit auf die
Territorialstaaten überging: Mehr als dreihundert an der Zahl,
ungezählt die anderthalbtausend freien Reichsrittertümer.

Im Laufe der nächsten anderthalb Jahrhunderte war
«deutsch» eine Sprache, nicht mehr, und die Aussichten für
ihre Zukunft waren zeitweise trübe. Hier und da bildeten
sich Sprachgesellschaften wie die «Fruchtbringende Gesellschaft» zu Weimar oder die «Pegnitz-Schäfer» zu Nürnberg,
gelehrte Assoziationen, die sich in rührender Nachahmung
der *académie française* der Pflege der reinen deutschen Sprache
widmeten, sich in ihrem rigorosen Purismus aber oft den
Spott der Zeitgenossen zuzogen. Auffallend war, daß sich
dergleichen Bemühungen um die deutsche Sprache weitgehend auf das protestantische Deutschland beschränkten –
kein Wunder, denn der Maßstab der protestantisch-deut-
schen Literatur war der meißnisch-sächsische Dialekt der
Bibelübersetzung Martin Luthers, und noch im 19. Jahrhundert hat der große Sprachwissenschaftler Jacob Grimm in
der Vorrede zu seiner *Deutschen Grammatik* erklärt, man
dürfe «das Neuhochdeutsche in der That als den protestantischen Dialekt bezeichnen».[78]

Im Verlauf des 18. Jahrhunderts zeigte sich eine Tendenz,
die für unser Thema von großer Bedeutung ist: Es bildete
sich eine neue gesellschaftliche Schicht im Reich, bestehend

aus recht heterogenen Elementen. Zu ihr gehörten vor allem
Staatsbeamte, daneben auch Professoren, Lehrer, evangelische Pfarrer, Schriftsteller, Buchhändler und Verleger, Ärzte
und Notare, überhaupt Mitglieder gehobener freier Berufe,
die allesamt eins verband: Sie übten ihre Ämter und Berufe
nicht dank ihres Standes aus, sondern aufgrund ihrer Befähigung, und der Ausweis ihrer Befähigung bestand in aller Regel in ihrer akademischen Bildung. Der zunehmende Bedarf
der vielen deutschen Staaten an geschulter Intelligenz als Re-
krutierungsbasis der höheren Beamtenschaft hatte am Entstehen dieser Schicht entscheidenden Anteil, denn zu ihrer
Heranbildung sorgte der Staat für Bildungsanstalten, die an
Zahl und Qualität die der meisten übrigen europäischen
Staaten übertrafen – zwischen Kiel und Graz, Königsberg
und Freiburg gab es nicht weniger als vierzig Universitäten.
Und mit der Herausbildung dieser neuen Bildungsschicht
wuchsen die deutschen Dialekte und Mundarten zur Sprache
deutscher Hochkultur zusammen. Deutsche Nationallitera-
tur, deutsches National- und Musiktheater schufen über die
Grenzen der deutschen Territorialstaaten hinweg eine Einheit des Urteils und des Geschmacks. Wer in der zweiten
Hälfte des 18. Jahrhunderts deutsch schrieb, tat dies nicht
nur, weil der literarische Markt dies forderte, sondern er
bekannte sich damit auch zur Einheit eines aufgeklärten bürgerlichen Geistes, der über den Staatsgrenzen stand und sich
bewußt von der französischen Sprachkultur abgrenzte, wie
sie an den Fürstenhöfen herrschte. In der sprachlichen Abgrenzung von der europaweiten französischen Kulturhegemonie erfuhr die deutsche Bildungselite ihre nationale
Identität, und Justus Möser forderte sie bereits 1785 auf, sie
sollten nicht mehr «Affen fremder Moden» sein.[79] Schon
sang Klopstock seine Vaterlandsode:

> «Nie war, gegen das Ausland,
> Ein anderes Land gerecht, wie du!
> Sei nicht allzu gerecht. Sie denken nicht edel genug
> Zu sehen, wie schön dein Fehler ist!»[80]

Klopstock meinte die deutsche Nation, eine Nation freilich, die sich nur in den Köpfen ihrer Gebildeten fand. Wo

vier von fünf Deutschen noch im bäuerlichen Lebensmilieu wurzelten und die große Politik allenfalls in kirchlichen Fürbitten für die landesherrliche Familie oder aber in den Drangsalen von Krieg, Einquartierung und Plünderung durch fremde Soldaten erlebten, wo die städtische Jugend, wie der junge Goethe, allenfalls «fritzisch» fühlte und den Preußenkönig Friedrich verehrte, der mit seinen Siegen über die französischen und russischen Heere das Beispiel eines nationalen Helden gestiftet hatte, da fehlte noch jeder Humus für das Entstehen einer Volksnation. Nach Schätzung des Berliner Buchhändlers Friedrich Nicolai waren es etwa 20000 Menschen in ganz Deutschland, die sich um 1770 am nationalen Diskurs beteiligten, ohne daß dies jedoch irgendwelche politischen Folgen gehabt hätte. Die deutsche Nation war vorerst ganz sprachlich-kultureller Natur, und die zunehmende Verdichtung der Kommunikation zwischen den Gebildeten aller deutschen Territorien, der enorme Anstieg von Buchtiteln und Buchauflagen, die erhebliche Zunahme publizistischer Organe, das Florieren der Lesegesellschaften bis in die Kleinstädte schufen zwar eine räsonnierende Öffentlichkeit neuer Art, aber, wie noch zu Beginn des 19. Jahrhunderts die französische Schriftstellerin Madame de Staël feststellte: «Die Gebildeten Deutschlands machen einander mit größter Lebhaftigkeit das Gebiet der Theorien streitig und dulden in diesem Bereich keine Fessel, ziemlich gern aber überlassen sie dafür den irdischen Machthabern die ganze Wirklichkeit des Lebens.»[81]

Eine Kulturnation also, die jedoch bei weitem nicht die innere Kohärenz der westeuropäischen Kulturnationen besaß – offenbar deshalb, weil sich in Mitteleuropa eine Staatsnation nicht hat entfalten können. Wie sehr die Sphären des Staats und der Kultur einander befruchteten, um Nationen hervorzubringen – zu denen allerdings bis Ende des 18. Jahrhunderts allenthalben in Europa nur die Eliten zählten – erwies sich am Beispiel Englands nicht weniger als an dem Frankreichs: Man denke nur an den Fall der Académie Française, 1635 von Richelieu gegründet, um die französische Sprache zu pflegen und zu vereinheitlichen, denn die sprachliche

Homogenität der französischen Eliten mußte die innere Einheit des französischen Staats befördern.

Allerdings war der deutsche Fall keineswegs einzigartig, schon gar kein «Sonderweg»; insbesondere mit Italien ergeben sich auf den ersten Blick beträchtliche Parallelen. Auch hier eine starke politische Zersplitterung und daher viele kulturelle Zentren, das Erwachen einer italienischen Nationalidee in der Renaissance, verbunden mit der Herausbildung des *volgare illustre*, der edlen Volkssprache in Norditalien – was Luthers Bibelübersetzung für das Deutsche, war die Dichtung Dantes, Boccaccios und Petrarcas für das Italienische. Doch Machiavellis Traum vom *principe*, der Italien einen sollte, blieb eine Utopie. Auch hier die langen Bürgerkriege des 16. und 17. Jahrhunderts und der Rückfall in den einzelstaatlichen Provinzialismus; *la patria*, das Vaterland war für die meisten Italiener die Vaterstadt und deren Umland. Gewiß wurde dieser geistige Partikularismus im Laufe des 18. Jahrhunderts in der Folge der Aufklärung durchbrochen, aber die *Italia erudita*, das gelehrte Italien, war ähnlich wie Deutschland eine Kulturnation, eine reine Gelehrtenrepublik, fern von jeder gesamtstaatlichen Gestalt.

Man wird über den Ähnlichkeiten die tiefgreifenden Verschiedenheiten zwischen Deutschland und Italien nicht übersehen dürfen: Rom als ständig vorhandener, zumindest spiritueller Mittelpunkt Italiens, klare geographische Umrisse, die Latinität der Kultur, die ein ständiges Gefühl kultureller Überlegenheit vermittelte. Im übrigen war Italien katholisch geblieben, die konfessionelle Zerrissenheit Deutschlands war hier unbekannt, und anders als in Deutschland verstand es die Gegenreformation in Italien, die Traditionen des Humanismus im Schoße der Kirche zu bewahren. Anders als in Deutschland waren die meisten der großen und kleinen Fürstentümer Italiens von Fremden okkupiert; Deutsche, Spanier und Franzosen herrschten von Mailand bis Neapel, ein ständiger Stachel für die *italianità*. Andererseits wurde die französische Kulturhegemonie des 17. und 18. Jahrhunderts nicht, wie von den deutschen Dichtern, als feindlich empfunden – im Gegenteil, die französische Kultur galt weithin als vorbildlich, und noch im 18. Jahrhundert gab es ernstzunehmende Strömungen im italienischen Geistesleben, die die italienische Sprache durch Anpassung an das Französische modernisieren wollten.

Aber die strukturellen Ähnlichkeiten zwischen Deutschland und Italien überwiegen, vergleicht man den mitteleuropäischen Streifen zwischen Jütland und Sizilien mit Westeuropa, wo die Verbindung von Staats- und Kulturnation frühzeitig triumphierte. Auch Osteuropa zeigte am Ende des 18. Jahrhunderts typische Strukturen: Hier dominierten die transnationalen Großreiche, die Habsburger Monarchie, das russische Zarenreich und das Osmanische Reich – seit den polnischen Teilungen läßt sich in gewisser Weise auch Preußen hinzuzählen. Hier schlummerte unter dem nivellierenden Druck der jeweiligen Herrenvölker, der Deutschen, Russen und Türken, eine Vielzahl potentieller Nationalkulturen, denen allerdings in aller Regel die Eliten fehlten, die in Mittel- und Westeuropa Träger kulturnationaler Identität waren, und die auf das Niveau ländlicher Volkskulturen zurückgedrückt waren – darunter solche, die (im Gegensatz zu dem ignoranten, aber folgenreichen Diktum des Karl Marx von den «geschichtslosen Völkern» Osteuropas) in der Vergangenheit bereits weit auf dem Weg zu nationaler und kultureller Identität vorangekommen waren, wie etwa Polen, Böhmen, Ungarn oder Serben. Die osteuropäischen Reiche verneinten bereits in ihrer Regierungsweise Individualrechte, aber auch Rechte nationaler Kollektivindividuen prinzipiell, denn sie beruhten auf despotischer Machtausübung, gemäß der Erkenntnis Montesquieus, daß große Reiche eine despotische Autorität erforderten, deren rasche Entschlüsse die weiten Entfernungen auszugleichen hätten – wohingegen die kleinteilige Vielfalt Westeuropas keine unumschränkte Macht ertrage.

So bestand Europa, was die Entstehung seiner Nationen anging, aus drei sehr unterschiedlich gestalteten Regionen, die mit sehr unterschiedlichen Voraussetzungen in das Zeitalter der weltgeschichtlichen Umwälzungen eintraten, das wir als die «Achsenzeit» zwischen dem agrarischen, ständisch gegliederten Alteuropa und dem Europa der industriellen Massenzivilisation unserer Gegenwart kennen, und in

deren Verlauf die Idee der Nation zu einer völlig neuen, revolutionären und revolutionierenden Bedeutung kam.

3. Achsenzeit

Im Verlauf der weltgeschichtlichen Epochenschwelle zwischen der Französischen Revolution und dem Ersten Weltkrieg wandelte sich die Idee der Nation grundlegend – nicht
eigentlich, was ihre Inhalte anging, um so stärker aber hinsichtlich ihrer politischen Bedeutung. Noch am Ende des
18. Jahrhunderts war sie Sache verhältnismäßig Weniger gewesen – als politischer Leitbegriff hatte sie bis dahin den politischen Führungsschichten gedient, als kulturelles Band
hatte sie die Gebildeten aller Stände umfaßt. Am Anfang des
20. Jahrhunderts dagegen hatte die Idee der Nation, um mit
Karl Marx zu reden, die Massen ergriffen und war zur materiellen Gewalt geworden, zur mächtigsten politischen Legiti-
mationsidee Europas und etwas später dann der gesamten
Welt. Den Hintergrund dieser Veränderung bildete ein
Bruch in der Weltgeschichte, vergleichbar allenfalls mit jener
Umwälzung, die einst aus den steinzeitlichen Jäger- und
Sammlerhorden wohlorganisierte Gemeinschaften von Ak-
kerbauern, Viehzüchtern und Städtebauern gemacht hatte.
Die atlantische Revolution verwandelte seit dem Ausgang
des 18. Jahrhunderts die ständisch gegliederte Agrargesellschaft in eine industrielle Massenzivilisation, deren Verfassung zwischen zwei Polen schwankte, dem totalitären Un-
terdrückungsstaat und der parlamentarischen Demokratie.
Während sich aber die neolithische Revolution über lange
Zeiträume erstreckt und den Menschen die Anpassung ermöglicht hatte, war der Eintritt in das Industriezeitalter Sache weniger Generationen. Noch nie hat die Menschheit für
soviel Wandel sowenig Zeit gehabt.

Am Anfang stand das demographische Problem. Nach
jahrhundertelangem Gleichgewicht, brutal ausbalanciert
durch Epidemien, Kriege und Hungersnöte, begann seit der
Mitte des 18. Jahrhunderts die europäische Bevölkerung
sprunghaft zuzunehmen. 1750 zählte der Kontinent ungefähr

130 Millionen Einwohner; um 1800 waren es bereits etwa 180 Millionen, fünfzig Jahre darauf 266 Millionen, 1900 401 Millionen und am Vorabend des Ersten Weltkriegs 468 Millionen. Selbst die Millionenströme der Auswanderer im zweiten und letzten Drittel des 19. Jahrhunderts änderten nichts daran; Katastrophen, die in früheren Jahrhunderten zu schweren Rückschlägen geführt hätten, wie etwa der kalte Winter 1783/84, in dem die Menschen bis nach Süditalien hinunter massenhaft erfroren, machten sich jetzt in der Bevölkerungsstatistik kaum noch bemerkbar. Nachdem beispielsweise Schlesien während der Hungersnot von 1771/72 etwa 50 000 Einwohner verloren hatte, kamen in den nächsten drei Jahren bereits wieder mehr als 70 000 hinzu. Die Bevölkerungszahl nahm nicht nur gleichmäßig zu, sondern ihre Wachstumsrate stieg sogar ständig an, und das, obwohl Europa um 1800 bereits der dichtest besiedelte Teil der Welt war.

Diese beispiellose Bevölkerungsexplosion hatte viele Ursachen, die noch keineswegs hinreichend geklärt sind. Da war der steile Anstieg der landwirtschaftlichen Produktivität. Die alte Dreifelder-Wirtschaft, bei der stets ein Drittel des Bodens brachlag, wich der modernen Fruchtwechselwirtschaft, und der Bodenertrag stieg allenthalben an. Mit dem Brabanter Pflug, der bis 1800 in West- und Mitteleuropa weithin eingeführt war, konnte der Boden tiefer umgebrochen werden als bisher; die Sense verdrängte die Sichel, neue Methoden verbesserten die Aussaat, das Düngen und die Ernte. Regierungen wie Landwirte waren vom «fanatisme de l'agriculture» ergriffen, wie ein Zeitgenosse sagte, von der Leidenschaft für den Ackerbau. Die großen Schwankungen zwischen den jährlichen Ernteerträgen wurden immer geringer, Hungerkatastrophen wurden seltener und blieben schließlich aus.

Besser genährte Menschen sind widerstandsfähiger gegen Krankheiten. Neue Mittel zur Krankheits- und Seuchenbekämpfung taten ein übriges, um Epidemien einzudämmen. Fortschritte in der Hygiene führten dazu, daß die Kindersterblichkeit zurückging, aber auch der häufige Tod der Frauen im Kindbett; nicht nur die Medizin war daran betei-

ligt, sondern auch eine veränderte Einstellung der Menschen
zu Kind und Familie. Zünftisches und ständisches Recht, vor
allem auch die rechtliche Stellung der mittel- und osteuropäischen Landbevölkerung hatten bisher viele Eheschließungen behindert. Jetzt heiratete man häufiger und früher, und
die Ehepartner lebten länger miteinander. Zwar wuchs die
Zahl der Geburten nicht erheblich, ging seit der zweiten
Hälfte des 19. Jahrhunderts sogar zurück, aber die Sterblich-
keitsziffern sanken dramatisch, während das durchschnittliche Lebensalter der Menschen erheblich zunahm.

So trafen viele Einflüsse zusammen, wirkten aufeinander
und kumulierten in einer Bevölkerungswelle, wie sie die
Welt bis dahin nicht gekannt hatte: eine Inflation von Menschen. Das Paradox liegt darin, daß dank der Fortschritte in
der Nahrungsmittelversorgung zwar mehr Menschen über-
lebten, aber nur, um zeitlebens zu hungern. Denn immer
mehr Menschen konkurrierten um eine gleichbleibende Zahl
von Arbeitsplätzen. Und mit der Zunahme der Esser stiegen
seit Mitte des 18. Jahrhunderts die Lebensmittelpreise an,
vor allem die Getreidepreise – in Frankreich beispielsweise
um mehr als 60 Prozent bis zum Jahrhundertende, während
die Einkommen gleichzeitig nur um etwa 25 Prozent zunah-
men.

Die Menschen begannen zu wandern. Die Übervölkerung
in den ländlichen Gebieten floß zum großen Teil in die
großen Städte ab, vermehrte dort das Heer der Bettler und
Gelegenheitsarbeiter, füllte die Hospitäler und überforderte
die unzureichenden Wohltätigkeitseinrichtungen. London
wurde von irischen Bauern überschwemmt, Paris von den
pauvres montagnards aus dem Zentralmassiv und den Alpen,
in Madrid wimmelte es von Bergbewohnern aus den Pyre-
näen und Galizien, und Neapel zog das elende Landproleta-
riat Süditaliens an. Oder man wandte sich dorthin, wo noch
Land zu haben war, meistens gerufen von einer Obrigkeit,
die auf diese Weise ihr Land peuplieren und zugleich neue
Anbaugebiete erschließen wollte. Friedrich der Große sie-
delte mehr als 300 000 Menschen im Oderbruch und anderswo an; die von den Türken entvölkerte ungarische
Ebene und das Banat zogen 11 000 Familien aus Südwest-

deutschland an, und Zarin Katharina II. suchte die Steppen des Wolgagebiets mit Deutschen zu bevölkern, während bis zum Ende des 18. Jahrhunderts mehr als eine halbe Millionen Russen in Sibirien siedelten. Aus dem übervölkerten schottischen Hochland kam es zu Massenwanderungen nach Nordengland, aber auch nach Irland, und mehrere tausend Deutsche wurden von der spanischen Krone in die Sierra Morena gerufen, um dort das Land urbar zu machen, das seit der Vertreibung der Mauren brach lag.

Aber noch waren Gewohnheit und Rechtsverhältnisse stärker als der Bevölkerungsdruck. Erst die Erschütterungen des napoleonischen Zeitalters konnten daran etwas ändern. Wenn sich erstmals in der Geschichte nach Hunderttausenden zählende Armeen durch ganz Europa wälzten, wenn französische, italienische oder württembergische Soldaten den Ebro ebenso wie die Moskwa kennenlernten, wenn Ural-Kosaken und ostpreußische Landwehrmänner in Paris einzogen, dann öffneten sich auch für die Menschen aus einfachen Verhältnissen völlig neue geographische Horizonte; die Überwindung großer Entfernungen war auf einmal denkbar. Hinzu kamen die Bauernbefreiungen in Ostmitteleuropa. Heiratsbeschränkungen fielen ebenso fort wie die rechtliche Bindung an die Scholle, das durchschnittliche Heiratsalter ging rapide zurück. So nahm der Bevölkerungsdruck innerhalb einer Generation noch zusätzlich zu, und auch der landlose Ackerbürger aus Ostelbien konnte sich nun auf die Reise machen. Man begab sich zuerst in die nächste Stadt, von dort aus weiter in die nächste Großstadt, und wenn sich auch dort die Lebensumstände nicht besserten, gewann die Utopie vom neuen Leben in der neuen Welt an massenhafter Überzeugungskraft. Bis zum Ersten Weltkrieg verließen 15 Prozent aller Europäer ihren Kontinent, zunächst vor allem aus Großbritannien, Irland und Deutschland, seit Ende des 19. Jahrhunderts in erster Linie die industriell zurückgebliebenen Süd- und Osteuropäer: Russen, Polen, Italiener und Spanier. Etwa 45 Millionen siedelten in Amerika, Australien, Neuseeland und Südafrika. Weitere 6 Millionen zogen von Europa in die menschenleeren Gebiete Russisch-Asiens, eine Wanderung, die in vieler Hinsicht

nicht weniger bedeutend und dramatisch war als die Besied-
lung Nordamerikas.

Und das war nur der kleinere Teil der europäischen Wan-
derungsbewegung im 19. Jahrhundert, von der insgesamt
etwa 85 Prozent der Bevölkerung erfaßt wurden; 70 Prozent
von ihnen blieben in Europa, wanderten lediglich vom Land
in die Städte. So wandelte sich die Agrargesellschaft West-
und Mitteleuropas in eine städtische Gesellschaft, und zwar
zu einer großstädtischen: Kannte Europa im Jahr 1801 nicht
mehr als 21 Städte mit mehr als hunderttausend Einwoh-
nern, so waren es im Jahr 1901 147 Städte, in denen wenigstens zehn Prozent der europäischen Bevölkerung lebte.

Hinter diesen abstrakten Zahlen verbarg sich ein Massenelend, von dem die sozialkritische Literatur der Zeit, die Romane eines Charles Dickens oder eines Eugen Sue, nur eine
matte Ahnung gibt. Auf dem Land waren mehr als drei Viertel der Menschen ohne Besitz und ohne Arbeit; «ohne auch
nur ein Stückchen Land», schrieb ein Armenarzt aus Man-
tua, «ohne Herd, ohne irgendetwas außer einem Überfluß
an Kindern sind sie dazu verdammt, wie tartarische Vaga-
bunden herumzuziehen und ihren Aufenthalt Jahr für Jahr zu
ändern ... Sie ziehen herum, gefolgt von ein paar Schafen
und mit ein bißchen Eigentum, das in einer zerfetzten Ma-
tratze, einem modrigen Weinfäßchen, ein paar primitiven
Geräten und einer kleinen Schüssel besteht ...»[82] In manchen Landstrichen Westfalens, der Pfalz und Niederöster-
reichs stellten die Behörden die Armen zu regelrechten
Bettlerzügen zusammen, die in einem festgelegten Turnus,
begleitet von einem Gendarmen, durch die umliegenden
Dörfer zogen und ihre Almosen zusammenbettelten.

Und wer in die Stadt flüchtete, dem erging es selten besser;
er vergrößerte lediglich das Heer der ungelernten Gelegenheitsarbeiter, die froh sein mußten, wenn sie für gelegent-
liche Trägerdienste, für Schneeschaufeln oder Dockarbeiten
sich und ihre Familien am Leben erhalten konnten. Die
Verarmung großer Bevölkerungsteile der Städte, die sich
bereits im Laufe des 18. Jahrhunderts angekündigt hatte,
setzte sich weiter fort und nahm eine entschiedene Wendung
ins Katastrophale. Man nannte das wachsende Massenelend

«Pauperismus» und war ratlos; eine führende Enzyklopädie, der «Brockhaus», definierte 1846: «Der Pauperismus ist da vorhanden, wo eine zahlreiche Volksklasse sich durch die angestrengteste Arbeit höchstens das notdürftigste Auskommen verdienen kann, auch dessen nicht sicher ist, in der Regel schon von Geburt an und auf Lebenszeit solcher Lage geopfert ist, keine Aussichten der Änderung hat, darüber immer tiefer in Stumpfsinn und Roheit versinkt, der Branntweinpest und viehischen Lastern aller Art, den Armen-, Arbeits- und Zuchthäusern fortwährend eine immer steigende Zahl von Rekruten liefert und dabei immer noch sich in reißender Schnelligkeit ergänzt und vermehrt.»

Diese Entwicklung konnte durchaus in einer Katastrophe enden. Der schottische Geistliche Thomas Robert Malthus hatte schon längst die Prognose gestellt, das dauernde Bevölkerungswachstum müsse bei dem notwendigerweise viel geringeren Wachstum der Ressourcen unweigerlich zum Kollaps der Menschheit führen. Daß Europa nicht in einer Hungerkatastrophe zusammenbrach, wie sie anderthalb Jahrhunderte später die Dritte Welt heimsuchen sollte, lag an der gleichzeitig anlaufenden wirtschaftlichen Umwälzung, die wir gewöhnlich Industrielle Revolution nennen.

Ein mißverständlicher Begriff, zweifellos. Daß eine grundlegende Umwälzung stattfand, liegt auf der Hand: Bisher war alle Arbeit von menschlicher oder tierischer Muskelkraft, oder aber von den Elementen der Natur getan worden, von Wasser und Wind. Neuerdings waren es Maschinen, die zunehmend die Arbeit übernahmen, und das bei unvergleichlich höheren Leistungen. Die Ausbeutung der Bodenschätze wurde auf ganz neue Grundlagen gestellt; Kohle und Eisen, später zudem noch das Erdöl, wurden massenhaft gefördert, verarbeitet und genutzt, dienten dem neuen Zeitalter geradezu als symbolhafte Signaturen. Der Geist der Wissenschaft verbündete sich mit dem der Industrie; das Neue entstand nicht mehr durch Versuch und Irrtum geschickter Handwerker, sondern aus abstrakten Berechnungen in Büros und Laboratorien. Die Arbeitsorganisation änderte sich und zog enorme gesellschaftliche Veränderungen nach sich: An die Stelle des Handwerksbetriebs trat die

Fabrik, an die des wirtschaftlich autarken Kleinbauernhofs der spezialisierte Agrar-Großbetrieb, und damit das Prinzip der Arbeitsteilung; und den vielfach gesellschaftlich und rechtlich gebundenen, aber auch gesicherten Handwerker oder Bauern ersetzte der Lohnarbeiter, der seine Arbeitskraft auf dem freien Markt verkauft.

Die Industrialisierung Europas währt nun seit zweihundert Jahren, ein in sich zusammenhängender Prozeß des unaufhörlichen Wandels; aber er hat den gesamten Kontinent erst verhältnismäßig spät ergriffen, eine Erscheinung des 20. Jahrhunderts. Bis zum Vorabend des Ersten Weltkriegs dagegen befand sich das industrialisierte Europa, grob bezeichnet, innerhalb einer Ellipse zwischen Lancashire, Stockholm, Warschau und Genua. Weite Landstriche blieben dagegen vom technischen und wirtschaftlichen Wandel nahezu unberührt – von den Niederlanden, immer noch eins der reichsten Länder Europas, bis zu Spanien und Rußland, den Ärmsten. Ähnlich stand es um Österreich-Ungarn, den Balkanraum und Polen. Gewiß, überall gab es regionale Inseln, in denen die Industrie florierte: Böhmen besaß eine hochentwickelte Textilindustrie, Katalonien produzierte mehr Baumwollstoffe als Belgien, Norditalien mechanisierte seine Textil-, vor allem seine Seidenspinnerei, während um Moskau und St. Petersburg Eisengießereien und Maschinenfabriken entstanden. Aber die Volkswirtschaften aller dieser Länder blieben noch auf lange Zeit nicht-industriell und, mit Ausnahme der Niederlande, von der Agrarwirtschaft beherrscht. Hier verdankten Fabriken und Eisenbahnen ihr Entstehen hauptsächlich britischen, später auch deutschen, französischen oder belgischen Ingenieuren und Unternehmern. Neben der Ungunst der Geographie, die namentlich die östlichen Großreiche behinderte, war es das Überleben einer altertümlichen Feudalordnung, die auf dem Besitz großer Ländereien beruhte, das Fortleben traditioneller Einstellungen zu Arbeit und Besitz, aber auch eine altmodische protektionistische Finanz- und Zollpolitik, die weder Erfindergeist noch Unternehmermut, noch eine ausreichende Nachfrage zuließen. So fiel Europa in zwei Welten auseinander, in einen rasant sich entwickelnden industrialisierten Nordwesten und einen agrarischen Osten und Süden, in dem Industrietechnik hauptsächlich als Importgut auftauchte, während man Nahrungsmittel und Rohstoffe in die Industrieländer exportierte – ein Verhältnis nicht unähnlich dem, das heute zwischen den Ländern der Ersten und der Dritten Welt besteht, und mit ähnlichen politischen Folgen, wie die totalitären, meist faschistischen Entwicklungsdiktaturen in den industriell zurückgebliebenen Ländern Europas seit dem Ende des Ersten Weltkriegs zeigen sollten.

Noch ein weiterer Unterschied trennte das industrialisierte vom ländlichen Europa: Der Wirtschaftsaufschwung geschah vor allem in Regionen mit starkem Bevölkerungswachstum, denn das hieß: Arbeitskraft war billig. Die neuen Gruben, Fabriken und Hütten saugten die Menschen an. Das Reservoir an Arbeitskräften war unerschöpflich, denn die elenden, pauperisierten Menschenmassen waren glücklich, überhaupt zu geregelter Arbeit und gesicherten Löhnen zu kommen. Bei aller zeitgenössischen wie nachträglichen Kritik an den trostlosen Lebensbedingungen und miserablen Löhnen dieser ersten Generation von Fabrikarbeitern wird man das im Auge behalten müssen. Im Vergleich zum vorindustriellen Massenelend war der durchschnittliche Arbeiter jetzt besser dran; Arbeitslosigkeit, Unterbeschäftigung, Frauen- und Kinderarbeit, die Unterbietung der Löhne durch Heimarbeit, der Lohndruck durch billigere Produzenten in günstiger gelegenen Produktionsstätten ließen jetzt nach, und obwohl schlechte Ernten und Konjunktureinbrüche noch des öfteren die Nahrungsmittelpreise steigen ließen, gab es nach der Revolution von 1848/49 keine Hungerrevolten mehr. Der Pauperismus, der in der ersten Hälfte des 19. Jahrhunderts ein unausweichliches Schicksal, die soziale Bedrohung der Zukunft Europas gewesen zu sein schien, war in der zweiten Jahrhunderthälfte kein Thema mehr.

Der Aufschwung von Bevölkerung und Produktion wurde von einer dritten säkularen Umwälzung begleitet: Die Feindlichkeit des Raumes, die bisher jede Ausweitung von Wirtschaft und Macht behindert hatte, wurde im Laufe des 19. Jahrhunderts gebrochen. Güter- und Menschentransport, aber auch die Übermittlung von Nachrichten erreichten völlig neue Dimensionen. Seit Menschengedenken war die Dauer einer Reise zwischen zwei Orten gleichgeblieben, begrenzt von der Leistungsfähigkeit der Pferde über Land und der Segelschiffe auf See, ferner von den Unbilden der Geographie und des Wetters. Ein Reiter legte auf günstigem Terrain bis zu 200 km pro Tag zurück, aber das war die Ausnahme; und wer besaß schon ein Pferd? Die Postkutschen, die den Überlandverkehr zwischen den großen Städten besorgten, brachten es in Frankreich um 1780 auf knapp 50 km täglich, die Eilpost auf 80 bis 90 km. Aber das französische Straßennetz war unbestritten das beste in Europa, denn der Staat sorgte für den systematischen Ausbau der Chausseen, also Fernstraßen mit fester Decke. Auch auf den englischen *Turnpikes*, von Privatunternehmern gebaut, kam der Reisende gut voran, aber im übrigen Europa lagen die Reisegeschwindigkeiten erheblich niedriger. In Preußen, dem Königreich der vielen Grenzen, ließ Friedrich der Große die Straßen absichtlich verfallen, um Feinden den Einmarsch zu erschweren; erst nach dem Tod des Königs begann man langsam mit dem Bau von Chausseen. Erst nach der napoleonischen Epoche, als es darum ging, die neuerworbenen westlichen Provinzen mit dem preußischen Kernland zu verbinden, kam der preußische Straßenbau in Schwung, aber noch 1830 benötigte die Postkutsche vierzig Stunden von Berlin nach Breslau. Weiter im Osten, in Österreich-Ungarn und gar in Rußland, waren die Wegeverhältnisse noch miserabler; die endlosen und grundlosen Sandpisten waren im Winter und bei Regen unpassierbar, und in den kurzen Sommermonaten kam ein Fußgänger oft schneller voran als ein Pferdewagen.

Das änderte sich im Verlauf des 19. Jahrhunderts dramatisch. Das Netz der Chausseen verdichtete sich, und damit verringerte sich die Abhängigkeit der Reisenden von Wetter und Jahreszeit. Durch Schnellposten mit häufigen, gut organisierten Pferdewechseln erhöhte sich die Reisegeschwindigkeit beträchtlich; die 650 km von Paris nach Bordeaux legte man jetzt in anderthalb Tagen zurück, vor der Revolution hatte man für dieselbe Strecke noch fünf Tage gebraucht. Die Reisekosten sanken, und dies um so mehr, je stärker die

Eisenbahn die Postkutsche ersetzte. Um 1850 legten die europäischen Eisenbahnen bereits 800 Millionen Passagier-Kilo-
meter zurück, der Straßenverkehr per Pferdekraft leistete
gerade die Hälfte. Zur selben Zeit feierten die großen Segel-
klipper Triumphe an Geschwindigkeit und Frachtaufkom-
men; auf ihren langen Strecken zwischen Liverpool und Melbourne, zwischen China und San Francisco legten sie bis zu
500 km am Tag zurück. Zugleich begann aber der Aufstieg
der eisernen, durch Heckschrauben angetriebenen Dampf-
schiffe, die den Personentransport übernahmen, denn sie waren unabhängig von den Windverhältnissen und konnten
deshalb fahrplanmäßig verkehren. Jetzt erst rückte die atlantische Welt zusammen; die Millionenscharen der europäischen Auswanderer überquerten den Ozean in zwei bis drei
Wochen, doppelt so schnell wie ihre Vorgänger hundert
Jahre früher.

Damit hatte das Zeitalter des Massenverkehrs begonnen:
Große Menschen- und Gütermengen wurden in viel kürze-
rer Zeit in viel größerer Zahl über weitere Strecken zu nied-
rigeren Kosten transportiert. Landwirtschaftliche Produkte
konnten, ohne zu verderben, über Meere und Kontinente
hinweg zu den städtischen Ballungsgebieten geschafft und
Rohstoffe an weit entfernte Verarbeitungsorte gebracht
werden. Großflächige Markträume, Voraussetzung des
Wachstums und der Verflechtung der europäischen Wirtschaft, wurden so erst möglich.

Die Dimension der Welt als einer im eigentlichen Wortsinn erfahrbaren Wirklichkeit verwandelte sich innerhalb
einer Generation. Bisher war der größte zusammenhängende Wirtschaftsraum, den die Europäer gekannt hatten,
das Mittelmeer gewesen: Um es von Ost nach West zu
durchmessen, hatte man seit der Antike etwa achtzig Tage
gebraucht, und ähnlich lange hatte die Durchquerung Europas von Madrid nach St. Petersburg gedauert. Die Eisenbahn durchbrach das Gefängnis des Raums; 1839 berichtete
die englische Zeitschrift *Quarterly Review* über neue Bahn-
verbindungen und schloß mit der Prophezeiung von der «allmählichen und schließlich vollständigen Vernichtung des
Raumes und der Entfernungen, von denen man bis jetzt an-

nahm, daß sie die verschiedenen Nationen der Welt auf ewig
voneinander trennten.»[83] Im Jahr 1873 veröffentlichte der
französische Autor Jules Verne eine Utopie, in der er dieses
Maß der Welterfahrung auf die gesamte Erde übertrug: In
achtzig Tagen um die Welt. Sechzehn Jahre danach machte
sich eine amerikanische Reporterin daran, die Utopie zu verwirklichen. Elizabeth Cochrane von der New Yorker Tages-
zeitung *World* segelte von Hoboken nach London und setzte
über den Kanal nach Frankreich, besuchte Jules Verne in Paris und fuhr per Zug weiter nach Brindisi. Dort bestieg sie
einen Dampfer, der sie über das Mittelmeer und durch den
Suezkanal nach Singapur brachte, und von da ging es weiter
nach Hong Kong, Jokohama und San Francisco. Ein von ihrer
Zeitung gecharterter Sonderzug brachte sie mitsamt ihrem
in Singapur gekauften Affen nach Chicago, und dann war
noch viel Zeit für den restlichen Weg nach New York. Sie
hatte mit Ausnahme des Sonderzugs nur reguläre Verkehrs-
mittel benutzt, und ihre Reisezeit unterbot Jules Vernes
Traum: zweiundsiebzig Tage, sechs Stunden, elf Minuten
von New York nach New York. Am Ende des 19. Jahrhunderts hatte sich der erfaßbare Lebensraum der Menschen auf
den gesamten Erdball ausgeweitet.

Aber um das zu wissen, brauchte man nicht zu reisen:
Nachrichten reisten schneller, und sie bildeten die Wirklichkeit der Welt immer genauer ab. Bisher war die Nachricht
eine teure Ware im Dienst der reichen Kaufleute und der Regierenden gewesen, und dennoch war sie langsam – vom Fall
der Bastille wußte man in London drei, in Wien acht Tage
später. Gewiß, seit dem 16. Jahrhundert gab es in West- und
Mitteleuropa regelmäßige Postdienste, die auch Briefe ein-
facher Untertanen beförderten; aber die Berichte der ausländischen Beobachter aus dem revolutionären Paris erreichten
beispielsweise Berlin per Postkutsche frühestens zwei Wochen
nach den Ereignissen.

1794 erfand ein französischer Ingenieur, Claude Chappe,
den Semaphor, einen mechanischen Flügeltelegraphen, der
auf Hügeln, Kirchtürmen und Masten montiert wurde und
mittels eines Winkalphabets Nachrichten von Station zu
Station weitergab. Versuche erwiesen eine enorme Übertra-

gungsgeschwindigkeit; bei guter Sicht flog eine Nachricht in 20 Minuten von Paris nach Toulon. Bis um die Mitte des 19. Jahrhunderts bestimmte der Semaphor die Nachrichtengeschwindigkeit in ganz Europa, um dann von der elektrischen Telegraphie abgelöst zu werden. Zugleich beschleunigten die Eisenbahnen den Postverkehr auf nie dagewesene Geschwindigkeiten; die Menge der Postsendungen stieg enorm an, die Postverwaltungen konnten die Tarife senken und vereinheitlichen. 1856 wurde ein in Paris aufgegebener Brief zwei Tage danach in Berlin ausgetragen; die Telegraphie, später das Telefon verkürzten sämtliche Nachrichtenentfernungen auf ein Nichts, und das ungemein aufblühende Zeitungswesen tat ein übriges, die Neuigkeiten massenhaft zu verbreiten.

Denn neu war auch das Publikum, das Zugang zu den Nachrichten suchte. Noch im späten 18. Jahrhundert war dieses Publikum im wesentlichen auf kleine lese- und schreibfähige Zirkel beschränkt gewesen. Um die Mitte des 19. Jahrhunderts hatte sich das Lesepublikum rapide vergrößert; in einem nordwesteuropäischen Kernbereich, der Schottland, Deutschland, Skandinavien, die Niederlande und die Schweiz umfaßte, konnten mehr als drei Viertel der Bevölkerung lesen und schreiben, in Österreich, England, Frankreich und Belgien waren es mehr als die Hälfte, während nur noch die Bevölkerung der rein agrarischen Randgebiete Europas – Rußland, Balkan, Mittel- und Süditalien, iberische Halbinsel – zu mehr als drei Vierteln illiterat war. Ein dermaßen vergrößertes Lesepublikum führte zu einem nie dagewesenen Aufschwung im Buch- und Zeitungswesen, erleichtert durch neue Drucktechniken, durch Bleisatz und mechanische Setzmaschinen. Wo nicht staatliche Zensur den Informationsfluß künstlich abzuschnüren suchte, lieferte der Buch- und Zeitungsmarkt nicht nur Nachrichten, sondern auch Meinungen und Argumente und überließ den Lesern die Wahl zwischen den Parteien. So entstand eine kritische, diskussionsbereite Öffentlichkeit, die den Kabinetten Europas immer häufiger ihre Ziele aufzwang, die aber auch mit Hilfe der Massenmedien schneller und erfolgreicher beeinflußbar war als je zuvor.

Dies alles, die Bevölkerungsexplosion, die industrielle Revolution, der Sieg über Zeit und Raum, die neue Verfügbarkeit von Wissen und Nachricht, hing eng miteinander zusammen und bedingte sich gegenseitig. Das politische System Europas mußte auf diese fundamentale, nie dagewesene Umwälzung unausweichlich reagieren. Entscheidende Voraussetzungen politischer Herrschaft veränderten sich; der Staat des Absolutismus, der in den unterschiedlichsten Mischformen und Spielarten das Europa des 18. Jahrhunderts gekennzeichnet hatte, konnte, abstrakt formuliert, seine Aufgaben auf drei entscheidenden Ebenen nicht mehr erfüllen: auf der Ebene der Machtteilhabe, auf der Ebene der Leistung für das politische System und auf der Ebene der Legitimation.

Politisch am sinnfälligsten wurde der Niedergang des Absolutismus angesichts des Rufs immer weiterer Bevölkerungskreise nach Teihabe an der Macht im Staat. Neben der alten adligen Machtelite stiegen allenthalben in Europa neue Eliten auf: Staatliche und militärische Führungsaufgaben wurden zunehmend von Mitgliedern bürgerlicher Schichten wahrgenommen, die den Apparat funktionsfähig hielten, die aber von den politischen und statusverleihenden Vorrechten ihrer adligen Chefs abgeschnitten waren: in den Botschaften die Geschäftsträger und Sekretäre, in den Steuerbezirken die Sekretäre der Intendanten, in der Armee die unteren Offiziersränge, in den Gerichten eine Unmenge kleiner Beamter, was um so mehr ins Auge fiel, als sich die adligen Vorgesetzten nur selten am Ort ihrer Ämter, sondern sehr viel häufiger am Hofe oder auf ihren Besitzungen aufhielten. Die Industrialisierung brachte eine weitere Führungsschicht hervor, die des bürgerlichen Industriellen, später zudem den des Managers, des leitenden Angestellten, die allesamt beträchtliche wirtschaftliche Macht ausübten und danach drängten, diese Macht auch im politischen Raum durchzusetzen. Die Lese- und Bildungsexplosion führte zur Formation einer informierten Schicht von Autoren und Lesern, die nicht einsehen wollten, weshalb ihre politischen Diskussionen folgenlos bleiben sollten. Nicht zuletzt stellte sich im beginnenden Zeitalter der Massen zunehmend das Problem der

Zustimmung zu Steuerbewilligungen und zur Rekrutierung für die Armee; der Ruf der amerikanischen Revolution «*No taxation without representation*» ging durch Europa und zwang zu neuen Formen der Repräsentation, die dem Zerfall der ständischen Ordnung und den Ideologien des neuen Zeitalters Rechnung trugen.

Was die Leistung für das politische System angeht, so hatte sich der absolute Herrschaftsanspruch der Kronen Europas nie völlig verwirklichen lassen; der dauernde Kompromiß mit den adligen Ständen hatte bisher jede Staatsmacht begrenzt und in Frage gestellt. Der gewaltige Bevölkerungsanstieg, aber auch die Entwicklung neuer Kommunikationsmittel und nicht zuletzt der durch die Industrialisierung ausgelöste Zwang zur staatlichen Rationalisierung und Effektivierung – alles das forderte den neuen Staat mit zentralisiertem und hierarchischem Leitungs- und Verwaltungsapparat, der sein Machtmonopol nach einheitlichen Rechtsnormen bis in die letzten Verästelungen des Landes und der Gesellschaft durchsetzte. Nur so konnte der Staat die natürlichen und gesellschaftlichen Ressourcen der Nation möglichst total erfassen und alle Bevölkerungsschichten und -gruppen erreichen, um als Ausgleich für die ungeheuren sozialen Probleme, die die industrielle Revolution aufwarf, für eine möglichst gerechte Verteilung von Gütern, Werten und Lebenschancen zu sorgen.

Am tiefsten wurde aber die Umwälzung Europas von den Zeitgenossen als Legitimationskrise empfunden. Die Mythen und Sinngebungen Alt-Europas trugen nicht mehr, Gottesgnadentum und «gutes altes Recht» wurden fadenscheinig. Der Fürst war ein Mensch wie jeder andere auch, und so schwand sein Nimbus; seine Würde bedurfte nicht mehr der Zustimmung Gottes, sondern der Untertanen, und fehlte es daran, dann fiel des Königs Kopf unter dem Fallbeil. Louis Philippe, der französische «Bürgerkönig», legte 1830 seinen Krönungseid nicht auf die Heilige Schrift, sondern auf die Verfassung ab; den Königstitel erhielt er nicht von Gott durch Vermittlung des Erzbischofs von Paris, sondern vom Parlament. Die «Heilige Allianz», das Bündnis der Monarchen Österreichs, Rußlands und Preußens auf der

Grundlage der christlichen Religion, wurde in der Öffentlichkeit nicht ernst genommen; «ein Denkmal menschlicher
und fürstlicher Sonderbarkeit», kommentierte Friedrich von
Gentz trocken.

Bemerkenswert ist dabei, daß die Wertekrise Europas bereits längst begonnen hatte, bevor Bevölkerungsexplosion
und Industrialisierung die ständische Gesellschaftsordnung
auflösten, gemäß Hegels Diktum: «Ist erst das Reich der
Vorstellungen revolutioniert, so hält die Wirklichkeit nicht
aus.»[84] Die Dechristianisierung großer Teile des Kontinents,
der Rückgang des Christentums von einer Alltags- zu einer
Sonntagsreligion, war bereits seit dem Ausgang des 17. Jahrhunderts im Gang und nachweisbar nicht nur in der elitären
Philosophie der Aufklärung, sondern auch als Wandel verbreiteter kollektiver Einstellungen und Verhaltensweisen des
einfachen Volks; das zeigte sich beispielsweise in dem veränderten Diskurs über das Sterben oder auch in der zunehmenden Kenntnis und Praktizierung der kirchlich untersagten
Methoden der Geburtenkontrolle.

Die Wirklichkeitswahrnehmung der Menschen wandelte
sich tiefgreifend, und damit ihre Einstellung zur gesellschaftlichen und staatlichen Ordnung. Bisher war die Gegenwart
kaum von Vergangenheit und Zukunft verschieden gewesen;
eingebunden in feste familiäre, dörfliche oder kleinstädtische
Milieus und in den immerwährenden jahreszeitlichen Kreis-
lauf agrarischer Produktion, wurden geschichtliche Entwicklungen kaum erlebt, die erwartete Zukunft war die Wiederholung des Vergangenen, die künftige Ordnung mithin
unvermeidlich die «gute alte Ordnung». Von der neuen Zeit
hingegen bemerkte Heinrich Heine: «Welche Veränderungen
müssen jetzt eintreten in unserer Anschauungsweise und in
unseren Vorstellungen! Sogar die Elementarbegriffe von
Zeit und Raum sind schwankend geworden. Durch die Eisenbahn wird der Raum getötet, es bleibt uns nur noch die
Zeit übrig»[85] – die allerdings ihrerseits als rasend beschleu-
nigt, schwindelerregend und unsicher erlebt wurde. Die
Zeit, schrieb Ernst Moritz Arndt, begrabe die eigenen Geburten so schnell, daß heute vergessen sei, was gestern gewesen.[86] Die Menschen waren betäubt vom Andrang des

Neuen und Unerhörten, das scharf gegen die frühere Ruhe im eingehegten und überschaubaren Bereich des Altgewohnten abstach. Die großen Wanderungen, die massenhaften Ortsveränderungen wurden als katastrophal empfunden, oder aber, mit gleichen sozialpsychologischen Auswirkungen, euphorisch, in Erwartung des gänzlich Neuen. «Während die Vorväter nicht viel mehr als Kriege erduldeten», faßte der Basler Historiker Jacob Burckhardt 1871 das neue Gegenwartsbewußtsein zusammen, «haben die drei letzten Generationen unendlich mehr Verschiedenes erlebt, nämlich Aufstellung neuer Prinzipien des Daseins, massenhafte neue Staatenbildungen, rasche Änderungen der ganzen Sitte, Kultur und Literatur. Als Erschütterung des Lebens ist zum Beispiel das Zeitalter der Reformation und der Kolonien eine Kleinigkeit neben dem unsrigen.»[87]

So veränderte sich das tägliche Leben großer Menschenmassen radikal, und alte Bindungen, Mythen und Loyalitäten verblaßten. Der einst feste, auch im Geistigen und Religiösen fest verankerte Sozialkörper der ständisch-agrarischen Gesellschaft brach auf und entließ Myriaden von Einzelwesen, die nach neuen Sinngebungen suchten, soweit ihnen die nackte Daseinsvorsorge dafür Zeit ließ.

Die Antwort auf den Ruf nach neuer, sinnerfüllter Gemeinschaft kam aus vielen Richtungen. Das Recht des einzelnen auf Freiheit und Glückseligkeit – «*pursuit of happiness*», wie die Amerikanische und anfangs auch die Französische Revolution verheißen hatten – wurde zur säkularen Devise des europäischen Liberalismus. Was genau Liberalismus war, war nicht sicher auszumachen; ein spanischer Offizier, der gegen den Absolutismus Ferdinands VII. rebellierte, hatte gewiß andere Ziele als ein englischer Whig, der die Zusammensetzung des Unterhauses verändern wollte; ein deutscher Burschenschafter, der die deutsche Einheit auf konstitutioneller Grundlage forderte, unterschied sich erheblich von einem russischen Adligen, der die Leibeigenschaft abschaffen wollte. Aber allen gemeinsam war der Ruf nach Freiheit, meist verstanden als persönliche Freiheit – Versammlungs-, Rede- und Pressefreiheit, Freiheit von Staatswillkür, überhaupt Einschränkung staatlicher Eingriffe in das gesellschaftliche, wirtschaftliche und private Leben. Das Ziel einer liberalen Gesellschaft war, nach der Definition des englischen Ökonomen Jeremy Bentham, «das größte Glück der größten Zahl»; der Weg dorthin führte über freiheitliche Staatseinrichtungen, vor allem über Verfassungen, die die Menschenrechte festschrieben und im Geiste Montesquieus die Macht der Regierungen ebenso begrenzten wie die der Parlamente und Gerichte.

Im Verlauf der zweiten Hälfte des 19. Jahrhunderts trat eine weitere, noch fundamentalere Oppositionsidee ins Rampenlicht. Organisatorisch entwickelte sich der Sozialismus hauptsächlich aus radikaleren Spielarten des Liberalismus, die die Neigung liberaler Honoratioren zum Machtkompromiß mit den herrschenden Gewalten nicht teilten und mit revolutionärer Gewalt aufs Ganze gehen wollten, um den Gedanken der Volkssouveränität im Geist des Jakobinertums zu verwirklichen. An die Stelle der Freiheit des einzelnen trat die Gleichheit aller; mit fortschreitender Industrialisierung und mit der Entstehung eines vierten Standes wurde der Mythos der Klasse beschworen, die Solidarität der arbeitenden Massen gegen den Eigennutz der Herrschenden und Besitzenden, Ausdruck des Selbstgefühls jener Unterschichten, deren Fabrikarbeit den zunehmenden Wohlstand der Gesellschaft erst ermöglichte.

Die alte Welt mobilisierte Abwehrkräfte, die ihrerseits wieder massenwirksame Ideologien ausbildeten. Der Konservativismus bestand ursprünglich in der Verteidigung gewachsener Vielfalt in Staat und Gesellschaft gegen die abstrakt-philosophischen Prinzipien der Aufklärung, der man sich gleichwohl zugehörig fühlte – mit den Worten des osnabrückischen Beamten und Geschichtsschreibers Justus Möser: «In der That aber entfernen wir uns dadurch von dem wahren Plan der Natur, die ihren Reichthum in der Mannigfaltigkeit zeigt, und bahnen den Weg zum Despotismus, der Alles nach wenig Regeln zwingen will, und darüber den Reichthum der Mannigfaltigkeit verlieret.»[88] Nicht die Philosophie war hier der Gegner, sondern eine absolutistische Obrigkeit, die aufklärerische Maximen in Herrschaftstechnik verwandelte, um die gewachsene ständische Ordnung einzuebnen; die französischen Revolutionäre unterschieden sich hiervon in den Augen des großen englischen Konservativen Edmund Burke nur insofern, als sie dieselben Mittel noch konsequenter anwendeten.

Dieser aufgeklärte Konservativismus, der nach der Sicherung der Freiheit gegen den Despotismus der Herrscher wie der Massen fragte, wandelt sich nach der Französischen Revolution und der napoleonischen Epoche zu einem Gedankengebäude, das die soziale und politische Vorherrschaft der alten, vorindustriellen Eliten, von Krone, Adel und Altar, gegen die neuen Eliten und deren politische Maßstäbe verteidigte; der konservative Schlachtruf lautete «Legitimität». Je stärker das Gefühl der dauernden Krise, des fortwährenden Umbruchs, desto starrer die Abwehrfront des Konservativismus, der sich im Verlauf der zweiten Hälfte des 19. Jahrhunderts mit nationalistischen, völkischen und zunehmend auch mit antisemitischen Strömungen mischte und selbst zur Massenbewegung wurde. Der politische Katholizismus schließlich war die Reaktion einer Bevölkerungsminderheit, deren Traditionsinseln vom gesellschaftlichen Wertewandel weniger stark erfaßt wurden, und die sich gegen den Herrschaftsanspruch des überwiegend protestantischen, aggressiv auftretenden Liberalismus wehrte.

So formte sich im Europa des 19. Jahrhunderts eine Vielzahl von Ordnungs- und Legitimationsideen, die sich vielfältig entwickelten, differenzierten und auch einander überkreuzten; alle diese -Ismen sind aus dem gleichen Kosmos der europäischen Ideenwelt hervorgegangen, und auch ihre äußersten, revolutionären Zuspitzungen im 20. Jahrhundert, Kommunismus und Faschismus, stellten einander verschwisterte Möglichkeiten des europäischen Denkens dar. Aber sie gerannen in Parteien und «Bewegungen», die sich absolut setzten und beanspruchten, nicht nur Interessen zu vertreten, sondern absolute Wahrheiten zu verkünden. So konnten sie Menschenmengen entflammen und auf die Barrikaden bringen, ohne sich doch jeweils ganz gegen die konkurrierenden Ideologien und deren Massenanhang durchzusetzen.

Der Konfessions- und Bürgerkrieg des 16. und 17. Jahrhunderts bedrohte das Europa des 19. und 20. Jahrhunderts von neuem. Auch diesmal war es der Staat, der dem Bürgerkrieg ein Ende setzte. Das alte Instrumentarium des bürokratischen, absolutistischen Obrigkeitsstaates taugte aber immer weniger, weil die staatliche Obrigkeit gezwungen war, sich unter Rückgriff auf die modernen politischen Ideologien vor der Bevölkerung zu rechtfertigen. Der Staat der industriellen Massenzivilisation bedurfte einer Legitimation, die alle übrigen massenwirksamen Ideologien überwölbte, sie einband und zugleich dem Staat die Zustimmung seiner Bürger sicherte: Diese Legitimation war die Idee der Nation, die allerdings ihrerseits eine bedeutende Veränderung erlebte.

In politischer Hinsicht hatte das Wort «Nation» bisher die Gesamtheit derer bezeichnet, die direkt oder indirekt politisch handelten, indem sie eine Beziehung zur Krone unterhielten oder jedenfalls ständisch vertreten waren. Das galt auch weiterhin; nur änderte sich mit der Französischen Revolution der Kreis der politisch handelnden Individuen. In seiner epochemachenden Flugschrift vom Januar 1789 mit dem Titel *Was ist der Dritte Stand?* hat der Abbé Sieyès die neue, revolutionäre Idee von der Nation auf den Begriff gebracht: Von den drei Ständen, die die Gesellschaft bilden, der Geistlichkeit, dem Adel und dem «dritten Stand», der Gemeinschaft des einfachen, nichtprivilegierten Volks, ist es allein der dritte Stand, der mit seiner Arbeit die Gesellschaft aufrechterhält. Daraus ergibt sich: Erster und Zweiter Stand sind nicht Teil der Nation, denn sie tragen nichts zu ihrer Wohlfahrt bei; die Nation wird allein durch den Dritten Stand, das Volk, gebildet: «Was ist also der Dritte Stand? Alles.»[89] Mit dieser Umkehrung der Begriffe – noch Montesquieu hatte ja ausdrücklich «Adel und Klerus» als alleinige Träger der Nation bezeichnet – waren «Volk» und «Nation» zusammengekommen – «Volk» nicht mehr als verachtete, dumme Masse, als «plebs», sondern als «gutes Volk», das aus einfachen, unverdorbenen, arbeitenden Menschen bestand, die jetzt ihre Rechte als nützliche Mitglieder der Gesellschaft gegen die Herrschaft der adligen und geistlichen Schmarotzer einforderten. Das Volk bildete die Nation, nur

diese Volksnation sollte künftig Staat und Herrschaft legitimieren. Diese neue Nation, meint Sieyès, «ist zuerst da, sie
ist der Ursprung von allem. Ihr Wille ist immer gesetzlich,
denn er ist das Gesetz selbst . . .»[90] Die Nation gibt dem
Staat seine Verfassung, aus ihr erwachsen alle staatlichen Gewalten, die Nation in Gestalt des freien Volks ist der Souverän, wie auch die Erklärung der Menschen- und Bürger-
rechte vom 26. August 1789 in Artikel 3 bekräftigt: «Die
Nation bildet den hauptsächlichen Ursprung jeder Souveränität. Keine Körperschaft und kein Individuum können
eine Gewalt ausüben, die nicht ausdrücklich von der Nation
ausgeht.»[91] Die Nation der Französischen Revolution war
die Gemeinschaft aller politisch bewußten Staatsbürger auf
der Grundlage der Ideen von der Gleichheit aller und der
Volkssouveränität. Wer sich nicht zum revolutionären Dritten Stand bekannte, war von der Nation ausgeschlossen.
Umgekehrt galt, daß zur Nation gehörte, wer sich zu ihr bekannte. So faßte beispielsweise der Württemberger Karl
Friedrich Reinhard (1761–1837), Hauslehrer bei einer Händ-
lerfamilie in Bordeaux, beim Bekanntwerden der Nachricht
vom Fluchtversuch Ludwigs XVI. den Entschluß, «als Franzose leben und sterben zu wollen». Und damit war er Franzose, wurde eine der bedeutendsten Gestalten der französischen Diplomatie und sogar Außenminister Frankreichs.
Die Nation im französischen Verständnis war prinzipiell
Sache der freien Entscheidung, mit Ernest Renans Worten *un
plébiscite de tous les jours.*

Diese neue, revolutionäre Idee von der Nation als dem politisch handelnden Volk war mehr als eine begriffliche Kon-
struktion: sie war eine Waffe. Sie faßte das revolutionäre
Frankreich nach innen zusammen, indem die Feinde der
Revolution aus der Nation ausgestoßen und für vogelfrei
erklärt wurden, denn sie war «eins und unteilbar»; und im
Krieg gegen die Monarchien Europas war es die Nation, die
Gemeinschaft des ganzen Volkes, die eine Mobilmachung
nie zuvor geahnten Ausmaßes ermöglichte und die Massen-
heere der französischen Bürgersoldaten über die Söldner der
absolutistischen Heere siegen ließ. Mit den französischen
Revolutionsheeren trat auch die Idee der souveränen Volks-

nation ihren Siegeszug durch Europa an, und in Deutschland traf sie auf ein anderes, nicht weniger umstürzlerisches Konzept, mit dem sie sich verband: die Idee von der Nation als Kultur- und Sprachgemeinschaft.

In Frankreich mit seinem geschlossenen Staatsgebiet und den dazugehörigen Institutionen hatte es nahegelegen, die Nation als politische Gemeinschaft zu definieren, auf die die Souveränität der Krone übergegangen war. Diese Einheit von Staat und Nation war in Deutschland noch nicht denkbar; die grundlegende Erfahrung war hier die Gemeinschaft der aufgeklärten, mit gemeinsamer Sprache begabten Geister über die Territorialgrenzen hinweg. Schon 1776 hatte Adelungs *Deutsches Wörterbuch* bestimmt: «Nation, die eingebornen Einwohner eines Landes, so fern sie einen gemeinschaftlichen Ursprung haben, eine gemeinschaftliche Sprache reden, und in etwas engerem Sinne auch durch eine ausgezeichnete Denk- und Handlungsweise oder den Nationalgeist sich von andern Völkerschaften unterscheiden, sie mögen übrigens einen einigen Staat ausmachen, oder in mehrere verteilet sein.»[92] Keine politische Bindung sollte also die Nation ausmachen, sondern gemeinsame Sprache und das Bewußtsein ihrer Zusammengehörigkeit. Diese Nationalidee wurde von dem Weimarer Konsistorialrat Johann Gottfried Herder zugespitzt: Auch er brachte «Nation» und «Volk» zusammen, aber anders als Sieyès redete Herder nicht von Politik, sondern von Sprache und Poesie: das, erklärte er, seien die Grundlagen von Volk und Nation. In ihren Märchen und Liedern offenbaren sich die Seelen der Völker, Sprache und Kultur machten den inneren Gleichklang der Nationen aus, die weitaus mehr waren als die Summe ihrer Mitglieder: spirituelle menschliche Gemeinschaften, Kollektivindividuen, Gedanken Gottes. Die Welt sah Herder als großen Garten, in dem die Nationen sich wie Pflanzen nach den ihnen eigentümlichen, geheimnisvollen göttlichen Gesetzen entwickelten; keine Nation besaß den Vorrang vor den anderen, aber jede war verschieden von allen anderen. Jeder Einzelne war schicksalhaft Mitglied seines Volks, nahm von Geburt an teil an dem Wesen seiner Nation, an die er durch seine Muttersprache zeitlebens gebunden blieb. Herders Anschauung, die Staat und Verfassung hinter Kultur und Sprache zurückstellte, paßte zu der andauernden Spaltung zwischen den Staaten und den Völkern Mittel- und Osteuropas – auch den slawischen Völkern sollte Herder später als Prophet ihrer nationalen Identität gelten.

Herders Idee wurde populär, denn sie verband sich mit den romantischen Strömungen der Epoche. Daß die Dichter, die den Gesängen des Volks gelauscht hatten und nun selbst im Volkston schrieben, aus tiefen Einsichten schöpften und der Nation näher waren als Fürsten und Beamte, gehörte zu den tröstlichen Gedanken, mit denen sich die Völker Mittel- und Osteuropas über ihre Rückständigkeit gegenüber den Nationalstaaten Westeuropas hinwegsetzen und ihr kulturelles Selbstbewußtsein behaupten konnten. Was für Deutschland galt, galt in ähnlicher Weise auch für die anderen Völker Mittel- und Osteuropas: Anders als im Falle Westeuropas gab es keinen staatlichen, institutionellen, aber auch keinen ideologischen Rahmen, in dem sich die Nation für die Gegenwart definieren konnte. Die Nation war deshalb eine Zukunftsvision, die sich nur in ihrer gemeinsamen Sprache und Kultur wiedererkennen konnte: Eine aus der Geschichte antizipierte Utopie, unklar und mehr das Gefühl als den Verstand ansprechend. «Was ist des Deutschen Vaterland?» fragte Ernst Moritz Arndt in seinem *Vaterlandslied* von 1813, das in gewisser Weise die erste deutsche Nationalhymne darstellte, und nach zwei Dutzend Strophen gab er schließlich die Antwort: Das deutsche Vaterland ist überall dort, wo deutsch gesprochen wird. Die deutsche Nation wurde also als objektives Merkmal konstituiert, gemäß der Idee Herders von der fundamentalen Individualität des Volkstums, die ausschließlich durch die gemeinsame Sprache begründet sei. In diesem Sinne war also die Nation unabhängig vom Willen der Menschen: Wessen Muttersprache deutsch war, der war unentrinnbar und zeitlebens Deutscher.

Diese zwei Nationalideen, die subjektiv-politische der Französischen Revolution und die objektiv-kulturelle der deutschen Romantik, befruchteten sich gegenseitig, über-

kreuzten einander und verliehen dem tausendstimmigen
Chor der europäischen Moderne den kontinuierlichen
Grundton. In einer Zeit der immer neuen Entwurzelung und
Sinnkrise, des Vergangenheitsverlusts und der Zukunfts-
euphorie bot die Idee der Nation dreierlei: Orientierung, Gemeinschaft und Transzendenz. Die Identifikation mit der
Nation vereinfachte die komplizierten gesellschaftlichen und
zwischenstaatlichen Zusammenhänge und klärte das Problem der Loyalität – vor allem in den vielen Ländern Mittel-
und Osteuropas, wo zwischen der ersten polnischen Teilung
von 1772 und dem Wiener Kongreß von 1815 die Landesherrschaften vielfach wechselten, wo der Herrscher von heute
der Feind von morgen sein konnte, bot die Idee der Nation
Orientierung und Entscheidungshilfe. Die nationale Gemeinschaft trat überall dort ein, wo die älteren, traditionellen Milieus sich auflösten. In der *levée en masse* von 1793, in
den Freiheitskriegen von 1813, in den Befreiungskriegen und
Aufständen der ost- und südosteuropäischen Völker wurde
die neue Gemeinschaft nicht nur behauptet, sondern auch als
sinnlich wahrnehmbare Wirklichkeit erfahren. Öffentliche
Feste und Feiern, von den *fêtes révolutionnaires* der Französischen Revolution bis zu den deutschen Völkerschlachts-
feiern, bestätigten die Erfahrung der Nation immer wieder
aufs neue; sie schafften das authentische Gefühl des Gemein-
schaftserlebnisses und bestätigten die Zugehörigkeit des einzelnen zu einem größeren Ganzen. Die Idee der Nation hat
religiöse Anklänge; da die Nation nicht unmittelbar sichtbare Realität ist, muß sie geglaubt werden; der Nationalismus ist die säkulare Religion des Industriezeitalters. Nicht
mehr von Gott empfing der neue Staat seine Rechtfertigung,
sondern von der Nation.

4. Die Erfindung der Volksnationen

Die revolutionäre französische Nation hatte sich als *une et indivisible* proklamiert, als eins und unteilbar, aber nicht alle
Bürger sahen das so. Im Februar 1790 revoltierten die Bauern in Südwest-Frankreich, weil sie die Befreiungsdekrete

der Nationalversammlung falsch verstanden hatten und meinten, sie seien jetzt von sämtlichen Lasten befreit. Der Abbé Grégoire, Mitglied der Nationalversammlung, ging den Ursachen für das Mißverständnis seiner Mitbürger nach, und er fand heraus, daß die Sprache der Dekrete aus Paris den meisten Franzosen fremd war. Nur in 15 von den 83 französischen Departements wurde durchweg französisch gesprochen; in den übrigen Departements herrschten die Dialekte, das *patois* – der Abbé zählte deren dreißig –, die vom Französischen so stark abwichen, daß es als Fremdsprache gelten mußte, die lediglich von den städtischen Ober- und Mittelschichten beherrscht wurde. Südlich der Garonne sprach man gar eine völlig andere Sprache, die *langue d'oc*; Racine hatte einst behauptet, daß er im *midi* ebenso einen Dolmetscher benötige, wie ein Moskowiter in Paris. Daß, abgesehen von den Regionen um Paris, die Sprache Voltaires und der Menschenrechtserklärung in Frankreich kaum verbreiteter war als im übrigen West- und Mitteleuropa, war eine schockierende Erkenntnis; mit dem Schulgesetz vom 21. Oktober 1793 wurde verfügt, daß alle Kinder französisch lesen und schreiben lernen sollten, und der Abgeordnete Barère erklärte im Namen des Ausschusses für Unterrichtswesen, daß fortan die Sprache «eins wie die Republik» werden müsse.[93] Bis dahin war es aber noch ein langer Weg; die Einheit von französischer Nation und französischer Sprache ist erst im Laufe des 20. Jahrhunderts vollständig verwirklicht worden.

Dies in einem Land, in dem wie kaum anderswo in Europa Kultur- und Staatsnation schon frühzeitig zusammengewachsen waren, dessen Sprache einem hohen, seit Beginn des 17. Jahrhunderts staatlich geförderten Vereinheitlichungsdruck ausgesetzt gewesen war; war nicht die *Académie Française* 1635 gegründet worden, weil zur Einheit des Staates auch die Einheit der Sprache gehörte? Nicht anders war die Situation in anderen westeuropäischen Staaten, in Großbritannien oder Spanien, wo sich zu Beginn des 19. Jahrhunderts nicht nur große Dialektinseln gegen den Uniformitätsdruck der Hochsprache behaupteten, sondern wo ein Teil der Bevölkerung völlig andere

Sprachen benutzte – Walisisch und Schottisch in Großbritannien, Katalanisch, Baskisch und Galizisch in Spanien. Selbst hier, wo der staatliche, institutionelle Rahmen für die Bildung der Nation längst gegeben war, mußte das einigende Band der Sprache erst über lange Zeit hinweg hergestellt werden; das Schulwesen wurde zentralisiert, der Unterricht durfte nur noch in den Hochsprachen gegeben werden; die militärische Dienstpflicht zwang jeden Rekruten, die Sprache seiner Vorgesetzten zu verstehen; die Ausbreitung der Lesefähigkeit begünstigte die Standardisierung der Sprache ebenso wie der Ausbau der Verkehrsverbindungen und die Intensivierung von Handel und Wirtschaft.

Noch viel schwerer wog die Sprachenfrage bei der großen Mehrzahl der europäischen Nationen, die nicht mit einem bestehenden Staatswesen zusammenfielen – dies um so mehr, als es seit Herder als ausgemacht galt, daß keine Nation ohne Nationalsprache sein konnte. Einen erheblichen Vorsprung besaßen allerdings die protestantischen Regionen Europas, in denen seit der Reformation Gottes Wort in den Volkssprachen verkündet worden war; die jeweiligen Bibelübersetzungen besaßen eine hohe normierende Kraft, wie im Fall des sächsisch-meißnischen Dialekts, den Luther gesprochen hatte, der von späteren Grammatikern und Sprachgesellschaften bei ihren Bemühungen um eine einheitliche deutsche Schriftsprache zugrunde gelegt wurde und daher bei den Gebildeten in den deutschsprachigen Gebieten das größte Prestige besaß. Ähnliches gilt für den böhmischen Raum; die hussitische Bibel, die 1549 in Prag in der Volkssprache gedruckt wurde, hatte erheblichen Einfluß auf die Vereinheitlichung des Tschechischen. In Ungarn wetteiferten die Vertreter der alten und der neuen Glaubenslehre darum, mit ihren Bibelübersetzungen die Volkssprache zu beeinflussen – der protestantischen Bibel, vom ungarischen Reformator Gáspár Károly 1590 herausgebracht, stellte die katholische Kirche eine gegenreformatorische Bibelübersetzung entgegen, die ihrerseits beanspruchte, vom gesamten Volk verstanden zu werden.

Was aber, wenn auch die konfessionelle Auseinandersetzung als Anstoß für die Vereinheitlichung der Nationalsprache ausblieb? Ein bemerkenswertes Beispiel bot Italien, wo sich zwar in der Renaissance in Gestalt des toskanischen Dialekts Dantes, Boccaccios und Petrarcas eine vereinheitlichte Literatursprache herausgebildet hatte, der jedoch im Laufe der späteren Jahrhunderte immer stärker neben anderen Regionaldialekten zurücktrat. Der Mailänder Dichter Carlo Porta (1775–1821) beispielsweise hat seine volkstümlichen Gedichte, von Stendhal immerhin als «Meisterwerke der nationalen Dichtung» gerühmt, im Dialekt seiner Heimat verfassen müssen, um überhaupt verstanden zu werden; der jakobinische Patriot Luigi Angeloni (1759–1842) fand für einen Aufruf an die Italiener zum Kampf für einen demokratischen italienischen Einheitsstaat kein anderes sprachliches Mittel als ein künstliches, affektiert an den Klassikern des 14. Jahrhunderts orientiertes Italienisch. Als sich das erste Parlament des italienischen Nationalstaats 1861 in Turin versammelte, sprachen die Redner französisch. Einem einzigen Dichter gelang die Lösung des Problems: Alessandro Manzoni (1785–1873). Er schrieb sein großes Werk *I promessi sposi*, ein historischer Roman aus dem Blickwinkel des einfachen Volks, zunächst in lombardischem Dialekt; um der italienischen Einigung zu dienen, überarbeitete er das Buch später, indem er es ganz in die toskanische Hochsprache übertrug, wie sie sich seit Dantes Zeiten weiterentwickelt hatte. Mit der «großen Wäsche im Arno» hat Manzoni aus der Umgangssprache des Florentiner Bildungsbürgertums den Standard der italienischen Nationalsprache geschaffen und den Regionalismus der italienischen Kultur überwunden; aber das hieß auch, daß zur Zeit der italienischen Einigung, von der Toskana abgesehen, nicht einmal alle des Lesens Kundigen das Italienische beherrschten – einer realistischen Schätzung zufolge waren das 1861 nicht viel mehr als 600 000 Menschen, also 2,5% der italienischen Bevölkerung.

Die Nationalkulturen waren eben nicht, wie die Romantiker in Anlehnung an Herder glaubten, kollektive Wesenheiten, aus uralten Tiefen der Volksseele emporgestiegen; sie

waren meist Sache weniger «Erwecker», von Intellektuellen
– Dichter, Philosophen, Historiker und Philologen – die die
Nationen Europas aus der Taufe hoben, und dies oft im
fernen Exil, in Paris, London oder Wien. Friedrich Schleier-
macher ernannte sie, die «Gründer und Wiederhersteller von
Staaten», neben den Religionsstiftern zu den «großen Männern», den geschichtsmächtigen Heroen. Die Erwecker waren Sprachschöpfer wie Adamantios Korais (1748–1833), ein
griechischer Arzt, der in Paris lebte und der gesprochenen
griechischen Volkssprache Elemente des klassischen Altgrie-
chisch hinzufügte, und der so die moderne griechische
Staatssprache, die *Katharevusa*, entwickelte – «Die gelehrten
Männer des Volkes», meinte er, «sind natürlich die Gesetzgeber der Sprache, die das Volk spricht.»[94] Gesetzgeber der
Sprache waren Barbu Paris Mumuleanu (1794–1836), der das
Rumänisch von einem Bauerndialekt zur Schriftsprache em-
porhob, wie auch der Norweger Ivar Aasen (1813–1896), der
gegen das dominierende Dänisch eine aus den norwegischen
Dialekten entwickelte norwegische Hochsprache, das *Lands-
mål*, setzte. Die serbische Nationalbewegung wäre undenkbar ohne den genialen Dichter Vuk Stefanovic Karadzic
(1787–1864), der nicht nur eine Sammlung von Volksliedern
herausgab, sondern auch eine serbische Grammatik und ein
serbisches Wörterbuch verfaßte. Und gäbe es heute einen
slowakischen Staat ohne die 1790 erschienene *Grammatica sla-
vica* des katholischen Priesters Anton Bernolák (1762–1813)?

Die Liste läßt sich verlängern; die Mehrheit der National-
sprachen, die heute so dauerhaft und festverwurzelt in den
Kulturen der europäischen Völker erscheinen, wurde erst im
Laufe des 19. Jahrhunderts normiert, aus den vagen Regionen der volkstümlichen Umgangssprachen geschöpft und in
die strenge Form grammatikalisch standardisierter Schriftsprache gegossen, ja teilweise überhaupt erst erfunden. Und
was die Philologen nicht schufen, das stifteten die Dichter,
die den Geist der Völker aus den Ependichtungen, Märchen
und Volksliedern zu erlauschen meinten und tatsächlich
hochartifizielle, sprachlich und inhaltlich modifizierte und
dem bürgerlichen Publikum mundgerecht aufbereitete
Dichtung produzierten. Die *Kinder- und Hausmärchen*, mit

denen die Brüder Grimm «lauter urdeutschen Mythus, den man für verloren gehalten», der deutschen Nation zurückgeben wollten, angeblich bäuerlichen Märchenerzählern am Oberrhein abgelauscht, waren tatsächlich großenteils älteren Sammlungen entnommen und verdankten ihren anheimelnd-bezaubernden Märchenton den Herausgebern selbst; James Macphersons *Ossian*, eine Sammlung gälischer Bardendichtung, die 1807 in englischer Sprache erschien und dem romantischen Publikum Europas tiefen Eindruck machte, erwies sich sogar als Fälschung. Der Geist des Volkes, der beschworen wurde, um die Nation zu rechtfertigen, war ganz und gar der Geist einer kleinen Schicht gebildeter Enthusiasten.

Neben der Sprache war es die Geschichte, die eine Volksnation ausmachte: das gemeinsame Schicksal, das ein Volk seit den frühesten Anfängen der Überlieferung vereinte und um die Nation ein untrennbares Band schlang. Die Nation legitimierte sich aus ihrer Geschichte; Revolution, Krieg, Gewalt gegen alle, die der Nation nicht angehören wollten oder sich ihrem Einigungsbestreben widersetzten – alles das schien gerechtfertigt, wenn sich die Nation auf geheiligtes, altes Recht berufen konnte, und dies um so mehr, je weniger die Nation über gefestigte Institutionen verfügte: «Denn unsere Gegenwart», so proklamierte beispielsweise der serbische Nationalist Ilija Garašanin in seiner programmatischen Denkschrift *Načertanije* 1844, «wird nicht ohne Verbindung zur Vergangenheit sein, sondern sie [Vergangenheit und Gegenwart] werden ein zusammenhängendes, integrierendes, aufeinander aufbauendes Ganzes darstellen, und darum steht das Serbentum, seine Nationalität und sein staatliches Leben, unter dem Schutz des heiligen historischen Rechtes. Unserem Streben kann man nicht vorwerfen, daß es etwas Neues, Unbegründetes, daß es Revolution und Umsturz sei, sondern jeder muß anerkennen, daß es politisch notwendig ist, daß es in sehr alter Zeit begründet wurde und seine Wurzel im geschichtlichen staatlichen und nationalen Leben der Serben hat . . .»[95]

Der Gedanke war an sich nicht neu; auch auf früheren Entwicklungsstufen hatte sich Nationalbewußtsein an mythisch

verbrämter Geschichte ausgebildet: alle heldenhaften Eigen-
schaften der Franken sollten von trojanischen und römischen
Vorfahren herrühren, auf Karl den Großen führten sich die
Herrscher östlich wie westlich des Rheins zurück, die Artus-
Sage bildete den Kern jenes volkstümlichen Geschichtsbilds,
mit dem sich die Tudor-Könige legitimierten. Aber mit dem
Eintritt in die Moderne um 1800, mit der Geburt und der
Entwicklung der Volksnationen, mit der rasanten Beschleunigung des Gegenwarterlebnisses und der zunehmenden
Unsicherheit der Zukunftserwartungen im beginnenden
Zeitalter der Industrialisierung wuchs das Bedürfnis nach
Geschichte: alle Lebensbereiche wurden von einer romantischen Vergangenheitssehnsucht überwuchert, die Gegenwart mußte scheinbar ausschließlich aus ihren geschichtlichen Wurzeln gerechtfertigt werden: jenseits des romantischen Zeitgeistes, der ganz Europa ergriff, auch ein Reflex
der Ratlosigkeit angesichts der fortschreitenden Zerstörung
der alten, gewohnten Lebensmilieus, der Suche nach neuem,
kollektivem Lebenssinn, der gleichwohl aus alten Wurzeln
genährt wurde.

Die neue Idee von der einen, unteilbaren und unveränder-
lichen Nation, geboren aus dem uralten Geist des Volkes, bedurfte daher der Begründung durch ein homogenes, in sich
zusammenhängendes, von Zweifeln und Unsicherheiten ge-
läutertes Geschichtsbild, aus dem sich die schicksalhafte
Kontinuität ablesen ließ, die die Nation für alle Zeiten rechtfertigte: Jede Nation, so erklärte der deutsche Historiker
Leopold von Ranke, habe ihre Natur von Gott, und der Verlauf der Geschichte bestehe darin, diese ganz besondere
Natur jeder einzelnen Nation «auf die von Gott geforderte
Weise selbständig auszubilden»[96]. Das 19. Jahrhundert sah
deshalb überall in Europa einen Siegeszug der Geschichtswissenschaft, genauer gesagt: der Nationalgeschichtsschrei-
bung, die, indem sie ihr wissenschaftliches Instrumentarium
ständig zu verfeinern trachtete, den Nationen historische
Kleider anmaß.

Besonders in Deutschland blühte die Geschichtswissenschaft; es konnte scheinen, als habe sie sich zur Herrin der
Wissenschaften aufgeworfen. Es hatte der Erschütterungen

durch die Französische Revolution, durch die Revolutions-
kriege, durch den Untergang des alten Heiligen Römischen
Reichs im Jahr 1806 und im selben Jahr der Niederlage des
tönernen Riesen Preußen auf den Schlachtfeldern von
Jena und Auerstädt bedurfte, um den Bewohnern mittel-
europäischer Staaten wie Bayern, Sachsen, Württemberg,
Lippe-Schaumburg, Sachsen-Coburg-Gotha oder Reuss
jüngere Linie das Gefühl ihrer deutschen Identität, ihrer
nationalen Zusammengehörigkeit zu geben. Aber diese
neuentdeckte deutsche Nation besaß keine Grenzen und
kein Staatswesen, denn der «Deutsche Bund», den die europäischen Staatsmänner 1815 in Wien aus der Taufe hoben, war noch ganz im transnationalen Sinn erdacht, ihm
gehörten unter anderen die Souveräne Großbritanniens,
Dänemarks und der Niederlande an. Die Verfassung Mitteleuropas blieb Sache aller Mächte des Kontinents, und
die Nationalidee galt als revolutionäres, als zerstörerisches
Prinzip.

Da also die Gegenwart der neuerwachten nationalen Idee
keine Anhaltspunkte gab, wurde die deutsche Nation aus der
Geschichte in Form einer utopischen Projektion begründet.
Und es fanden sich viele Geschichten, aus denen die nationale Zukunft Deutschlands legitimiert werden konnte. Da
waren zunächst die Griechen, von Winckelmann bereits um
die Mitte des 18. Jahrhunderts neu entdeckt und seither als
den Deutschen wesensähnlich gedacht. Waren nicht in der
Antike Griechen und Römer, was jetzt Deutsche und Franzosen waren? Stand nicht damals wie heute auf der anderen
Seite ein hegemonialer Machtstaat, rational und effektiv verwaltet und organisiert, zivilisiert, aber ohne wirkliche Kultur und ohne Geist, während im Osten zwar ein machtloses
staatliches Wirrwarr herrschte, aus dem aber Geist und Humanität vielfältig erblühten? «Kennst du Minervens Volk?»
fragte Hölderlin, und gab die Antwort:

> «Noch lebt's! Noch waltet der Athener
> Seele, die göttliche, still bei den Menschen»

– gemeint sind die Deutschen; und Wilhelm von Humboldt
beschrieb 1807 in seiner *Geschichte des Verfalls und Untergangs*

der griechischen Freistaaten die Ähnlichkeit Griechenlands und Deutschlands. Für Friedrich Ludwig Jahn, der die deutsche Jugend zum Turnen aufrief, um sie tüchtig zu machen für den Kampf gegen Frankreich, waren die Deutschen wegen ihrer Ähnlichkeit mit den Griechen ein «heiliges Volk»[97], und nicht zufällig erhielt das erste große deutsche National-denkmal, die «Walhalla» bei Regensburg, in grellem Kon-trast zu ihrem nordisch-nebelhaften Namen die Form des Athener Parthenon-Tempels.

So war denn auch einer der größten Bucherfolge des 19. Jahrhunderts Johann Gustav Droysens 1833 erschienene Biographie Alexanders des Großen: die Erzählung vom Reich im Norden Griechenlands, halb barbarisch noch, aber befähigt, mit harter Hand im kleinstaatlichen Chaos des Sü-dens Ordnung zu schaffen. Das so geeinte griechische Reich bildet die Grundlage für Alexanders traumhaften Zug nach Osten, für die Umgestaltung Asiens im Zeichen einer grie-chischen, einer höheren Humanität. Droysens Alexander-buch stand in fast jeder bürgerlichen Bibliothek, und jeder-mann verstand: Mazedonien war Preußen, Griechenland Deutschland, Asien Europa. In Bismarck sollte dann das Bürgertum Alexander wiedererkennen, sein Aufstieg war durch die Geschichtswissenschaft des 19. Jahrhunderts vor-gedacht.

Die überlegene, humanistische deutsche Kultur, die im Nationalstaat ihre Vollendung finden sollte, war eine der großen nationalen Geschichtsideologien; eine andere war die des deutschen Volks, das seit Herder von einer romanti-schen, wenn nicht sakralen Gloriole umgeben zu sein schien. Hinzu trat der ganz andere, rational-politisch bestimmte Volks-Begriff der Französischen Revolution: Das Volk in Gestalt des Dritten Stands als einzige Verkörperung der Na-tion und legitimer Souverän seiner selbst. Beides, romanti-sches und politisches Volkspathos, flossen in Deutschland in-einander; Johann Gottlieb Fichte hielt im Winter 1807/1808 im französisch besetzten Berlin seine *Reden an die deutsche Nation*, in denen das deutsche Volk als das ursprüngliche, das unverfälschte Volk hervortritt, das gegen die militärische und mehr noch gegen die kulturelle Unterjochung durch das minderwertige französische Volk um seine Freiheit und Identität kämpft und dabei im Dienst eines höheren geschichtlichen Auftrags handelt.[98]

Das deutsche Volk, das also erst jetzt entdeckt worden war, über tausend Jahre nach der *gens anglorum* des angelsächsischen Chronisten Beda, stand zunächst im Dienst einer oppositionellen, liberalen Zukunftsidee. In Heinrich Ludens zwölfbändiger *Geschichte des Teutschen Volkes*, die 1825 zu erscheinen begann, war das Volk diejenige Instanz, vor deren Richterstuhl alle staatlichen Institutionen sich zu rechtfertigen haben; Ludens Zukunftsvision war folgerichtig jenes «Volkskaisertum», das die Liberalen der Revolution von 1848 verwirklichen wollten, der demokratische Staat mit monarchischer Spitze.[99] Aber Ludens Rede vom deutschen Volk war so zweideutig wie schon vorher diejenige Fichtes: Das deutsche Volk sei von allen Völkern das tüchtigste, und seine Kultur stehe am höchsten.

Diese Idee war nicht grundsätzlich neu; bereits im Zeitalter des Humanismus hatten Schriftsteller wie Ulrich von Hutten und Johannes Wimpfeling unter Berufung auf Tacitus' *Germania* die Tugend der Germanen und ihrer Nachkommen der römischen Dekadenz und Sittenverderbnis gegenübergestellt. Diese Idee wurde nun im frühen 19. Jahrhundert wieder aufgegriffen; das deutsche Volk erschien in direkter Nachfolge des germanischen Volks, und alle guten Eigenschaften, die Tacitus bei den Nordvölkern gefunden haben wollte, fanden sich jetzt bei den Deutschen wieder: Treue, Sittsamkeit, Enthaltsamkeit, Tapferkeit, Einfachheit, alles das im Kontrast zu den verdorbenen Sitten der französischen Nachbarn. Daß die Deutschen neben den germanischen auch slawische und keltische Vorfahren besaßen, störte dabei ebensowenig wie die Tatsache, daß, wie Johannes Haller einmal bemerkte, die erfolgreichsten Germanen der Geschichte keineswegs die Deutschen, sondern die Engländer waren.

In dieser germanozentrischen Verengung der Volksidee steckte bereits jener Virus, der dann, ebenfalls schon bei Heinrich Luden, durch die Behauptung aktiviert wurde, nicht die Sprache sei das eigentlich Gemeinsame eines Volks, sondern das Blut. Damit war eine Argumentationsebene beschritten, die weit von jeder geschichtswissenschaftlichen Begründbarkeit fortführte, über die Rassentheorien eines Grafen Gobineau und eines Houston Stewart Chamberlain zu den Wahnideen eines Adolf Hitler.

Zunächst allerdings erwies sich eine andere Geschichtsperspektive als erfolgreicher. Wenn auch die oppositionellen Kräfte in Deutschland vielfältig gespalten waren, in Liberale, Demokraten, Republikaner, Sozialisten, Protestanten, Katholiken, so gab es doch eine Zukunftsvision, die gerade deshalb, weil sie vage, vieldeutig und mit vielen unterschiedlichen Inhalten zu füllen war, mehr als zwei Generationen lang alle Kräfte der Veränderung, der Reform und der Revolution miteinander verband: Das war die Utopie vom Nationalstaat aller Deutschen.

Selbstverständlich war das keineswegs. Wenn auch seit dem Zeitalter der Humanisten die deutsche Zersplitterung oft beklagt worden war, so hatte als Abhilfe durchaus nicht ein nationalstaatlicher Zusammenschluß in der Art Frankreichs oder Englands, sondern eine Stärkung der Fürstensolidarität, eine entschlossenere Unterstützung des Kaisers gegolten; nicht die territorale Zersplitterung des Reichs hielt man für das Übel, sondern den Egoismus der Herrschenden. Die Vielfalt der Herrschaften, Residenzen und Verfassungen des Reichs galt als Vorzug; despotischer Machtausübung, so faßte es Christoph Martin Wieland zusammen, sei aus diesem Grund ebenso eine Grenze gesetzt, wie die natürliche Vielfalt der Sitten und Gebräuche, aber auch der Theater und Universitäten Kultur und Humanität beförderte, und auch der Wohlstand sei auf diese Weise gleichmäßiger verteilt als in Staaten, in denen sich der gesamte Nationalreichtum an einem Ort konzentriere.[100]

Daß die Deutschen als unerschütterliche Individualisten nicht geeignet seien, in einem einheitlichen Nationalstaat zu leben, galt im 18. Jahrhundert als Axiom; noch Wilhelm von Humboldt sah hierin die entscheidende kulturelle Überlegenheit Deutschlands vor Frankreich begründet, und aus einem weiteren Grund war für ihn eine zentrale deutsche Staatsgewalt von Übel: «Niemand könnte dann hindern, daß nicht Deutschland . . . auch ein erobernder Staat würde, was kein ächter Deutscher wollen kann; da man bis jetzt wohl weiß, welche bedeutende Vorzüge in geistiger und wissenschaftlicher Bildung die deutsche Nation, solange sie keine politische Richtung nach außen hatte, erreicht hat, aber es noch unausgemacht ist, wie eine solche Richtung auch in dieser Rücksicht wirken würde.»[101] Als der preußische Staatsminister Humboldt dies bald nach den Freiheitskriegen schrieb, stemmte er sich allerdings schon gegen den Geist der Zeit; alle fortschrittliche Regung, aller Widerstand gegen das System Metternich, aller liberale Protest gegen den politischen Stillstand und gegen die reaktionäre Demagogenfurcht des Deutschen Bundes stand fortan unter der Forderung nach der Schaffung des deutschen Nationalstaats, einig nach innen, stark nach außen.

Auf der Suche nach einem Geschichtsbild, das den Traum vom künftigen Staat aller Deutschen historisch zu befestigen und zu legitimieren vermochte, lag es nahe, in die unmittelbare Vergangenheit zurückzublicken. Da war Preußen, der modern organisierte Machtstaat, der mit seinem Aufstieg von einem drittrangigen Territorialstaat zur europäischen Großmacht im Laufe des 18. Jahrhunderts bewiesen hatte, daß das starre System der europäischen Staatenwelt und ihres Gleichgewichts durchbrochen werden konnte, und der im Widerstand gegen Napoleon und als Vormacht im Befreiungskrieg von 1813 seinen Anspruch auf die Führung in Deutschland bekräftigt hatte. Da war vor allem der Mythos des Großen Königs, des «Weisen von Sanssouci», der einer Welt von Feinden standgehalten und mit seinen Siegen über Russen und Franzosen das Beispiel eines deutschen Helden gestiftet hatte.

Eine ganze Generation politischer Historiker rückte jetzt in die deutschen Hochschulen ein, Dahlmann in Bonn, Häusser in Freiburg, Duncker und Treitschke in Berlin, Droysen in Jena, Sybel in München: allesamt Liberale, überzeugt von der deutschen Sendung Preußens und von der Verderblichkeit des süddeutschen, des «antinationalen» Katholizismus. Diese Männer hielten es nicht mehr mit Leopold von Ranke, der der Geschichte rundweg die Berechtigung

abgesprochen hatte, der Gegenwart Lehren zu erteilen; sie
machten Politik als Abgeordnete in Parlamenten, als Mitarbeiter der führenden Zeitungen, als Hochschullehrer – «Ka-
thederpropheten», wie Max Weber später über Treitschke
sagen sollte – und vor allen Dingen als Historiker, die das Geschichtsbild der Deutschen formten. Anders als die meisten
Liberalen Westeuropas erblickten sie im Staat nicht nur das
natürliche Ergebnis historischer Kräfte, sondern auch den
Träger ethischer Werte, ohne welche Kultur und Sittlichkeit
nicht möglich waren, und dieser Staat schien sich ihnen nirgendwo in so reiner Form zu verkörpern wie in Preußen,
wie Droysen in seiner 1855 begonnenen *Geschichte der Preußischen Politik* erklärte: Seit dem 15. Jahrhundert, behauptete
er, hätten die preußischen Herrscher im Bewußtsein der
deutschen Sendung Preußens eine immer gleichbleibende
politische Linie verfolgt, und aus dieser historiographisch
mehr als zweifelhaften These zog er die Schlußfolgerung,
daß die Vollendung des deutschen Nationalstaats durch
Preußen zum Plan der «göttlichen Weltordnung» gehöre. [102]

Noch mehr Wirkung allerdings entfalteten die Popularisie-
rungen derartiger historischer Weltbilder, die in hunderttau-
sendfachen Auflagen in die Bevölkerung strömten, allen
voran Franz Kuglers *Geschichte Friedrichs des Großen* mit den
Illustrationen von der Hand Adolph von Menzels aus dem
Jahre 1841. Das Flötenkonzert von Sanssouci, der Alte Fritz
zu Pferde – das waren archetypische Bilder, eingegraben in
die Herzen der protestantischen Deutschen vom Adel bis zur
Arbeiterschaft, Bilder, die die Entscheidungen auf den
Schlachtfeldern von Königgrätz und Sedan vielleicht nicht
weniger beeinflußt haben als die Kriegskunst des preußischen Generalstabs.

Aber die preußische Geschichtsperspektive besaß einen
Fehler: Sie erfaßte im wesentlichen den protestantischen Teil
Deutschlands, schloß den katholischen Süden, vor allen Dingen Bayern und Österreich, aus. Von Potsdam führte deshalb ein gerader Weg zurück in die strahlenden Nebel eines
mehr erträumten als wirklichen Mittelalters, denn dort
glaubten Generationen deutscher Historiker zu finden, was
man in der Zukunft wieder haben wollte: Ein deutsches

Kaiserreich voller Glanz und Macht, dessen Krone über den anderen Herrschern Europas steht. Der Freiherr vom Stein hatte das bereits in seiner Denkschrift vom 18. September 1812 gefordert: «Deutschland bildete im 10., 11., 12. und 13. Jahrhundert ein mächtiges Reich ... Statt die deutsche Verfassung des Westfälischen Friedens wiederherzustellen, würde es dem allgemeinen Besten Europas und dem besonderen Deutschlands unendlich angemessener sein, die alte Monarchie wiederherzustellen.»[103] Die Idee war populär; dazu trug der archetypische Revolutionsschrecken bei, der das bürgerliche 19. Jahrhundert prägte, und der die Sehnsucht nach einer gesellschaftlich wie geistig scheinbar heilen und sicheren Welt des Mittelalters schürte. Max von Schenkendorf, der Lyriker der Freiheitskriege gegen Napoleon, dichtete:

> «Deutscher Kaiser! Deutscher Kaiser!
> Komm zu rächen, komm zu retten,
> Löse Deiner Völker Ketten,
> Nimm den Kranz, Dir zugedacht!»

Die deutsche Zukunft war das deutsche Mittelalter; Schenkendorfs deutscher Kaiser war nicht der Habsburger in Wien, sondern Kaiser Barbarossa, der Hohenstaufe, der im Kyffhäuser saß und in Deutschlands größter Not wiederkehren würde, um die einstige Größe der Deutschen zu erneuern.

Die Geschichte des Mittelalters wurde zur nationalen Leidenschaft. Freiherr vom Stein gründete die «Monumenta Germaniae Historica», die Sammlung deutscher mittelalterlicher Schriftquellen, ein bis heute nicht abgeschlossenes Riesenwerk. Das Nibelungenlied, die «teutsche Ilias», begann seinen Siegeszug als Denkmal deutscher Nationaldichtung; Johannes Voigts *Geschichte des Deutschen Ordens,* Friedrich von Raumers *Geschichte der Hohenstaufen und ihrer Zeit*, Heinrich Stenzels Werk über die Fränkischen Kaiser, alle in den zwanziger Jahren des vorigen Jahrhunderts erschienen, erlebten enorme Auflagen, das gebildete Bürgertum las sie wie vordem galante Romane. Die Vollendung dieses Mittelalterbilds lieferte Wilhelm Giesebrecht mit seiner seit 1855 veröffentlichten sechsbändigen *Geschichte der deutschen Kaiserzeit*. Die Zeit der mittelalterlichen Kaiser, so schrieb er im Vorwort, war die Periode, «in der unser Volk, durch Einheit stark, zu seiner höchsten Machtentfaltung gedieh, wo es nicht allein frei über sein Schicksal verfügte, sondern auch anderen Völkern gebot, wo der deutsche Mann am meisten in der Welt galt und der deutsche Name den vollsten Klang hatte».[104]

Die Wirkungen, die von diesem Mittelalterbild ausgingen, können kaum überschätzt werden. Kein Bereich der gehobenen wie der populären Kultur, der davon nicht tief durchdrungen wurde; Lyriker und Romanciers wetteiferten darin, ein romantisch-heroisches Mittelalterbild zu entwerfen, in dem strahlende Kaiserherrlichkeit und eine alle Klassen des Volks umfassende, christliche Frömmigkeit und Einfachheit herrschten, ohne Konflikte und Gegensätze; das Böse kam stets von außen, als römische Intrige oder französische Sittenverderbnis. Dieses Bild wurde von Dichtern, Dramatikern und Opernkomponisten aufgenommen; die Romane der Zeit wie Arnims *Kronenwächter*, Tiecks *Heinrich von Morungen*, Hauffs *Lichtenstein* oder de la Motte Fouqués *Zauberring* transportierten die Hoffnungen und Wunschträume der Deutschen des 19. Jahrhunderts in die Stauferzeit. Opern wie Carl Maria von Webers *Freischütz* oder Richard Wagners *Meistersinger* waren so volkstümlich wie heute Broadway-Musicals, und die Fülle der allenthalben in Deutschland entstehenden Nationaldenkmäler, vom endlich fertiggestellten Kölner Dom über den Remter der westpreußischen Marienburg bis zu Schinkels Kreuzberg-Denkmal bei Berlin waren in gotischem Stil errichtet, von dem man annahm, er sei der eigentliche deutsche Baustil, zu dem man jetzt zurückfinden müsse – daß die Kathedrale von Amiens das Vorbild für den Kölner Dom abgegeben hatte, wurde in Deutschland lange Zeit nicht wahrgenommen.

So kam es, daß der lang ersehnte deutsche Nationalstaat von 1871 weitgehend aus dem Geist dieses Mittelalterbilds entworfen war. Der erbliche Bundespräsident des neuen Staates nannte sich Kaiser, obwohl ihn nicht die geringsten Bezüge mit dem letzten Römischen Kaiser, mit Franz II., verbanden; der neuerstandene Deutsche Bund nannte sich

Reich, und hatte doch mit dem transnationalen und religiösen Wesen des Heiligen Römischen Reichs nichts zu tun. Die Propagandisten des neuen Reichs nannten Wilhelm I. «Barbablanca»; der weißbärtige Preußenkönig sollte als Verkörperung Friedrich Barbarossas gelten, obwohl Wilhelm I. selbst nie daran gedacht hatte, ein Reich zu errichten, und den Tag von Versailles für den unglücklichsten seines Lebens hielt: An diesem Tag, klagte er, sei das alte Preußen zu Grabe getragen worden. Sein Sohn, der liberale Hunderttagekaiser Friedrich III., dachte da viel zeitgemäßer; er wollte Friedrich IV. genannt werden, weil ihn nach der Zählung der alten römisch-deutschen Kaiser verlangte, und sein Nachfolger, der in jeder Hinsicht unglückliche Wilhelm II., nahm sich ein Beispiel an der Weltpolitik des sächsischen Kaisers Otto der Große (912–973) und glaubte, daß die mittelalterliche Universalität des Reichs den deutschen Imperialismus des beginnenden 20. Jahrhunderts rechtfertigte. Das Selbstbildnis des Deutschen Reichs von 1871, das zur führenden industriellen Macht Europas aufstieg und an wirtschaftlicher und wissenschaftlicher Modernität kaum seinesgleichen hatte, war eine große Totenbeschwörung.

Was hier am prägnanten Beispiel Deutschlands entfaltet wurde, geschah überall in Europa. Selbst die scheinbar so rational begründeten Staatsnationen Westeuropas machten da keine Ausnahme; die romantisch-populären Romane eines Sir Walter Scott, die elegant-elegischen Essais eines François René de Chateaubriand lenkten den Blick des Publikums auf ein christlich verklärtes Mittelalter, von dem die englische wie die französische Nationalgeschichte ihren Ausgang zu nehmen schien, und Historiker wie Michelet und Carlyle entwarfen Historiengemälde von hoher sprachlich-dramatischer Wucht, um dem Volk seine geschichtliche Sendung vor Augen zu führen. Zugleich wurden die nationalen Geschichtsbilder standardisiert, vereinfacht, stromlinienförmig von der Vergangenheit in die Gegenwart geführt: die englisch Whig-Historiographie entwickelte das vereinfachte Bild der britischen Verfassungsgeschichte als universellen Maßstab für die naturnotwendige Einbahnstraße der Menschheit zu Freiheit und Fortschritt, während in Frank-

reich jener Rahmen abgesteckt wurde, der bis heute, jenseits
aller großen kritischen Würfe der modernen französischen
Geschichtswissenschaft, das Geschichtsbild des Volks um-
reißt: Der Faden der Identität der französischen Nation zieht
sich von den Kapetingern bis heute; Charlemagne und die
heilige Johanna, der Sonnenkönig und Danton sind lebendige Gegenwart, die *gesta dei per francos* des Guibert de
Nogent aus dem 11. Jahrhundert sind Urbild französischen
Selbstbewußtseins bis heute, das Andenken an den Bastille-
sturm von 1789 eint das Volk von den Kommunisten bis zur
Rechten, und selbst die großen Übeltäter, Robespierre, Napoleon, werden zum höheren Ruhm der *grande nation* gerechtfertigt.

Die Geschichten der europäischen Nationen wurden eher
konstruiert als rekonstruiert, und dies um so mehr, je zwei-
felhafter die tatsächliche historische Kontinuität der Volksnationen war. Wie wirklich war denn der Zusammenhang
zwischen den Hellenen der griechischen Antike und jenen
Griechen, die 1822 zum Jubel der europäischen Öffentlichkeit ihre Unabhängigkeit vom türkischen Joch erklärten und
die *anagenisis*, die Wiedergeburt des alten Hellas feierten? Gegen die Versuche der ungarischen Krone, Kroatien völlig zu
magyarisieren, wandte sich die illyrische Bewegung: die
Kroaten seien die Nachfahren der antiken Illyrer, deshalb au-
tochthon und, ähnlich wie die Bewohner des Balkans und
Veneziens im Altertum, das herrschende Volk unter den
Südslawen. Dem stand der historische Anspruch der Serben
entgegen, die sich auf das mittelalterliche Serbenreich des
Zaren Dušan zurückführten, der bereits begonnen habe, den
byzantinischen Kaisern die Herrschaft in Südosteuropa streitig zu machen – war es da nicht Aufgabe des neuen Serbien,
alle Balkanvölker unter seiner Herrschaft zu sammeln?

Dergleichen historische Selbstvergewisserung hatte nicht
nur die innere Festigung und Integration der Nationen zum
Ziel; sie diente darüber hinaus zur Legitimation weiterrei-
chender Herrschaftsansprüche. Ohne historische Rechtfertigung wäre der deutsche Griff nach dem Elsaß und Lothringen 1871 pures, brutales Siegerhandeln gewesen; so aber ließ
sich argumentieren, das Elsaß sei einst deutschsprachig und

Teil des Reichs gewesen, bis Ludwig XIV. die Schwäche des Kaisers genutzt habe, um sich Straßburgs zu bemächtigen: Deshalb war es das Schloß von Versailles, in dem der preußische König Wilhelm I. zum deutschen Kaiser proklamiert wurde; denn damit sollte die zweihundertjährige historische Schmach der französischen Annexion des Elsaß symbolkräftig ausgelöscht werden. Bis heute ist es die Geschichte, die angesichts der verworrenen und unübersichtlichen nationalen Gemengelagen Europas politische und territoriale Ansprüche rechtfertigen soll, ob Griechenland sich unter Hinweis auf das Reich Alexanders des Großen mit einem souveränen Staat Mazedonien nicht abfinden kann, oder ob die Erinnerung an die serbische Niederlage von 1389 auf dem *kosovo polje*, dem Amselfeld, dazu dient, die Unterdrückung der heute im Kosovo lebenden Albaner zu legitimieren. Das historische Gedächtnis der Völker erteilt oft mörderische Lehren.

5. Die Wirklichkeit der Volksnationen

So entstanden in den letzten Jahrzehnten des 18. und im Verlauf des 19. Jahrhunderts die Nationen, die den Europäern des 20. Jahrhunderts selbstverständlich geworden sind: geistige Wesen, ausgebrütet von einer durchaus überschaubaren Anzahl von Gelehrten, Publizisten und Dichtern – Volksnationen in der Idee, noch längst nicht in der Wirklichkeit. Wie die Idee der Nation, mit Karl Marx zu reden, die Massen ergriff und zur materiellen Gewalt wurde, wie sie den Weg aus den Studierstuben der Intellektuellen, der Sprachverfertiger und Geschichtsschreiber, in die Köpfe und Herzen der Menschen fand, das ist nicht ganz einfach zu sagen: Wann und weshalb konnte ein Untertan der Habsburger Monarchie auf den Gedanken kommen, daß er sich in erster Linie als Tscheche, Ungar, Serbe oder Italiener fühlen sollte? Was brachte einen Bürger Preußens, Braunschweigs, Sachsen-Coburg-Gothas oder Lippe-Schaumburgs dazu, sich als Deutschen zu betrachten und dieses Deutschtum wichtiger zu finden als die Loyalität zum angestammten Fürstenhaus?

Offenbar spielte hierbei der Krieg, die Besetzung durch den Feind, die Ausplünderungen im Namen einer anderen Nation und das Gefühl der kollektiven Demütigung die Rolle eines Katalysators für die Entsstehung einer eigenen nationalen Identität. Gerade das starke nationale Pathos, das den Siegeszug der Adler der napoleonischen Armeen durch ganz Europa begleitete, wies den Völkern Europas den Weg: Man mußte die Mittel benutzen, die Frankreichs politische und militärische Triumphe ermöglicht hatten, und Frankreich mit seinen eigenen Waffen schlagen.

Der Anstoß für das Erwachen der vielen europäischen Volksnationen zum Bewußtsein ihrer selbst kam um 1808/09 von der Peripherie des Kontinents. In Spanien, das sich eigentlich seit dem Ende des Dreißigjährigen Kriegs und dem Niedergang seiner Hegemonialrolle von Europa abgewandt zu haben schien, hatte die bourbonische Monarchie, dank enger Anlehnung an das revolutionäre Frankreich, noch einige Zeit überlebt; doch die indirekte Herrschaft, die Napoleon über die Halbinsel ausübte, schien dem Kaiser nicht genug – er fürchtete eine britische Invasion und hatte auch ein begehrliches Auge auf die wirtschaftlichen Schätze Spanisch-Amerikas geworfen. Eine Palastrevolte beschleunigte die Ereignisse; Napoleon griff direkt ein, und unter dem Druck starker französischer Militärpräsenz verzichtete König Karl IV. (1748–1819) auf seine Krone, die der Kaiser am 4. Juni 1808 an seinen Bruder Joseph (1768–1844), bislang König von Neapel, weiterreichte. Gegen die Herrschaft eines Napoleoniden erhob sich im gesamten Königreich ein Aufstand, geführt von Geistlichen, die die revolutionären Ideen aus Frankreich ohnehin haßten; allenthalben bildeten sich Ausschüsse, die Junten, die nur Ferdinand VII. (1751–1833), den Sohn Karls IV., als König von Spanien anerkannten. Die nationalspanische Aufstandsbewegung trieb die französische Besatzungsarmee bis hinter den Ebro zurück; zugleich landete ein englisches Hilfskorps in Portugal und zwang die dortige französische Armee unter Marschall Junot zur Kapitulation.

Das erste Mal traf Napoleon auf einen Gegner, der seine Kampfkraft aus ähnlichen revolutionären Tiefen schöpfte wie Frankreich seit fast zwanzig Jahren; nicht das stehende Heer eines absolutistischen Herrschers stand ihm gegenüber, sondern ein kaum gegliederter Haufe schlecht ausgebildeter, aber fanatisch kämpfender *guerilleros*, die in kleinen Gruppen angriffen, auswichen, keine Kriegsregeln achteten, die ungreifbar und unerschöpflich schienen. Gewiß waren die Antriebe des spanischen Aufstands von 1808 ganz andere als die der französischen Revolutionäre von 1789; die Spanier kämpften für die überlieferte Ordnung, für ihr absolutistisches Königshaus, für die katholische Religion, vor allem aber für die nationale Unabhängigkeit von der verhaßten französischen Fremdherrschaft. Deshalb verstand Napoleon auch nicht, womit er es zu tun hatte; für ihn ging es um barbarische Banden von Viehdieben und Schmugglern, die nur von Hoffnung auf Beute angetrieben wurden, und er glaubte deshalb, mit militärischen Polizeiaktionen die Lage unter Kontrolle zu bekommen. An dieser Fehleinschätzung der Mobilisierungskraft, die die nationale Leidenschaft besitzt, sollte Napoleon scheitern: «*Cette malheureuse guerre m'a perdu*», dieser unheilvolle Krieg hat mich vernichtet, hat er auf St. Helena bekannt.[105]

Die französische Propaganda gab sich beträchtliche Mühe, die spanischen Ereignisse herunterzuspielen und die eigenen Schlappen zu vertuschen; aber selbst französische Beobachter mußten feststellen, daß es bei der Bevölkerung der übrigen unterworfenen Länder Europas um die Glaubwürdigkeit französischer Armee-Bulletins und Zeitungsnotizen nicht gut stand; es genügte, daß eine Meldung als französisch abgestempelt war, um ihr Gegenteil für wahr zu halten, so daß auch zutreffende Mitteilungen im *Moniteur* oder in den offiziellen Blättern der Rheinbundstaaten wenig Glauben fanden.[106] Und das Feld der öffentlichen Meinung war auch im napoleonischen Europa nicht ausschließlich französisch besetzt; da gab es zahlreiche mehr oder weniger unabhängige, von privaten Verlegern veröffentlichte Zeitungen und Zeitschriften, die mehr oder weniger vorsichtig ihre Sicht der Dinge aus dem nationalen Blickwinkel verbreiteten, und da war die spanische Propaganda, von England unterstützt, die sich jetzt an die Völker Europas wandte und dafür sorgte, daß die europäische Presse mit den passenden Nachrichten versorgt wurde. Spanische Proklamationen, Manifeste, Flugschriften und Flugblätter überschwemmten Spanien und darüberhinaus Europa; besonders verbreitet waren Propagandaschriften, die sich an kirchliche Verlautbarungsformen anlehnten, welche im katholischen Europa jedermann geläufig waren. Der spanische *Bürger-Catechismus* – der volle Titel lautete *Catecismo civil, y breve compendio de las obligaciones del español, conomiciento practico de su libertad* –, der zuerst im Mai 1808 in Cartagena erschien, wurde in hunderttausendfacher Vervielfältigung verbreitet und in fast alle europäischen Sprachen übersetzt:

> «Sprich, Kind, wer bist du?
> Ein Spanier.
> Was heißt das: Ein Spanier?
> Ein rechtschaffener Mann.
> Wie viele Pflichten hat ein solcher, und wie heißen sie?
> Drei; er muß ein katholischer Christ sein, er muß seine Religion, sein Vaterland und seine Gesetze verteidigen und eher sterben, als sich unterdrücken zu lassen.
> Wer ist unser König?
> Ferdinand der Siebente.
> Mit welcher Liebe müssen wir ihm anhängen?
> Mit der Liebe, die seine Tugend und sein Unglück verdienen.
> Wer ist der Feind unserer Glückseligkeit?
> Der Kaiser der Franzosen.
> Wer ist denn der?
> Ein neuer, unendlich blutgieriger und habsüchtiger Herrscher; der Anfang alles Übels, und das Ende alles Guten; der Inbegriff aller Laster und Bosheiten.
> Wie viele Naturen sind in ihm?
> Zwei; eine satanische und eine menschliche. [. . .]
> Wer sind die Franzosen?
> Ehemalige Christen, und neue Ketzer.
> Was verleitete sie zu dieser Knechtschaft?

Die falsche Philosophie und die Freiheit ihrer
verderbten Sitten. [. . .]
Wird dieses ungerechte Reich ein Ende nehmen?
Der Meinung der verständigen Staatskundigen
zufolge ist sein Sturz sehr nahe . . .»[107]

Der Text, dem sich zahlreiche andere an die Seite stellen lassen, weist alle Merkmale erfolgreicher nationaler Propaganda auf: Selbstdefinition durch Feindmarkierung. Die eigene Nation ist geheiligt und gedemütigt, der Feind vom
Wege des Heils abgewichen, Verkörperung des Satans und
deshalb aus der menschlichen Gemeinschaft ausgeschlossen.
Im Kampf gegen ihn sind deshalb alle Mittel gerechtfertigt.
Man muß Francisco Goyas Radierungen *Desastres de la guerra*
neben diese sonderbare Haßprosa stellen, um die Raserei
und die grenzenlose Grausamkeit zu ermessen, mit der der
spanische Aufstand gegen die französische Okkupation im
Namen des Nationalprinzips geführt wurde – darin Vorbild
für die barbarischen Volks- und Nationalitätenkriege außerhalb aller völkerrechtlicher Konvention, die Europa bis in
die unmittelbare Gegenwart erlebt.

Aus Pariser Sicht schien der Nachahmungseffekt gefährlich; ein Bericht der französischen Gesandtschaft in Berlin
wußte im Dezember 1808 mitzuteilen, «daß auffallend viele
Individuen trotz des geringen Erfolgs der von ihnen so bewunderten Spanier neuerdings die zahlreichen demagogi-
schen Diskurse auf deutsch wiederholen, die in der letzten
Zeit die spanischen Köpfe erhitzt haben. Es ist an der Zeit,
diesen Leuten auf andere Weise zu antworten als nur mit Zei-
tungsartikeln.»[108] In der Tat arbeitet der preußische Dichter
Heinrich von Kleist (1777–1811), der insgeheim im Dienst
der österreichischen Propaganda stand, bereits an einer deutschen Übertragung des *Catecismo civil*, die dann 1813 unter
dem Titel «Katechismus der Deutschen» in hohen Auflagen
gedruckt und unter das Volk gebracht wurde.

Was wirklich in Spanien vor sich ging, darüber herrschten
im übrigen Europa nur nebelhafte Vorstellungen. Wichtiger
schien aber, daß Napoleon durch seine Konfrontation mit
dem spanischen Nationalgefühl zum ersten Mal an eine

Grenze gestoßen war: Der große Korse war nicht unfehlbar und nicht unbesiegbar. «So schnell hat, dünkt mich, lange nicht die ängstliche und schwärzeste Ansicht der Dinge um uns her mit der heitersten und belebendsten abgewechselt. Noch vor acht Tagen glaubten wir uns – und nach unseren damaligen Datis mit Recht – am Rande des Abgrundes; heute ist bloß die Frage, ob wir Geist und Entschlossenheit genug haben werden, die günstigen Konjunkturen, die uns die Gnade des Himmels abermals zugeführt hat, zu benutzen ... Es ist klar, daß das Glück sich von Bonaparte wendet, daß seine abscheuliche Laufbahn sein Ziel erreicht hat, daß Europa von Spanien aus gerettet werden kann ...», so sah Friedrich von Gentz im September 1808 die Lage.[109] Aber man konnte die spanischen Dinge auch unter einem anderen Blickwinkel sehen: «Wie angespannt hier jedermann auf die spanischen Geschehnisse blickt, kann man sich denken», schreibt ein britischer Agent aus Königsberg. «Und das ist verständlich, denn ihr aller Schicksal hängt von den Ereignissen dort ab, und ohne Zweifel hat B.[onaparte] nur vorübergehend sein Augenmerk von diesem Land abgewendet – wenn er in Spanien siegt (was Gott verhüte), wird er immer einen Vorwand finden, um Preußen erneut zu erpressen oder gar von der Landkarte zu löschen.»[110] In der Tat hatte der Fall Spanien auch eine bedrohliche Seite für den übrigen Kontinent: Wenn es Napoleon gewagt hatte, die mit ihm verbündete bourbonische Dynastie in Madrid vom Thron zu fegen, was schützte da noch die übrigen Kronen Europas? Das war das Argument, mit dem der österreichische Botschafter in Paris, Graf Metternich, seinen Chef in Wien überzeugte. Außenminister Graf Stadion (1763–1824) trug es am 13. April 1808 dem Kaiser und dem Oberkommandierenden der Armee, Erzherzog Carl, vor: Offenbar hege Napoleon den Plan, in ganz Europa «Könige von seiner eigenen Kreation hinzusetzen und nur seine Familie und ihren Anhang regieren zu sehen»; nach Spanien werde unfehlbar Österreich an die Reihe kommen.[111]

Für Österreich bedeutete das eine dramatische Wende: Von jetzt an bereitete man in Wien den Krieg gegen Frankreich vor, indem das erste Mal in der Geschichte Europas ein herkömmliches Staatswesen an die revolutionäre Solidarität der Nation appellierte. Von Spanien lernen hieß, siegen zu lernen. Das gesamte Volk an den Kriegsanstrengungen zu beteiligen hieß, die Ressourcen des Staats enorm zu vermehren. Und man besaß auch Rezepte, um das Volk zu mobilisieren. Das eine verband sich mit dem Namen des Erzherzogs Johann (1782–1859), der aus dem Werk Johannes von Müllers über die *Geschichte der schweizerischen Eidgenossenschaften* gelernt hatte, daß ein Volk sich gegen alle Unterdrückungsversuche wehren könne, wenn es von Liebe zur Freiheit, Gemeingeist und einen gemeinsamen Wehrwillen getragen war. So schlug er am 17. Mai 1808 in einer ausführlichen Denkschrift die allgemeine Volksbewaffnung in Gestalt einer Landwehr vor: «Hier muß die Nation, die Masse kämpfen, alle für einen, einer für alle; leicht wird es sein, sie zu stimmen ... Stehet die Nation, so ist Österreich unbesiegbar ... Einen schwankenden Staat, in gewöhnlichen Mitteln seine Zuflucht nehmend, greift ein habsüchtiger Eroberer an. Hier liegt der Sporn, um alles aufzubieten, was nur immer möglich ist, um seine Kräfte auf das Höchste zu spannen und, indem man die Sache des Staates zur Sache der Nation macht, neue Hilfsmittel hervorzubringen.»[112] Mit ganz unösterreichischer Geschwindigkeit wurde der Vorschlag in die Tat umgesetzt; alle verabschiedeten Soldaten, dazu sämtliche Männer zwischen 18 und 45 Jahren, soweit sie bisher vom Wehrdienst freigestellt gewesen waren, gehörten zur Landwehr; bereits am 27. Juni 1808 wurden sie das erste Mal gemustert, Mitte August begannen die ersten Landwehrbataillone mit ihren Übungen.

So hatte also Österreich als zweiter europäischer Staat nach Frankreich die allgemeine Wehrpflicht eingeführt, und dies aus ganz ähnlichen Gründen – neben der Ausschöpfung aller Ressourcen für einen Entscheidungskrieg sollte die alte Trennung von Bürger und Soldat aufgehoben werden, sollte die Einheit der Nation aus der gemeinsamen Verteidigung des Vaterlands erwachsen.

Aber man sah auch ein, daß es nicht ausreichte, die Bürger militärisch zu organisieren, um sie zu begeisterten Verteidigern ihrer Nation zu machen. Die Begeisterung mußte erst

geweckt werden – es war der österreichische Gesandte Clemens Graf Metternich (1773–1859), der in Paris das französische Rezept täglich vor Augen hatte, und der an Stadion
schrieb: «Die öffentliche Meinung ist das wichtigste Mittel,
ein Mittel, das wie die Religion in die verborgendsten Tiefen
dringt, wo administrative Maßregeln keinen Einfluß mehr
haben. Die öffentliche Meinung verachten, ist so gefährlich,
als ob man die moralischen Grundsätze verachtet; während
aber letztere selbst dort, wo man sie ausrotten wollte, wieder
erstehen können, ist es mit der öffentlichen Meinung nicht
so bestellt; diese erfordert eine besondere Beachtung, konse-
quente und ausdauernde Pflege . . .»[113] Die österreichische
Regierung ließ kein Agitationsmittel ungenutzt, um die
öffentliche Meinung aufzustacheln; zur Beförderung der nationalen Gefühle in den Herzen der Bürger wurden neue Zeitungen wie die *Vaterländischen Blätter* gedruckt, ging eine
Flut von – meist aus dem Englischen und dem Spanischen
übersetzten – Flugblättern über der Bevölkerung nieder, entstanden tausende von vaterländischen Dichtungen, Roman-
zen, Dramen, durchzogen Wanderredner das Land, um auch
dem letzten Analphabeten das hohe Lied von der gemeinsamen österreichischen Nation zu singen – und dieselben Mittel wurden auch angewandt, um den Boden in den Nachbar-
ländern für den Krieg vorzubereiten. Die österreichische
Propaganda fiel in Bayern, Württemberg und den übrigen
Rheinbundstaaten auf fruchtbaren Boden, denn sie traf sich
mit den Rekrutenaushebungen für die Hilfskontingente der
deutschen Staaten für die französische Kriegsführung in
Spanien. Selbst in der bayerischen Armee, die bisher zu den
zuverlässigsten Bundestruppen Napoleons gezählt hatte,
machte sich angesichts des spanischen Abenteuers beträchtliche Unzufriedenheit breit, in die die österreichische Propaganda hineintraf; im Altbayerischen machten vor allem die
geschickt ausgewählten Nachrichten aus Spanien von ge-
schändeten Kirchen und verwüstetem Bauernland Eindruck,
in den neubayerischen Gebieten wirkte der Appell an die
überkommenen kaisertreuen Gefühle der fränkischen und
schwäbischen Reichsstädter und der Untertanen einstmals
geistlicher Fürstentümer.

Am 10. April 1809 überschritten österreichische Truppen den Inn; München und Nürnberg wurden besetzt, die französischen und bayerischen Verbände in Tirol zur Kapitulation gezwungen, und Erzherzog Carl (1771–1847), der österreichische Oberkommandierende, stieß mit seiner Armee gegen Regensburg vor, um das dort stehende französische Korps anzugreifen. Es war üblich, daß Feldherren beim Einmarsch in ein fremdes Land Proklamationen erließen, um die eigenen Absichten zu rechtfertigen und die verheerte Bevölkerung zu beruhigen. Die Proklamation des Erzherzogs Carl allerdings, verfaßt von Friedrich Graf Stadion, dem Bruder des Ministers, und dem Dichter Friedrich Schlegel, war auf einen ganz neuen Ton gestimmt; sie richtete sich nicht an die bayerischen Untertanen, sondern «An die deutsche Nation», und erklärte: «Unsere Sache ist die Sache Deutschlands. Mit Österreich wird Deutschland selbstständig und glücklich; nur durch Österreichs Beystand kann Deutschland wieder beydes werden. Deutsche! Würdigt Eure Lage! Nehmt die Hülfe an, die wir Euch bieten! Wirkt mit zu Eurer Rettung!»[114] Worin der Unterschied zwischen der österreichischen und der deutschen Nation bestand, war nicht ganz klar, schien aber auch nicht problematisch. Noch deutlicher ein weiterer Aufruf «An die Völker Deutschlands», vier Tage später: «Ahmt Spaniens großes Beyspiel nach! Scheut einen blutigen Kampf nicht, der siegreich enden muß!»[115]

Der Krieg ging wenige Monate später verloren. Bei ihrem Entschluß für den Krieg hatten sich Österreichs Staatsmänner in vieler Hinsicht verrechnet – Napoleon war viel schneller mit dem Gros seiner Truppen auf dem mitteleuropäischen Kriegstheater erschienen, als man für möglich gehalten hatte; Preußen war neutral, England zurückhaltend geblieben. Vor allem aber hatte das Mittel nicht angeschlagen, von dem man das meiste erhofft hatte: Die Aufwiegelung der nationalen Leidenschaften der Völker zum Aufstand gegen Napoleons Herrschaft. Nur in Tirol und in Vorarlberg hatte der Funke gezündet; im übrigen Deutschland hatte die österreichische Propaganda nicht nur mit den mehr oder weniger rigorosen Zensurmaßnahmen der Rheinbundstaaten, sondern auch mit der französischen Gegenpropaganda zu tun gehabt, die vor allem in Bayern erfolgreich gewesen war.

Nicht, daß man die Bevölkerung nicht erreicht hätte; die Polizei- und Agentenberichte aus Berlin, aus Kassel, aus München sprechen dafür, daß schon lange vor dem Ausbruch des Kriegs die Erwartungen, und oft auch die Hoffnungen auf den Erfolg Österreichs in der Öffentlichkeit hoch gespannt waren, auch in den unteren Volksschichten. Aber wirklich mobilisiert wurde nur eine Handvoll preußischer und westfälischer Militärs, die in offenem Ungehorsam gegen königliche Befehle losschlugen und unterlagen, deren Vorbild jedoch nicht ausreichte, um die Initialzündung für einen Massenaufstand zu geben; die Trägheit der Bürger und Bauern, deren geringe Risikobereitschaft waren stärker. Ein erheblicher Grund dafür lag auch bei der Unklarheit der Loyalitäten; solange die Landesherren, allen voran der preußische König, das französische Lager nicht verließen und jeden Aufstand als Rebellion wider die eigene Herrschaft betrachteten, war jeder Aufruf zum Widerstand mit dem Anstrich des Jakobinismus behaftet. Wo es zu bäuerlichen Bewegungen kam, im Hessischen wie in Südwestdeutschland, dort hatte ausnahmlos in den letzten Jahren die Herrschaft mehrmals gewechselt; die stets undeutlichen Forderungen der aufständischen Bauern von Marburg, Mergentheim oder Stockach liefen auch stets nach der Wiederherstellung der alten, vorrevolutionären Ordnung hinaus – die Landleute, die den Oberst Dörnberg auf seinem mißglückten Zug auf Kassel begleiteten, um Napoleons Bruder, den König Jérôme, auszuheben, trugen eine rotsamtene Fahne mit dem alten Reichsadler bei sich[116], und in den Aufstandsgebieten Südwestdeutschlands konstatierten die württembergischen und badischen Beamten, daß «der Geist des Aufruhrs von der Hoffnung auf die Rückkehr zu Österreich» angetrieben werde.[117] Im übrigen aber folgten diese Aufstände ganz den alten Mustern: Bäuerliche Rebellionen hatte es in diesen Regionen stets gegeben, wenn das alte Recht verändert wurde – in diesem Fall waren es die nach französischem Vorbild eingeführten Konskriptionen zur Armee, die die Aufstände auslösten –, oder die allgemeine Unzufriedenheit über die Abgabenlasten hatte zum Aufstand geführt. Eine nationale Mobilisierung der Bevölkerung mit dem Ziel, das Joch der französischen Fremdherrschaft abzuschütteln und ein nationales deutsches Staatswesen zu begründen, hat es 1809 nicht gegeben. Aber seit dem spanischen Aufstand und dem österreichischen Krieg von 1809 war der Aufstand der europäischen Völker gegen Napoleon, der sich mit russischer, englischer und schwedischer Unterstützung in den Freiheitskriegen von 1813 entladen sollte, in den Köpfen der Menschen vorbereitet.

Was nationale Mobilisierung in Wirklichkeit hieß, ist nicht ganz einfach zu ermitteln; zeitgenössische Mitteilungen neigen zu Idealisierungen und Übertreibungen. Quellen, die statistische Aussagen liefern, etwa in der Art heutiger Meinungsumfragen, sind nur in Ausnahmefällen verfügbar. So hat Linda Colley die Zunahme des volkstümlichen Patriotismus in England um die Wende vom 18. zum 19. Jahrhundert untersucht, indem sie die Freiwilligenmeldungen zur Miliz zwecks Abwehr einer befürchteten französischen Invasion analysiert hat.[118] Ihre Ergebnisse lassen sich folgendermaßen zusammenfassen: Dem Aufruf der Regierung von 1803, freiwillig zu den Fahnen zu eilen, folgte durchschnittlich etwa 50 Prozent der männlichen Bevölkerung im Alter zwischen 17 und 55 Jahren, wobei allerdings die schottische und vor allem die walisische Bevölkerung deutlich unterrepräsentiert war. Auffallend ist, daß der Anteil der Patrioten im gleichen Maße zunahm, je höher der Industrialisierungsgrad und die städtische Verdichtung einer Grafschaft war; und neben städtischen Handwerkern waren es vor allem Angehörige der gehobenen und gebildeten Berufsstände, die dem nationalen Appell folgten.

Es ist bemerkenswert, wie sehr dieses Bild dem ähnlich ist, das die preußischen Freiwilligen im Freiheitskrieg von 1813 boten. Am 3. Februar 1813 hatte König Friedrich Wilhelm III. die Jugend Preußens dazu aufgerufen, im Kampf gegen Napoleon als Freiwillige in Jäger-Detachements zu dienen. «Der König rief, und alle, alle kamen», lautet die patriotische Preußen-Legende – aber die preußische Bevölkerung folgte dem Appell an das Nationalbewußtsein auf

ganz unterschiedliche Weise. Die «gebildeten Stände», Akademiker, Beamte, Studenten und Schüler waren ungefähr
fünffach überrepräsentiert, und das galt auch für die städtischen Handwerker, die an der preußischen Berufsstatistik
mit knapp 7 Prozent beteiligt waren, die aber nicht weniger
als 40 Prozent der Kriegsfreiwilligen ausmachten. Was dagegen die Landbevölkerung anging, so machte sie zu jener Zeit
etwa 75 Prozent der preußischen Bevölkerung aus, aber nur
18 Prozent der Freiwilligen.

Der Vergleich zwischen den englischen und den preußischen Daten zeigt also ganz ähnliche Tendenzen: Mobilisier-
bar im nationalen Sinn waren städtische Schichten, und zwar
gerade diejenigen, die üblicherweise als oppositionsgeneigt
gegen die bestehende politische und gesellschaftliche Ordnung erscheinen und Träger der beginnenden Industrialisierung waren: Gebildete und besitzende Bürger sowie
Handwerker. Der Landbevölkerung, der gemeinhin eine besondere Treue zur Obrigkeit und leichte Lenkbarkeit zugeschrieben werden, war dagegen die Neigung zu nationalem
Eifer fast völlig fremd. Der Vergleich scheint darauf hinaus-
zulaufen, daß in der enormen sozialen wie geistigen Mobilisierung Europas im Kampf gegen Napoleon nicht die herkömmlichen Loyalitätsgefühle gegenüber dem angestammten Herrscherhaus im Vordergrund standen, sondern das
Erlebnis einer Einheit, die eher dem Geist der *levée en masse*
der Französischen Revolution ähnlich war, und in der Tat
wurde die nationale Mobilisierung der Massen von dem
preußischen General von Gneisenau (1760–1831) als «Griff in
das Zeughaus der Revolution» gepriesen. Den Aufruf an die
Untertanen der britischen Krone, in die Miliz einzutreten,
begründete ein englischer Armee-Offizier damit, es handle
sich um den Rückgriff auf «dasselbe Hilfsmittel für die Verteidigung unserer Unabhängigkeit als Nation, dessen sich
Frankreich so erfolgreich während der letzten zehn Jahre be-
dient hat»[119].

Diese ganz neuartige Massenmobilisierung konnte gelin-
gen, weil im Verlauf des langen Weltkriegs, der seit dem
Sommer 1792 ununterbrochen tobte und erst mit den letzten
Schüssen auf dem Schlachtfeld von Waterloo 1815 zu Ende

ging, die Technik der Massenbeeinflussung und der Propaganda in hohem Maße vervollkommnet worden war. Analysiert man beispielsweise das propagandistische Trommelfeuer, das 1813 auf die preußische Bevölkerung niederging und keineswegs nur aus preußischen, sondern auch aus britischen, österreichischen und russischen Mitteln finanziert und organisiert wurde, wird deutlich erkennbar, auf welchen Ideen die nationale Begeisterung beruhte.

Das alles andere überstrahlende Hauptmotiv der Kriegsfreiwilligen war offenbar negativer Art: Der Haß gegen Napoleon und gegen Frankreich. Dafür sprechen nicht allein die zahllosen Haßgedichte Kleists, Arndts, Körners, Friedrich Schlegels, ja selbst des sanften Clemens von Brentano, der beispielsweise dichtete:

> «Bajonette
> Um die Wette
> Stoßt die Kette
> Nieder an des Flusses Bette,
> Daß kein Deutschlands Feind sich rette.»

Und so eine ganze Serie schauerlichster Totschlagslyrik, die nach den, freilich lückenhaften, Auflagenziffern in den Jahren 1813/14 enorme Verbreitung besaßen. Für das alles andere überragende Haß-Motiv spricht auch, daß es in allen auffindbaren persönlichen Selbstzeugnissen – Memoiren, Tagebücher, Briefe – dieser Jahre das stärkste Ferment darstellte und geradezu den gemeinsamen emotionalen Nenner lieferte. Dafür spricht übrigens auch die Kriegsführung der preußischen Freiwilligeneinheiten, die es nach Möglichkeit vermieden, Gefangene zu machen. «Pardon wird nicht gegeben», war der regelmäßige Befehl vor Attacken, und zeitgenössische Berichte über Gefechte, an denen freiwillige Jägerbataillone beteiligt waren, erinnern an alle Greuel, die wir erst seit den totalen Weltanschauungs- und Volkskriegen des 20. Jahrhunderts zu kennen glauben.

Das zweite zentrale Motiv für nationalen Aktivismus hieß «Freiheit», und es kann kein Zweifel daran bestehen, daß entgegen späteren Zeugnissen hiermit nicht liberale Verfassungsforderungen, sondern die nationale Freiheit von

französischer Unterdrückung gemeint war. Gewiß, manche
Äußerung, wie Max von Schenkendorfs populärer Gesang
«Freiheit, die ich meine», konnte in doppeltem Sinne verstanden werden, aber es ist keine einzige Äußerung in der
Kriegspropaganda wie auch von Beteiligten aus der Kriegs-
phase selbst zu finden, die die Freiheitsforderung im Sinne
liberaler innenpolitischer Programmatik präzisiert hätte.

Und wenn schließlich der Krieg für Volk und Vaterland
gepriesen wird, so ist zwar oft genug von deutschem Volk
und deutschem Vaterland die Rede, aber in der Mehrzahl der
Fälle lediglich in Abgrenzung zum französischen Feind, und
unter allen Umständen vage und poetisch ausgedrückt.
Deutschland erscheint immer noch als ein Kultur- und
Sprachbegriff, der die Überwindung des preußischen Partikularismus und dessen Aufgehen in einem deutschen Nationalstaat noch nicht erkennbar projektierte. Ein Begriff von
Nation im Sinne späterer politischer Einigungsparolen ist
schlechterdings nicht aufzufinden; das deutsche Vaterland
der Freiheitskriege besaß noch keine feste Gestalt, es war
poetisch, historisch und utopisch, ein Ideal, das in seiner
irdischen Inkarnation die schwarz-weißen Farben Preußens
trug. Der Aufruf des preußischen Königs an sein Volk,
«Preußen und Deutsche» zu sein, der ihm ironischerweise
bei den Rheinbundfürsten das Verdikt als Jakobiner eintrug,
bezeichnete tatsächlich das einstweilen problemlose Ineinan-
der-Aufgehen Preußens und Deutschlands – jedenfalls in
preußischer Perspektive.

Und aufgehoben wurde das alles in einem umfassenden
Aktionismus; die häufigste Satzform in der lyrischen Propaganda jener Jahre war der Imperativ, der blanke Ermunte-
rungsruf ohne Zielangabe, ein bloßes «Auf!», «Frisch auf!»,
«Drum auf», «Wohlauf, in Not und Tod». Theodor Körner
beispielsweise dichtete: «Frisch auf, mein Volk, die Flam-
menzeichen rauchen», die kompakte Losung des Freikorps
Lützow «Durch!» bildete die geradlinige Fortsetzung, und
im Beinamen Blüchers als «Marschall Vorwärts» hat diese
Haltung des Handelns um jeden Preis, die klassischen Mili-
tärmaximen durchaus widersprach, einen programmatischen Ausdruck gefunden. Das Massenerlebnis nationaler

Gemeinschaft und Solidarität – und für das frühe 19. Jahrhundert läßt sich der Befund auf Mittel- und Westeuropa ausdehnen – war also einstweilen durchaus diffus, konkret nicht im Hinblick auf positive Forderungen, sondern lediglich hinsichtlich des Feindbildes, das allein nationale Identität stiftete. Und mit dem Frieden und der Rückkehr in das Zivilleben trat das Erlebnis nationaler Gemeinschaft einstweilen wieder zurück; es bedurfte noch einer oder zwei Generationen, um das Nationalgefühl massen- und dauerhaft zu verankern.

In den bestehenden Nationalstaaten Westeuropas waren es Schulen und Militär, über die die Nationalidee in die Bevölkerung eindringen konnte; in Mittel- und Osteuropa bedurfte es eines Geflechts von Literatur und Zeitungen, Parteien und Assoziationen, Kaffeehauszirkeln und gesellschaftlichen Kränzchen, Vereinen und Verbindungen, in denen sich die gesellschaftliche Kommunikation verdichtete, in denen die Schlagworte und Programme der Nationalidee die Köpfe der Mitglieder und Anhänger besetzten, und die durch die Gesellschaft nationalisiert wurde.

Hauptsächlich das Vereinswesen transportierte die Idee der Nation in die Bevölkerung – kein Zufall, denn die freie Vereinigung von Personen, die sich ihren Zweck selbst setzten, und deren Mitglieder freiwillig ein- und austraten, war eine gegen die Ständegesellschaft gerichtete Institution, mit deren Hilfe sich bürgerliche Gesellschaft bildete. «Die Vereine», so Thomas Nipperdey, «sind eins der entscheidenden Medien, in denen sich das neue Bürgertum aus Bürgerlichen und altständischen Bürgern, aus verschiedenen Berufen, der Bildung und der Wirtschaft, den Beamten und den freien Berufen allmählich als ein Ganzes, aus einem abstrakten Begriff zur konkreten Wirklichkeit gemeinsamer Lebensformen konstituiert.»[120] Das 19. Jahrhundert war das Jahrhundert der Vereine, eines Netzwerks von Assoziationen mit den unterschiedlichsten Zielen, und es gab kaum ein Individuum, das nicht Mitglied wenigstens eines Vereins war. Da waren die Gesangsvereine, angesichts der herausragenden Bedeutung der Musik und des lyrischen Worts für die massenhafte Verbreitung sinnstiftender Parolen und Begriffe für die

Nationalisierung der Öffentlichkeit in ihrer Bedeutung kaum zu überschätzen. Daß schon frühzeitig das gemeinschaftliche Singen als Transportmittel für nationale Gesinnung erkannt wurde, zeigen beispielsweise die Statuten der «Deutschen Gesellschaft» in Idstein vom 24. August 1814; es handelte sich um einen nationalistischen Geheimbund, der polizeilich beobachtet und schließlich wegen «revolutionärer Umtriebe» ausgehoben wurde. In den Statuten heißt es: «Da es bisher unserem Volke so sehr an passenden, dem Zeitgeiste gemäßen Liedern gefehlt hat, und doch im Gesang der Mensch, besonders der ungebildetere Stand seine Gefühle feyert, so bemüht sich die Gesellschaft, auch diesem Bedürfnis, soviel an ihr ist, abzuhelfen. Sie beschließt daher, daß jedes Mitglied in seinem Kreise ächte deutsche Lieder, wie etwa die von Theodor Körner, verbreite und die schlechten bei dem Volke üblichen ausmerze.» Dieses Vorhaben scheint polizeilicherseits als besonders gefährlich angesehen worden zu sein, denn in der behördlich verfügten Abschrift ist die Passage angestrichen und mit einem Ausrufezeichen versehen.[121]

Hinzu kamen die Turnvereine, die in vielen Ländern eine ausgesprochen militant-nationale Ideologie vertraten. Das Vorbild gab die Berliner Turngesellschaft ab, 1811 von dem «Turnvater» Jahn gegründet, um die deutsche Jugend auf den Kampf gegen Frankreich vorzubereiten, und dementsprechend mit einer Ideologiemixtur von Körperertüchtigung, Charakterschulung und nationaler Zielrichtung versehen. Um 1818 gab es bereits in Deutschland etwa 12 000 Turner, die sich als Vorkämpfer der nationalen Einheitsidee betrachteten. 1820 wurden die Turnvereine zwar aufgrund der Karlsbader Beschlüsse verboten, existierten jedoch großenteils heimlich weiter. Seit ihrer erneuten Zulassung 1842 nahmen sie rapide an Zahl und Mitgliedern zu – 1862 gab es bereits 135.000 Turner in Deutschland, die durch ihr Auftreten in der Öffentlichkeit, durch ihr mobilisierendes Vorbild im nationalpädagogischen Sinne wirkten. Ähnliche Organisationen bildeten sich in der Habsburger Monarchie – in Österreich im deutschnationalen Sinn, scharf gegen die habsburgische Herrschaft gerichtet in Ungarn und namentlich in Böhmen, wo 1862 die *Sokol*-(Falke-)Bewegung gegründet wurde, eine Turn- und Sportorganisation, die der nationalen Bewußtseinsbildung des tschechischen Kleinbürgertums einen enormen Schub verlieh. In den katholischen Teilen Deutschlands wie auch in Österreich traten die Schützenvereine hinzu, gleichzeitig Vermittler nationaler Gedanken und integrale Bestandteile des katholischen Milieus. Zudem ist an studentische Verbindungen zu denken – die Universitäten, Mittelpunkt bürgerlichen Bildungsstolzes, galten als Brutstätten nationaler Ideologien und waren deshalb auch die wichtigsten Zielscheiben der Karlsbader Beschlüsse, mit denen die Mächte der Heiligen Allianz 1820 die brodelnden Nationalideen zu unterdrücken trachteten.

Die andere Seite der nationalen Bewegungen Europas, die liberale Publizistik, spielte ihre Rolle im Gegensatz zum Vereinswesen auf einer relativ abgehobenen Ebene. Sie blieb naturgemäß bildungsbürgerlich, sprach einen verhältnismäßig kleinen Leserkreis und diesen überwiegend rational an. Ihre Funktion im Rahmen von «Nationalbewegung» war doppelt: Zum einen war sie in einem sehr viel direkteren Sinn als die Vereinsbewegung Gegner des politischen Systems. Durch Zeitungsverbote und politische Zensur wurde die Entrüstung und Opposition des liberalen Bildungsbürgertums provoziert; der Ruf nach politischer Freiheit, wie er seit dem 18. Jahrhundert in dieser aufgeklärten Schicht erhoben worden war, war in Deutschland vor allem der Ruf nach Meinungsfreiheit und Toleranz: Darin unterschied sich der deutsche Fall von dem der westeuropäischen Bourgeoisie, die in England vorwiegend wirtschaftliche Freiheit, in Frankreich, Spanien und Italien vor allem politische Partizipation meinte. In Deutschland waren die Schützengräben der Religionskriege noch nicht zugeschüttet, und deshalb war hier vor allem die Toleranz des Fürsten Maßstab bürgerlicher Selbstbestimmung. Daher die besondere Rolle gemaßregelter Zeitungsredakteure und zensierter Schriftsteller bei allen aufrührerischen Bewegungen seit 1830. Und zum zweiten wirkte die Publizistik parteibildend; «Partheyen», «Factionen», «Associationen» formierten sich um Zeitungen herum, die so die Öffentlichkeit für den parlamentarischen

Bereich herstellten. Was auf der Vereinsbasis an Stimmung
und Weltbild entstand, konkretisierte sich in der Publizistik
zum Programm und zur tagespolitischen Parole.

Während in Deutschland, Nord- und Westeuropa die bürgerliche Vereinsbewegung offen, wenn auch vielfältig durch
obrigkeitliche Verbote und Hindernisse eingeschränkt, einen
zunehmenden Teil der Gesellschaft im Sinne nationaler Parolen mobilisieren konnte, war diese Aufgabe in Ost- und Süd-
europa hauptsächlich Sache von Geheimgesellschaften, die
sich oft der Organisationsformen älterer Geheimorganisa-
tionen des 18. Jahrhunderts bedienten, der Freimaurer und
Illuminaten. Das galt hauptsächlich für jene Länder, die unter
Fremdherrschaft standen; der Geheimbund schien die beste
Organisationsform für die konspirative Vorbereitung von
Aufständen zu sein. Prototyp und europaweites Vorbild war
die *Carboneria*, die um 1806 in Süditalien entstanden war und
zunächst gegen die französische Herrschaft, nach dem Sturz
Napoleons und der Napoleonidenherrschaft im Königreich
Neapel gegen jede Regierung kämpfte, die nicht die italieni-
sche Einigung unter einer freiheitlichen Verfassung anstrebte. Die *Carbonari*, also Köhler – man nimmt an, daß das
Köhlergewerbe wegen seiner hinterwäldlerischen Zurück-
gezogenheit dem Bund den Namen gab –, betrachteten sich
nicht nur als national und demokratisch, sondern auch als
moralisch-religiös; ihr bewußt doppeldeutiges Erkennungs-
zeichen war I. N. R. I., was heißen sollte: *Iustum Necare Reges
Italiae* – es ist gerecht, Italiens Könige zu töten. Obwohl die
Carboneria zeitweise einen hohen Mitgliederbestand aufwies – die häufig ohne Beleg rapportierte Zahl von 300.000
Mitgliedern scheint freilich übermäßig hoch gegriffen –, war
sie doch bei der Vorbereitung und Durchführung von Aufständen bemerkenswert erfolglos; die Aufstände in Neapel
und Piemont 1820/21 wie auch im Kirchenstaat 1831 wurden
von österreichischen Truppen niedergeschlagen, und die
Führer flüchteten nach Frankreich und in die Schweiz. Dort
formierte sich die Charbonnerie erneut, allerdings weniger
unter nationalen als vielmehr unter radikal-republikanischen
Auspizien, und strahlte nach Spanien wie nach Polen und
Deutschland aus. Es kam zu einer regelrechten Symbiose

zwischen radikal-demokratisch gesonnenen Franzosen, Italienern und Polen, die 1831 in Paris die *Charbonnerie Démocratique Universelle* gründeten, ein heute kaum noch rekonstruierbares Organisationssystem geheimer Zirkel und Logen sowie halbgeheimer politischer Klubs. Man organisierte Unruhen in Lyon und Paris, entsandte Partisanen nach Polen, unterstützte den Sturm auf die Frankfurter Hauptwache, mit dem eine Handvoll deutscher Demokraten am 3. April 1833 einen Putsch gegen den Bundestag inszenieren wollte – aber sämtliche Unternehmen scheiterten, und die *Carboneria*, Schreckgespenst der europäischen Politik seit 1815, siechte dahin, gefolgt von einer neuen, eher hochherzigen als politisch durchschlagenden Geheimbewegung: das «Junge Europa» des italienischen Revolutionärs Giuseppe Mazzini (1805–1872). Mazzini war Carbonari gewesen, fühlte sich aber von dem sektiererischen Wesen der Carboneria abgestoßen. Seine 1831 in Marseille gegründete Geheimorganisation «Junges Italien», die er drei Jahre später mit den Parallelvereinigungen «Junges Deutschland» und «Junges Polen» zum «Jungen Europa» zusammenschloß, sollte lediglich aus einer kleinen, aktivistischen, straff disziplinierten, von tiefem Glauben an Gott und das Volk beseelten Elite bestehen, die den Befreiungskampf für nationalstaatliche Republiken in ganz Europa anführen und das Volk durch ihr Beispiel begeistern und fortreißen sollte. Mazzinis Putsch in Piemont reihte sich 1834 in die lange Liste mißglückter Umsturzversuche im Italien des 19. Jahrhunderts ein, und das Junge Europa blieb ohne direkte politische Wirkung, wie andere nationale Geheimbünde auch; aber sein Beispiel bildete einen ständigen, pathetischen Appell an alle Unzufriedenen, sich im Zeichen der Nationalidee zu sammeln, und beunruhigte die Regierungen.

Mit der Rheinkrise von 1840 erwies sich der Massennationalismus das erste Mal als selbständige politische Kraft, die Nationalidee als das legitimitätsstiftende Prinzip *par excellence*. Ausgelöst wurde die Rheinkrise durch die französische Regierung Thiers, die eine schwere Schlappe ihrer Orientpolitik und eine daraus entspringende nationale Stimmungskrise durch eine offensive Ostpolitik zu kompensieren

suchte und die Rückgewinnung der «natürlichen» Rhein-
grenze propagierte – keineswegs in manipulativer Manier,
denn Thiers lenkte nicht die erregte öffentliche Meinung in
Frankreich, sondern er folgte ihr. In Deutschland entwik-
kelte sich daraufhin, vom Rheinland ausgehend, eine das
ganze Land erfassende Stimmungskampagne, die fast alle
Bevölkerungskreise erreichte und die integrierende Kraft des
Nationalgedankens erwies. Das Rheinlandlied Nikolaus
Beckers «Sie sollen ihn nicht haben / Den freien deutschen
Rhein» wurde fast von einem Tag zum anderen zur inoffiziel-
len deutschen Nationalhymne; Max Schneckenburgers
«Wacht am Rhein» und Hoffmann von Fallerslebens
Deutschlandlied entstanden ebenfalls in diesem Sog. Das erste Mal verspürten die deutschen Kabinette einen «Basis-
schub», der ihnen den politischen Kurs aufzwang. Metternich witterte die Gefahr germanischen Jakobinertums und
widerstand dem Drängen Preußens und mehrerer Mittelstaaten, die Bundeskriegsverfassung zu reformieren und Ge-
genrüstungen vorzunehmen; immerhin einigten sich aber
die beiden deutschen Vormächte im November 1840 unter
ausdrücklicher Berufung auf die allgemeine «Nationalgesin-
nung» auf einen gemeinsamen Operationsplan für den
Kriegsfall, und im Jahr darauf beschloß der Bundestag die
Errichtung der Bundesfestungen Rastatt und Ulm. Die
Rheinkrise versandete, nachdem das Ministerium Thiers
Ende Oktober 1840 vom König entlassen und durch die Regierung Guizot ersetzt worden war, die zur Politik des europäischen Gleichgewichts zurückkehrte. Aber die Gewalt des
Massennationalismus war spürbar geworden, der seitdem
immer stärker die Politik der europäischen Staaten bestimmte: als eine selbständige politische Kraft, gegen die auf
die Dauer alle anderen Legitimationsangebote chancenlos
waren. Die Rheinkrise von 1840 bezeichnete deshalb eine
tiefe historische Zäsur; war die staatliche Entwicklung Mit-
tel- und Osteuropas bisher noch offen gewesen, hatte bisher
noch die Chance bestanden, die Loyalität der am politischen
Diskurs beteiligten Gruppen und Eliten an die bestehenden
Staaten zu binden, so war nun sichtbar geworden, daß Alternativen zum Nationalstaat kaum noch Chancen besaßen.

Drittes Kapitel

Nationalstaaten

1. Der revolutionäre Nationalstaat
(1815–1871)

Der Nationalstaat sei «die weltliche Machtorganisation der Nation», meinte Max Weber. Im Nationalstaat will das Staatsvolk nicht mehr einfach die zufällige Summe aller Angehörigen eines Staates sein; das Volk ist vielmehr eins mit der Nation, die sich nicht nur als kulturelle, sondern auch als politische Gemeinschaft sieht. Die Volksnation erhebt den Anspruch, sich in ihrem eigenen Staat selbst zu verwirklichen und zu entfalten; im Nationalstaat ist sie frei, sich selbst zu regieren, und sie ist frei von jeder fremden Herrschaft.

Daß ein Staat als Nationalstaat verfaßt sein sollte, war zu Beginn des 19. Jahrhunderts noch keineswegs selbstverständlich. Die Staatsmänner, die auf dem Wiener Kongreß darangingen, Europa neu zu ordnen, besaßen noch ganz andere Vorstellungen von der künftigen Staatenwelt. Für den Fürsten Metternich (1773–1859), gemeinsam mit dem russischen Zaren Alexander I. (1777–1825) und dem britischen Außenminister Lord Castlereagh (1769–1822) Architekt des neuen Europas, war Italien lediglich «ein geographischer Begriff», die staatliche Einigung Italiens undenkbar, und Metternichs engster Berater Friedrich von Gentz (1764–1832) erklärte die nationalstaatliche Einheit Deutschlands zu einer gefährlichen Chimäre: «Die Vereinigung aller deutschen Stämme zu einem ungetheilten Staate» sei «ein durch tausendjährige Erfahrung widerlegter und endlich abgethaner Traum . . ., dessen Erfüllung keine menschliche Kombination zu erschwingen, die blutigste Revolution nicht zu ertrotzen vermöchte, und den nur Wahnsinnige noch verfolgen können». Sollte aber, so schloß Gentz seine Überlegung nicht ohne prophetische Einsicht, die Idee der nationalen Einigung in Europa die Oberhand behalten, «so wird eine

Wildniß voll blutiger Ruinen das einzige Vermächtniß sein, das unserer Nachkommenschaft wartet.»[122]

Das war die Angst, die die Staatsmänner Europas bei der Neuordnung des Kontinents nach dem Fall Napoleons beherrschte: Man hatte in Abgründe geblickt, man war mit dem Schrecken davongekommen und sich in einem, allerdings nur darin, einig: Eine Revolution durfte es in Europa nie wieder geben – und die Idee des durch die Nation legitimierten Staates war das revolutionäre Prinzip *par excellence*. Die diplomatischen Korrespondenzen der Epoche sind voll von düsteren Warnungen vor der Nationalidee, *une maladie grave de l'état social en Europe*, wie der französische Gesandte zum Frankfurter Bundestag sich ausdrückte[123]: eine schwere Krankheit der gesellschaftlichen Verhältnisse in Europa. Man drängte zurück zum alten, vorrevolutionären Staatensystem, zum friedenssichernden Gleichgewicht souveräner, dynastisch regierter Staaten nach dem Muster des Westfälischen Friedens von 1648. Spanien und Portugal wurden unter ihren alten Herrscherfamilien restauriert, Holland wurde um die früheren österreichischen Niederlande, das spätere Belgien, vergrößert, die Schweiz wiederhergestellt, Schweden blieb mit Norwegen vereinigt, und da die Pentarchie, der Klub der fünf europäischen Großmächte, ohne Frankreich nicht denkbar schien, blieb dieses innerhalb seiner Grenzen von 1792 bestehen und war an der Wiener Friedensordnung maßgeblich beteiligt, als habe es einen jahrzehntelangen Krieg Frankreichs gegen das übrige Europa nie gegeben. Das letzte Mal in der Geschichte Europas konnten die Staatsmänner eine vernünftige Politik des Interessenausgleichs und der Friedenssicherung betreiben, ohne daran von Massenemotionen und Völkerhaß gehindert zu werden.

Gewiß, auch bei den Wiener Kommissionsberatungen und Ausschußsitzungen war der Geist des neuen Jahrhunderts anwesend, die Scheu vor der bloßen Macht ohne die legitimierende Idee: eine «Heilige Allianz» sollten die Herrscher Europas nach dem Willen Zar Alexanders I. miteinander eingehen, ein Bündnis auf der Grundlage der christlichen Religion und der legitimen, also monarchisch-dynastischen Staatenordnung. Die «Heilige Allianz» sollte die Antwort auf die revolutionäre Forderung nach der Bildung von National-staaten sein; Alexander I. war in schwärmerischer Aufrich-tigkeit davon überzeugt, auf diese Weise die Solidarität der Völker mit ihren Fürsten zu befestigen. Metternich dagegen, der Stratege der neuen Ordnung, vertraute seinen Aufzeich-nungen an: «Abstrakte Gedanken zählen nicht viel. Wir neh-men die Dinge so, wie sie sind, und wir suchen nach Kräften uns zu hüten, Gefangene von Illusionen über die Wirklich-keit zu werden.»[124]

Gefangene von Illusionen, so schien es, waren andere: der polnische General und Nationalheld Tadeusz Kosciuszko (1746–1817) beispielsweise, der in Wien auftauchte, um die Einheit und Unabhängigkeit Polens einzufordern, das aber nach dem Willen der Großmächte ein weiteres Mal zerteilt wurde, diesmal sogar in fünf Bestandteile. Oder der deut-sche «Turnvater» Friedrich Ludwig Jahn (1778–1852), der eines Tages an der Donau erschien, wegen seiner altertü-melnden «teutschen Tracht», seiner bärtigen Gestalt und sei-nes polternden Freimuts von der feinen Wiener Gesellschaft wie ein Tanzbär bestaunt, aber wie ein Narr behandelt, weil er die deutschen Fürsten an ihre Einheitsversprechen wäh-rend des Freiheitskriegs erinnerte. «Jakobiner im Bärenfell» nannte man die Enthusiasten des deutschen Nationalstaats: wäre nicht die Verwirklichung ihrer Forderung einer erneu-ten Revolution gleichgekommen?

Das ganze sorgfältig ausbalancierte europäische Gleich-gewichtssystem hing davon ab, daß die europäische Mitte zersplittert blieb, diffus und ohne Macht. Auf diesem Prin-zip hatte das System des Westfälischen Friedens geruht, und darauf ruhte das Europa des Wiener Kongresses – daß die «Germanophilen» beabsichtigten, Deutschland zu einem Nationalstaat zu vereinen, beunruhigte die Staatsmänner in Wien aufs höchste: «Sie trachten eine Ordnung umzustür-zen, die ihren Stolz empört, und alle Regierungen dieses Landes durch eine einzige zu ersetzen», schrieb der französi-sche Außenminister Talleyrand aus Wien an Ludwig XVIII. «Mit ihnen im Bunde sind die Männer der Universitäten, die von ihren Theorien erfüllte Jugend, und die, welche der

Kleinstaaterei Deutschlands die Leiden zuschreiben, die sich
durch so viele Kriege, deren beständiger Schauplatz es ist,
über das Land ergossen haben. Die Einheit des deutschen Vaterlandes ist ihr Geschrei, ihr Glaube, ihre bis zum Fanatismus erhitzte Religion ... Wer kann die Folgen berechnen,
wenn eine Masse wie die deutsche, zu einem einzigen Ganzen gemischt, aggressiv würde? Wer kann sagen, wo eine
solche Bewegung haltmachen würde?»[125]

So wurde das nationale Prinzip nur dort akzeptiert, wo es
sich mit legitimer Fürstenmacht verband: In Großbritannien, Frankreich, Spanien, Portugal, den Niederlanden und
Schweden, also in West- und Nordeuropa. Daß hier in der
restaurativen Epoche nach den stürmischen Umwälzungen
von Revolution und napoleonischen Kriegen bereits weitgehend ausgebildete Nationalstaaten in die Geschichte eintraten, hatte einleuchtende Gründe. In allen diesen Fällen gab es
seit langem gefestigte, in sich nicht nur politisch-administra-
tiv, sondern auch kulturell geeinte Staatswesen, deren Herr-
schaftseliten sich bereits seit Jahrhunderten als «Nationen»
verstanden hatten. Seit den inneren Umwälzungen der *Glorious Revolution* in England von 1688, der großen Revolution
in Frankreich von 1789 hatten sich nach und nach diejenigen
Bevölkerungsschichten verbreitert, die direkt oder indirekt
durch Wahlen oder Plebiszite an der staatlichen Macht teil-
hatten – mit anderen Worten: Die einstigen «Adelsnationen»
hatten sich in «Volksnationen» verwandelt, oder sie waren
jedenfalls auf dem Weg dahin. Hier wurde deutlich sichtbar,
was auch für das übrige Europa im großen und ganzen galt:
Die Idee der Nation war die folgerichtige Antwort auf den
Weg Europas in die Moderne; je mehr Menschen politisch
bewußt wurden und die Möglichkeit besaßen, sich politisch
zu betätigen und so sich am Staat zu beteiligen, um so stärker trat die Nationalidee in den Vordergrund. Nation und
Demokratie wurden zwei Seiten derselben Medaille, der Nationalstaat erwies sich als zeitgemäßer Rahmen und Garant
für Demokratie und Parlamentarismus. Als geistige Väter
konnten Rousseau und die Verfassungspolitiker der Französischen Revolution ebenso gelten wie John Locke nach der
englischen, der «Glorreichen» Revolution von 1688: Für sie

war die Nation die Gemeinschaft der mündig gewordenen Bürger.

Am deutlichsten war dies im Fall Frankreichs. Gewiß zog auch dort 1814 mit den Bourbonen die Restauration ein, aber die Versuche der Ultraroyalisten und Karls X. (1757–1836), des Nachfolgers des klugen und vorsichtigen Königs Ludwig XVIII. (1755–1824), den Staat zum Instrument des grundbesitzenden Adels zu machen, schlugen fehl. Wenn auch der Dritte Stand, übrigens durchaus nicht erheblich anders als nach der Revolutionsverfassung von 1791, durch ein prohibitives Zensuswahlrecht in seinen politischen Mitbestimmungsrechten stark beschnitten wurde – bis 1830 waren nie mehr als 100 000 Franzosen wahlberechtigt – so war doch mit der bourbonischen Verfassung von 1814, der *charte*, das Recht des Volks auf Souveränität und Repräsentation im Grundsatz anerkannt, und die bürgerlichen Grundsätze von Freiheit, Gleichheit und Eigentum wurden, wenn auch vielfältig eingeschränkt, so doch durch die Verfassung bestätigt. Der Versuch des Königs im Jahr 1830, die immer aggressivere liberale Opposition durch die Einführung von Zensur und drastische Erhöhung des Wahlzensus auszuschalten, führte denn auch zur Julirevolution und zur Etablierung der nationalen Souveränität, also des Vorrangs der Abgeordnetenkammer vor der monarchischen Legitimität. König Louis Philippe (1773–1850), der «Bürgerkönig», leistete seinen Eid nicht auf die Heilige Schrift, sondern auf die Verfassung, nicht in einer Krönungskathedrale wie Reims oder Notre Dame von Paris, sondern vor der Kammer. Gewiß blieb die Volksvertretung noch in weitem Maße Reservat der besitzenden Bourgeoisie, denn das Zensuswahlrecht wurde zwar modifiziert, aber noch nicht beseitigt; doch der dauernde Druck von links, von reformwilligen, liberalen Intellektuellen und Fabrikanten bis hin zur radikalen, demokratisch-republikanischen Opposition, führte dazu, daß das Regime des *juste milieu* nur eine Übergangserscheinung blieb. 1848 wurde es durch eine radikaldemokratische Republik ersetzt, die allerdings, ebenso wie die Republik der ersten großen französischen Revolution, ihrerseits durch einen Diktator abgeschafft wurde, der sich alsbald zum Kaiser ausrufen

ließ. Auch die Herrschaft Napoleons III. (1808–1873) brach
wie die Napoleons I. infolge einer Kriegsniederlage zusammen, gefolgt von der Dritten Republik. Trotz der zahlreichen hektischen Regimewechsel, die Frankreich im Laufe
des 19. Jahrhunderts erlebte, war doch die Gesamtentwick-
lung deutlich erkennbar: hin zum demokratisch-plebiszitä-
ren Staatswesen, das seine Daseinsberechtigung ausschließlich aus der Souveränität der Nation nach innen wie nach
außen bezog.

Nicht prinzipiell anders lag der englische Fall. Zwar hatte
hier nicht die eine und unteilbare Nation die Macht ergriffen, galten getreu der englischen Verfassungstradition die
französische Idee von der Volkssouveränität und der Existenz einer geschriebenen Verfassung als «Vergewaltigung
der Wirklichkeit durch die Vernunft» (Edmund Burke). Seit
den Tagen der *Glorious Revolution* von 1688 hatte sich in England eine Machtbalance zwischen Krone, Hocharistokratie
und landbesitzendem Adel herausgebildet; hinzu kam das
Handelsbürgertum der autonomen *City of London*. Der englische Parlamentarismus des beginnenden 19. Jahrhunderts
besaß noch starke Züge eines *ancien régimes* ohne absolutistische Herrschaft – das Parlament von Westminster beanspruchte zwar, die gesamte Nation zu repräsentieren, aber
nicht als direkte Vertretung der Bevölkerung (*real representation*), sondern als Vertretung der wesentlichen Interessenbe-
reiche des Landes (*virtual representation*). Aber spätestens seit
Ende des 18. Jahrhunderts war jedermann klar, daß die
Wirklichkeit des englischen Parlamentarismus nicht einmal
mehr traditionellen Maßstäben entsprach. Die Wahlkorrup-
tion, die Bestechung von Abgeordneten stellten geradezu
das Schmieröl des parlamentarischen Betriebs dar, und ein
großer Teil der Wahlbezirke befand sich in den Händen der
Krone oder hochadliger Familien. Außerdem hatten die Bevölkerungsexplosion und die heraufziehende industrielle
Revolution zu einer erheblichen Veränderung der Bevölke-
rungsverteilung geführt; die neuen Wirtschaftszentren mit
ihren rasant zunehmenden Bevölkerungen wie Manchester,
Birmingham oder Sheffield waren nicht im Parlament vertreten, während winzige Wahlkreise wie das berüchtigte Old

Sarum, die eigentlich nur auf dem Papier existierten, Abgeordnete nach Westminster entsandten.

Das Überraschende an der großen, von den Zeitgenossen geradezu als Umsturz empfundenen Wahlrechtsreform von 1832 war, daß sie eigentlich nur geringfügige Neuerungen brachte, die aber ausreichten, das parlamentarische System auf unvorhergesehene Weise zu verwandeln und zu modernisieren. Den hocharistokratischen Whigs, die eigentlichen Träger der Reform, hatte nichts ferner gelegen als eine Demokratisierung des englischen Parlamentarismus. Sie hatten vielmehr die zunehmende radikale Kritik, wie sie seit den Tagen der Französischen Revolution im Lande laut geworden war, und die vor allem die Ideen der amerikanischen Demokratie reflektierte, für ihre eigene Sache zu nutzen versucht: Es ging darum, die Anomalien des traditionellen Wahlsystems behutsam zu korrigieren und die durch die Korruption unterhöhlte Funktionsfähigkeit des Parlaments wiederherzustellen. Die Wahlbezirke wurden neu eingeteilt, und die Zahl der Wahlberechtigten wurde sehr moderat erweitert, von etwa 500 000 auf 813 000. Doch diese geringfügigen Eingriffe verwandelten auf die Dauer das gesamte politische System Großbritanniens. Die alte Art, auf Wählerentscheidungen und auf Abgeordnete Einfluß auszuüben, wurde zunehmend erschwert. Der Ausgang von Wahlen wurde ungewiß, das Verhalten von Abgeordneten weniger kalkulierbar.

Die Mehrheitsbildung im Parlament entglitt zusehends der Regie der Krone und der sie stützenden aristokratischen Elite. Die Autonomie des Unterhauses wuchs, und bald zeigte sich, daß die Krone gegen den Willen des *House of Commons* ihr wichtigstes Vorrecht, die Ernennung und Absetzung von Regierungen, nicht mehr durchsetzen konnte. So führten der Druck einer liberalen, gelegentlich sogar radikal-demokratischen Öffentlichkeit, die wirtschaftlichen Umwälzungen und die daraus erwachsenen sozialen Veränderungen sowie die Bereitschaft der Oberschicht zu schrittweisen Korrekturen ganz ungewollt zu einer demokratischen Öffnung des englischen Staatswesens und damit zu einer immer breiteren Legitimation. Gewiß dauerte dieser Vorgang vergleichsweise lange; das englische Wahlrecht wurde nur schrittweise demokratisiert, das Frauenwahlrecht erst nach dem Ersten Weltkrieg eingeführt, und strenggenommen fand der Entstehungsprozeß der parlamentarischen Demokratie in Großbritannien erst 1948 sein Ende, mit der Abschaffung der gesonderten parlamentarischen Vertretungen der Universitäten Oxford und Cambridge. Auf ganz anderem Weg als Frankreich, aber im Ergebnis ähnlich wandelte sich auch England zu einem Nationalstaat.

In verschiedenen Mischungsverhältnissen beeinflußten der französische und der englische Weg die Entwicklung fast aller westeuropäischen Länder zu Nationalstaaten. Den revolutionären französischen Weg einer Nationalverfassung als Begründung eines Nationalstaats gingen 1820 Spanien (wo die konstitutionelle Epoche allerdings nur drei Jahre dauerte, um einem Regime absolutistischer Reaktion Platz zu machen) und 1831 Belgien, während das evolutionäre englische Vorbild mehr oder weniger stark auf die skandinavischen Staaten, aber auch auf die Niederlande ausstrahlte: Hier war es die Monarchie, die sich, während sie schrittweise an direkter politischer Einwirkungskraft verlor, zugleich zum Symbol und Repräsentanten des Nationalstaats und seiner historischen Wurzeln wandelte. Es ist kein Zufall, daß gerade in diesen westlichen Nationalstaaten die Monarchie Kriege, Umwälzungen und Arbeiterregierungen bis auf den heutigen Tag überdauert hat.

In Mitteleuropa, also in Deutschland und Italien, war die Lage völlig anders. Die Zersplitterung dieser Region, die direkte Einflußnahme der europäischen Randmächte auf die Verfassung und Ordnung Mitteleuropas war kein Zufall, sondern logisches Ergebnis der europäischen Staatenordnung. Nur der amorphe Zustand der europäischen Mitte hatte jahrhundertelang Europa in Balance gehalten, und jeder Blick auf die Landkarte zeigte, weshalb: Mitteleuropa, von der Ostsee bis zur Adria und zum Tyrrhenischen Meer, hielt die großen Mächte auseinander, sorgte für Distanz zwischen ihnen und verhinderte unmittelbare Kollisionen. Dieser Raum war diplomatisches Glacis im Frieden, europäisches Kriegstheater im Konfliktfall. Zudem galt es, Machtballungen in der europäischen Mitte zu verhindern, denn

wer dieses Gebiet besäße, sei es eine der europäischen Großmächte, sei es eine Macht, die in Mitteleuropa selbst ent-
stünde, könnte im Bündnis mit nur einer weiteren europäischen Macht Herrin Europas sein. Jede Machtballung in
Deutschland oder Norditalien wirkte daher wie eine Auf-
kündigung des europäischen Gleichgewichts. Die notwendige Folge war die Bildung feindlicher Koalitionen, deren
Erfolg um so wahrscheinlicher war, als sich eine mitteleuro-
päische Hegemonialmacht nach mehreren Seiten zugleich zu
behaupten hatte und dabei über keine verteidigungsfähigen
natürlichen Grenzen verfügte. Aus diesem Grund galten den
europäischen Nachbarn die Selbständigkeit der deutschen
und italienischen Klein- und Kleinststaaten als Garantie der
europäischen Freiheit, des Gleichgewichts der europäischen
taatenwelt und ihrer Existenz. So hatten die Staaten Europas
schon im Westfälischen Frieden von 1648 insgesamt das
Überleben und die Unabhängigkeit der mehr als 300 deutschen Duodez-Fürstentümer und der Reichsstädte garan-
tiert, und nicht anders sahen die Staatsmänner Englands,
Frankreichs, Rußlands, Preußens und Österreichs die Situation bei der Neuordnung des Kontinents auf dem Wiener
Kongreß.

Immerhin wurden für Deutschland und Italien jetzt «nationale» Staatenbünde projektiert – nur in Deutschland kam
es jedoch zur Etablierung des Deutschen Bundes, eines gewissermaßen säkularisierten Nachkommen des einstigen
Heiligen Römischen Reichs. Es hatte lediglich zu einem
lockeren Bündnis der 39 souveränen Staaten und Städte
gereicht, mit einem ständigen Gesandtenkongreß, dem
«Bundestag», als einzigem gemeinsamem Verfassungsor-
gan, präsidiert vom österreichischen Kaiser, doch mit einer
Stimmenverteilung, die eine Majorisierung der übrigen
Staaten durch Preußen und Österreich unmöglich machte.
Diese beiden Großmächte gehörten dem Deutschen Bund
lediglich mit ihren ehemaligen Reichsteilen an, während die
Könige von Dänemark, England und den Niederlanden als
deutsche Landesherren in Schleswig, Hannover und Luxemburg ebenfalls Mitglieder des Bundes waren: eine entschlos-
sene Verneinung des Nationalitätsprinzips, ein letzter Ver-

such, Deutschland nicht als kompakte Macht der Mitte, sondern als Feld des europäischen Interessenausgleichs zu ordnen.

Das gleiche geschah mit Italien; während jedoch der Deutsche Bund immerhin im großen und ganzen ein Bündnis deutscher Fürsten war, dominierte in Italien, wie schon den Jahrhunderten zuvor, die Fremdherrschaft. Österreich erhielt nicht nur die Lombardei zurück, sondern arrondierte seinen norditalienischen Besitz um das Territorium der früheren Republik Venedig. Zur unmittelbaren österreichischen Herrschaft traten zudem mehrere habsburgisch regierte Staaten: Toskana, Modena, Parma. Der päpstliche Staat wurde restauriert, doch erhielt Österreich Besatzungsrechte in den Festungen Ferrara und Comacchio, um gegebenenfalls den Zugriff Habsburgs auf Mittel- und Süditalien zu erleichtern. Süditalien, also Sizilien und Neapel, wurde wie bereits vor den Revolutionskriegen bourbonisch regiert, und lediglich im Nordwesten etablierte sich eine einheimische Dynastie: Das Königreich Piemont-Sardinien wuchs, um Ligurien mit Genua vergrößert, zum Rang einer europäischen Macht empor, einerseits als Glied im Abwehrring um Frankreich, zum anderen aber auch als Gegengewicht gegen allzu große Machtambitionen Österreichs. So verneinten die europäischen Mächte die nationalstaatliche Einigung Italiens womöglich noch entschiedener als die Deutschlands, um so mehr, als die eigentlich von Metternich angestrebte lockere italienische Staatenföderation, eine *Lega Italica*, an den Souveränitätsvorbehalten Piemonts und des Kirchenstaats scheiterte.

Vollends quer zur bestehenden politischen Ordnung stand die Nationalstaatsidee im Osten Europas. Der hauptsächlich slawische Osten des Kontinents kannte weder national akzentuierte, an Verfassungsgrundsätze und Institutionen gebundene Staatsbildungen wie die des europäischen Westens noch die bunte Vielfalt der kleinen Territorien in Europas Mitte. Osteuropa war der Boden der großen Reichsbildungen, die sich über eine Vielzahl von Völkerschaften wölbten und diese in ein geschichtsloses Halbdunkel zu drängen suchten. Das polnisch-litauische und das schwedische Großreich waren vergangen, aber das osmanische, das russische und das habsburgische Imperium hatten die Umwälzungen der vergangenen Epoche überstanden und ragten in das beginnende Zeitalter der Nationalstaaten hinein. Diese Reiche waren zentralistisch-bürokratisch regiert, despotisch im türkischen und russischen, rechtsstaatlich-etatistisch im österreichischen Fall, dem sich zeitweise die preußische Monarchie mit ihrem hohen Anteil an polnischen Untertanen anschloß. Für sie, die «Gefängnisse der Völker», war die Idee der Nation in doppelter Hinsicht existenzbedrohend – zum einen widersprach der Gedanke der Volkssouveränität diametral den ganz in der jeweiligen Herrscherpersönlichkeit konzentrierten Machtstrukturen; zum anderen bedrohte die Forderung der unterdrückten Völker nach eigenen Nationalstaaten den Zusammenhalt der osteuropäischen Reiche, denn sie bedeutete nicht, wie in West- und Mitteleuropa, Veränderung *am* und *im* Staat, sondern Rebellion *gegen* den Staat, Ablösung und Sezession. So ist der gesamte osteuropäische Staatengürtel, von Finnland über die baltischen Staaten, Polen, die Tschechoslowakei, Rumänien, Bulgarien, Griechenland, Albanien und Serbien, seit 1829 (Griechenland) binnen hundert Jahren durch Abspaltung von Großreichen entstanden. Allerdings gab es ähnliche Fälle auch in Westeuropa – man denke an Belgien, das sich 1831 vom Königreich der Vereinigten Niederlande abtrennte, an Norwegen, das 1905 die Realunion mit Schweden aufkündigte, an Irland, das 1922 aus dem Vereinigten Königreich von Großbritannien und Irland ausschied, und an Island, das 1944 seine Union mit Dänemark auflöste.

Wie berechtigt die Furcht der Begründer der Heiligen Allianz vor der revolutionären Sprengkraft der National- und Freiheitsideen war, zeigte sich bereits, bevor 1820 die Diplomaten und Staatsmänner Wien verlassen hatten: In Spanien, Portugal, Neapel-Sizilien und Piemont brachen Revolutionen mit liberalen und nationalstaatlichen Zielen aus, und über der Frage, wie dagegen vorzugehen sei, zeigten sich bereits tiefe Risse zwischen den Mächten des Westens, vor allem England, aber auch Frankreich, und denen des Ostens: Preußen, Rußland und Österreich. Auf den Konfe-

renzen von Troppau, Laibach und Verona bekräftigten die
Ostmächte, ganz im Geist der Heiligen Allianz und der anti-
revolutionären Grundlagen der Wiener Ordnung, gegen den
Widerspruch Englands und Frankreichs ihre Entschlossen-
heit, Staaten, «welche eine durch Aufruhr bewirkte Regie-
rungsveränderung erlitten haben», notfalls mit Waffengewalt «in den Schoß der großen Allianz zurückzuführen».
Der englische Außenminister Castlereagh dagegen warnte
vor einer «Liga der Regierungen gegen die Völker» und wies
darauf hin, daß schließlich die Regierungen Englands und
Frankreichs «den großen Tribunalen der Volksvertretungen
verantwortlich seien».[126]

Diese Haltung Frankreichs und Englands entsprang auch,
aber gewiß nicht allein liberaler Tugend; vielmehr ging es
den Regierungen beider Länder darum, sich die Sprengkraft
des Nationalismus zunutze zu machen, um strategische außenpolitische Vorteile zu erringen. Das zeigte sich bereits,
nachdem am 1. Januar 1822 ein griechischer Nationalkon-
greß in Epidauros die Unabhängigkeit des hellenischen Volkes vom osmanischen Reich erklärt und ein Verfassungsge-
setz auf der Grundlage der Volkssouveränität beschlossen
hatte. Die Türkei hatte in Wien nicht am Verhandlungstisch
gesessen, sie galt noch immer nicht als europäische Macht,
aber der englische Außenminister Canning (1770–1827)
zielte erkennbar auch auf die Interessen Rußlands und Österreichs, als er aus Anlaß des griechischen Aufstands den
Grundsatz proklamierte, daß Großbritannien der Schirm-
herr der kleinen Nationen sei. Die französische Außenpolitik
dagegen protegierte mit beträchtlichem Erfolg die revolutionären Nationalbewegungen Europas, insbesondere Italiens
und Polens. In Italien war unvergessen, daß die italienische
Einheitsbewegung, das *risorgimento*, ihre Ursprünge in den
Jahren der französischen Besetzung zwischen 1796 und 1815
gehabt hatte; die jakobinischen Republiken des *triennio* von
1796 bis 1799, die von Napoleon gebildeten Satellitenstaaten
bis hin zu dem norditalienischen Königreich Italien von Gnaden des großen Korsen – hier hatte sich eine städtische Intelligenz ausbilden können, für die ein geeintes Italien bereits
zum Greifen nahe gewesen zu sein schien, und deren Verfas-

sungswünsche und Einheitsideen sich ganz an das französische Vorbild anlehnten. So operierte denn auch die *carboneria* nach dem Sieg der österreichischen Truppen über die Aufständischen in Neapel und Piemont von Paris aus, wie auch die Vielzahl der polnischen Emigrantenorganisationen, für die Paris eine zweite Hauptstadt Polens war. Einen Schritt weiter ging Napoleon III., der seit seiner Kaiserkrönung 1852 die italienische Einigungsbewegung in direkter außenpolitischer Konfrontation mit Österreich aktiv unterstützte, zum einen, um die liberale öffentliche Meinung Frankreichs auf seine Seite zu ziehen, zum anderen, um die Wiener Friedensordnung von 1815 zu konterkarieren und die europäische Hegemonie für Frankreich zurückzugewinnen. So fiel das in Wien so mühsam befestigte europäische Staatensystem unaufhaltsam auseinander – im Osten die großen Kontinentalmächte Österreich, Rußland und in geringerem Maße Preußen, die auf den *status quo* setzten und Selbständigkeitsbestrebungen in ihren Vielvölkerstaaten zu befürchten hatten, im Westen die bereits gefestigten Nationalstaaten Frankreich und England, die als Kolonialmächte weit über Europa hinausreichende Interessen besaßen, und deren Verfassungsmodelle auf das übrige Europa ausstrahlten. Im Krim-Krieg 1853 bis 1856 wurde dann vollends deutlich, daß das alte europäische Konzert weitgehend verstummt war; auf die direkte militärische Konfrontation zwischen den Westmächten einerseits, Rußland andererseits folgte ein weites Auseinanderrücken der Flügelmächte Europas.

Dieses allmähliche Auseinanderrücken der Mächte des Westens und des Ostens ermöglichte in der europäischen Mitte eben jene Spielräume, die die Staatsmänner des Wiener Kongresses einst hatten verhindern wollen. Die Krise des europäischen Systems nach dem Krim-Krieg öffnete ein Fenster – eine historische Chance zur Einigung Mitteleuropas, wie sie zuvor nie und später nur selten bestand; die Situation war nicht unähnlich der, in der sich Europa nach dem Zusammenbruch des Sowjetsystems seit 1989 befindet.

Noch nach der Revolution von 1848/49 hatte es geschienen, als bleibe der Wunsch der deutschen und der italienischen Patrioten nach einem Nationalstaat, wie ihn Franzosen oder Engländer hatten, eine Chimäre. Die 585 Vertreter des deutschen Volkes, die am 18. Mai 1848 in der Paulskirche zu Frankfurt am Main zusammengetreten waren, um Deutschland auf der Grundlage einer liberalen, demokratischen Verfassung zu einen, waren heillos darüber zerstritten, was Deutschland eigentlich sein solle. Wie jede Professorendebatte verlief auch diese Diskussion im Uferlosen. Heinrich von Gagern (1799–1880), Präsident der Nationalversammlung, beantragte, «Österreich als in den zu errichtenden deutschen Bundesstaat nicht eintretend zu betrachten» – ihm schwebte die kleindeutsche Lösung vor, eine Vereinigung der Staaten des deutschen Bundes mit Ausnahme Österreichs, wie sie in wirtschaftlicher Hinsicht in Gestalt des «Deutschen Zollvereins» bereits bestand, und deshalb stimmte er für den preußischen König als deutschen Kaiser. Da waren sie, die festen Grenzen, die klaren Umrisse, die vernünftigen Lösungen – war Österreichs Macht nicht ohnehin durch die Wirren im Vielvölkerstaat gebrochen, hatte sich nicht der preußische König Friedrich Wilhelm IV. zu den Idealen der deutschen Einheit und Freiheit bekannt? Aber für die kleindeutsche Lösung unter preußischer Vorherrschaft sprach nur der Verstand, nicht das Herz. Deutschland ein Großpreußen? Der Widerspruch war erregt, kam aus allen Fraktionen der Versammlung. Das «Riegelwerk der Karpathen» wurde beschworen, das «unüberwindliche Bollwerk von Tirol», Böhmen, «das Haupt und die Stirne Deutschlands», und auch die zivilisatorische Sendung der Deutschen im Osten und auf dem Balkan – daß dort andere Nationen ebenfalls für ihre nationale Unabhängigkeit kämpften, fiel in den Debatten der deutschen Nationalversammlung kaum ins Gewicht. Großdeutschland unter den habsburgischen Kaisern, das wiedererwachte Alte Reich mit einem Tropfen liberalen Salböls, das war die Alternative, der die Mehrheit der versammelten Honoratioren entgegenträumte.

Aber alle diese Debatten waren in den Wind geredet; die wirkliche Macht lag nicht bei den Volksvertretern in Frankfurt. Als die aus einem nationaldeutschen Aufstand gegen die dänische Herrschaft in Schleswig-Holstein hervorgegangene provisorische Regierung in Kiel die Nationalversamm-

lung um Hilfe bat, mußte man sich preußische Truppen aus-
leihen, die denn auch bis nach Jütland vordrangen. Aber das
rief die europäischen Mächte auf den Plan, die ohnehin den
deutschen Einheitsbemühungen äußerst skeptisch gegen-
überstanden und nunmehr, mit dem Ausgreifen der deutschen Nationalbewegung auf die deutschsprachigen Länder
der dänischen Krone, ihre Befürchtungen bestätigt sahen.
Der britische Botschafter Sir Stratford Canning predigte der
preußischen Regierung, sie müsse ihre Politik «an dem System des internationalen Rechts ausrichten, der besten Garantie des Friedens, das die Enthusiasten der deutschen Einigung so eifrig zu überwinden suchen und das die Apostel der
Unordnung mit so großem Erfolg der Verachtung und Vergessenheit zu überantworten streben . . .»[127] Sir Stratfords
Unruhestifter waren die liberalen Vorkämpfer des deutschen
Nationalstaats, die Unordnung war für ihn die Einigung
Deutschlands. Den Kabinetten in London, Paris und Petersburg schien das Treiben des Paulskirchenabgeordneten der
schiere Aufruhr wider die geheiligten Prinzipien des europäischen Gleichgewichts. Französische Gesandte forderten
Garantien für den Fortbestand der souveränen deutschen
Territorialstaaten, britische Kriegsschiffe demonstrierten in
der Nordsee, russische Truppen marschierten an der preußischen Ostgrenze auf, und unter dem massiven Druck der
europäischen Mächte zog Preußen seine Truppen aus Schleswig-Holstein zurück, mochte das Professorenparlament in
Frankfurt noch so sehr protestieren.

Das war die Wende: In einer Revolution siegt, wer die
Machtfrage zu seinen Gunsten beantwortet, und die Paulskirche war völlig machtlos. Nicht zuletzt an der Drohung einer Drei-Mächte-Intervention scheiterte die deutsche Revolution von 1848/49, der Versuch, einen deutschen Nationalstaat in Gestalt eines liberal verfaßten Großdeutschlands auf
der Grundlage von Volkssouveränität und Menschenrechten
zu begründen. Die Furcht vor der nationalen und demokratischen Revolution in Europas Mitte war stärker gewesen; der
preußische Gesandte Karl von Bunsen (1791–1860) faßte die
vorherrschende Meinung der englischen Politiker zusammen: «Daß Deutschland ein mächtiges Reich werde, ist

höchst unwahrscheinlich. Vielmehr steht, da das alte offenbar gefallen ist, eine Auflösung und Zersplitterung in Aussicht unter der Herrschaft oder dem Einfluß Frankreichs im Westen und Rußlands im Osten. Es ist aber auch nicht wünschenswert, daß Deutschland ein einheitlicher Staat werde. Die ultrademokratischen Elemente würden sich dadurch im Herzen Europas festsetzen und zugleich der englische Handel und die englische Industrie bedroht werden.»[128]

Erst seit der Revolution von 1848 gab es in der öffentlichen Meinung Europas keine legitime Alternative zum Nationalstaat mehr. Noch während der Revolution hatte es Stimmen gegeben, die die notwendige Einheit von Staat und Nation bestritten; so hatte beispielsweise der Slawenkongreß, der im Juni 1848 unter dem Vorsitz des tschechischen Historikers František Palacký (1798–1876) in Prag zusammengetreten war, eine Adresse an den österreichischen Kaiser verabschiedet, in dem ausdrücklich auf eigene Staaten der slawischen Nationen verzichtet wurde; nur die Vorherrschaft der Deutschen im habsburgischen Kaiserstaat solle beendet, ein föderatives, auf Gleichberechtigung aller zugehörigen Nationen beruhendes Reich solle begründet werden. Zu der dann erfolgenden «Wiedergeburt des österreichischen Staates . . . wollen wir Söhne des großen Slawenstammes, dessen verschiedene Zweige sich nun der langersehnten Freiheit unter Eurer kaiserlichen Majestät väterlicher Regierung erfreuen, mit vielerprobter Kraft und Treue beitragen.»[129] Aber die Truppen des Fürsten Windischgraetz erstickten die «langersehnten Freiheiten» der Böhmen und stellten das spätabsolutistische, zentralistische Regime des Habsburgerreichs wieder her, und nicht anders erging es den übrigen Völkerschaften Österreichs. Nach der niedergeworfenen Revolution war sich 1851 Pasquale Mancini (1817–1888), Völkerrechtler und später Außenminister Italiens, ganz sicher: ein Staat, in dem viele Nationalitäten zur Einheit gezwungen seien, sei kein politischer Organismus, sondern ein lebensunfähiges Ungeheuer.[130] Was war überhaupt eine Nation ohne Staat? Der deutsche Philosoph Georg Wilhelm Friedrich Hegel (1770–1831) hatte bereits erklärt, das Leben der Nationen ohne Staat sei lediglich «Vorge schichte», wovon der liberale, in Heidelberg lehrende Schweizer Staatsrechtler Johann Caspar Bluntschli (1808–1881) die Erkenntnis ableitete: «Jede Nation ist berufen und daher berechtigt, einen Staat zu bilden ... Wie die Menschheit in eine Anzahl von Nationen geteilt ist, so soll die Welt in ebensoviele Staaten zerlegt werden. Jede Nation ein Staat. Jeder Staat ein nationales Wesen.»[131]

Anders als in Deutschland hatte sich die Revolution 1848 in Italien nicht einmal in einer nationalen Institution wie der Frankfurter Nationalversammlung konzentrieren können; die verschiedenen revolutionären Zentren, Neapel, Rom, Mailand, Venedig, Florenz und Turin, profitierten zwar gleichermaßen von der Schwäche der monarchischen Instanzen, wie dies im Frühjahr 1848 auch in Deutschland der Fall gewesen war, aber dann fielen sie auseinander, beanspruchten jeweils die Führung in der nationalen Einigungsbewegung und wurden deshalb nacheinander von den Kräften der Gegenrevolution, von österreichischen, bourbonischen, spanischen und französischen Truppen überwältigt. Anders aber als im deutschen Fall blieb die Kontinuität von der Revolution von 1848 bis zur Gründung des Nationalstaats bestehen. Die liberal-demokratischen und radikalen Anführer der italienischen Einheitsbewegung, die schon vor der Revolution die Einheit propagiert und 1848/49 die Aufstandsbewegungen gegen Österreich angeführt hatten – Mazzini, Gioberti, Garibaldi – schürten weiterhin das revolutionäre Feuer in der Öffentlichkeit, während im Deutschland der fünfziger Jahre allgemeine Mutlosigkeit und Abkehr von den idealistischen Ideen der Revolution herrschten. So hing das italienische Bürgertum weiterhin dem Traum vom einigen Italien nach, befeuert von den großen Opern Giuseppe Verdis, dessen *Troubadour* oder *Die sizilianische Vesper* kaum verhüllte Aufrufe zum Aufstand gegen die Fremdherrschaft darstellten und von der italienischen Öffentlichkeit als Demonstrationen erneuerter italienischer Nationalkultur verstanden wurden.

Man kann die Gründung des italienischen Nationalstaats als die Geschichte einer politischen und kulturellen, liberalen aristokratisch-bürgerlichen Elite beschreiben, hervorgegan-

gen aus den *moderati*, einer Schicht gemäßigter Intellektueller, Staatsdiener und kommerzieller und landbesitzender
Bürger, die sich im Laufe des 19. Jahrhunderts in allen städtischen Zentren Italiens herausbildete, meist im Umkreis von
Zeitschriften, die liberale Programme vertraten. Die eigentlichen und ursprünglichen Ziele des *moderatismo* waren keineswegs die staatliche Einigung Italiens, sondern die Reform
von Verwaltung, Verfassung, Bildungswesen und Wirtschaft
in den bestehenden italienischen Staaten; die westeuropäische Verfassungsentwicklung, insbesondere die konstitutionell-liberale Monarchie in Frankreich seit 1830 lieferte die
Vorbilder. Die Vorkämpfer der italienischen Einigung waren
ursprünglich andere: die Demokraten, wie sie sich insbesondere in der Bewegung Mazzinis hervortaten; hier verband
sich der Traum vom Nationalstaat mit einheitsstaatlichen,
demokratischen, gelegentlich auch sozialistischen Ideen.
Das revolutionäre Feuer der Demokraten erschreckte die
moderati, die den Umsturz verabscheuten und deshalb die
Nähe zu einem aufgeklärten, verfassungsfreundlichen Fürsten suchten; in Carlo Alberto (1798–1849), dem König von
Sardinien-Piemont, fanden sie ihn.

Es ist faszinierend zu verfolgen, wie seit dem für Piemont
unglücklichen Ausgang der 48er Revolution das Land von
den liberalen Ideen des Zeitgeistes durchdrungen wurde;
Piemont stellte auch in der auf die Revolution folgenden Reaktionsepoche ein Auffangbecken für den italienischen *moderatismo* dar, der sich mit Teilen der Demokratiebewegung
verband und in einen neuen italienischen Liberalismus
hineinwuchs, der den piemontesischen Staat umgestaltete.
Gegen Ende der 1850er Jahre war Piemont ein parlamentarisches Staatswesen, das auf einer breiten, staatstragenden,
liberalen Grundlage ruhte und energisch die Modernisierung
von Gesellschaft, Wirtschaft, Verwaltung und Staat nach
französischen und englischen Vorbildern betrieb. Leiter der
piemontesischen Politik war seit 1852 der Graf Camillo
Cavour (1810–1861), ein begeisterter Anhänger des britischen Parlamentarismus, der während der Revolutionszeit in
Turin die Zeitschrift *Risorgimento* herausgegeben hatte, die
der italienischen Einigungsbewegung den Namen gab.

Als piemontesischer Ministerpräsident gelangen ihm mehrere Kunststücke zugleich: Indem Piemont an Frankreichs und Englands Seite in den Krim-Krieg eingriff, verpflichtete es sich die beiden westlichen Flügelstaaten des europäischen Mächtesystems, als dessen Mitglied Piemont auf dem Pariser Friedenkongreß 1856 auftrat. Während Napoleon III. glaubte, in Piemont einen italienischen Degen gegen Österreich gefunden zu haben, verpflichtete ihn Cavour in Wirklichkeit auf die Unterstützung der italienischen – einstweilen lediglich norditalienischen – Einigung. Dafür zahlte er einen hohen Preis; bei seinem Treffen mit Napoleon III. in dem Vogesenbad Plombières mußte er die Abtretung Nizzas und Savoyens an Frankreich zugestehen, aber damit war Frankreich seinerseits an Piemont gebunden. Er sei bereit, erklärte der Kaiser der Franzosen dem piemontesischen Ministerpräsidenten, Sardinien (-Piemont) bei einem Kriege gegen Österreich mit allen Kräften zu unterstützen, «vorausgesetzt, daß dieser Krieg für eine nichtrevolutionäre Sache unternommen werde, so daß er in den Augen der Diplomatie und besonders vor der öffentlichen Meinung ... ganz Europas gerechtfertigt erscheine.»[132]

Das war das Rezept für die Einigung der Staaten Mitteleuropas: Veränderungen auf der Landkarte waren in den Augen der europäischen Diplomatie möglich, wenn sie für eine «nichtrevolutionäre Sache» stattfanden – immer noch eine halbherzige Verbeugung vor dem Geist der Wiener Friedensordnung von 1815, doch zugleich in der deutlichen Absicht, sie entschlossen beiseite zu schieben. Die Siege der verbündeten piemontesischen und französischen Armeen bei Magenta und Solferino führten am 11. Juli 1859 zum Präliminarfrieden von Villafranca, in dem Österreich die Lombardei an Frankreich abtrat, das sie an Piemont weitergab. Mit dieser schweren Erschütterung des Habsburgerreichs hätte sich Napoleon III. gerne zufriedengegeben, aber für den Grafen Cavour zahlte sich jetzt seine langjährige zielbewußte Zusammenarbeit mit den verschiedenen Flügeln der italienischen Nationalbewegung aus. Das Modell einer *connubio*, einer Verbindung der *moderati* Cavours mit gemäßigten Linken und Demokraten zu einer modernen liberalen Elite, das der

piemontesische Ministerpräsident intensiv gefördert hatte,
strahlte von Turin auf ganz Italien aus; die *Società Nazionale*
stellte die Verlängerung des piemontesischen National-
Liberalismus auf ganz Italien dar, eine starke städtische
Organisation adliger und bürgerlicher Liberaler, die sich
Cavour als Verbündete anbot und schnell zu seinem Instrument wurde. Kaum war der Krieg mit Österreich beendet, als in Mittelitalien Aufstandsbewegungen losbrachen,
die die Herrscher der oberitalienischen Herzogtümer
ebenso hinwegfegten wie die päpstlichen Verwaltungsbe-
hörden in der Emilia-Romagna und in den Marken. Provisorische Regierungen unter Politikern, die der *Società Nazionale* angehörten, forderten den Anschluß an Piemont; Plebiszite in diesen Gebieten ergaben eine enorme Zustimmung
der Bevölkerung.

Cavour spielte ein gefährliches Spiel. Nicht nur, daß Napoleon III. darüber irritiert war, daß der Ball, den er in Bewegung gesetzt hatte, ohne sein Zutun weiterrollte; Piemont
mußte, um wenigstens Frankreich am Eingreifen zu hindern, Nizza und Savoyen abtreten, für Cavour ein schwerer
Gesichtsverlust angesichts der nationalen Welle, die Italien
überrollte. Und überdies hatte er sich auf ein schillerndes
Doppelspiel eingelassen, indem er den radikal-demokratischen Freischaren Garibaldis und Mazzinis freie Hand ließ,
um die Bevölkerung Unteritaliens und von Teilen des Kir-
chenstaates zu revolutionieren, und um dann mit der bewaffneten Macht Piemonts zu intervenieren. Die Revolution, die
Cavour und seine liberalen Mitstreiter fürchteten wie die
Sünde, und die vermutlich zur Intervention der Großmächte
geführt hätte, rückte in greifbare Nähe; Giuseppe Garibaldis
(1807–1882) Kommandounternehmen auf Sizilien, der «Zug
der Tausend» vom Mai 1860, erwies sich als strahlender
Triumph, Garibaldi avancierte zum Volkshelden des *risorgimento*, als der er heute noch in Gestalt einer fürstenähnlichen
Reiterstatue in fast jeder italienischen Stadt erscheint, und er
suchte die Gunst der Stunde zu nutzen, indem er sich zum
Diktator über Sizilien aufschwang, demokratische Reformen versprach und den von Cavour entsandten Vertreter der
piemontesischen Krone ausweisen ließ.

Ein Wettlauf um den Sieg bei der Einigung Italiens setzte ein; während Garibaldi von Süden her auf Neapel marschierte und die letzten bourbonischen Truppen vor sich her trieb, um sich anschließend gegen Rom zu wenden, rückten piemontesische Truppen von Norden her in den Kirchenstaat ein, überschritten die Grenze zum Königreich Neapel und vereinigten sich mit Garibaldis Armee, der wohl oder übel mit ansehen mußte, wie sein nationalrevolutionärer Aufstand von piemontesischen Generälen in einen Nationalkrieg der königlichen Armee umgepolt wurde. Als flankierende Maßnahmen veranstaltete Cavour in den eroberten Gebieten Volksbefragungen, meist manipuliert und unter Teilnahme einer Bevölkerungsminderheit, die aber der piemontesischen Politik einer Vereinigung Italiens unter einer liberalen, verfassungsmäßigen Monarchie eine demokratisch erscheinende Legitimation verliehen. Garibaldi resignierte und zog sich einstweilen verbittert in sein Privatleben zurück, während am 18. Februar 1861 die neugewählte und nahezu gesamtitalienische Volksvertretung in Turin zu ihrer ersten Sitzung zusammentrat. Viktor Emanuel nahm vor dem Parlament den Titel «König von Italien durch Gottes Gnaden und durch den Willen des Volkes» an.

Noch fehlten Venezien, Rom, das Trentino, Südtirol, Triest und Dalmatien, um den Traum von der Einheit von italienischem Staat und italienischer Nation wahr zu machen. Drei europäische Kriege, in denen Italien jeweils in einer Art von Juniorrolle teilnahm, führten zur Abrundung des Nationalstaats: 1866 fiel Venezien an Italien, in der Folge der österreichischen Niederlage gegen Preußen bei Königgrätz; 1871 marschierten italienische Truppen in Rom ein, weil Napoleon III. das französische Kontingent, das bisher den Papst beschützt hatte, dringend zur Abwehr der deutschen Truppen vor Paris benötigte; und das Gebiet des Etsch ging nach der Weltkriegsniederlage der Mittelmächte von 1918 an Italien. Aber das waren lediglich Arrondierungen, die allerdings deutlich machten, wie abhängig Gebietsveränderungen in Mitteleuropa nach wie vor von der Mächtekonstellation ganz Europas waren.

Auch die Bildung des deutschen Nationalstaats hatte ihren
Ausgangspunkt in einem Krieg, der eigentlich außerhalb
Deutschlands stattfand. Nach einem Jahrzehnt der innenpolitischen Windstille wurde die Frage der deutschen Einheit
durch die italienische Krise von 1859 erneut aufgeworfen und
auf das Feld der großen Politik zurückgeführt. Österreichs
italienische Besitzungen wurden durch die piemontesisch-
französische Allianz gefährdet, und die nationale Erregung
schlug in Deutschland plötzlich wieder hohe Wellen. Auch
den nüchternsten Liberalen erschien Oberitalien als tragende
Säule des Reichs, die moderne Nationalstaatsidee verband
sich wie von selbst mit der Erinnerung an die alte staufische
Kaiserherrlichkeit, die ganz im Zeichen deutscher Herrschaftsrechte in Süd- und Südosteuropa gedeutet wurde. In
den Parlamenten der deutschen Bundesstaaten, auf Par-
teiversammlungen, auf wissenschaftlichen Tagungen und
gesamtdeutschen Sänger-, Schützen- und Turnerfesten, in einer plötzlich hervorbrechenden Flut von Zeitungen und
Flugschriften setzte sich der Glaube durch, daß die Lösung
der deutschen Frage unmittelbar bevorstehe; das alte Motiv
der deutsch-französischen Erbfeindschaft feierte fröhliche Wie-
dererweckung, und auch die Einverleibung Elsaß-Lothringens
in ein neues Deutsches Reich wurde gefordert. In den Feiern
zum hundertsten Geburtstag Friedrich Schillers, die im gesamten deutschsprachigen Raum stattfanden, erreichte die nationale Welle einen Höhepunkt; der 10. November 1859, Geburtstag des Dichters der deutschen Nationalbewegung, war allerdings auch der Tag, an dem das geschlagene Österreich im
Frieden von Zürich die Lombardei abtrat.

Die Italienkrise von 1859 hatte die Handlungsunfähigkeit
des Deutschen Bundes im hellsten Licht gezeigt; beide deutschen Vormächte hatten sich der öffentlichen Meinung gegenüber Blößen gegeben, Österreich wegen der Kriegsniederlage, Preußen, weil es abwartend taktiert und sich aus
dem Krieg herausgehalten hatte. Dennoch erhielt nach der
Niederlage der Donaumonarchie der Gedanke eines deutschen Bundesstaates unter preußischer Führung als Alternative zum handlungs- und legitimationsschwachen Deutschen Bund neuen Auftrieb. Mitte September 1859 trat der

«Deutsche Nationalverein» ins Leben, gegründet von Liberalen und gemäßigten Demokraten aus allen nicht-österreichischen deutschen Ländern: Die Parallele zur *Società Nazionale* war offenkundig. Die publizistische Begleitmusik machte die Ausrichtung auf die preußische Führungsmacht deutlich – aber Preußen war nicht Piemont, König Wilhelm I. nicht mit Viktor Emanuel zu vergleichen. Während in Italien die liberale Nationalbewegung ihren Rückhalt in der Politik der piemontesischen Regierung fand, kam es seit 1861 in Preußen zu einem tiefgreifenden Konflikt zwischen der liberalen Mehrheit im Abgeordnetenhaus und der Krone; es ging zunächst nur um eine Vergrößerung der Armee und eine Veränderung der Wehrverfassung, die aber ohne Zustimmung des Parlaments erfolgen sollte, weil die Armee alles daransetzte, nicht von den Abgeordneten abzuhängen und ausschließliches Machtinstrument der Krone zu bleiben. So wandelte sich der preußische Heereskonflikt in einen Verfassungskonflikt, denn die liberale Mehrheit im Parlament nutzte ihr Recht der Budgetverweigerung, was Preußens Monarch und Regierung als Kampfansage auffaßten. Plötzlich standen die Gespenster der Revolution wieder im Raum; die liberale Öffentlichkeit Deutschlands wandte sich von Preußen ab, um so mehr, als der am 24. September 1862 ernannte neue Ministerpräsident Otto von Bismarck (1815–1889) als Mann der Gegenrevolution *sans phrase*, als Werkzeug der Armee und des Konservativismus galt, der den königlichen Auftrag erhalten hatte, den Verfassungskonflikt mit allen Mitteln zu beenden und den parlamentarischen Liberalismus in die Knie zu zwingen. Der Deutsche Nationalverein sprach sich jetzt in offenem Bruch mit der von ihm einst proklamierten preußischen Sendung dafür aus, daß erst ein allgemeines deutsches Parlament, wie schon 1848/49, über die deutsche Zukunft zu entscheiden habe. Im Januar 1864 gründete der Deutsche Nationalverein in Coburg, seinem Hauptsitz, sogar ein «Centralbureau für die freiwilligen Wehrvereine», das nicht nur Freiwillige für den Kampf in Schleswig-Holstein warb, sondern auch den revolutionären Sturz der preußischen Regierung unter Bismarck plante; in London wurden zu diesem Zweck Gewehre gekauft. Am

Vorabend des preußisch-österreichischen Kriegs von 1866 war der Grundtenor der deutschen Nationalbewegung tiefe Resignation; die Neutralität aller mittleren und kleineren deutschen Staaten zwischen den beiden kriegsführenden Mächten, erklärte das Wochenblatt des Deutschen National- vereins am 14. Juni 1866, sei «die einzige sachgemäße Lo- sung der deutschen Nationalpolitik», da «das Banner der Nation» weder im preußischen noch im österreichischen Lager wehe.

Worin alle Seiten Bismarck falsch beurteilten, das waren die Annahmen über die Motive seiner Politik. Die preußi- sche Ministerpräsidentschaft war für ihn nicht das Ziel, son- dern nur Mittel zur Erreichung eines höheren Zwecks. Ihm ging es um die Machterweiterung und um die Konsolidie- rung Preußens in einem revolutionären Europa, ein Weg, der nach seiner Überzeugung nur durch die Errichtung der preußischen Hegemonie in Deutschland zu gehen war: auf Kosten Österreichs, aber im Einklang mit den Interessen der übrigen europäischen Mächte. Das Mittel revolutionär, das Ziel konservativ: mit den Begriffen des Jahrhunderts war dieser «weiße Revolutionär» (Ludwig Bamberger), war sein Prinzip der «schöpferischen Antirevolution» (Michael Stür- mer) nicht zu fassen.

«Nicht durch Reden und Majoritätsbeschlüsse werden die großen Fragen der Zeit entschieden – das ist der große Fehler von 1848 und 1849 gewesen – sondern durch Eisen und Blut.»[133] Diese Einsicht Bismarcks, vor der die Liberalen aller Couleur sich entsetzten, war nur die logische Schluß- folgerung aus den Erfahrungen früherer Niederlagen. Die Eisen-und-Blut-Metapher war auch keineswegs einem kriegslüsternen Junkerhirn entsprungen, sondern sie stammte aus einem Lied eines jener Kriegsfreiwilligen von 1813, die später den Kern der studentischen Einheits- und Freiheitsbe- wegung bilden sollten, von Max von Schenkendorf (1783– 1817):

> «Denn nur Eisen kann uns retten,
> Und erlösen kann nur Blut
> Von der Sünde schweren Ketten,
> Von des Bösen Übermut.»

Das war ein revolutionäres Bekenntnis gewesen, und daß Bismarck diesen Gedanken gewissermaßen adoptierte, während Schenkendorfs liberale Nachfahren vor der *Ultima ratio* der Politik, dem Griff zur Waffe, zurückschraken, machte deutlich, daß die Mächte der Veränderung keineswegs in erster Linie «unten», in der Bevölkerung, zu suchen waren. Revolution in Deutschland – wie anderswo in Europa auch – fand zu dieser Zeit nicht in erster Linie von unten, sondern von oben statt.

Es ist im nachhinein frappierend, die Stellungnahmen aus Kreisen der liberalen Nationalbewegung zu Bismarck aus den Jahren zwischen 1862 und 1866 zu verfolgen; sie reichen von hochmütiger Verachtung (Bluntschli an Sybel: «In untergeordneter, dienender Stellung wäre er gut zu brauchen, in herrschender Stellung ist er absurd und unerträglich»[134]) bis zu blankem Haß (Baumgarten an Sybel: «Menschen, die Verfassung, Vernunft und Recht wie böse Buben verachten, muß man zittern machen. Man muß ihnen die lebhafte Besorgnis erregen, daß sie eines Tages wie tolle Hunde totgeschlagen werden.»[135]) Verachtung und Haß besaßen ihre guten Gründe, denn Bismarck war angetreten, den Kampf der liberalen Opposition in Preußen um die Parlamentarisierung des Obrigkeitsstaats, wie sie in Piemont längst stattgefunden hatte, ein für allemal zu beenden. Da in der Programmatik der deutschen Nationalbewegung, ebenso wie in der der italienischen, nationale Einheit und innenpolitische Freiheit untrennbar verknüpft waren, galt der preußische Ministerpräsident, mit den Worten der *Wochenschrift des Nationalvereins*, als «der schärfste und letzte Bolzen der Reaktion von Gottes Gnaden». Vergleicht man die tiefe Kluft zwischen Bismarck und der deutschen Nationalbewegung mit der gut funktionierenden Zusammenarbeit zwischen Cavour und den nationalen Kräften Italiens bei der italienischen Einigung, so sollte man meinen, daß die Gründung des deutschen Nationalstaats hoffnungslos erschwert war.

Das Gegenteil war der Fall. Nichts hätte Bismarcks Pläne stärker behindert als ein Bündnis mit der Nationalbewegung, deren systemsprengende Ambitionen offen zutage lagen und von den Regierungen in London, Paris und St.

Petersburg mit größtem Mißtrauen betrachtet wurden. Bismarck brauchte die Feindschaft der liberalen und nationalen Kräfte in Deutschland geradezu, um hinter der Kulisse dieses Konflikts seine Stärke und seine Absichten zu verbergen und im rechten Moment um so überraschender handeln zu können. Als 1863 ein Aufstand in Russisch-Polen zu einer gesamteuropäischen liberalen Sympathiewelle für das unterdrückte polnische Volk führte, war es allein Bismarck, Rußlands wohlwollende Neutralität im Fall des angestrebten preußisch-österreichischen Konflikts im Auge, der sich auf die Seite des Zaren schlug, und die öffentliche Meinung in Deutschland schäumte über vor Entrüstung. Der Nationalverein redete von dem «Mann an der Spitze des preußischen Staates, vom eigenen Volk verurteilt, am Ruin der preußischen Staatsmacht arbeitend» und drohte mit Revolution.[136] Und die Feindschaft der Nationalbewegung steigerte sich noch, als Bismarck sich daranmachte, die schleswig-holsteinische Frage aufzugreifen.

Seit dem Revolutionsjahr 1848 war die schleswig-holsteinische Irredenta ein Lieblingsthema der deutschen Nationalbewegung gewesen, und die öffentliche Entrüstung wallte mächtig auf, als der dänische Reichsrat 1863 die gänzliche Einverleibung des bisher nur durch Personalunion mit Dänemark verbundenen Herzogtums Schleswig in den dänischen Gesamtstaat beschloß. Die deutsche liberale Presse beeilte sich, die Selbständigkeit Schleswig-Holsteins unter einem deutschen Fürsten, dem Herzog von Sonderburg-Augustenburg, zum Imperativ nationaler Politik zu erheben. Bis in die letzte deutsche Kleinstadt hinein wurden Schleswig-Holstein-Vereine gegründet, und in Frankfurt forderten 500 Abgeordnete aus allen deutschen Parlamenten die Befreiung der Elb-Herzogtümer Schleswig, Holstein und Lauenburg von dänischer Herrschaft. Und wie 1848 war auch jetzt wieder Preußen bereit, militärisch einzugreifen – aber keineswegs für die Unabhängigkeit der Elb-Herzogtümer und für die Rechte des Augustenburgers; der hatte zwar das Erbfolgerecht auf seiner Seite, nicht aber das internationale Vertragsrecht, das die Unteilbarkeit aller Länder der dänischen Krone verbriefte.

Unbeeindruckt von allen nationalen Aufwallungen erkannte Bismarck daher die Herrschaftsrechte des dänischen Königs aus dem Hause Sonderburg-Glücksburg an, plante aber dennoch den bewaffneten Einmarsch in die Herzogtümer wegen der Verletzung schleswig-holsteinischer Sonderrechte, wofür er auch Österreich zu gewinnen wußte. Der Unterschied zwischen den Forderungen der deutschen Nationalbewegung und jenen der zur allgemeinen Überraschung plötzlich Arm in Arm auftretenden deutschen Großmächte war also vorerst rein juristischer Art, aber den deutschen Patrioten erschien die formelle Anerkennung der dänischen Königsrechte und damit der europäischen Friedensordnung unerträglich. Während seit Januar 1864 preußische und österreichische Truppen in Holstein einrückten und bis zur Jahresmitte ganz Jütland besetzten, kannte die Wut der liberalen Öffentlichkeit keine Grenzen – nicht ohne Grund, wie sich nach dem Friedensschluß vom 30. Oktober 1864 zeigte, als die befreiten Elbherzogtümer nicht als eigener deutscher Staat in den Deutschen Bund eintraten, sondern in Form eines Kondominiums der Verwaltung der beiden siegreichen Mächte Österreich und Preußen unterstellt wurden.

Es zeigte sich jetzt aber, daß Bismarcks Verachtung der «Schwätzer und Schwindler der Bewegungspartei», wie er die patriotischen Liberalen nannte, nicht ohne Grund war. Angesichts seines Erfolges bröckelte das Lager der Bismarck-Gegner ersichtlich ab – prominente Historiker wie Heinrich von Treitschke (1834–1896) und Theodor Mommsen (1817–1903) bekannten sich jetzt öffentlich zu Bismarcks zwar scheinbar gesinnungsloser, aber doch erfolgreicher Politik, und selbst ein Demokrat wie Franz Waldeck (1802–1870), ein Mann des äußeren linken Flügels im preußischen Abgeordnetenhaus, erklärte unumwunden, zu Bismarcks Konzept keine Alternative mehr zu sehen.

Angesichts des dänischen Krieges, in dem man später den ersten deutschen Einigungskrieg sehen sollte, hatte sich die Nationalbewegung als lautstark, aber machtlos erwiesen, und als sich dann der preußisch-österreichische Konflikt zuspitzte, als beide Seiten nur noch zögerten, um dem Gegner die Verantwortung für den Kriegsausbruch zuzuschieben, als schließlich am 21. Juni 1866 die preußischen Armeespitzen die böhmische Grenze überschritten, da war die liberale Öffentlichkeit schockiert, paralysiert und handlungsunfähig. Und als der Krieg mit der Schlacht von Königgrätz am 3. Juli 1866 entschieden war, als Preußen als Sieger dastand und Österreich aus dem Spiel um die Macht in Deutschland ausschied, da brach die Nationalbewegung als eigenständige politische Kraft in Deutschland über Nacht zusammen. Der liberale Jurist Rudolf von Ihering (1818–1892), der noch kurz vor dem Krieg Bismarcks «Frevel an allen Grundsätzen des Rechts und der Moral» angeprangert hatte, schrieb nach Königgrätz: «Ich beuge mich vor dem Genie eines Bismarck, der ein Meisterstück der politischen Kombination und Tatkraft geliefert hat. Ich habe dem Mann alles, was er bisher getan hat, vergeben, ja mehr als das, ich habe mich überzeugt, daß es notwendig war, was uns Uneingeweihten als frevelhafter Übermut erschien, es hat sich hinterher herausgestellt als unerläßliches Mittel zum Ziel . . . Ich gebe für einen solchen Mann der Tat . . . hundert Männer der liberalen Gesinnung, der machtlosen Ehrlichkeit.» [137]

Der Norddeutsche Bund entstand 1866, nach dem definitiven Austritt Österreichs aus dem Deutschen Bund: ein Zusammenschluß aller deutschen Staaten nördlich des Mains unter preußischer Führung, ein kleindeutscher, großpreußischer Nationalstaat, der bereits alle Züge des späteren Deutschen Reichs aufwies: Ein Bündnis souveräner Fürsten, von denen einer allerdings souveräner war als die übrigen: «Alle Truppen der Verbündeten», so hieß es im Bündnisvertrag vom 18. August 1866, «stehen unter dem Oberbefehl seiner Majestät des Königs von Preußen.» Nach dem Kabinettskrieg also ein Bündnis der Kabinette; das wäre kaum mehr gewesen als ein loser Staatenbund, wenn der Vertrag nicht als legitimierenden Kern eine Bundesverfassung vorgesehen hätte, die «unter Mitwirkung eines gemeinschaftlich zu berufenden Parlaments» (Art. 2) zu beschließen sei. Zum Bündnis der Fürsten gesellte sich also die Volksvertretung, gewählt in freien, gleichen und geheimen Wahlen durch alle männlichen Bürger vom 25. Lebensjahr an. Zwar waren die süddeutschen Staaten – Bayern, Württemberg, Baden und

Teile von Hessen – lediglich durch Bündnisse mit dem Norddeutschen Bund vereint, aber ihr Beitritt war nur eine Frage der Zeit und einer erneuten Gelegenheit. Die Gelegenheit ergab sich mit dem preußisch-französischen Krieg von 1870/71, der durch die wirksam werdenden Bündnisverträge mit den süddeutschen Staaten zu einem deutsch-französischen Krieg führte.

Parallel zu den kriegerischen Ereignissen, die zur Niederlage Frankreichs führten, vollzog sich die politische Einigung der kriegführenden deutschen Staaten. Die nationale Hochstimmung der deutschen Bevölkerung und der öffentlichen Meinung übte einen derartigen Druck auf die Kabinette der süddeutschen Staaten aus, daß ihnen nur noch der Weg zum Zusammenschluß mit dem Norddeutschen Bund gangbar schien. Der Weg vom Kriegseintritt bis zur Proklamation Wilhelms I. (1797–1888) zum Deutschen Kaiser im Spiegelsaal des Schlosses von Versailles war kurz, aber mit Hindernissen besät – die bayerische Zustimmung zum Kaisertitel für den preußischen König mußte sogar durch eine jährliche Zahlung an die Privatschatulle Ludwigs II. erkauft werden. Das Deutsche Reich, das durch die Ratifikation der vertraglich fixierten neuen Reichsverfassung seitens der süddeutschen Landtage und des Norddeutschen Reichstags am 1. Januar 1871 ins Leben trat, unterschied sich vom Norddeutschen Bund lediglich durch seine Ausweitung auf Süddeutschland, sowie durch die Einführung der Begriffe Kaiser und Reich, die staatsrechtlich nichts Neues brachten, aber durch ihre Symbolkraft dem neuen deutschen Nationalstaat eine völlig neue Legitimität verliehen.

Nicht anders als zuvor der Norddeutsche Bund definierte sich das neue Reich in seiner Verfassung als «ewiger Bund zum Schutze des Bundesgebietes und des innerhalb desselben gültigen Rechtes sowie zur Pflege der Wohlfahrt des deutschen Volkes», wie die Präambel sich ausdrückte. Oberhaupt dieses Bundes war weiterhin der König von Preußen, der das Bundespräsidium innehatte und in dieser Eigenschaft «den Namen Deutscher Kaiser führt» (Art. 11). Tatsächlich verbanden nicht die geringsten staatsrechtlichen Bezüge Wilhelm I. mit dem letzten Römischen Kaiser, mit dem Habs-

burger Franz II. (1768–1835), wie auch der großpreußisch-
kleindeutsche Nationalstaat mit dem transnationalen Wesen
des einstigen Heiligen Römischen Reiches nichts zu tun
hatte. Aber das Bewußtsein der Trägerschicht des deutschen
Nationalstaatsgedankens, in der Hauptsache des liberalen
Bürgertums, hatte sich generationenlang an den Bildern und
Mythen einer romantischen, rückwärtsgewandten Utopie
von der Wiedererrichtung einer angeblichen mittelalterlichen
deutschen Kaiserherrlichkeit gebildet, und dieser Mythos
war so stark, daß kein deutscher Nationalstaat ohne Bezug
darauf legitimiert erschien. Der Kaisertitel hatte zudem,
wie Bismarck klar erkannte, sehr unterschiedliche Bedeu-
tungen. Er kam den partikularistischen Vorstellungen der
süddeutschen Fürsten entgegen, indem der föderalistische
Aspekt des Alten Reiches hervorgehoben wurde. Alt-Kon-
servative, die sich mit der neuen Verfassungswirklichkeit
schwer abfinden konnten, trösteten sich mit der Idee eines
christlich-romantischen, gottesunmittelbaren Kaisertums
als Schutz gegen säkulare Liberalisierungstendenzen, und
Liberale und Demokraten sahen den Kaisertitel im Lichte des
Volkskaisertums der Paulskirche, während der Zusammenhang von Krieg und Kaiserproklamation zu Versailles auch
cäsaristisch-bonapartistische Heerkaiser-Perspektiven zuließ. Es war nicht zuletzt diese Ambivalenz des Kaisertitels,
die Wilhelm I. davor zurückschrecken ließ; er klagte über das
«Scheinkaisertum» und glaubte, mit der Kaiserproklamation
werde das alte Preußen zu Grabe getragen.
Der deutsche und der italienische Weg zum Nationalstaat
waren eng miteinander verbunden, wie schon ein Blick auf
die Anfangs- und Enddaten zeigt: 1848, 1859, 1866 und 1871
waren die Stufen, die in beiden Fällen zum ausgebildeten,
vereinigten Staatswesen führten. Die Nationalstaatsbildung
in Mitteleuropa stellt, so gesehen, einen einzigen Prozeß dar.
Da ist die gesellschaftliche Trägerschicht, in Deutschland
wie in Italien eine Elite aus besitzenden und gebildeten Bürgern und Adligen, die sich in beiden Fällen gegen niedrigere
Volksschichten abschlossen – die *Società Nazionale* war mit
den Worten eines ihrer Historiker gekennzeichnet durch
«Ablehnung des höheren Adels, Unbehagen gegenüber den

Handwerkern, und eindeutige Furcht vor den Bauern»[138], und die deutsche Parallelorganisation, der Nationalverein, setzte seine Mitgliedsbeiträge bewußt so hoch an, daß nur Besitzende als Mitglieder in Frage kamen; nur in Sachsen und am Oberrhein gehörte eine nennenswerte Anzahl von Bauern und Handwerkern den Turn-, Gesangs- und Schützenvereinen an. Der bürgerliche Liberalismus balancierte zwischen aristokratischem Konservativismus und der ständigen Furcht vor dem sozialen Umsturz von unten. Diese bürgerliche Trägerschicht der Idee vom Nationalstaat – «bürgerlich» in dem Sinne des Vorrangs bürgerlicher und liberaler Werte, Ideen und Zielvorstellungen – bestand also im wesentlichen aus Honoratioren, für die der Nationalstaat nicht etwa in erster Linie, wie dies in der Vergangenheit oft behauptet worden ist, ein nationaler Wirtschaftsraum sein sollte. Die Idee von der aufsteigenden, klassenbewußten, kapitalistischen Bourgeoisie, die sich im Nationalstaat zugleich den Markt und das Instrument des Klassenkampfs schuf, kann als veraltet gelten. Tatsächlich war die Urbanisierung und Industrialisierung in Italien, von wenigen Wirtschaftsinseln (Piemont, Lombardei, Ligurien) abgesehen, bei weitem zu unterentwickelt, um bereits die Basis für eine politisch handlungsfähige Kapitalbourgeoisie abzugeben, und nördlich der Alpen hatte sich 1834 der Deutsche Zollverein unter preußischer Vormacht und bei Ausschluß Österreichs etabliert, mit dem der geschlossene Wirtschafts- und Kapitalmarkt also auch ohne Nationalstaat ins Leben getreten war.

Was vielmehr in Deutschland wie in Italien das heterogene Gemisch von kleinen Adligen, Professoren, Lehrern, Schriftstellern, Journalisten, evangelischen Pastoren, Rentiers, Beamten und auch, aber nur unter Anderen, Besitzbürgern, insgesamt «Bürgertum» genannt, zur Forderung nach der Gründung eines Nationalstaats bewegte, das waren hauptsächlich politische Gründe. Da war vor allem ein Legitimitätsvakuum. Nicht nur, daß die Fundamente der alten, feudal-ständischen Ordnung längst zusammengebrochen waren, daß Kirche, Adel und lokale Autoritäten längst ihre Gehorsamsmonopole verloren hatten – dieses Mitteleuropa

nördlich wie südlich der Alpen war zudem das Kriegstheater
der europäischen Mächte, mit der Folge, daß in den unruhigen Zeiten zwischen Französischer Revolution und Wiener
Kongreß die Menschen in schneller Folge immer neue Herrschaften erlebt hatten; der Herrscher von heute konnte der
Feind von morgen sein. Und mit dem schnellen Wechsel der
Obrigkeiten hatten sich immer neue Ordnungssysteme prä-
sentiert: Republikanismus bis hin zum Jakobinertum, Bona-
partismus, *Ancien régime* mit mehr oder weniger ausgepräg-
ten Varianten der Aufklärung, Reformen, behutsame Restauration unter Anknüpfung an napoleonisches Erbe oder auch
pure Reaktion. Den Ausweg aus dem politischen Normen-
verlust, der Erschütterung herkömmlicher Loyalitätsbin-
dungen bot der Nationalstaat: Also ein starker Staat, dessen
Institutionen fest und dauerhaft genug waren, um die Errungenschaften des Liberalismus dauerhaft zu schützen und zu
befördern, gestützt auf die Legitimation durch die Nation,
ihre Geschichte und ihre Kultur. Der Nationalstaat bot
neue Gemeinschaft, Bindung und ganz allgemein, aber stark
gefühlten «Sinn». Grund genug für gebildete, politisch er-
wärmte Mitteleuropäer, nach dem zu greifen, was die Nachbarn im Westen bereits besaßen.

Die Ähnlichkeiten im deutschen und italienischen Fall ließen sich weiterführen: Der moderne Machtstaat im Norden,
der Nation eigentlich nur teilweise angehörig – schließlich
war das Haus Savoyen reichsunmittelbar gewesen, seine Traditionen waren mehr französisch als italienisch, während
Preußen zu einem erheblichen Teil außerhalb des Deutschen
Bundes (und zuvor des Reiches) lag, ja seine Legitimation als
Königreich von dorther bezog, und im übrigen über einen
beträchtlichen polnischen Anteil an seinen Untertanen verfügte. In beiden Fällen der bonapartistische Staatsmann, der
den Appell an die Massenleidenschaften nicht scheute, um
sein Einigungsziel zu erreichen; und schließlich das Bündnis
zwischen diesem Staatsmann und der liberalen Nationalbewegung nach der Staatsgründung, die innenpolitische Basis
der neuen Nationalstaaten – der *Destra storica* Italiens, hervorgegangen aus einem Bündnis gemäßigter Demokraten
und Liberaler, und der Nationalliberalen Partei in Deutsch-

land, als welche sich 1866 der Deutsche Nationalverein umgewandelt hatte, um fortan Bismarcks Einigungswerk parlamentarisch zu orchestrieren.

Gewiß, die Unterschiede sind ebenfalls beträchtlich. Das relativ hochindustrialisierte kleindeutsche Reich stand einem weit überwiegend noch agrarisch strukturierten Italien gegenüber; Besitzbürger hieß südlich der Alpen immer noch agrarischer Grundbesitzer, weshalb denn auch eine Landreform in Italien weitgehend ausblieb – die große Masse der bäuerlichen und unterbäuerlichen Italiener blieb dem neuen Nationalstaat gegenüber teilnahmslos, mit Folgen für die politische Kultur Italiens, die bis heute sichtbar geblieben sind. Andererseits war die liberale Elite Italiens, die den Nationalstaat baute, vorbehaltlos an französischen und englischen Verfassungsvorbildern orientiert – der Westen und seine politische Kultur, Aufklärung, die Ideen der Menschenrechte und der Volkssouveränität, alles das wurde nicht als fremd und feindlich empfunden, sondern als das Modell, das es zu übernehmen galt. Wie anders der deutsche Fall, in dem sich die Identität des neuen Nationalstaats, erwachsen aus einem Krieg gegen Frankreich und aus der Erinnerung an den Freiheitskrieg gegen Napoleon von 1813, ganz gegen den Westen und dessen Werte definierte: Die Kaiserproklamation fand bewußt im Schloß von Versailles statt, als posthume Demütigung Ludwigs XIV., dessen «Raubkriege» Ende des 17. Jahrhunderts zur Verwüstung der Pfalz und zur endgültigen Abtrennung des Elsaß vom Reich geführt hatten. Daß Frankreich Deutschlands «Erbfeind», aber Italiens «Erbfreund» sein sollte, machte einen wesentlichen Unterschied in der politischen Kultur beidseits der Alpen aus.

Für Europa bedeutete die Heraufkunft des deutschen und des italienischen Nationalstaats Revolution, in eben dem doppelten Sinn, an den die Staatsmänner von 1815 gedacht hatten, als sie in Wien die Friedensordnung des Kontinents beschlossen. Das galt zum einen für das europäische Staatensystem und dessen Balanceprinzip, das auf der Zersplitterung Mitteleuropas beruhte. Die Ratlosigkeit der Kabinette der großen und kleinen Mächte Europas angesichts der nie dagewesenen Machtballung in der Mitte des Kontinents war

groß, in Worte gefaßt von dem britischen Oppositionsführer
Benjamin Disraeli (1804–1881), der am 9. Februar 1871 vor
dem Unterhaus in London erklärte, die Gründung des Deutschen Reiches sei nicht weniger als «die deutsche Revolution, ein größeres politisches Ereignis als die Französische
Revolution des vergangenen Jahrhunderts . . . Es gibt keine
einzige diplomatische Tradition», fuhr Disraeli fort, «die nicht
hinweggefegt worden ist. Wir haben eine neue Welt, neue
Einflüsse sind am Werk, neue und unbekannte Größen und
Gefahren, mit denen wir fertig werden müssen, und die zur
Zeit, wie alles Neue, noch undurchschaubar sind . . .»[139]

Aber nicht nur das Staatensystem Europas war revolutioniert; auch in den neuen Nationalstaaten war Revolutionäres
geschehen: Während in Westeuropa der Staat die Nation verwirklicht hatte, hatte in Mitteleuropa die Nation den Staat
verwirklicht. Man hat die Nationalstaatsbildung als «Revolution von oben» beschrieben, als innen- wie außenpolitische Umwälzung durch die führenden Staatsmänner Bismarck und Cavour; Bismarck selbst hat diesen Begriff
geprägt.[140] Aber im italienischen Fall wird sichtbar, daß tatsächlich – und das war das eigentlich Beunruhigende für die
europäischen Mächte – ein enges Zusammenspiel zwischen
dem piemontesischen Ministerpräsidenten und den Kräften
der «Revolution von unten» stattfand, nicht nur mit den *moderati*, zu denen Cavour selbst zählte, sondern auch mit den
demokratisch-revolutionären Parteigängern Garibaldis und
Mazzinis.

Aber auch für Deutschland kann der Weg zur Reichsgründung als Zusammenspiel zwischen Bismarck und der Nationalbewegung beschrieben werden, als ein Zusammenspiel
malgré soi allerdings. Zweifellos waren die Gräben zwischen
Bismarck und der liberalen Publizistik viel tiefer als die zwischen Cavour und der liberalen Presse. Doch die öffentliche
Meinung Deutschlands war bereits so mächtig, daß nicht
nur Bismarck, sondern jede deutsche Regierung seit der Revolution von 1848 dieses Machtpotential zu gewinnen suchte
und die eigene politische Haltung dementsprechend ein-
stellte. Das wurde beispielsweise darin deutlich, daß kein
deutscher Mittelstaat mehr das Bündnis mit einer nichtdeut-

schen Macht wagte, obwohl die Wiener Bundesakte das Bündnisrecht aller deutscher Staaten mit dem Ausland bestehen ließ. Die Politik eines «Dritten Deutschland», einer Föderation deutscher Staaten mit französischer Rückendeckung nach dem Muster des Rheinbunds von 1806, hätte zwei Generationen später unkalkulierbare innenpolitische Risiken aufgeworfen.

So muß das Modell der «Revolution von oben» auch für den Fall des deutschen Nationalstaats relativiert werden. Gewiß wurde das Deutsche Reich nicht durch Reden und Majoritätsbeschlüsse, sondern durch Blut und Eisen geeint, aber nichts führte zum Erfolg, das auf die Dauer dem Massennationalismus entgegenstand. Bismarck selbst hat es in seinen Lebenserinnerungen ausgesprochen: «Wenn auch durch Landtagsbeschlüsse, Zeitungen und Schützenfeste die deutsche Einheit nicht hergestellt werden konnte, so übte doch der Liberalismus einen Druck auf die Fürsten aus, der sie zu Konzessionen für das Reich geneigter machte.»[141]

Bismarcks Politik zerschlug zwar die Nationalbewegung äußerlich, aber sie zwang ihm im Grunde zwar nicht die Mittel, aber doch das Ziel auf. Ohne die diffuse, aber allein legitimierende Macht der Einheitsbewegung wäre kein Deutsches Reich, sondern ein Großpreußen entstanden; *mutatis mutandis* gilt das Gleiche für Piemont. Daß Bismarck, indem er den Massennationalismus an die Leine nahm, ein gefährliches Spiel spielte, mag ihm nach seinem Sturz 1890 klarer gewesen sein als zuvor. Seine Nachfolger jedenfalls sollten diesen Tiger nicht mehr zu bändigen wissen.

2. Der imperiale Nationalstaat
(1871–1914)

Das Jahr 1871 bezeichnet einen noch tieferen geschichtlichen Einschnitt, als den Zeitgenossen damals bewußt war. In der Mitte Europas hatten sich anstelle des bunten territorialen Flickenteppichs, der die Landkarte für Jahrhunderte geprägt hatte, in Gestalt Italiens und Deutschlands zwei großflächige Mächte materialisiert, die dem System der europäischen

Machtbalance fremd waren. Die europäischen Flügelmächte, Rußland im Osten, England und Frankreich im
Westen, reagierten darauf auf jeweils charakteristische Weise,
aber doch so stark, daß sich zum Beginn des 20. Jahrhunderts das Gesicht der großen europäischen Nationalstaaten
grundlegend verändert hatte, politisch wie geistig.

Den tiefsten Wandel erlebte Frankreich nach dem *année
terrible*, dem schicksalsschweren, dem schrecklichen Jahr. Die
traumatischen Erlebnisse der schmachvollen Übergabe der
französischen Regimentsfahnen bei Sedan, der Belagerung
von Paris, der Niederlage gegen die verbündeten deutschen
Armeen, des Verlusts von Elsaß-Lothringen, des Pariser
Commune-Aufstands und der inneren Wirren wurden von
der liberalen, laizistischen Elite der Dritten Republik ganz
bewußt im Sinne nationaler Konzentration durch nationale
Erziehung bewältigt. Noch heute kennt jeder gebildete Franzose das Zitat von Ernest Lavisse (1842–1922), jenem Historiker, der bei der Herausbildung eines republikanischen
Nationalismus in vorderster Linie stand: «Seit dem schrecklichen Jahr habe ich mich nicht eine Minute lang der Ver-
zweiflung hingegeben. Die Hoffnung und die Zuversicht,
die ich in mir trug, habe ich unermüdlich an Millionen Kinder weitergegeben. Ich habe immer wieder unsere dauernde
Verpflichtung gegenüber den verlorenen Provinzen betont.
Niemals ist der Turm des Straßburger Münsters aus meinem
Blick entschwunden. Immer habe ich ihn gesehen, wie er
einsam in den Himmel ragte: ‹Ich bin Straßburg, ich bin das
Elsaß, ich grüße dich und ich warte.›»[142]

Patriotische Erneuerung und republikanische Erziehung –
das sollten die zwei Seiten derselben Medaille sein. Das Er-
ziehungswesen, laizistisch und republikanisch ausgerichtet,
wurde in den Dienst der nationalen Sache gestellt; der historische und staatsbürgerliche Unterricht war Ausgangspunkt
für die patriotische Erneuerung des Landes. Vor allem die
Volksschulen, von dem linksrepublikanischen Unterrichts-
minister Jules Ferry (1832–1893) reformiert, dienten der nationalen Konditionierung Frankreichs. Jeder Franzose hatte
in der Schule G. Brunos *Le Tour de la France par deux enfants:
devoir et patrie* kennengelernt, die spannende Geschichte von

dem vierzehnjährigen André Volden und seinem sieben Jahre alten Bruder Julien. Kurz nach dem deutsch-französischen Krieg beginnen die beiden heimatlosen Waisen, die ihre von den Deutschen annektierte Vaterstadt Phalsburg verlassen müssen, eine Reise, die sie durch ganz Frankreich führt; im Verlauf ihrer Fahrt finden die vertriebenen Kinder mit dem deutsch klingenden Nachnamen schließlich eine neue Heimat in dem Vaterland Frankreich, dessen einzigartige Vorzüge sie kennenlernen. Das Buch erschien erstmals 1877 und erreichte in dreißig Jahren zwanzig Neuauflagen, die jeweils entsprechend den aktuellen Ereignissen und politischen Bedürfnissen verändert wurden. Das *Manual général*, das der Ausbildung von Volksschullehrern dienen sollte und 1881 von Ferdinand Buisson, einem engen Mitarbeiter von Jules Ferry, veröffentlicht wurde, forderte, in jeder Schulklasse solle eine Karte aufgehängt werden, die das Elsaß und Lothringen zeige, daneben eine Fahne mit Trauerflor. Am letzten Tag des Schuljahrs, an dem die Preise verteilt werden, solle der Lehrer an die Wandtafel schreiben: «Kind, Du wirst Soldat sein»; dementsprechend wurden *bataillons scolaires* in den Volksschulen aufgestellt, in denen die Kindern eine vormilitärische Ausbildung erhielten: Eine Mischung republikanischer, nationaler und militärischer Werte wurde der Generation nach dem deutsch-französischen Krieg eingeimpft, ganz im Geist des jakobinischen Sendungsbewußtseins, an das die Lehrer und Historiker der Dritten Republik bewußt anknüpften; nicht umsonst ist die *Marseillaise* 1879 zur Nationalhymne, der 14. Juli, Gedenktag des Bastillesturms, im Jahr darauf zum Nationalfeiertag erhoben worden.

Die Generation der Republikaner, die in den 1870er Jahren an die Macht kam, knüpfte aber auch insofern an den Nationalismus der Großen Revolution an, als sie darauf bestand, daß ihr Land trotz aller Niederlagen die Führerin der Menschheit sei, indem es die Tugenden der Aufklärung und des Republikanismus gegen die reaktionären und militaristischen Kräfte verteidigte, die Preußen verkörpere. Das unerschütterliche Sendungsbewußtsein der französischen Nation hatte der Historiker Jules Michelet (1798–1874) bereits um die Jahrhundertmitte formuliert, als er vom «Pontifikat der neuen Zivilisation» sprach, das Frankreich als dem Bahnbrecher des neuen sozialen, fortschrittlichen und aufgeklärten Staates gehöre; die französische Zivilisationsidee wurde so geradezu zum Kern einer nationalen Ersatzreligion erhoben.

Doch um die Mitte der 1880er Jahre änderte sich das Klima. Bisher waren es, allgemein gesprochen, die antiklerikalen, republikanischen Linken in der französischen Politik gewesen, die den Ton angaben, die die Sache der Nation in Anknüpfung an 1789 zu der ihren gemacht hatten. Jetzt aber verlagerten sich die Gewichte; die Verteidigung nationaler Werte wurde zunehmend Sache der antirepublikanischen, antidemokratischen, katholischen Rechten. Während linke Intellektuelle das Offizierkorps angriffen und den Ruf nach Revanche für 1871 kritisierten – 1891 erschien im *Mercure de France* Rémy de Gourmonts skandalöser Artikel über die Armee, «das liebe patriotische Spielzeug» –, veränderte sich das Offizierskorps in seiner Zusammensetzung. Adlige und Angehörige des Großbürgertums dominierten zunehmend, oft in katholischen Konfessionsschulen großgeworden, die in scharfem Kampf gegen die laizistische Staatsschule standen, und füllten die Offiziersschulen und Kasinos mit antirepublikanischem Geist. Die Verherrlichung der Armee, die auch die Stützen der Republik gefördert hatten, wandte sich nun gegen die Republik; die monarchistisch-klerikal gestimmte Rechte erklärte die Armee zu ihrer Domäne, und zugleich auch den Kult für Elsaß-Lothringen und die Hoffnung auf Revanche.

Hinzu kam eine tiefgehende Unzufriedenheit mit der «opportunistischen Republik», der in der Öffentlichkeit trotz aller nationalpädagogischer Bestrebungen vorgeworfen wurde, die großen nationalen Imperative zu vergessen. Die von Bismarck unterstützte Kolonialpolitik des Kabinetts Jules Ferry, die Anfang der 1880er Jahre zur Eroberung Tunesiens und des nördlichen Indochina geführt hatte, schien auch in republikanischen Kreisen eine Ablenkung, eine Vernachlässigung der «blauen Linie der Vogesen», ein heimliches, augenzwinkerndes Zusammenspiel mit Deutschland zu sein. War nicht jener böse Geist Frankreichs erneut am Werk, der an der Niederlage von 1871 schuld gewesen war, die Feigheit des Regimes, der Mangel an patriotischer

Leidenschaft? Die «Patriotenliga» (*ligue des patriotes*), 1882
von ursprünglich untadeligen Republikanern wie Paul
Déroulède (1846–1914) und Ferdinand Buisson gegründet,
suchte die nationale Frage im kollektiven Denken Frankreichs zu fördern, indem sie große nationale Feste insze-
nierte, den Kult nationaler Symbole wie der Jungfrau von
Orléans propagierte und den Revanchegedanken förderte;
das mit einem Trauerflor verschleierte Standbild auf der
Place de la Concorde in Paris, die das verlorene Straßburg
verkörperte, mahnte an den nationalen Imperativ Frankreichs, die Wiedergewinnung des Elsaß. Die Patriotenliga
steuerte immer stärker auf antiparlamentarische, plebiszitäre
und revanchistische Positionen zu und näherte sich der
Bewegung des Generals George Boulanger (1837–1891),
Kriegsminister im Kabinett Freycinet von 1886, der als Wortführer der «kleinen Leute» äußerst populär war und bei den
Wahlen von 1888 in zahlreichen Wahlkreisen direkt gewählt
wurde.

Unter Boulanger, dem *Général Revanche*, der eine anti-re-
publikanische Verfassungsrevision forderte und den Mythos
des Vaterlandsretters für sich mobilisierte wie früher die beiden Napoleons, formierte sich die konservativ-monarchisti-
sche Rechte unter der Fahne des Nationalismus und ging das
erste Mal dazu über, Massen mittels der *doctrine nationaliste*,
der nationalistischen Doktrin zu mobilisieren – Volksauf-
läufe im Namen einer politischen Idee waren bisher Kampfmittel der Linken gewesen. Zwar scheiterte Boulanger im
Vorfeld des geplanten Staatsstreichs und floh 1889 ins Exil,
aber die nationalistische Rechte hatte sich inzwischen im
parti nationaliste organisiert, einem Sammelbecken für alle,
die sich mit der demokratischen, antiklerikalen Republik
nicht abfinden wollten und in der liberalen Offenheit der
Gesellschaft, im Wechselspiel der parlamentarischen und gesellschaftlichen Kräfte eine Bedrohung für den nationalen
Konsens sahen, der erneuert werden sollte, um Frankreichs
Stellung in Europa und der Welt zu erneuern.

Erneuert werden mußte aber zuerst Frankreich selbst.
Abgesehen von der Lauheit, mit der die republikanischen
Regierungen die Vorbereitungen auf die Revanche, die Kon-

frontation mit Deutschland zu behandeln schienen, waren da die Finanzskandale, die Frankreich in den 1880er Jahren überrollten, wie um die Korruptheit und Verkommenheit der republikanischen Instanzen zu beweisen. «Es gibt innenpolitische Probleme, die die außenpolitischen beherrschen», las man bei Déroulède. «Man kann nach außen nichts bewirken, bevor man nicht Frankreich im Innern geheilt hat. Unser Land ist krank, geschwächt, und es bedarf einer allgemeinen Heilbehandlung ... Bevor wir Elsaß und Lothringen wiedergewinnen können, müssen wir Frankreich wiederfinden. Aus diesem Grund schreiben wir auf die Fahne der Liga oberhalb der Worte ›Revision des Frankfurter Vertrages‹ die Worte ›Revision des parlamentarischen Regimes‹.»[143]

Daß die Nation nicht nur von außen, sondern auch von innen bedroht sei, schien auf der Rechten gewiß. Die Anklagen, die politisierende Intellektuelle und Schriftsteller wie Édouard Drumont (1844–1917), Maurice Barrès (1862–1923) oder Charles Maurras (1868–1952) gegen die Republik schleuderten, fanden weiten Widerhall. Kosmopolitismus, Internationalismus, Freimaurertum untergruben angeblich die Einheit der französischen Nation, und vor allem der Hauptfeind im Innern, das Judentum. Das zweibändige Werk Édouard Drumonts *La France juive*, das jüdische Frankreich, erschien 1886 und war auf Anhieb ein publizistischer Erfolg – tatsächlich ein unförmiges Werk, Sittenbild, Pariser Klatsch, Gesellschaftschronik, ohne straffe Gedankenführung. Der Autor schlug nach allen Seiten aus – Freimaurerlogen, die schon die Französische Revolution in Gang gesetzt hätten, seien erneut daran, den Umsturz zu planen; Mädchengymnasien, jene «schrecklichen Orte des Lasters», entwöhnten die Frauen ihrem wahren, häuslichen Beruf; die Mächte des großen Geldes korrumpierten Frankreich. Drahtzieher und Schuldiger am Niedergang Frankreichs aber sei das Judentum, das in diesem leidenschaftlichen Pamphlet als der zerstörerische Parasit erscheint, der die Dekadenz Europas verschulde, und der deswegen von allen Völkern bekämpft werden müsse.

Das war der Auftakt einer antisemitischen Welle, die sich im folgenden Jahrzehnt in der Dreyfus-Affaire überschlagen sollte. Der jüdische Hauptmann Alfred Dreyfus (1859–1935) hatte angeblich für den deutschen Generalstab spioniert und war in einem von mächtigen öffentlichen Emotionen begleiteten Kriegsgerichtsverfahren zu Haft und unehrenhafter Entlassung aus der Armee verurteilt worden – zu Unrecht, wie sich herausstellte. Der Kampf um die Rehabilitation des jüdischen Offiziers mit dem deutsch klingenden Namen war ein Kampf um die Seele Frankreichs; Ligen traten in Aktion, im Parlament fanden aufsehenerregende Redeschlachten statt, Kabinette fielen, mehrere Kriegsminister mußten zurücktreten, und die Massenpresse nahm sich der Angelegenheit mit Inbrunst an. Als schließlich der lange, wütende Widerstand von Kriegsministerium und Generalstab überwunden und Dreyfus halbherzig rehabilitiert war, hatte sich die Nation in zwei Blöcke gespalten; auf der einen Seite standen die tragenden Gruppen der Dritten Republik, die sich zu Parteien und Gewerkschaftsorganisationen zu formieren begannen – der *Parti radical* 1901, der *Parti socialiste* SFIO 1905, der Gewerkschafts-Dachverband CGT, daneben eine Fülle von Menschenrechtskomitees, laizistische Ligen, Volksuniversitäten. Auf der anderen Seite der *Bloc national*, der in der Dreyfus-Affäre auf der Verliererseite stand und sich nun ressentimentgeladen zusammenschloß, gegen die Gegner der Kirche, gegen die Gegner der Armee, gegen die «Gottlosen», die Juden, die Freimaurer, die Intellektuellen, die für Dreyfus gekämpft hatten, und gegen die Arbeiterparteien und Gewerkschaften: Die bürgerliche Abwehr gegen die Heraufkunft der Arbeiterbewegung wurde von den Wortführern der nationalistischen Rechten in ihr Fahrwasser geleitet.

Seine endgültige Form fand der französische Nationalismus um die Jahrhundertwende. In seiner Trilogie *Le roman de l'energie nationale* (1897–1903), in seinen Essays *Scènes et doctrines du nationalisme* (1902) kämpfte Maurice Barrès gegen den Individualismus, den «Ich-Kult», in dem er die Hauptursache für die von ihm diagnostizierte Zersetzung der französischen Zivilisation zu finden glaubte; höher als das Ich stehe die Nation, der deshalb der höchste, absolute Wert zukomme. Dem einzelnen bleibe nichts anderes übrig, als sich

dem Auftrag der Nation zu unterwerfen, dem «heiligen Gesetz der Abstammung» und den Stimmen «der Erde und der
Toten» zu gehorchen. Das Erbe der Nation müsse gegen die
tödliche Bedrohung von innen wie von außen verteidigt
werden, gegen die zersetzenden Kräfte der «Ich»-Sucht im
Inneren wie gegen die Angriffe des Germanentums in Elsaß-
Lothringen.

Weniger mystisch, direkter, politischer als Barrès waren
die Forderungen, die Charles Maurras entwickelte. Auch er
geht aus von der Gefährdung der Nation, der Überflutung
durch die Kräfte des «Gegen-Frankreichs», durch Individualismus, Kosmopolitismus, Demokratie und Sozialismus,
kurz, durch «das stupide 19. Jahrhundert» (Léon Daudet).
Dagegen gelte es, das königliche, katholische, vorrevolutio-
näre Frankreich wiederzuerwecken und das Gift auszuschei-
den, das die Revolution der Nation eingeimpft habe. Die
Nation sei die höchste aller politischen Realitäten, sie zu erneuern und wiederherzustellen sei deshalb eine Forderung
der Vernunft; also sei es vernünftig, als Patriot Monarchist zu
sein. Diese logisch etwas zweifelhafte Ableitung führte
Maurras zu der Ansicht, daß der Kampf gegen die «verhäng-
nisvollen Irrtümer der Demokratie» mit Gewalt geführt
werden müsse, ein revolutionärer Kampf gegen die republikanischen Institutionen der Revolution.

Die *Action française* stellte den entscheidenden Schritt von
der Literatur zur politischen Tat dar. 1898 von Maurras gegründet, stellte sie zunächst nicht mehr dar als eine kleine
Schar von Schriftstellern; 1908, mit dem Erscheinen der
gleichnamigen Zeitschrift, trat sie in die Öffentlichkeit und
wirkte beträchtlich. Auf den Straßen wurde diese Zeitschrift
von einem Freiwilligenkorps verkauft, den *Camelots du roi*,
also etwa: Parteigänger des Königs, die ersten halbmilitä-
risch organisierten, später mit Hemden und Stiefeln verse-
nen Straßenkämpfer und Agitatoren. Die Führung der *Action Française* lag in der Provinz häufig in Händen von Angehörigen adliger Familien, die verbittert darüber waren, daß
sie aus dem öffentlichen Leben der Dritten Republik verdrängt worden waren, selten allerdings bei dem höheren
Adel. Die häufig anzutreffende Lesart, die Mitgliedschaft sei

«kleinbürgerlich» gewesen, ist nicht aufrechtzuerhalten. Zwar stammte ein beträchtlicher Prozentsatz aus dem unteren Mittelstand – Handwerker, Handlungsreisende, kleine Ladenbesitzer – aber etwa die Hälfte der Anhänger waren Akademiker, oft Rechtsanwälte. Das studentische Element fiel in der Öffentlichkeit besonders durch eindrucksvolle Krawalle auf, beispielsweise im akademischen Jahr 1908/09, als ein Professor Amadée Thalamas eine Vorlesung über das eigentlich unverdächtige Thema «Methoden der Pädagogik» ankündigte. Thalamas hatte sich jedoch einige Jahre zuvor herabsetzende Bemerkungen über Jeanne d'Arc erlaubt, die von der *Action Française* zu einer Art nationaler Schutzheiliger erkoren worden war, was jetzt rüde studentische Ausschreitungen und Straßenkrawalle zur Folge hatte. Vergleichsweise war das ein Sturm im Wasserglas, aber die leidenschaftlichen Stellungnahmen und Demonstrationen für und gegen Thalamas in der Kammer wie in der Öffentlichkeit machten deutlich, wie tief die französische Gesellschaft in zwei Blöcke gespalten war, deren jeder die französische Nation ganz zu vertreten beanspruchte. Für Frankreich galt paradoxerweise, daß die Beschwörung der nationalen Einheit die Nation nicht einte, sondern spaltete; erst die *union sacrée*, die Einigkeit der Parteien angesichts der deutschen Kriegserklärung vom 3. August 1914, sollte die Brücke zwischen den beiden Lagern schlagen.

So modern manche Züge des französischen Nationalismus in der Dritten Republik erscheinen, namentlich im Hinblick auf seine Fortsetzung nach dem Ersten Weltkrieg, so ist doch kaum zu übersehen, daß diese Bewegung in ihren Grundzügen eher defensiv, negativ und nostalgisch war. «Wir sind schon Besiegte, bevor wir zur Welt kommen», ließ sich der Philosoph Charles Péguy (1873–1914) vernehmen. «Wir sind zu einem Volk von Besiegten geboren. Wir sind kurz nach der Niederlage, der Invasion geboren, als militärisch überwundenes Volk.»[144] Zu der Angst vor der Moderne, die die Hierarchie zerstörte, die Schönheit gefährdete, von Geld anstatt von Ehrbegriffen beherrscht wurde, gesellte sich das Bewußtsein der Niederlage, der Demütigung und der Schwäche gegenüber den protestantischen Mächten, nicht nur Deutschland, sondern auch England. Dabei fällt auf, daß der französische Nationalismus weitgehend kontinental ausgerichtet blieb und an Kolonien wenig Interesse zeigte. Koloniale Unternehmungen standen im Gegenteil leicht im Verdacht, von Elsaß-Lothringen abzulenken und die innere Gesundung der Nation zu gefährden.

Auch England reagierte auf die Revolution der europäischen Staatenordnung von 1871. Die Veränderungen auf dem Kontinent hatten bei der führenden Kolonialmacht eine Rückbesinnung auf den Wert und die Kraft des überseeischen Empires zur Folge. Hinzu kam, daß die Wahlrechtsänderungen von 1867 und 1884 breitere Volksschichten an die Politik herangeführt hatten, deren Integration sich die beiden großen Parteien, die Konservativen und die Liberalen, zur Aufgabe machten. In seiner berühmten Kristallpalast-Rede vom 24. Juni 1872 erklärte es der britische Premierminister Benjamin Disraeli geradezu als Angelpunkt der konservativen Politik, «daß das englische Volk, und besonders die arbeitenden Schichten Englands stolz darauf sind, einem großen Land anzugehören, und seine Größe bewahren wollen – daß sie stolz sind, zu einem Imperium zu gehören, und entschlossen sind, ihr Imperium, wenn sie können, aufrechtzuerhalten – daß sie überhaupt glauben, daß die Größe und das Weltreich Englands den altehrwürdigen Institutionen des Landes zuzuschreiben sind.»[145] Nach einer scharfen Wendung gegen die Liberalen, die in ihrem Drang nach innenpolitischen Reformen das Empire vernachlässigt hätten, kam Disraeli zu dem Schluß: «Es geht darum, ob Sie zufrieden sein wollen, ein bequemes England zu sein, das nach kontinentalen Prinzipien organisiert ist und in absehbarer Zeit einem unvermeidlichen Schicksal anheimfallen wird, oder ob Sie ein großes Land sein wollen, ein Land, in dem Ihre Söhne, wenn sie aufsteigen, zu überragenden Positionen gelangen, und sich nicht nur die Wertschätzung ihrer Landsleute erwerben, sondern den Respekt der ganzen Welt.»[146]

Disraeli gehörte zu der Generation englischer konservativer Politiker, die das England ihrer Zeit in rasantem Wirtschaftsaufschwung und als Beherrscherin des Welthandels erlebten, die aber das Grundübel ihrer Epoche in der tiefen

Zerrissenheit der Nation in einzelne, nur ihren eigenen Interessen verpflichtete Gruppen und Individuen erblickten. In seiner Jugend hatte Disraeli einige sozialkritische Romane geschrieben, in denen er das soziale Auseinanderbrechen Englands in die *two nations* der Besitzenden und der Besitzlosen beklagt hatte. Ihm war klar, daß die Rückkehr zu traditionellen, bewährten Bindungen, zur Harmonie eines geschlossenen Volkskörpers, also die Wiedervereinigung der *two nations* ein Interesse aller, auch der Arbeiter, an den Geschicken der gesamten Nation notwendig machte. Zwei Mittel schienen sich anzubieten: Zum einen eine schrittweise Lösung der sozialen Probleme, zum anderen die Schaffung eines wahrhaft erdumspannenden, von nationalem Stolz getragenen britischen Weltreichs.

Die Idee war nicht originell; schon seit Jahren hatte beispielsweise der Historiker J. A. Froude in *Frazer's Magazine* angesichts der nationalen Gewichtsverlagerungen auf dem Kontinent auf die unbegrenzten überseeischen Wachstumsmöglichkeiten Englands hingewiesen; in seinem Gedicht *Idylls of the King* hatte der Lyriker Alfred Lord Tennyson Großbritannien von einer zweitrangigen Insel zu einem *Ocean-Empire with her boundless homes* erhoben. Das 1868 erschienene Buch von Charles Dilke, *Greater Britain*, in dem die weltumspannende Einheit der britischen Kultur und Traditionen beschworen wurde, erwies sich als enormer verlegerischer Erfolg. Der Kunsthistoriker und Sozialphilosoph John Ruskin verlieh dieser Idee eine geradezu schicksalhafte Dimension; England galt ihm als die «königliche Insel, für alle Welt die Quelle des Lichts, ein Zentrum des Friedens», weshalb es im Dienste der Menscheit «Kolonien gründen muß, so weit und so schnell es nur kann».[147] Disraeli griff also Ideen auf, die längst in der Luft lagen und bereits eine gewisse Popularität erlangt hatten; aber er machte sie zu entscheidenden Programmpunkten einer politischen Partei und des von ihr regierten Staatswesens.

Nach der eine Generation währenden Herrschaft der Liberalen und des manchesterlichen Ideals des *Laissez-faire*-Staates wurde jetzt, im Zeichen der konservativen Ära unter Disraeli und seinen konservativen Nachfolgern Salisbury (1830–

1903) und Balfour (1848–1930), der Staat zum Garanten des
inneren Ausgleichs und der äußeren Stärke Großbritanniens.
Während die sozialen Folgen der Industrialisierung durch
eine ganze Reihe sozialpolitischer Gesetze im Zeichen der
«Tory-Demokratie» gemildert wurden, trat der Staat entschieden an, den bisher fast zufällig zusammengewürfelten
überseeischen Besitz Englands zu konsolidieren, ihn im
Wettlauf mit den konkurrierenden Mächten des europäischen Festlands auszuweiten und schließlich zu einem rechtlich und verfassungsmäßig zusammenhängenden, von London aus gelenkten Weltreich zusammenzufassen; der Vergleich des Empire mit dem Römischen Reich wurde oft
gezogen. Dabei spielten die englischen Siedlungskolonien wie
Kanada, Australien oder Neu-Seeland eine vergleichsweise
geringe Rolle; Kraftquellen des Empires sollten vielmehr Indien und die benachbarten Territorien sein. Indem Disraeli Königin Viktoria (1819–1901) veranlaßte, 1876 den Titel einer Kai-
serin von Indien anzunehmen, hatte er eine Meisterleistung
an nationaler Konsolidierung vollbracht. Die zunehmende
Popularität der Krone – die sich unter den georgianischen
Königen des Hauses Hannover in Grenzen gehalten hatte –
verband sich nun mit der Phantasie von dem prachtvollen,
reichen, exotischen Kontinent unter englischer Herrschaft,
und der Traum von der imperialen Monarchie erhielt ein
weiteres Stück an Evidenz. Wiederholte nicht England den
märchenhaften Zug Alexanders des Großen, trat nicht die
britische Krone das Erbe des großen Makedonen an, der die
bekannte Welt unterwarf und eine Einheit von Morgen- und
Abendland stiftete? Die volkstümlichen Romane eines Rud-
yard Kipling (1865–1936) spielten immer wieder mit diesem
Motiv; die Erzählung *The Man who Wanted to be King* führt
das Gleichnis unmittelbar vor Augen – der englische Abenteurer, der in einem fernen Tal des Himalaya auf Buddhas
mit klassisch-griechischen Profilen stößt und auf ein Volk,
das ihn als den wiederauferstandenen Alexander begrüßt . . .
Die strategischen Verbindungen nach Indien galten als die
Arterien des Reichs: zum einen der Seeweg um Afrika und
damit die «Achse Kap-Kairo», zum anderen der Seeweg
durch das Mittelmeer von Gibraltar bis zur Levante und weiter

der Landweg über das Zweistromland, Persien, Afghanistan und Beludschistan. Großbritannien war bereit, mit seinen Konkurrenten um die Weltgeltung in einen offenen und fairen Wettbewerb einzutreten; aber wenn die Verbindungslinien nach Indien bedroht wurden, durch russische Truppen auf dem Hindukusch, französische Forscher in Syrien und am weißen Nil oder deutsche Eisenbahningenieure in Mesopotamien, dann kochte die britische Massenpresse, und Whitehall erwog den Einsatz militärischer Machtmittel.

Die koloniale Expansion des Empires war in der Hochphase des Imperialismus, zwischen den 1880er Jahren und dem Ersten Weltkrieg, prozentual bei weitem geringer als die ihrer Konkurrenten – es ging ja nicht um den Aufbau neuer Kolonialreiche, sondern um die Arrondierung eines längst erworbenen, riesigen überseeischen Besitzes. Aber allein der schiere Umfang des Territorialbesitzes macht deutlich, daß es sich bei dem britischen Imperialismus um ein Phänomen eigener Art handelte (in tausend Quadratkilometern):

	Großbrit.	Frankreich	Deutschl.	Spanien	Italien
1881	22395	526	0	432	0
1895	29021	3577	2641	1974	247
1912	30087	7906	2907	213	1590

(Quelle: Wolfgang J. Mommsen (Hrsg.): Imperialismus, Hamburg 1977, S. 37f.)

Anders als im Fall etwa Frankreichs oder Deutschlands bot sich für das Inselreich England eine Perspektive, in der die großen europäischen Kriege nur als Annex, als Nebenschauplatz des Kampfes um die Ozeane und Kontinente erschienen – ein Kampf, aus dem Großbritannien gegen Spanien wie gegen Frankreich bisher stets siegreich hervorgegangen war. Aber wer sagte, daß das ewig so weitergehen mußte? Der große Historiker des Imperialismus, John Robert Seeley (1834–1895), dessen 1883 erschienenes Hauptwerk *The Expansion of England* innerhalb von zwei Jahren 80000 mal verkauft wurde, warnte vor einem Schicksal, wie es in der Ver-

gangenheit großen Mächten wie Schweden, Holland oder
Spanien geblüht hatte, die zu zweitrangigen Mittelstaaten
zurückgesunken waren, und propagierte zwei Mittel, die
dem Untergang des britischen Reichs entgegenwirken sollten: Zum einen die dauernde Ausbreitung, zum anderen eine
einheitliche nationale Regierungsform, damit sich England
für die Zukunft neben den neuen Weltmächten USA und
Rußland behaupten könne. Mit der nachlassenden Expansion seit den 1890er Jahren trat der zweite Aspekt in den Vordergrund; *constructive imperialism* hieß jetzt die Devise, kon-
struktiver Imperialismus, und damit «die Verwirklichung
des größten Ideals, das jemals Staatsmännern in irgendeinem
Lande oder zu irgendeiner Zeit vorgeschwebt hat: Die
Schaffung eines Reiches, wie es die Welt noch nie gesehen
hat», so 1903 der Wortführer des *constructive imperialism*,
Kolonialminister Joseph Chamberlain (1836–1914), um
fortzufahren: «Wir müssen bauen an der Einheit der Staaten
um die Ozeane; wir müssen die britische Rasse konsolidieren ...»[148] Dieses Programm sollte zunächst durch die Bildung einer Wirtschaftsunion vorangetrieben werden, der
eine Militär- und schließlich eine politische Union folgen
sollte; daneben jedoch war an eine weitaus stärkere innere Integration des britischen Mutterlandes gedacht, und Chamberlain und seine Mitstreiter planten, die Rolle der Parteien
und des Parlaments zu verringern, weil diese dazu neigten,
Partikularinteressen vor die Interessen der Nation zu stellen,
und statt dessen unter dem Schlagwort «mehr Demokratie»
plebiszitäre Elemente in die britische Verfassung aufzuneh-
men. Imperialismus, nationale Interessen und Demokratie
schienen in dieser Sichtweise unterschiedliche Aspekte derselben Anstrengung: die Nation vor dem Niedergang zu bewahren, der von innen durch Klassenantagonismen und Sozialismus, von außen durch die zunehmende Konkurrenz
Deutschlands, aber auch Frankreichs und Rußlands drohte.
«Die Demokratie ist erreicht, eine demokratische Nationalpolitik ist an die Stelle der früheren Nützlichkeitslehre getreten,
und Imperialismus ist durchaus die neueste und, wie ich
meine, die höchste Verkörperung unseres demokratischen
Nationalismus geworden. Er ist bewußter Ausdruck der Soli-

darität unserer Rasse», so der Herzog von Westminster zum Zusammenhang von Demokratie und Imperialismus.[149]

Das waren keineswegs Vorstellungen einer kleinen, isolierten konservativen und teilweise auch liberalen Elite, wie manche Historiker meinen, sondern Ausdruck eines umfassenden Meinungsklimas, das alle gesellschaftlichen Gruppen umfaßte. Gegen Ende des 19. Jahrhunderts etablierte sich in England ein nationaler Konsens, der das Land über seine sozialen Konflikte, das schmerzliche Problem der irischen *Home Rule*, den Verlust seiner bisher unbestrittenen wirtschaftlichen und politischen Weltmachtstellung hinwegtrug und die Nation kulturell und gesellschaftlich zusammenband. Imperialismus und Nationalismus waren dabei zwei Seiten derselben Medaille; die große Frage der inneren Einheit des Königreichs, des Umgangs mit der irischen Minderheit, die nach nationaler Selbständigkeit strebte, wurde in der Öffentlichkeit stets im Zusammenhang mit der imperialen Sendung Großbritanniens gesehen; die Befürworter des *constructive imperialism* waren zugleich die Gegner der irischen *Home Rule*, der irischen Selbstverwaltung, weil sie die Einheit des Empire bedrohe. Der Schulunterricht förderte den nationalen Konsens ebenso wie die Volks- und Jugendliteratur, im klassischen Theater wie in den volkstümlichen *music halls* wurde der Imperialismus zur zentralen Idee, die darstellenden Künste bis hin zur Architektur huldigten ihm, und die Massenpresse, vom *Daily Telegraph* bis zum *Daily Mail* und *Daily Express* propagierten ihn; der *Express* kündigte 1896 in seiner ersten Ausgabe sogar an, er sei «weder das Sprachrohr einer politischen Partei noch das Instrument irgendeiner gesellschaftlichen Clique . . . Unsere Politik ist patriotisch; unsere Politik ist das britische Empire».[150]

Der nationale Konsens beruhte auf einigen klar umrissenen Grundannahmen. Vor allem gebe es einzigartige Merkmale des britischen Charakters, die die weltweite Ausdehnung Großbritanniens erklärten und rechtfertigten. Dem britischen Nationalcharakter eigne eine besondere Befähigung zur Regierung, zur Selbstverwaltung, zur Herrschaft über untergebene Völker – «die großartigste regierende Rasse, die die Welt je gesehen hat», um Joseph Chamberlain

zu zitieren.[151] Damit war nicht nur die Überlegenheit der
Briten über alle anderen weißen und erst recht nichtweißen
Völker gegeben, sondern auch die moralische Rechtfertigung des Empires; Großbritanniens imperiale Mission lag
im Interesse der Zivilisation und der Menschheit überhaupt.
Dahinter stand nicht nur ein Ideal des Herrschens, sondern
auch des Dienens – die «Bürde des weißen Mannes», wie
Kipling die Pflicht zur Zivilisierung und Christianisierung
der Welt genannt hatte, lag auf den Schultern Englands.
Demgegenüber stand der häßliche Neid von Aufsteigern
und Konkurrenten um die Weltmachtrolle, gegen die England sich nur durchsetzen konnte, wenn es seine Macht immer weiter ausdehnte; am Drury Lane Theatre sang man
1911:

> Es gibt Feinde um uns, die eifersüchtig auf unseren
> Ruhm sind.
> Wir haben ein mächtiges Reich errichtet, und die
> wollen das nun auch.
> Und sie denken, sie schaffen es, wenn sie uns bei
> einem Schläfchen überrumpeln.
> Während sie unsere Freunde und Nachbarn von der
> Landkarte wischen.[152]

Anders als im Frankreich der Dritten Republik, das in Fragen des nationalen Konsenses tief gespalten war, herrschte in
Großbritannien eine außergewöhnliche Übereinstimmung
von Vorstellungen über Staat, Nation, Empire und *british-
ness*. Der Fall Deutschlands vereint in gewisser Hinsicht
Merkmale beider Länder.

Auch in Deutschland war die «innere Reichsgründung»,
der nationale Ausgleich zwischen den gegensätzlichen gesellschaftlichen Gruppen und Interessen, das entscheidende
innenpolitische Problem. Eine enorme Vielfalt einander über-
kreuzender und sich bekämpfender sozialer und wirtschaftlicher Interessen, geronnen in Parteien, Massenorganisationen und Interessenverbänden, wurde noch verstärkt durch
politische und gesellschaftliche Außenseiter – mit der Entstehung des neuen deutschen Nationalstaats waren Minderhei-
tenprobleme aufgeworfen worden, es gab beträchtliche fran-

zösische, polnische und dänische Bevölkerungsanteile, und welche Rolle die deutschen Juden zu spielen hatten, war heiß umstritten. Bismarcks Herrschaftstechnik versuchte, dieses Problem zu lösen, indem starke, aber nicht im Sinne des monarchischen Obrigkeitsstaats integrierbare Gruppen ausgegrenzt und zu «Reichsfeinden» erklärt wurden. Da waren zunächst die Zentrums-Katholiken, die seit Mitte des Jahrhunderts den politischen und kulturellen Zentralisierungsbemühungen des preußisch-protestantischen Staates zähen Widerstand entgegensetzten; der «Kulturkampf», in dem es nach außen hin um die Frage der staatlichen Schulaufsicht und die Besetzung der Pfarrstellen ging, war in Wirklichkeit der Versuch des preußisch-deutschen Obrigkeitsstaates, die politischen Tendenzen des deutschen Katholizismus mit seinen transnationalen Aspekten national zu mediatisieren – übrigens nicht nur ein deutsches Problem; der Kirchenkampf tobte, wenn auch mit unterschiedlichen Voraussetzungen und Formen, gleichzeitig in Frankreich, Spanien und Italien. Und seit Ende der siebziger Jahre trat der Kampf gegen die Sozialdemokratie hinzu. August Bebel (1840–1913) hatte Regierende wie Besitzende tödlich erschreckt, als er am 25. Mai 1871 im Reichstag die Pariser Kommune als «kleines Vorpostengefecht» im Vergleich zu dem erklärt hatte, was den Zeitgenossen an sozialer Revolution noch bevorstehe. Das Sozialistengesetz von 1878 war die staatliche Antwort auf die Kampfansage der «Umsturzpartei», wenn es sich auch in Kenntnis politischer Unterdrückungsmaßnahmen des 20. Jahrhunderts harmlos ausnimmt – immerhin blieb die SPD-Reichstagsfraktion bestehen und erstarkte von Wahl zu Wahl. Auf der anderen Seite führte die Reichsregierung seit 1880 Schritt für Schritt eine staatliche Sozialversicherung ein, die vorbildlich für ganz Europa wurde, um aus besitzlosen Sozialisten konservative Rentiers zu machen – was das anging, erwies sich die ganz aus dem Geist des ostelbischen Patriarchalismus erdachte Sozialpolitik als erfolglos, denn nach der Aufhebung des Sozialistengesetzes 1890 war der Zustrom zur SPD stärker denn je.

Zur nationalen Integration Deutschlands, des «verspäteten Nationalstaats» (Helmut Plessner), taugte vor allem die

Armee. Sie sah sich selbst als einzigen Garant des Staates und
der Monarchie, und dies nicht nur gegen äußere, sondern
auch gegen innere Gegner, also gegen Sozialdemokraten,
Katholiken und Liberale. Es zeigte sich, daß in der Öffentlichkeit die Leitbilder des preußischen Militärs die des bürgerlichen Liberalismus zunehmend übertrumpften. Nicht
die zivilen Tugenden des für die deutsche Geschichte im
19. Jahrhundert so wesentlichen gebildeten und besitzenden
Bürgertums waren gesellschaftlich maßgebend, sondern die
des preußischen Garde-Leutnants. Gewiß, in der deutschen
Provinz, vor allem in den Residenzen und Bürgerstädten des
«Dritten Deutschland», auch in Süddeutschland, blieb das
schlichtere bürgerliche Selbstverständnis der ersten Jahrhunderthälfte bestehen, doch das zunehmende politische
Schwergewicht der preußischen Dreiheit Kaiserhof, Guts-
hof und Kasernenhof prägte das deutsche Selbstbewußtsein.
Hinzu kam die hohe Wertschätzung, die die Armee seit den
Einigungskriegen in der Bevölkerung genoß: Sie war der
Stolz der Nation. Diese Hochachtung übertrug sich auf
jeden Heeresangehörigen und verschaffte ihm innerhalb seiner sozialen Umwelt erhöhte Reputation. Aus diesem Grund
wurde auch die allgemeine Wehrpflicht nicht als Last, sondern als Auszeichnung und soziale Chance empfunden; um
Waffen und Uniformen lag ein romantischer, idealisierender
Glanz, der von Presse und Literatur, mit Ausnahme weniger
liberaler Zeitungen, verbreitet und verstärkt wurde. Auch
im Zivilleben wurde es wichtig, «gedient» zu haben; Beamte
und Lehrer bezogen ihr Selbstbewußtsein aus ihrem Reser-
veoffiziers-Status und übertrugen die Normen, die sie in der
Armee kennengelernt hatten, in die Ämter und Schulen.
Daß dieser zunehmende «Gesinnungsmilitarismus» die
politische Urteilsbildung beeinflußte, zunächst bei den
Untertanen, dann auch bei den Regierenden, war nicht zu
vermeiden.

Der wichtigste Grund dafür lag darin, daß die «innere
Reichsgründung» nicht vorankam. Deutschland blieb innerlich zersplittert, die alte territoriale wie konfessionelle Spaltung ließ sich in kurzer Zeit so wenig überbrücken wie die
tiefen sozialen Gräben, die sich im Gefolge der Industrialisie-

rung zwischen Industrie und Landwirtschaft, Adel und Bürgertum, Kapital und Arbeit aufgetan hatten. Die politischen Parteien, die diese Gegensätze eigentlich aufnehmen und ausgleichen mußten, waren dieser Aufgabe nicht gewachsen, nicht zuletzt, da sie in der deutschen Verfassungsordnung nicht mit politischer Verantwortung und also auch nicht mit dem Zwang zum Kompromiß belastet waren. So mühten sie sich um philosophisch-ideologischeProgramme mehr als um pragmatische Politik, waren ihren Anhängern eher Ersatzkirchen als Interessenvertretungen; das deutsche Parteiensystem bestand aus unversöhnlichen Antagonismen, ein Gewirr von Schützengräben und Igelstellungen.

Und das alles war durchkreuzt und überformt von den organisierten Interessen. Zwischen ihnen wie zwischen den Parteien herrschte Sprachlosigkeit, also eine tiefverwurzelte Unfähigkeit zum sozialen und politischen Ausgleich. Wo *common sense* oder der Bezug auf übergeordnete gemeinsame Wertmaßstäbe notwendig gewesen wären, herrschte der ideologisch aufgeladene Kampf aller gegen alle im gesellschaftlichen System, überformt lediglich durch einen gemeinsamen reichsdeutschen Nationalismus, der bis weit in die Arbeiterbewegung hineinreichte, allen internationalistischen Beteuerungen zum Trotz. Aber dieser Nationalismus wurde blaß und schal; mit der Reichsgründung war die Utopie verschwunden, die zwei Generationen deutscher Patrioten Sinn und Maß des politischen Handelns wie der Identität gegeben hatte, und an die Stelle der Utopie war die Ökonomie getreten. Was fehlte, das war eine bürgerliche Kultur des *common sense*, der gemeinschaftlichen Üblichkeiten und Selbstverständlichkeiten, die die politische Kultur von Deutschlands westlichen Nachbarn regulierte, und es fehlte darüber hinaus eine einigende Idee, die über das Gegenwärtige hinaus in die Zukunft wies.

So gab es nur eine Instanz, die imstande war, diesen vergleichsweise dramatischen gesellschaftlichen Zustand zu entschärfen, indem sie sämtliche Konfliktlösungsbemühungen einschließlich der gesellschaftlichen Sinn- und Identitätsprobleme auf sich selbst bündelte: das war der Staat, der preußisch-deutsche Obrigkeits-, Verwaltungs-, Erziehungs- und

Verteilungsstaat, der sich für alles und jedes zuständig erklärte, von der Sozialfürsorge bis zur Friedhofsordnung,
und dessen Institutionen, dessen Verwaltung und vor allem
Militär der Ideologie huldigten, über den Interessengegen-
sätzen der Gesellschaft und unabhängig von ihnen zu existieren und das Wohl des Ganzen zu repräsentieren – eine im
Kern antidemokratische, autoritäre Idee. Und dies um so
mehr, als die wirkliche Volksvertretung, der Reichstag, als
Stätte des Geschwätzes und des Zanks galt und deshalb wenig Ansehen besaß; nach den Worten eines konservativen
Abgeordneten konnte der Kaiser das Parlament jederzeit
durch einen Leutnant mit zehn Mann schließen lassen. Wie
tief dieses Leitbild des über dem unverantwortlichen Volk
und dessen Streitigkeiten stehenden «Vaters Staat» verwurzelt
war, zeigte nicht zuletzt die deutsche Sozialdemokratie, die
beanspruchte, der große Gegenentwurf zu diesem Staatswesen zu sein, tatsächlich aber in Geist wie Aufbau die Staatsor-
ganisation bis ins Letzte reproduzierte. «Der Feind, den wir
am tiefsten hassen/ Das ist der Unverstand der Massen»: Das
war nicht Motto preußischer Amtsstuben, sondern ein Vers
aus der sozialdemokratischen «Arbeiter-Marseillaise».

Neben Armee und Staat als eigentliche Vereiniger der
Nation trat schließlich seit den 1890er Jahren, ein blasser
Abklatsch des englischen Vorbilds, der Traum von der
weltweiten Sendung der Deutschen, die imperiale Versuchung. Für die enorme wirtschaftliche und politische Dy-
namik, die sich hier entwickelte, schien das kleine Mitteleuropa zu eng; die Begrenzung auf bescheidene, nur nach
innen gerichtete Entwicklungen, auf saturierte Verhältnisse
wurde vom deutschen Bürgertum als demütigend und im
Vergleich zu den europäischen Nachbarn als diskriminierend
empfunden. Nationale Politik hatte bislang geheißen, die
Einigung Deutschlands und anschließend die innere Konsolidierung des Reichs herbeizuführen; seit den 1890er Jahren
aber hieß deutsche Politik Weltpolitik, gemäß den Sätzen
Max Webers (1864–1920) anläßlich seiner Freiburger Antrittsrede von 1895: «Nachdem ... die Einheit der Nation
errungen war und ihre politische ‹Sättigung› feststand, kam
über das aufwachsende erfolgstrunkene und friedensdurstige

Geschlecht des deutschen Bürgertums ein eigenartig ›unhistorischer‹ und unpolitischer Geist. Die deutsche Geschichte schien zu Ende. Die Gegenwart war die volle Erfüllung vergangener Jahrtausende . . . Entscheidend ist auch für *unsere* Entwicklung, ob eine große Politik uns wieder die Bedeutung der großen politischen Machtfragen vor Augen zu stellen vermag. Wir müssen begreifen, daß die Einigung Deutschlands ein Jugendstreich war, den die Nation auf ihre alten Tage beging und seiner Kostspieligkeit halber besser unterlassen hätte, wenn sie der Abschluß und nicht der Ausgangspunkt einer deutschen Weltmachtpolitik sein sollte.»[153]

Weltmachtstreben also als Sendung der deutschen Nation, als ihre Vollendung: Das war der entscheidende Bruch mit der Politik Bismarcks, die eine Politik der strikten Selbstbeschränkung auf Mitteleuropa gewesen war. Hinter dem Aufbruch in imperialistische Abenteuer stand keineswegs die alte adlige preußische Oberschicht, die den ausländischen Beobachtern so unzivilisiert und schreckenerregend vorkam, die aber ganz mit der Verteidigung ihrer zunehmend unterhöhlten sozialen und innenpolitischen Stellung befaßt war und außenpolitisch nicht die geringsten Ambitionen besaß. Dahinter stand vielmehr das liberale, gebildete und besitzende Bürgertum, Erbe der deutschen Nationalbewegung, das jetzt, mit dem Anwachsen seiner wirtschaftlichen Macht, auf Expansion und Weltgeltung setzte; dabei ist schwer zu unterscheiden, was wirtschaftspolitisches Kalkül, und was Kompensation nationaler Frustrationen angesichts der imperialistischen Ausdehnung der Nachbarnationen, Frankreichs, Englands und Rußlands, war. Im Unterschied zu diesen Staaten jedoch beschränkte sich das deutsche Sendungsbewußtsein auf «Weltpolitik», ohne jedes dahinterstehende werbende geistige Prinzip; der alldeutsche Schriftsteller Friedrich von Bernhardi stellt kurz vor dem Ersten Weltkrieg betrübt fest: «Es fehlt uns ein klar bestimmtes politisches und nationales Ziel, das die Phantasie gefangen nimmt, das Herz der Nation bewegt und zu einheitlichem Handeln zwingt.»[154] Hinter der Ersatzkonstruktion «Weltpolitik» verbarg sich hauptsächlich das Vorbild des briti-

schen Imperialismus, den man gleichzeitig nachzuahmen
und zu bekämpfen suchte: «Die Welt darf weder einmal englisch noch russisch werden», so der einflußreiche Historiker
und Publizist Hans Delbrück. «Wäre aber einmal die außer-
europäische Welt völlig an eine oder zwei Sprachen aufgeteilt, so wäre es unmöglich, daß die unbeteiligten europäischen Völker sich gegen solche Riesenmächte auf die
Dauer behaupten. Das ist der Grund, weshalb Deutschland
notwendig eine Kolonialpolitik im großen Stile treiben
muß . . .»[155]

Der Ruf nach deutschen Kolonien und Einflußsphären
war von Bismarck noch hinhaltend und widerstrebend behandelt worden; das war die Zeit der kolonialen Abenteurer
wie Carl Peters (1856–1918) und Gustav Nachtigall (1834–
1885), die die deutsche Fahne über Ostafrika und Kamerun
aufpflanzten, und die dann mit Hilfe einer drängenden
Presse und des Drucks von kolonialen Massenorganisationen und Wirtschaftsverbänden das Protektorat durch das
Reich mehr oder weniger erzwangen. Das änderte sich unter
Bismarcks Nachfolgern. Unter dem Druck von Massenver-
bänden neuen Stils wie der 1887 gegründeten «Deutschen
Kolonialgesellschaft» und vor allen Dingen des «Alldeutschen Verbands» von 1891 wurde die Errichtung von deutschen Kolonien in Afrika und Ozeanien zum offiziellen Bestandteil deutscher Außenpolitik: Südwest-Afrika (heute
Namibia), Ost-Afrika (heute Tansania), Togo und Kamerun
wurden ebenso deutschen Schutzgebiete wie das chinesische
Tsingtau, ein Teil Neu-Guineas und zahlreiche Südsee-Ar-
chipele. Über die Verteilung der Welt konnte man sich mit
den europäischen Nachbarn noch wie unter Gentlemen einigen; das erwiesen die auf einer internationalen Konferenz in
Berlin 1885 verabschiedete Kongo-Akte, der deutsch-briti-
sche Sansibar-Vertrag von 1891 und schließlich der Vertrag
von Algeciras von 1906, mit dem die Marokko-Frage geregelt wurde.

Gefährlicher waren aber zwei weitere Elemente deutscher
Weltpolitik. Da war einmal die Verlängerung der deutschen
Einflußachse über Wien und Südosteuropa hinaus in das
Gebiet des Osmanischen Reichs bis nach Mesopotamien, die

mit der pompösen und Rußland wie England provozieren-
den Orientreise Wilhelms II. (1859–1941) von 1897 und mit
dem Beginn des Baus der Bagdad-Bahn 1899 ihren Höhepunkt fand. Damit waren die russischen Balkan- und Bos-
porus-Ambitionen ebenso wie die britische Mittelost- und
Indienstellung angegriffen, und jeder Konflikt in diesen
weltpolitisch neuralgischen Regionen mußte auf den Frieden
in Mitteleuropa zurückwirken. Und da war weiterhin die
deutsche Flottenpolitik. Seit der Übernahme der deutschen
Außenpolitik durch Bernhard von Bülow (1849–1929) 1897
und der fast gleichzeitigen Ernennung des Admirals Alfred
von Tirpitz (1849–1930) zum Chef des Reichsmarineamts
wurde der Aufbau einer deutschen Kriegsmarine vorangetrieben, die der mächtigsten Seemacht, zur Zeit noch England, Paroli bieten sollte. Da war keineswegs klar kalkulierte
Machtpolitik im Spiel, sondern eine Welle nationaler Begeisterung und Selbstbestätigungssucht, die tiefsitzende Min-
derwertigkeitsgefühle gegenüber dem in so vielem überlege-
nen «englischen Vetter» zu kompensieren suchte und von einer
regelrechten Massenbewegung getragen wurde, an der Spitze
der «Deutsche Flottenverein», mit über einer Million Mitglieder der stärkste deutsche Agitationsverband. Daß auf diese
Weise die englischen Interessen an ihrer empfindlichsten Stelle
getroffen, daß damit England an die Seite der europäischen
Flankenmächte Rußland und Frankreich gedrängt wurde,
hat in den öffentlichen Debatten der Zeit keine Rolle gespielt. Wie einst vor der deutschen Reichseinigung herrschte
eine von Emotionen und dumpfen Massengefühlen aufge-
heizte, gegen die Ratio des europäischen Gleichgewichts gerichtete allgemeine Stimmung; diesmal allerdings besaß
diese Bewegung ihre Vertreter auch in der politischen Führung, vor allem in der Person des Kaisers, der keine Gelegenheit ausließ, durch martialische Auftritte und Reden die britische Politik zu beunruhigen und zu provozieren.

Am italienischen Beispiel läßt sich der Wandel der europäischen Nationalideen im 19. Jahrhundert besonders deutlich
erkennen. Der idealistische Nationalismus des *Risorgimento*,
der im Geiste Mazzinis von einer Bruderschaft der europäischen Nationen träumte und dem Nationalstaat eine zu

bürgerlicher Freiheit und politischer Teilhabe hinführende
Erziehungsaufgabe zugedacht hatte, veränderte sich in der
Ära des autoritär regierenden Ministerpräsidenten Francesco
Crispi (1819–1901), also zwischen 1887 und 1896. Es war
eine Epoche hektischen industriellen Aufschwungs, der aber
nur wenigen zugute kam, während sich die sozialen Spannungen verschärften; Industriearbeiter, vor allem aber die
Landarbeiter Mittel- und Süditaliens organisierten sich,
Streiks und administrative Repression schaukelten sich gegenseitig hoch, und Crispi nutzte den virulenten Nationalismus, um von den inneren Konflikten abzulenken und zugleich nationales Prestige zu erwerben. Den Irredentismus,
den Ruf nach der Vereinigung aller italienischsprachigen
Gebiete mit dem Mutterland, lehnte er aus Einsicht in die
geringe Belastbarkeit der europäischen Bündnisse ab; statt
dessen trieb er die Kolonialexpansion voran und schickte
Truppen nach Eritrea, Somaliland und Äthiopien. Der über-
schäumenden kolonialen Begeisterung des Bürgertums ver-
dankte er 1895 einen hohen Wahlsieg; ein Jahr darauf folgte
die Schlacht von Adua, bei der die italienische Armee von
abessinischen Truppen vernichtend geschlagen wurde.

Diese Niederlage begründete ein erneutes nationales
Trauma; die junge Generation, die um die Jahrhundertwende in die Öffentlichkeit Italiens trat und sie prägte, war
von nichts so überzeugt wie von der Hohlheit und Verlogenheit ihrer liberalen Väter und deren Staat, dessen Raison sich
im *trasformismo*, im bekömmlichen Dauerkompromiß der
linken mit den rechten Parteien zu erschöpfen schien. Künstler und Publizisten gingen bei französischen Vorbildern wie
Charles Maurras und Maurice Barrès in die Schule; Gabriele
d'Annunzio, Giovanni Papini oder Filippo Tommaso Mari-
netti priesen ihr Vaterland als «auserwählte Nation», propagierten die außerparlamentarische Aktion im Namen der
vaterländischen Gemeinschaft, die es vor dem Individualismus
der Moderne zu schützen gelte, und riefen nach Kampf und
Gefahr, Technik und Krieg. Im Lichte dieses romantisch-
irrationalen Nationalismus erschien die imperiale Ausweitung
Italiens über das Mittelmeer hinaus geradezu als Bedingung
für die Neugeburt der italienischen Nation; Enrico Corra-

dini (1865–1931) feierte die Eroberung Libyens 1912: «In Wahrheit, wir glaubten, daß es uns nicht mehr möglich sei, uns in irgend einer Frage einig zu finden; unverhofft trafen wir uns dann geeint angesichts dieser größten aller menschlichen Taten, dieses lebenden Kriegsromans, der jede Phantasie übersteigt, dieses lebenden Dramas, in dem wir vierzig Millionen Italiener, verstreut in den fünf Erdteilen, die Vorkämpfer sind, als Vorhut von hunderttausenden unserer Söhne, die in Afrika kämpfen, mit einem zusammenbrechenden Feind als Gegner und mit der ganzen gegenwärtigen Menschheit und der zukünftigen Geschichte als Zuschauer.»[156] Hier der Zerfall der modernen Gesellschaft, dort das einigende, ästhetisch überhöhte Kriegserlebnis, aus dem die neue Nation emporsteigen muß wie der Phönix aus der Asche: das war der Kern des Lebensgefühls, das die Generation von 1914 erfüllte – in Frankreich nicht weniger als in Italien oder Deutschland.

So unterschiedlich die europäischen Nationalstaaten des ausgehenden 19. und beginnenden 20. Jahrhunderts auch mit ihren inneren Spannungen und äußeren Gefährdungen, tatsächlichen oder eingebildeten, umgingen – die Signatur des Zeitalters wurde doch hinter allen Verschiedenheiten sichtbar: Der «integrale Nationalismus», um Charles Maurras zu zitieren. Während der hauptsächlich von einer Honoratioren-Minderheit getragene «Risorgimento-Nationalismus» des 19. Jahrhunderts grundsätzlich liberale Züge getragen hatte und von einer Gleichberechtigung der nationalen Ansprüche aller Völker ausgegangen war, setzte der massenhafte «integrale Nationalismus» die Nation absolut: «Du bist nichts, Dein Volk ist alles»; «*La France d'abord*»; «*Right or wrong, my country*», so oder ähnlich lauteten die Gebote, auf die der integrale Nationalismus seine Gläubigen verpflichtete, und mit denen er auch die physische Gewaltanwendung gegen die Anders-Gläubigen legitimierte.

Das war nichts grundsätzlich Neues; schon die radikale, jakobinische Variante des Nationalismus in der Französischen Revolution hatte totalitäre Züge aufgewiesen: Die Nation war *une et indivisible*, egalitär und homogen, und wer sich nicht emphatisch zu ihr bekannte, war ihr Feind und

mußte mit dem Tod rechnen. Als verbreitetes politisches
Phänomen allerdings ist der integrale, der totalitäre Nationalismus wesentlich jünger. Er benötigte den bereits verwirk-
lichten Nationalstaat als Entfaltungsraum; Staat und Nation
bedingten sich zunehmend gegenseitig, und die Staatsraison
verbündete sich nunmehr mit dem nationalen Egoismus,
eine Verbindung, die sich um die Jahrhundertmitte bei allen
europäischen Nationalstaaten zu zeigen begann und gegen
Ende des 19. Jahrhunderts die europäische Politik immer
ausschließlicher beherrschte. Das europäische Konzert, in
dem sich staatliches Eigeninteresse mit der Balance des Ganzen verbunden hatte, verstummte allmählich, wurde nur
noch auf immer selteneren und erfolgloseren Konferenzen
hörbar und wich dem kakophonen Antagonismus der Großmächte und ihrer gegeneinander gerichteten Bündnisse.
   Mit der Auflösung des europäischen Staatensystems
wuchs der Horror vor Gefahr und Niedergang in den einzelnen Staaten; der Zerfall der Gesellschaft im inneren, vor
allem der Anblick streikender, demonstrierender Arbeitermassen, verunsicherte die nationalstaatlichen Eliten nicht
weniger als die internationale Konkurrenz, in die sich die
Nationalstaaten unverhüllt gestellt sahen, und die keine
Alternative zuzulassen schien als außenpolitische Expansion,
in welcher Form auch immer, oder Nieder- und Untergang:
allmählich, wie die alten Mächte Schweden, Holland oder
Spanien in den Windschatten der Geschichte getreten waren,
oder plötzlich, durch Krieg. Die Gefahren- und Angstvisio-
nen tauchten in den 1870er und 1880er Jahren auf, steigerten
sich bis zur Jahrhundertwende und darüber hinaus bis zum
Weltkriegsbeginn zu einer dröhnenden, ganz Europa umfassenden Zwangsvision. Frankreich war von der Linken bis
zur Rechten von der «blauen Linie der Vogesen» hypnoti-
siert, von der deutschen Gefahr und der Schmach von 1871.
England nahm den Verlust seiner einst für selbstverständlich
gehaltenen Vormachtstellung überdeutlich wahr; die mari-
time Überlegenheit des Inselreichs war seit 1900 nicht mehr
gesichert, Deutschland konkurrierte mit England nicht nur
auf den Weltmärkten, sondern machte sich daran, eine Flotte
zu bauen, die in England die alte Furcht vor der Invasion

belebte; Sakis Roman *When William Came*, als Kaiser Wilhelm
kam, schilderte die Eroberung Großbritanniens durch die
Deutschen und wurde ein großer buchhändlerischer Erfolg.
Studien zur industriellen Effizienz, in denen England,
Deutschland und die USA verglichen wurden, zeigten für
Großbritannien «Anzeichen von amerikanischem Unterneh-
mergeist und deutscher Ordnung ... Doch der Unterneh-
mergeist ist dahingeschwunden und die Ordnung vermas-
selt».[157] In Deutschland stieg die Angst vor der «Einkrei-
sung», dem tödlichen Bündnis der östlichen und westlichen
Flügelmächte Europas gegen die Mitte des Kontinents, und
verband sich mit kollektiven nationalen Minderwertigkeits-
gefühlen und der Neigung, sich im Hinblick auf die Aufteilung der kolonialen Welt als benachteiligt zu empfinden.
In Italien grassierte eine Mischung von Kolonialfieber, das
durch die Niederlagen in Äthiopien noch geschürt wurde,
und Irredentismus, der Forderung nach der Brenner-Grenze
als natürlicher Grenze Italiens.

Der oft irrationalen Bedrohungs- und Unterlegenheitsma-
nie im gesellschaftlichen Raum, der nicht nur die öffentliche
Stimmung, sondern zunehmend auch das Handeln der Kabinette unterlag, wurde durch ein ebenso irrational erscheinen-
des Überlegenheits- und Sendungsbewußtsein kompensiert,
das gelegentlich missionarische Züge annahm. Cecil Rhodes' (1853–1902) Aufzeichnung von 1877 stellt sicherlich einen extremen Fall dar, aber solche Töne waren in vergleich-
barer Weise auch von Publizisten der anderen europäischen
Mächte zu vernehmen: «Ich behaupte, daß wir die erste
Rasse der Welt sind und daß es für die Menschheit um so besser ist, je größere Teile der Welt wir bewohnen ... Da [Gott]
sich die englischsprechende Rasse offensichtlich zu seinem
auserwählten Werkzeug geformt hat, durch welches er einen
auf Gerechtigkeit, Freiheit und Frieden gegründeten Zustand der Gesellschaft hervorbringen will, muß es auch seinem Wunsch entsprechen, daß ich alles in meiner Macht
Stehende tue, um jener Rasse soviel Spielraum und Macht
wie möglich zu verschaffen. Wenn es einen Gott gibt, denke
ich, so will er daher eines gern von mir getan haben: nämlich
soviel von der Karte Afrikas britisch rot zu malen wie mög-

lich»[158] – wozu Cecil Rhodes mit der Besetzung und Erwer-
bung von Betschuanaland und dem späteren Rhodesien das
Seine beitrug.

Dieses aus heutiger Sicht übersteigert, wenn nicht grotesk
wirkende Sendungsbewußtsein war zu Beginn des 20. Jahrhunderts Allgemeingut ganz Europas und trug dazu bei, den
nationalstaatlichen Antagonismus zu schüren. Das galt auch
für Rußland, dessen asiatischer, in Richtung des Stillen wie
des Indischen Ozeans gerichteter Ausdehnungsdrang seit
Ende des 19. Jahrhunderts hinter dem Traum vom Reich
aller europäischen Slawenvölker unter russischer Führung
zurückblieb, hauptsächlich in Abgrenzung gegen Deutschland und Österreich und eine befürchtete «Germanisierung»
Osteuropas. Wenn der Militärchauvinist General Fadejew
(1824–1884) erklärte: «Das Slawentum ist ein kosmischer
Nebel, der durch ein zusammenfassendes Gravitationszen-
trum eine Welt werden kann. Jedes Brudervolk ist deshalb zu
befreien und die Unabhängigkeit aller durch einen engen
Bund mit Rußland sicherzustellen»[159], dann war das Ausland wahrscheinlich stärker elektrisiert als das russische Publikum, aber der Verlauf der russischen Balkanpolitik bis zur
Julikrise 1914 zeigte, in welchem Maß der Zar seinem innenpolitischen Bild als «Zar-Befreier» auch nach außen hin,
etwa gegen Bulgarien oder Serbien, verpflichtet war.

Während sich für jeden europäischen Nationalstaat das
ehemalige Staatsystem zu einer Welt von Feinden zu wandeln schien, erstanden Feinde auch im Innern. Das galt vor
allem für den Sozialismus, der als Sinnstiftungs-Konkurrenz
gegen den Nationalismus ins Leben trat, indem er an die
Stelle der nationalen Solidarität die Klassensolidarität setzte.
Schon 1848 hatten Karl Marx und Friedrich Engels in ihrem
Kommunistischen Manifest behauptet, die Arbeiter hätten kein
Vaterland, und in einem sozialdemokratischen «Manifest an
das arbeitende Volk in Österreich» hatte es im Mai 1868 in
deutscher, tschechischer, polnischer, italienischer, rumäni-
scher und ungarischer Sprache geheißen: «Die Zeit der
Nationalitätenabsonderung ist vorüber, das Nationalitäten-
prinzip steht heute nur noch auf der Tagesordnung der Reaktionäre . . . Der Arbeitsmarkt kennt keine Nationalitätsgren-

zen, der Weltverkehr schreitet über alle Sprachgrenzen hinweg. Das überall herrschende Kapital, dessen Ausdruck und Maßstab das Geld ist, kümmert sich nicht um die vermeintliche Abstammung.»[160] Im Laufe der Zeit fächerten sich die Einstellungen führender Sozialisten zum Nationalstaat auf; sie reichten von der Betonung des Selbstbestimmungsrechts der Nationen durch so verschiedene Theoretiker wie Lenin (1870–1924) und den Austromarxisten Otto Bauer (1882–1938) bis hin zu der kompromißlosen Zurückweisung der Nationalidee durch Rosa Luxemburg (1870–1919). Aber aus der Perspektive aller tragenden Kräfte der europäischen Nationalstaaten war der Appell an Klassensolidarität und Internationalismus eine kaum zu steigernde Provokation, die mit wütender Feindschaft gegen die «vaterlandslosen Gesellen» beantwortet wurde. Beide Ideologien, Nationalismus wie Sozialismus, waren ihrem Wesen nach revolutionär; aber der Nationalismus besaß einen weiten Vorsprung vor dem Sozialismus, weil Nation und Staat aufeinander bezogen waren, während der Sozialismus den bestehenden Staat grundsätzlich verneinte und deshalb dessen Ressourcen nicht, wie die Idee der nationalen Integration, für sich in Anspruch nehmen konnte.

Das innenpolitische Gegensatzpaar «National» – «International» weitete sich mit dem Kulturkampf aus, der in den 1870er Jahren in mehreren europäischen Staaten ausgefochten wurde, und in dessen Verlauf der «ultramontane» Katholizismus zunehmend an die Seite des Sozialismus rückte – Bismarck hat seine Überzeugung erklärt, «daß der Staat in seinen Fundamenten bedroht und gefährdet ist von zwei Parteien, die beide das gemeinsam haben, daß sie ihre Gegnerschaft gegen die nationale Entwicklung in internationaler Weise betätigen, daß sie Nation und nationale Staatenbildung bekämpfen. Gegen diese beiden Parteien müssen meines Erachtens alle diejenigen, denen die Kräftigung des staatlichen Elements, die Wehrhaftigkeit des Staates am Herzen liegen, gegen die, die ihn angreifen und bedrohen, zusammenstehen . . .»[161] Je stärker sich ein Nationalstaat bedroht fühlte, je gefährdeter der einheitsstiftende Konsens zu sein schien, um so wichtiger wurde die Rolle der inneren Feinde;

zu Sozialisten und Katholiken gesellten sich nationale Minderheiten – Polen, Dänen und Elsässer in Deutschland, die Völker des *celtic fringe*, der keltischen Randgebiete Großbritanniens, was so weit ging, daß amtlich von Schottland als *North Britain* die Rede war, oder die Bewohner des Südens in Italien, alles Minderheiten, die zwar nicht aktiv bekämpft, aber doch häufig diskriminiert, in ihren kulturellen Entfaltungschancen behindert und von den gesellschaftlichen Aufstiegsmöglichkeiten ihrer Länder ferngehalten wurden.

Vor allem aber bot sich das Judentum als probater Gegenentwurf zur nationalen Einheit an. Der «integrale» Nationalstaat um die Wende vom 19. zum 20. Jahrhundert besaß starke antisemitische Tendenzen, die sich allerdings von Land zu Land in unterschiedlicher Weise zeigten. Im Gegensatz zu den Juden Osteuropas betrachteten sich die Juden Mittel- und Westeuropas als kulturell assimiliert, zogen aber gesellschaftliche Neidgefühle auf sich, weil sie häufig in besseren wirtschaftlichen Verhältnissen lebten als ihre nichtjüdischen Landsleute. Der populäre Antisemitismus, der sich aus wirtschaftlichen Komplexen nährte, verband sich mit einem scharf betonten kulturellen Antisemitismus in dem Maße, in dem ostjüdische Einwanderer, vertrieben durch soziale Ächtung und Pogrome in Rußland, nach Westeuropa kamen; ihre fremdartig erscheinende Kultur, ihre kompromißlose Orthodoxie wurden als hochgradig andersartig, unverständlich und gefährlich empfunden, und die populäre Judenfeindschaft erhielt auf diese Weise ihre Unterfütterung. Der Antisemitismus eines Heinrich von Treitschke beschränkte sich noch auf das Argument der nationalen Integration: «Was wir von unseren israelitischen Mitbürgern zu fordern haben, ist einfach: Sie sollen Deutsche werden, sich schlicht und recht als Deutsche fühlen – unbeschadet ihres Glaubens und ihrer alten heiligen Erinnerungen, die uns Allen ehrwürdig sind . . .»[162] Aber schon erschienen die Schriften eines Houston Stewart Chamberlain (1855–1927) und eines Grafen Gobineau (1816–1882), die die prinzipielle Andersartigkeit und Minderwertigkeit einer jüdischen «Rasse» proklamierten, und Édouard Drumont phantasierte um 1886: «Der einzige, der bei der Revolution gewonnen hat, ist der Jude; alles kommt vom Juden, alles geht an ihn zurück. Wir haben hier mit der Eroberung einer ganzen Nation, mit einer Unterordnung derselben als die Leibeigenen unter eine verschwindende, aber zähe zusammenhängende Minderheit zu schaffen . . . Es ist die Aussaugung einer dienenden Rasse durch die sie beherrschende.»[163] In den Figuren des widerwärtigen jüdischen Kaufmanns Ehrenthal in Gustav Freytags enorm erfolgreichem Roman *Soll und Haben*, des schmierigen Bankiers Schwartz in Paul Féval's *Habits noirs*, des abgrundtief bösen Hehlers Fagin in Charles Dikken's *Oliver Twist* schufen volkstümliche Schriftsteller Klischees, die von der antisemitischen Propaganda nationalistischer Agitatoren leicht übernommen und verallgemeinert werden konnten. Die 1878 gegründete Christlich-Soziale Arbeiterpartei des preußischen Hofpredigers Adolf Stoecker (1835–1909) erhob antisemitische Forderungen zu politischen Programmpunkten und zog sogar 1893 mit 16 Abgeordneten in den Reichstag ein. Im Zusammenhang mit der Dreyfus-Affäre kam es 1898 in mehreren französischen Städten zu antijüdischen Ausschreitungen, angefeuert von antisemitischen Hetzartikeln in Édouard Drumonts Zeitung *La Libre Parole*, und selbst im liberalen England, in dem die Assimilation der jüdischen Bürger am weitesten fortgeschritten war, gab es in den Elendsvierteln des Londoner East End Krawalle, die sich gegen ostjüdische Einwanderer richteten. Alles das war noch nicht übermäßig erfolgreich, ebbte bald wieder ab, wenn man von der österreichischen Christlich-Sozialen Partei absieht, die unter dem populären Bürgermeister Karl Lueger (1844–1910) 1895 das Wiener Rathaus eroberte, und deren rüder Antisemitismus den jungen Adolf Hitler (1889–1945) tief beeindruckte. Das Feindbild «Jude» war jedenfalls markiert und jederzeit aufzurufen, wenn es galt, liberale oder sozialistische Politik zu diffamieren und gesellschaftliche Ungleichheit oder Rückschläge der nationalen Einheit zu erklären.

So gesellte sich zum außenpolitischen «Erbfeind» der Feind im Inneren, der als Gefahr für das Bestehen der Nation schlechthin angesehen wurde. Um den innenpolitischen Kampf erfolgreich führen zu können, neigte man dazu,

außenpolitische Reibungen künstlich zu verstärken, weil auf
diese Weise innere Loyalität gegenüber der Nation erzwun-
gen wurde: So schaukelten sich die innen- und die außenpolitischen Konflikte gegenseitig auf. Die Idee der Nation,
während der Schwellenzeit des ausgehenden 18. und beginnenden 19. Jahrhunderts die alle Parteien überspannende
Utopie von der Einheit von Volk, Kultur und Staat, entwik-
kelte sich im darauffolgenden Zeitalter der Nationalstaaten
und der industriellen Massenzivilisation zu einem innenpolitischen Kampfargument; sie stand nicht länger über den Parteien und einte die Gesellschaft, sondern sie wurde zur Partei
und spaltete sie. Indem der «integrale Nationalismus» sich
selbst absolut setzte und seinen innen- wie außenpolitischen
Gegnern das pure Existenzrecht abstritt, wurde er zur Partei
des Bürgerkriegs, des nationalen wie des europäischen.
Denn es gehörte zu seinem Wesen, daß nicht mehr die Ideen
und Kategorien des «Risorgimento-Nationalismus» eines
Herder oder Mazzini herrschten, die das Nebeneinander und
die Gleichberechtigung der liberalen, frei verfaßten Nationen
gelehrt hatten.

An ihre Stelle trat die düstere Lehre Charles Darwins
(1809–1882) von der natürlichen Auslese und vom Überleben des Tüchtigeren, deren pseudo-wissenschaftliche Variante, der «Sozialdarwinismus», als Ausfluß der bürgerlichen Spätaufklärung überaus populär war. Das Gesetz der
Natur, diese Vorstellung liegt dem zugrunde, sei der Kampf
aller gegen alle, Friede sei Illusion des Schwachen, besten-
falls Atempause im immerwährenden Kampf um das Dasein, und überleben werde nur der durch Kraft und Moral
Überlegene. Daß der Mensch nicht auf Frieden angelegt sei,
galt als Axiom durch alle gesellschaflichen und politischen
Gruppierungen hindurch, ob es sich nun in der marxisti-
schen Vorstellung vom Klassenkampf, der völkisch-nationa-
listischen Idee vom ewigen Antagonismus der Völker oder
die neu aufkommende Ideologie des Kampfs zwischen den
Rassen handelte. Es war eine Epoche, in der humanitäre und
naturrechtliche Ideen gegenüber der anscheinend naturge-
setzlich begründeten Verführungskraft der antidemokratischen und antiindividualistischen Ideologien an Boden

verloren, in der der Eigenwert der Nation über den des Einzelmenschen triumphierte. Schon Heinrich von Treitschke konnte mit großer Wirkung postulieren, das Individuum solle sich opfern «für eine höhere Gemeinschaft, deren Glied es ist»; es besitze seinen Wert nur als Teil der Nation. Mehr noch, der Wert des Kriegs als Erneuerer des Lebens wurde entdeckt, am stärksten artikuliert von Friedrich Nietzsche (1844–1900), der selbst zwar ein scharfer Kritiker des wilhelminischen Reichs und seines Bürgertums war, dessen Schlagworte vom «Willen zur Macht», vom Herrenmenschen und Übermenschen, von der «blonden Bestie» und vom Sieg der starken über die schwachen Völker sich aber jedem Mißbrauch anboten. In popularisierter Form hat seine heroische Elitephilosophie dieselbe große Wirkung getan wie in Italien und Frankreich die antirationalen Gewalt- und Elitetheorien Vilfredo Paretos (1848–1923) oder George Sorels (1847–1923), der die Verdummung und Erschlaffung der bürgerlichen Gesellschaft im Frieden diagnostizierte und zwei Heilmittel wußte: «Ein großer auswärtiger Krieg, der die Energien von neuem stählen könnte und jedenfalls Menschen an die Macht bringen würde, die den Willen haben würden, zu regieren; oder eine starke Ausdehnung der proletarischen Gewalt, die den Bürgern die revolutionäre Wirklichkeit zeigen und ihnen die humanitären Plattheiten verleiden würden . . .»[164] Bei Oswald Spengler, dem Propheten vom «Untergang des Abendlandes», konnten dann später die hunderttausenden Leser den Satz finden: «Der Mensch ist ein Raubtier.»

Politik heißt Krieg, und der ist notwendig, um die Übel des neuen Zeitalters, vom Individualismus bis zum Sozialismus, zu verbrennen, damit die Nation verjüngt wie Phönix aus der Asche aufsteigt: Das war keine extreme Auffassung, sondern ergab sich aus der Lektüre von populären, auch seriösen Zeitungen und Zeitschriften der Epoche zwischen 1880 und 1914, für den heutigen Betrachter Fundgruben für das sozialdarwinistische Grundgerüst des volkstümlichen Nationalismus jener Zeit, im angelsächsischen Raum ebenso wie in Frankreich, Deutschland oder Italien. Wenn der britische Feldmarschall Roberts während des Burenkriegs be-

ständig den erbarmungslosen Kampf zwischen den Nationen als eine biologische Notwendigkeit erklärte und ihn als
starkes Heilmittel anpries, das schon manchen Schwächling
zum Mann und manche Nation zum Weltreich habe reifen
lassen, so war das nur ein Echo auf zahlreiche andere
Schriftsteller der Epoche, die in dieselbe Kerbe hieben, wie
auch der deutsche General Friedrich von Bernhardi, dessen
Schrift *Deutschland und der nächste Krieg*, 1912 erstmals erschienen, binnen zwei Jahren neun Auflagen erlebte und die
Politiker beschwor, den Krieg als «sittliche Notwendigkeit»
anzusehen, die die Nation von allen Schlacken reinige und zu
ihrer höheren Bestimmung führe.

Diese massenhaft wachsende Disposition für den Krieg,
die radikale Befreiung der Nation von den Übeln der Zeit,
fand sich allenthalben in Europa in den Jahren vor dem
Ersten Weltkrieg und begann, die Gesellschaft zu verändern:
Die nationale Integration erfolgte in zunehmendem Maße
durch militärische Organisation. 1910 gehörten allein den
16 500 preußischen Kriegervereinen 1,5 Millionen Mitglieder
an; der «Deutsche Kriegerbund» hatte ebenfalls 1910 1,7 Millionen Mitglieder, und der «Kyffhäuserbund» organisierte
sogar 2,5 Millionen Mitglieder. Hier gab es allerdings eine
große Zahl von Mehrfachmitgliedschaften. Hinzu kamen
aber noch paramilitärische Jugendverbände wie «Jung-
deutschland» oder «Jugendwehr», und wenn man noch die
Anhänger des «Flottenvereins» und des «Wehrvereins» ein-
bezieht, die insbesondere auch in Wahlkämpfen für die konservativen Parteien trommelten, dann waren insgesamt etwa
5 Millionen Deutsche erfaßt, d. h. ein Sechstel aller Männer
und Jungen – das war mehr als doppelt soviel wie die Anzahl
sämtlicher Gewerkschaftsmitglieder zur gleichen Zeit. Auch
derartige Zahlen muß man sich klarmachen, wenn man die
«Militarisierung der Gesellschaft» ins Auge faßt.

Allerdings spielte sich in Deutschland, dessen Drang zu nationaler Konsensbildung besonders neurotisch belastet war,
lediglich in besonders auffälliger Weise ab, was in ganz Europa
vor sich ging. Hinzu kamen die nationalistischen Massenorganisationen, die in Wahlkämpfen für die als konservativ oder
national eingestuften Parteien trommelten, Druck auf die

Regierungen für eine aggressive Außenpolitik ausübten und die öffentliche Stimmung prägten; dem 1890 gegründeten «Alldeutschen Verband» gehörten 1901 18000 Mitglieder an, davon 5400 Universitätslehrer, 5000 kleine Geschäftsleute, 3700 Beamte, Künstler und Lehrer, sowie 2700 selbständige Handwerker. Ähnliche, wenn auch nicht ganz so einfluß- reiche Massenorganisationen waren die *Action Française* in Frankreich, die *Associazione Nationalista Italiana* oder *Italia Irredenta* in Italien und die britische *Primrose League* oder auch *Greater Britain* – allesamt mehr oder minder antidemokra- tisch, antiliberal, plebiszitär und aggressiv nationalistisch, im deutschen und französischen Fall auch antisemitisch: Ein mächtiger Chor des organisierten, des integralen Nationalis- mus, der die Völker Europas stärker in den Ersten Weltkrieg hineintrieb als die Fehler der Regierenden, der Diplomaten und Militärs.

Noch war der idealtypische Nationalstaat nicht Wirk- lichkeit, noch traten einerseits die Staatsapparate, die an rational überprüfbaren Verwaltungskriterien und außenpoli- tischer Kompromißfähigkeit orientiert waren, und anderer- seits der sich zunehmend einseitiger und aggressiver gebär- dende Massennationalismus auseinander. Der Nationalis- mus war einstweilen noch ein gesellschaftliches, kein staat- liches Phänomen; er lieferte den Konsens, den die Gesellschaft der Bürger benötigten, um die Auflösung der alten, agra- risch-ständisch geprägten Lebenswelten und die Verwirrun- gen und Häßlichkeiten des heranbrechenden industriellen Zeitalters zu verkraften. Aber die leitenden Politiker des aus- gehenden 19. und beginnenden 20. Jahrhunderts hatten der Versuchung nicht widerstehen können, die nationalbegei- sterte öffentliche Meinung für ihre innen- und außenpoliti- schen Zwecke in Dienst zu nehmen, ob es um die Einigung und innere Konsolidierung der neuen Nationalstaaten Mittel- europas, um die Überwindung des Schocks der Kriegsnieder- lage von 1871 im Falle Frankreichs oder um ein innenpolitisch wirksames Druckmittel zur Beförderung der imperialen Aus- dehnung wie im Fall Englands und auch Rußlands ging. Aber das bonapartistische Wagnis der Bismarck, Cavour, Ferry und Disraeli rächte sich, die plebiszitären Geister des Massennationalismus, die man gerufen hatte, blieben gegenwärtig, nahmen die Öffentlichkeit in Beschlag und zwangen den Regierenden die politischen Ziele auf: «Aber sehr häufig, meine Herren», erklärte der deutsche Reichskanzler Theobald von Bethmann Hollweg (1856–1921) am Vorabend des Ersten Weltkriegs vor dem Reichstag, «sind die Kriege nicht von den Regierungen geplant und herbeigeführt worden. Die Völker sind vielfach durch lärmende und fanatisierte Minoritäten in die Kriege hineingetrieben worden. Diese Gefahr besteht noch heute und vielleicht heute in noch höherem Maße als früher, nachdem Öffentlichkeit, Volksstimmung, Agitation an Gewicht und Bedeutung zugenommen haben.»[165] Zwei Jahre später war es so weit.

3. Der totale Nationalstaat
(1914–1945)

Wenn die müde Metapher von der welthistorischen Wende je Sinn hatte, dann im Fall des Ersten Weltkriegs. Nüchtern betrachtet war er keineswegs die Nummer Eins in einer Reihe – das Ringen Englands und Frankreichs um den Besitz der kolonialen Weltreiche zwischen 1740 und 1763, in dem die Kriege zwischen Preußen und Österreich um Schlesien nur Nebenkriegsschauplätze gewesen waren, verdient diese Bezeichnung viel eher. Wenn man die Zahl der Gefallenen mit der Größe der kämpfenden Heere in Beziehung setzt, waren die Verluste nicht größer als in den napoleonischen Kriegen; und dennoch war der «Große Krieg», wie ihn die Zeitgenossen zunächst und treffender nannten, eine völlig neue Erfahrung für Europa. Die Selbstzerstörung Europas, die bis heute nicht beendet ist, begann in den Julitagen des Jahres 1914.

«Der Große Krieg, durch den wir hindurchgegangen sind, unterschied sich von allen früheren Kriegen durch die ungeheure Kampfkraft der Gegner und durch ihre fürchterlichen Zerstörungsmittel, und von allen anderen modernen Kriegen durch die äußerste Rücksichtslosigkeit, mit der er geführt wurde», meinte Winston Churchill (1874–1965), gewiß alles andere als ein Pazifist. «Die Schrecken aller Zeitalter trafen zusammen, und nicht nur Heere, sondern ganze Bevölkerungen wurden hineingeworfen . . . Weder Waffenstillstand noch Verhandlungen milderten das Ringen der Armeen. Die Verwundeten krepierten zwischen den feindlichen Linien, die Toten düngten die Äcker. Handelsschiffe, neutrale Schiffe, Hospitalschiffe wurden versenkt, und alles an Bord seinem Schicksal überlassen, oder schwimmend umgebracht. Man nahm sich jede Mühe, um ganze Nationen durch Hunger zur Unterwerfung zu zwingen, ohne Rücksicht auf Alter oder Geschlecht. Städte und Kulturdenkmale wurden von Artillerie zusammengeschossen. Bomben wurden wahllos abgeworfen. Giftgas der verschiedensten Arten erstickte oder verbrannte die Soldaten, flüssiges Feuer vernichtete ihre Körper. Männer fielen brennend vom Himmel oder erstickten langsam in den Luftblasen untergehender Schiffe. Die Größe der Heere war nur durch die Bevölkerungszahl ihrer Länder begrenzt. Europa und große Teile Asiens und Afrikas verwandelten sich in ein einziges wüstes Schlachtfeld, auf dem nach Jahren des Kampfs nicht Armeen, sondern Nationen zusammenbrachen. Als alles vorbei war, waren Folterung und Menschenfresserei die einzigen Mittel, deren Gebrauch die zivilisierten, wissenschaftlich gebildeten, christlichen Staaten sich untersagt hatten, und auch das nur, weil sie von zweifelhaftem Nutzen gewesen wären.»[166] Das war es vor allem: Der Krieg herrschte jetzt nicht mehr nur auf den Schlachtfeldern, sondern auch im Hinterland. Er war überall, und jedermann, ob Soldat oder Zivilist, Mann oder Frau, war irgendwie am Krieg beteiligt, an der Front oder, wie es bezeichnenderweise hieß, an der «Heimatfront». Die ganze Gesellschaft stand im Krieg, und die Stunde des Staates war gekommen.

Das war nicht von Anfang an erkennbar gewesen; zwar gingen die Wogen der nationalen Begeisterung in allen kriegführenden Staaten anfangs hoch, aber man glaubte im August 1914 noch, daß die Armeen Weihnachten wieder zuhause sein würden. Statt dessen begann sich der Krieg hinzuziehen, und trotz des warnenden Beispiels des amerikanischen Sezessionskrieges war keiner der beteiligten Staaten auf einen jahrelangen Zermürbungskrieg vorbereitet. Anderseits hatte der Krieg den nationalen Konsens der Bevölkerung in allen beteiligten Staaten dermaßen gesteigert, daß erstmals in der Geschichte industrieller Gesellschaften weitgehende staatliche Machtkonzentration mit Zustimmung aller möglich wurde. Mit der *union sacrée*, der von Staatspräsident Poincaré proklamierten geheiligten Einheit der Bevölkerung Frankreichs angesichts des deutschen Angriffs, wurde die tiefe Kluft überbrückt, die sich noch kurz zuvor zwischen der bürgerlichen Regierungsmehrheit und den Sozialisten wegen der Einführung der dreijährigen militärischen Dienstpflicht aufgetan hatte. In Großbritannien waren die Gewerkschaftsunruhen, die Kampagnen der Frauenbewegung und der Streit um die irische *Home Rule* vergessen; die englische Gesellschaft war ebenso wie die der kontinentalen Staaten von nationalem Fieber ergriffen, das bis zu kollektiven Angstneurosen vor nächtlich landenden *krauts* und deutschen Spionen in allen Lebenslagen reichte – die ängstliche Frage eines Kindes, das seine Eltern über die deutsche Gouvernante diskutieren hörte: «*Oh Mummy, must we kill poor Fräulein?*» gehört seitdem zum festen Anekdotenbestand britischer Historiker.

In den Hauptstädten der kriegführenden Staaten tanzten die Menschen auf den Straßen und behängten die ausrückenden Soldaten wie Opfertiere mit Blumen; vor allem in Deutschland kannte die öffentliche Kriegsbegeisterung kaum Grenzen, und der «Geist von 1914» sollte fortan zwei Generationen lang beschworen werden, wenn es in Krisen darum ging, die unbedingte nationale Einheit über Partikularinteressen und individuelle Kritiksucht zu stellen. Wie tief der «Geist von 1914» nicht nur in Deutschland die kriegführende Bevölkerung durchdrang, zeigte sich beispielsweise in der verbreiteten Sprach- und Namenreinigungsmanie; der Berliner Polizeipräsident von Jagow ordnete die Beseitigung aller französischen und englischen Wörter in der Öffentlichkeit an, so daß das Hotel «Bristol» und die «London Bar» verschwanden, während Hotel «Westminster» in «Lindenhof» und Café «Piccadilly» in «Vaterland» umbenannt wurden; der Breslauer Militärbefehlshaber verbot einer Süßwarenfabrik, in ihrer Werbung das Wort «Bonbon» zu benutzen. In Großbritannien wechselten zahlreiche, oft schon seit Generationen im Lande ansässige Bürger ihre deutschklingenden Namen, allen voran die königliche Familie, die nicht mehr nach Hannover, sondern nach Windsor genannt werden wollte, während die Rue d'Allemagne in Paris fortan Rue Jean Jaurès hieß. Bizarrerien dieser Art mögen nebensächlich wirken, bezeichnen aber doch einen Grad nationaler Erregung, wie man sie in vergangenen Kriegen noch nicht gekannt hatte. Dazu gehörte auch, daß sich die sozialistischen Parteien in fast allen kriegführenden Ländern entgegen den flammenden Appellen der Sozialistischen Internationale aus Brüssel in die nationale Einheitsfront einreihten und die Kriegsmaßnahmen unterstützten; nur die russischen und die serbischen Sozialisten weigerten sich, der nationalen Disziplin zu folgen. Das bekannte Zitat des deutschen Kaisers, er kenne keine Parteien mehr, sondern nur noch Deutsche, traf *mutatis mutandis* auf alle kriegführenden Staaten zu; wo es keine Parteien, sondern nur noch Nationen zu geben schien, waren dem Zugriff des Staates kaum noch Grenzen gesetzt.

Die Lehre Montesquieus, nach der parlamentarische Macht keinesfalls auf die Exekutive übergehen dürfe, hatte in Großbritannien nie viele Anhänger besessen; so beschloß das Parlament zu Westminster am 8. August 1914 unbekümmert eine *Defence of the Realm Act*, in der Folgezeit meist nur «Dora» genannt, ein Ermächtigungsgesetz, dem weitere ermächtigende Notstandsgesetze folgten. Im – durchaus gerechtfertigten – Vertrauen auf die Verfassungstreue der britischen Krone ließ es das Parlament zu, daß die Exekutive allmählich in die Rolle des Gesetzgebers hineinwuchs. Immerhin konnte sich das britische Kabinett darauf berufen, als eine Art Exekutivausschuß des Unterhauses zu handeln, seit im Mai 1915 eine Koalitionsregierung unter Einschluß aller Parteien gebildet worden war, die seit Dezember 1916 in David Lloyd George (1863–1945) einen fähigen und entschlossenen Führer besaß. Sein auf sechs Mitglieder verkleinertes Kriegskabinett übte eine Art von Diktatur aus; das parlamentarische System war für die Dauer des Kriegs weitgehend suspendiert.

Das Pariser Parlament hingegen weigerte sich den ganzen

Krieg hindurch standhaft, den Forderungen der Regierung
nach einem Ermächtigungsgesetz nachzukommen; zwar
stimmte es zu Kriegsbeginn einer Anzahl von Gesetzen zu, die
einer faktischen Diktatur gleichkamen, so der Einschränkung
der Grundrechte, der Erweiterung der Befugnisse von Kriegs-
gerichten, dem sogenannten *Carnet B*, das der Verfolgung su-
spekter Personen diente, aber es bestand kein Zweifel daran,
daß die zivile Staatsführung das Heft in der Hand behielt und
von der Kammer in alter jakobinischer Tradition weiterhin
kontrolliert wurde. In Italien dagegen, das im Mai 1915 auf
seiten der Entente in den Krieg eintrat, übergab das Parlament
seine Kompetenzen faktisch der Regierung, versammelte sich
kaum noch und überließ die Staatsfinanzen völlig der Exekutive, die ihrerseits einem tiefen Wandlungsprozeß unterlag. Es
entstanden neue Ministerien, eine kaum übersehbare Fülle
von Kommissariaten und Ämtern und vor allem eine Art dik-
tatorischer Nebenregierung, das *Comitato per la mobilitazione
industriale* (Komitee für die Mobilisierung der Industrie) unter
Vorsitz eines Generals. Die neue Führung Italiens bestand aus
Bürokraten, Militärs und Industriellen, die durch gemeinsame Neigung zu autoritären Lösungen zusammengehalten
wurden; die parlamentarisch-liberalen Strukturen des italienischen Staatswesens, das eben ein halbes Jahrhundert alt war,
weichten unter dem Druck des Weltkriegs auf.

Die freiwillige Selbstentmachtung des Parlaments wurde
nirgendwo so durchgreifend betrieben wie in Deutschland.
Ein Notstandsrecht gab es bis dahin nicht; die Reichsregierung legte am 4. August 1914 dem Reichstag ein Paket von
Kriegsgesetzen vor, und es waren die Parteivorsitzenden, die
von sich aus bemängelten, daß die Reichsregierung womöglich in die Lage kommen werde, schnell und ohne parlamentarische Beratung entscheiden zu müssen, weshalb ein
Ermächtigungsgesetz ratsam sei. Der Vertreter der Reichsregierung, Staatssekretär von Delbrück, erwiderte, die Regierung habe daran schon gedacht, sich aber nicht getraut,
diese Frage dem Parlament vorzutragen; er persönlich rate
von einer derartigen Selbstentmachtung ab. Es half nichts,
die Parlamentarier in ihrer vaterländischen Begeisterung bestanden auf der Ermächtigung der Reichsregierung, ohne

Zustimmung des Reichstags gesetzgeberisch handeln zu können, bekamen dabei aber anscheinend selbst Bedenken, denn sie brachten ihre Selbstentmachtung an versteckter Stelle unter: in Paragraph 3 des Gesetzentwurfs über die Verlängerung der Fristen im Wechsel- und Scheckrecht. Von jetzt an war der Bundesrat, also die Vertretung der deutschen Fürsten, dazu ermächtigt, während des Kriegs alle gesetzlichen Maßnahmen «zur Abhilfe wirtschaftlicher Schädigungen» zu treffen. Da der Krieg sich zunehmend als Wirtschaftsunternehmen erwies, in dem vor allem Rohstoffe beschafft und verwaltet, Wohnungen verteilt und Arbeitskräfte organisiert werden mußten, reichte die Bedeutung der Ermächtigung weit über das rein Wirtschaftliche hinaus und verschaffte der Reichsregierung fast diktatorische Vollmachten; etwa 80 % aller während des Kriegs in Deutschland verabschiedeten Gesetze und Verordnungen ergingen auf dieser Grundlage. Hinzu kam, daß der Bundesrat Unterermächtigungen vergab, so daß auch die Verwaltung, und das hieß in Kriegszeiten in weitem Maße: die Militärverwaltung, zum Gesetzgeber wurde.

Allerdings erforderte die Totalität des Krieges Entscheidungs-, Kontroll- und Organisationsformen, die dem mehr oder weniger liberalen Verfassungsstaat der Vorkriegszeit fremd gewesen waren. Nicht nur in den kriegführenden Ländern, sondern auch in den meisten neutralen übernahm der Staat die Bewirtschaftung von Rohstoffen und Nahrungsmitteln, meist auch die Kontrolle der kriegswichtigen Produktion. Dazu gehörten die Rüstungsindustrien und deren Zulieferer, aber auch das Verkehrswesen – die erste kriegswirtschaftliche Maßnahme Englands wie auch Frankreichs war die Verstaatlichung der Eisenbahnen. Im Laufe des Krieges gingen die meisten Länder zudem dazu über, die Arbeitsverhältnisse zumindest in kriegswichtigen Bereichen staatlich zu regulieren, die freie Wahl des Arbeitsplatzes und die Koalitionsfreiheit zu beschränken und die Arbeitgeber dazu zu zwingen, gewerkschaftliche Organisationen als Partner zu akzeptieren, um Unruhen in den Rüstungsbetrieben zu vermeiden und die Produktivität zu steigern. Und dann war da der Krieg selbst, die Rekrutierung von Millionen von

Männern und deren Ersatz an den zivilen Arbeitsplätzen – meist durch Frauen, wodurch Weichen für neue familienrechtliche Regelungen geschaffen wurden. Die Vergabe gewaltiger Staatsaufträge an die Industrie, die Requirierung von Lebensmitteln, Pferden, Fahrzeugen griffen tief in die Wirtschaft ein, und hinzu kam der ungeheure Anstieg der Staatsausgaben, die nicht mehr nur durch langfristige Staatskredite gedeckt werden konnten, so daß der Geldumlauf anstieg; da gleichzeitig die meisten Güter knapp wurden, ergaben sich Preissteigerungen, die wiederum durch staatliche Preis- und Lohndiktate unter Kontrolle gebracht werden mußten.

Alle diese Probleme ähnelten sich in allen Ländern Europas; der Staat drang allenthalben vor, und Alternativen boten sich nicht. Allerdings stieß die damit verbundene Bürokratisierung aller Lebensbereiche auf starke Kritik; die Expansion von Büros, Abteilungen und Komitees führte zu mehr Papierkrieg, aber oft zu keiner spürbaren Erhöhung der Effektivität. Doch im Lichte der Kriegswirtschaft schien der alte, freihändlerische, auf wenige Schutzaufgaben beschränkte Staat des liberalen 19. Jahrhunderts erledigt; die Zukunft gehörte offenbar dem wirtschaftenden, regulierenden Staat, hinter dessen Allmacht der Merkantilismus des absolutistischen Zeitalters verblaßte. Der Sozialismus, der dem nationalistischen «Geist von 1914» scheinbar unterlegen war, siegte in Gestalt des Kriegssozialismus der Generäle und Bürokraten. Walther Rathenau (1867–1922), Generaldirektor des mächtigen deutschen Elektrokonzerns AEG und äußerst erfolgreicher Organisator der deutschen Kriegsrohstoff-Versorgung, umriß 1915 die Perspektiven der staatlichen Wirtschaftspolitik unter den Bedingungen des Weltkriegs in einem Vortrag vor Berliner Professoren:

«Über einen Abschnitt unserer wirtschaftlichen Kriegsführung möchte ich Ihnen berichten, der ohne geschichtliches Vorbild ist, der auf den Verlauf und Erfolg des Krieges von hohem Einfluß sein wird, und der voraussichtlich hinüberwirken wird in fernere Zeiten. Es ist ein wirtschaftliches Geschehnis, das eng an die Methoden des Sozialismus und Kommunismus streift . . .»[167] Daß die Zukunft dem «Staatssozialismus» gehöre, war allgemeine Auffassung; nicht nur der visionäre Rathenau sah das so. In Frankreich wie in Italien und England setzte eine lebhafte Diskussion über die Verstaatlichung der Industrien ein; die Londoner *Times* zum Beispiel, sozialistischer Sympathien eigentlich unverdächtig, veröffentlichte im Juli und August 1916 eine Artikelserie unter dem Titel *The Elements of Reconstruction*, deren unbekannte Autoren für einen «nationalen Plan» plädierten und «die alte chaotische Welt des individuellen Wirtschaftslebens, das dem unkontrollierten Privatprofit diente», zu dem neuen «System der vereinigten Wirtschaft, in dem das öffentliche Interesse kontrollierender Teilhaber ist», in Kontrast stellten.[168] Mit anderen Worten drückte es die britische Regierung selber aus; sie teilte 1918 mit, daß «der Krieg eine Transformation der Gesellschafts- und Verwaltungsstruktur des Staats mit sich gebracht hat, wovon Vieles auf die Dauer bleiben wird».[169]

Vom totalen Krieg zum totalen Staat? Die Idee schien nicht abwegig. Da war zum Beispiel General Erich Ludendorff (1865–1937), engster Mitarbeiter des Feldmarschalls von Hindenburg (1874–1934) und der eigentliche Kopf der 3. Obersten Heeresleitung, die seit dem 29. August 1916 die eigentliche militärische Führung des deutschen Heeres innehatte und seither daran ging, alle materiellen und personellen Hilfsmittel für die Kriegführung zu mobilisieren und ausschlaggebenden Einfluß auf die Kriegswirtschaft und die gesamte deutsche Innenpolitik auszuüben. Ludendorffs kriegswirtschaftliche Organisation galt als äußerst effektiv, eine Annahme, die allerdings nicht nur auf Tatsachen, sondern auch auf Propaganda beruhte; immerhin haben später sowohl Lenin als auch Hitler mit Bewunderung für Ludendorffs organisatorische Leistung nicht gespart.

Ludendorff wußte also, wovon er sprach, als er in seinem 1922 erschienenen Buch *Kriegsführung und Politik* die Summe seiner Erfahrungen zog. Wie jeder deutsche Generalstäbler war er an dem klassischen Werk des Generals von Clausewitz (1780–1831) geschult und kannte dessen berühmtes Diktum, dem zufolge der Krieg die Fortführung der Politik mit anderen Mitteln sei. Damit hatte Clausewitz seinen militärischen Standesgenossen einprägen wollen, daß auch der kriegführende Staat seine politischen Ziele im Auge zu behalten habe, der Krieg also niemals zum Selbstzweck werden dürfe.

Ludendorff jedoch verstand seinen Clausewitz anders: Gewiß sei auch ein Krieg kein nur militärisches Problem; die Politik sei nicht ausgeschaltet, sondern sie gehe weiter. Wurde aber nicht Clausewitz, so fragte Ludendorff, bisher falsch interpretiert? War es denn zulässig, zwischen Kriegführung und Politik scharf zu unterscheiden und der ersteren die Diener-, der zweiten die Herrenrolle zuzuschreiben? Ganz im bürgerlichen Geiste der Zeit, im Geist der Spätaufklärung, der Lebensphilosophie, der Machtphilosophie Nietzsches und des Sozialdarwinismus erklärte Ludendorff: Damit verstehe man Clausewitz falsch. Tatsächlich seien Krieg und Politik ja eins; Friede gebe es nicht, die Beziehungen zwischen den Völkern bestünden im immerwährenden Kampf – der nicht immer nur mit Waffengewalt ausgetragen werden müsse –, und auch im Innern gebe es ständig Kräfte, die Staat und Nation zu untergraben versuchten und deren Kampfgeist vernichten wollten.

Daraus ergebe sich, daß Politik und Krieg ein und dasselbe seien und erst enden könnten, wenn alle Gegner niedergeworfen und in ihrer völkischen Substanz vernichtet seien. Daraus folge, daß es im Krieg nur Sieg oder Vernichtung gebe, und nicht etwa, wie schwächliche Zivilisten gerne glaubten, Verhandlungs- und Verzichtsfrieden, die doch nur faule Kompromisse darstellten und dem Feind Zeit zum Kräftesammeln gäben. Daraus folge weiter, daß militärische und politische Führung eins sein müßten. Die oberste Führung aber habe logischerweise in den Händen eines Militärs zu liegen, denn nur er könne die Nation so organisieren, daß sie den Krieg total zu führen imstande sei, nämlich nach militärischen Grundsätzen. Politik sei also im letzten totaler Krieg, und dazu bedürfe es der totalen Mobilmachung von Volk und Nation. Dies durchzuführen war Sache des in Ludendorffs Schriften etwas undeutlich bezeichneten «großen Heerführers», womit Ludendorff vermutlich keinen anderen als sich selbst meinte.

Mit den Begriffen «totaler Krieg» und «totale Mobilmachung» war ein Element in die militärisch-politische Landschaft getreten, das herkömmlichem militärischem Denken bisher fremd gewesen war. Die Zusammenfassung der gesamten Kräfte einer Nation in einer Hand zum ausschließlichen Zweck der Vernichtung einer anderen Nation war ein Gedanke, der flüchtig in der nationalistischen Phase der Freiheitskriege von 1813 aufgetaucht, von Staatsführung und Militär in allen Staaten Europas jedoch abgelehnt worden war; konservative Reaktion hatte ja nicht nur Ablehnung von Demokratie, Republik und liberaler Gesetzgebung bedeutet, sondern ebenso ein Zurück zu den rationalen politischen Grundsätzen des absolutistischen Zeitalters. Zu diesen Grundsätzen hatte auch gehört, daß jeder Staat sein Existenzrecht besaß. Was der General Ludendorff da seit Ende 1916 aus der Theorie in die Praxis umzusetzen begann, waren lange unterdrückte Gedanken von der Nachtseite des bürgerlichen Geistes: die Entfesselung des Krieges aus den Bindungen der herkömmlichen politischen Vorbehalte im Sinne des nationalen Absolutheitsanspruchs, aber auch jenes «Du bist nichts, Dein Volk ist alles», das die Voraussetzung der höchstmöglichen Organisation des politisch-wirtschaftlich-militärischen Ganzen bildete und direkt in die totalitäre Diktatur führte. Damit stand der General nicht alleine – mit ganz ähnlichen Gründen rief Charles Maurras nach dem Heerkönig, der Frankreich kriegsbereit machen sollte, weil der Krieg die eigentliche Wahrheit der Menschheit sei, und für den ehemaligen Sozialisten Benito Mussolini (1883–1945), der sich seit Beginn des Weltkriegs zum glühenden Nationalisten gewandelt hatte, war der Krieg das großartigste Kapitel der italienischen Geschichte, um dessen Früchte die Demokratie das italienische Volk zu bringen drohte; Demokratie bedeute deshalb Verfall, nur der Staat, der Krieg und Expansion wolle, sei überlebensfähig.

Ob Ludendorff im Fall eines Siegs der Mittelmächte die Chance bekommen hätte, seine totalitäre Staatsvision zu verwirklichen, ist fraglich; selbst während des Kriegs war es ihm nicht gelungen, den Reichstag auszumanövrieren, der sich 1917 mit seiner Friedensresolution, der Forderung nach einem Frieden «ohne Annexionen und Kontributionen»,

sogar demonstrativ und gegen die weitreichenden Erobe-
rungswünsche der deutschen Obersten Heeresleitung zu
Wort gemeldet hatte. Es kam hinzu, daß der Krieg auch ge-
genläufige Tendenzen gefördert hatte; Gewerkschaften wurden vom Staat wie auch von den Arbeitgebern als Vertreter
von Arbeiterinteressen anerkannt, sozialistische Politiker
rückten in fast allen kriegführenden Staaten früher oder später
in Regierungsämter ein, und der weitreichende Einsatz weib-
licher Arbeitskräfte in Kriegswirtschaft und Staatsverwaltung
führte dazu, daß in fast allen demokratischen Staaten Europas
nach dem Krieg das Frauenwahlrecht eingeführt wurde.

Aber der alte, liberale *Laissez-faire*-Staat der Vorkriegszeit
erstand nicht wieder. Es hatte ihn ohnehin immer nur in
Annäherung gegeben; seit Ende des 19. Jahrhunderts hatten
alle europäische Staaten bereits damit begonnen, weit in
Wirtschaft und Gesellschaft hineinzuregieren. Besonders der
preußisch-deutsche Staat hatte hier eine Vorreiterrolle übernommen, indem er die Unfall-, Alters- und Krankenver-
sicherung regelte, mit Schutzzöllen die heimische Industrie
unter Kuratel nahm, mittels Kartellgesetzgebung und Sub-
ventionskontrolle den Auswüchsen des Verbandswesens zu
steuern suchte und sogar durch eigene wirtschaftliche Betäti-
gung, etwa bei der Elektrizitätserzeugung und Kohleförde-
rung, direkt auf die Preisbildung des Marktes Einfluß nahm.
Wenn allerdings grundsatzfeste Liberale auf England als Vorbild eines gesellschafts- und wirtschaftsfernen, liberalen
Staatswesens hinwiesen, dann erlagen sie einem verbreiteten
Irrtum – selbst das Musterland des Liberalismus hatte sich
1894 von der liberalen Zeitschrift *The Economist* vorhalten
lassen müssen, der Staat habe mittlerweile den Charakter
eines *universal intervener* angenommen, und 1911 hatte der
Sozialist Sidney Webb (1859–1947) erfreut festgestellt, daß
der englische Staat «nahezu alle industriellen Tätigkeiten»,
die er nicht selbst ausübe, wenigstens «registriere, inspiziere
und kontrolliere».[170]

Der Krieg hatte diese Entwicklung zum sozialen und wirtschaftlichen Interventionsstaat unumkehrbar gemacht; allein
die Demobilmachung, die Entlassung und wirtschaftliche
Rückgliederung der Millionen Soldaten erforderte intensive

Staatseingriffe. Die Gewerkschaften dachten nicht daran, sich auf ihre Vorkriegsrolle zurückdrängen zu lassen; sie forderten den Achtstundentag, stärkere Mitspracherechte in den Betrieben und eine aktivere Sozialpolitik. Die Arbeitslosenversicherung, vor dem Krieg nur in Großbritannien eingeführt, wurde nun auch in zahlreichen anderen Ländern, darunter in Deutschland, den älteren Bestandteilen der Sozialversicherung hinzugefügt. In den Gebieten, die durch den Krieg zerstört waren, reichte die private Initiative nicht für den Wiederaufbau: Der Staat trat als Organisator und Finanzier auf. Allenthalben war Wohnraum knapp, mußte daher bewirtschaftet werden: der Staat regelte auch dies, indem er die Mieten festschrieb und den Wohnungsbau subventionierte. Hinzu kam die Wiederherstellung und der weitere Ausbau der Verkehrsnetze, insbesondere auch des Nahverkehrs. In mehreren Staaten Ostmitteleuropas wurden Bodenreformen durchgeführt, und auch hier geschah nichts ohne staatlichen Eingriff.

Starke Demokratie? So konnte es scheinen, aber die Wirklichkeit sah anders aus. Die Ausweitung der Staatstätigkeit, der immer tiefere Eingriff des Staates in Wirtschaft und Gesellschaft war auch die Antwort auf ein Problem, das sich nach dem Ersten Weltkrieg für die meisten Staaten Europas stellte: Das rasante Legitimitätsdefizit der Demokratie, deren Institutionen anscheinend nicht imstande waren, die tiefen gesellschaftlichen Verwerfungen zu glätten, die der Weltkrieg verursacht hatte. Das deutsche Beispiel sprach für sich: Mit dem Sieg der Entente im Herbst 1918 hatte es zeitweilig scheinen können, als habe die Demokratie in Europa gesiegt; selbst Ludendorff sah ein, daß das geschlagene Deutschland nur dann Kredit für einen erträglichen Friedensschluß bei den Siegern erwarten konnte, wenn es sich zu einer parlamentarischen Demokratie wandelte, und befahl förmlich die Mehrheitsfraktionen des deutschen Reichstags, Sozialdemokraten, Zentrumskatholiken und Liberale, zur Machtübernahme. Die letzte kaiserliche Reichsregierung, das Kabinett des Prinzen Max von Baden, war bereits vom Vertrauen des Reichstags abhängig und beruhte auf einer funktionsfähigen parlamentarisch-demokratischen Verfassung; als Beauftragter dieser Regierung unterzeichnete Staatssekretär Matthias Erzberger am 11. November 1918 im Wald von Compiègne den Waffenstillstand.

Das erwies sich als verhängnisvoll: Zum einen, weil so die erste deutsche Demokratie nicht aus eigener Kraft der Parteien und des Parlaments geboren wurde, sondern als letzter Ausweg eines ratlosen Generalstabs. Und zum anderen, weil auf diese Weise die Weimarer Demokratie im schlechtest möglichen Moment entstand, in dem Augenblick der Niederlage, mit der ihr Entstehen und ihre *raison d'être* für immer verbunden bleiben sollten. Und schließlich war die Entwicklung auch deshalb verhängnisvoll, weil jetzt zivile Politiker und nicht etwa die eigentlich Verantwortlichen für die Kriegslage, die Militärs der Obersten Heeresleitung, die Waffenstillstandsverhandlungen führen sollten. Durch die Koppelung der Forderung nach einem Waffenstillstand mit dem Verlangen nach Parlamentarisierung hatte Ludendorff die Verantwortung auf einen bequemen Sündenbock abgeladen; die Dolchstoß-Legende, die später das öffentliche Leben der Weimarer Republik vergiften sollte, fand hier bereits ihren Ursprung.

Und zudem wurde aus dem milden Frieden nichts. Statt dessen kamen Versailler Vertrag, Reparationen, jahrelange empfindliche außenpolitische Diskriminierungen und Niederlagen, eine endlose Kette von Demütigungen. Alles das konnte nur ertragen werden, wenn das tief erschütterte kollektive Selbstbewußtsein der Deutschen die erlittenen Kränkungen auf einen Sündenbock abladen konnte, und der Sündenbock fand sich in der Demokratie und in den politischen Kräften, die hinter ihr standen. Die demagogische Formel, Republik und Demokratie seien nur andere Worte für Feigheit und Verrat, wurde so zum festen, von Millionen Menschen geglaubten Bestandteil nationalistischer Agitation. Seit 1920 hat es im Deutschen Reichstag keine stabile Mehrheit der demokratischen Parteien mehr gegeben.

Der demokratische Staat der Weimarer Republik war also ein schwacher Staat ohne wirkliche innere Legitimation, der den Bürgerkrieg zu vermeiden und die Zuneigung des Wählervolks zu erkaufen suchte, indem er zum Subventions- und

Umverteilungsstaat wurde. In einem Ausmaß, das weit über das der Vorkriegszeit hinausging, wurden nach allen Seiten hin Wünsche befriedigt, die von den organisierten Interessen an den Staat herangetragen wurden. Quantitativ wurde das am sprunghaften Anstieg der öffentlichen Ausgaben, vor allem im Sozialbereich, sichtbar. Während 1929 die Steuerlastquote das *Doppelte* des Prozentsatzes von 1913 betrug, nämlich 18 Prozent anstatt 9 Prozent am Vorabend des Ersten Weltkriegs, stiegen die Sozialausgaben von Reich, Ländern und Gemeinden im selben Zeitraum von 337 Millionen Mark im Jahr auf 4 Milliarden 751 Millionen Mark an: Das war nicht weniger als das *Dreizehnfache*. So verschaffte sich der ungeliebte Staat der Weimarer Republik die Loyalität der gesellschaftlichen Interessengruppen durch Stützungs- und Hilfszusagen, die im Krisenfall allesamt eingelöst werden mußten.

Und als die Krise kam, als die Volkswirtschaften der Industriestaaten nach dem «Schwarzen Freitag», dem 25. Oktober 1929, in die schwerste Bewährungsprobe der neueren Wirtschaftsgeschichte stürzten, als die Banken zusammenbrachen, die industrielle Produktion Europas innerhalb von drei Jahren um die Hälfte zurückging und ein Drittel der erwerbstätigen Bevölkerung in Deutschland arbeitslos war, als sämtliche Ausfallbürgschaften, die der Staat übernommen hatte, gleichzeitig eingelöst werden mußten, da war der deutsche Staat dem Problemlösungsdruck nicht mehr gewachsen. In England, wo die wirtschaftliche Talfahrt kaum weniger dramatisch war als in Deutschland, verteilte sich die Zuständigkeit für die Lösung der gesellschaftlichen Probleme auf viele verschiedene administrative und gesellschaftliche Schultern; hier überlebte die Staatsverfassung unversehrt. In Deutschland dagegen ging der Weimarer Staat unter dem gebündelten Erwartungsdruck der gesellschaftlichen Gruppen in die Knie. Und da die Loyalität der deutschen Bevölkerung gegenüber ihrer Staatsverfassung davon abhing, daß diese Verfassung und ihre Institutionen die sozialen Verteilungskonflikte lösen konnten, standen beim Scheitern des Umverteilungsstaates auch dessen Verfassungsgrundlagen zur Disposition. So hat sich die parlamentarische

Demokratie in Deutschland in ihrem Bestreben, starker
Staat zu sein, selbst den Boden unter den Füßen fortgezogen
und zugleich den Nationalsozialisten die Trümpfe in die
Hand gespielt, die nun darangingen, den totalen Staat zu
errichten, von dem der General Ludendorff einst geträumt
hatte.

Andere Demokratien überstanden die Weltwirtschafts-
krise, wenn auch schwer angeschlagen. Das galt vor allem
für jene Gemeinwesen, in denen die demokratischen und
parlamentarischen Institutionen durch Überlieferung und
Gewohnheit so befestigt waren, daß sie außerhalb des politischen Diskurses standen: Frankreich, wo die Tradition des
revolutionären demokratischen Nationalstaates seit 1789
hinreichend Fuß gefaßt hatten, und der west- und nordeuro-
päische Kranz von Randstaaten, in denen die konstitutionelle Monarchie und ihre parlamentarischen Einrichtungen
einen festen politischen Rahmen bildete, also Großbritannien, die Niederlande, Belgien, Luxemburg, Norwegen,
Dänemark und Schweden. Aber der europäische Regelfall
waren sie nicht.

Die meisten Nachkriegsdemokratien wurden von den
Extremen der Linken und der Rechten in die Zange genommen, während zugleich die sozialen und wirtschaftlichen
Probleme eskalierten; und zudem trauten die Demokraten
ihrer eigenen Legitimation nicht mehr und weigerten sich,
in den Bürgerkrieg einzutreten und die Revolution mit revolutionären Mitteln zu bekämpfen. Die Demokratien wirkten
nicht nur schwach und von sich selbst wenig überzeugt, sondern auch häßlich, denn ihr Appell richtete sich an die Vernunft, kaum an die Gefühle, sie waren grau und langweilig.
Die Generation, die zu Kriegsende aus den Schützengräben
kam, war im *fin de siècle* geboren und aufgewachsen; sie hatte
die *belle époque* als ein Zeitalter der spießigen Übersättigung,
der geistlosen Großmannssucht, der bourgeoisen Verkitscht-
heit erlebt und war von nichts so überzeugt wie von der
Hohlheit, Verlogenheit und Unfruchtbarkeit der liberalen
Vorkriegs-Ära. Im Krieg hatten sich alle antibürgerlichen
Affekte bestätigt, die bürgerliche Wirklichkeit der Nachkriegszeit erschien radikal falsch und dem Untergang ge-

weiht. Die politischen Richtungen der Älteren bekamen aus dieser Generation wenig Zulauf; die Eltern liberal oder konservativ, die Söhne und Töchter sozialistisch oder nationalistisch: Das war der europäische Normalfall.

Die liberale Demokratie hatte in dieser Generation von vornherein verspielt, nicht, weil sie liberal, sondern weil sie uninteressant war und den seelischen Erregungen im Wege stand, nach denen der Geist der Zeit dürstete. Darin waren sich die rechten mit den linken Extremen einig, denn rechts und links unterschieden sich nicht in ihren Einstellungen zur Gegenwart, sondern in der Gestaltung von Zukunftsvisionen, und selbst die waren sich insofern ähnlich, als sie allesamt einen starken, mit eiserner Faust regierenden Staat voraussetzten. Mit solchen Visionen konnte die Demokratie unter keinen Umständen mithalten, denn sie beruht ihrer Natur nach auf dem Pluralismus der Parteien und Interessen und kann nur dann funktionieren, wenn bei allen Beteiligten die Bereitschaft zum Ausgleich und zum Kompromiß besteht, und zwar nicht nur zwischen benachbarten, sondern auch zwischen entgegengesetzten Interessen.

Dem entsprach die Tradition des europäischen Staatensystems, deren Raison solange funktioniert hatte, wie die einzelnen Staaten neben ihrem Eigeninteresse auch die Stabilität des Ganzen im Auge behalten und ihre Politik in der Diagonale zwischen Eigen- und Gesamtinteresse angesiedelt hatten. Dieses Gleichgewicht der zwischenstaatlichen Ordnung Europas hatte aber der Weltkrieg zerstört. Statt dessen ging mit den Friedensschlüssen von 1919 ein hochherziges Prinzip in die europäische Politik ein, das sich aber schnell als zerstörerisch erweisen sollte: Das Prinzip des Selbstbestimmungsrechts der Nationen. Fortan, das war der Wille des amerikanischen Präsidenten Woodrow Wilson (1856–1924) und der siegreichen Entente-Mächte, sollten alle Nationen das Recht besitzen, Nationalstaaten zu bilden, und Europa sollte ein Kontinent der souveränen Nationalstaaten sein.

Daß damit erst recht Krieg und Bürgerkrieg heraufbeschworen wurden, war den westlichen Politikern an ihren grünen Tischen in Versailles, St. Germain und Trianon nicht klar; die Einheit von Staat und Nation galt in Westeuropa als

Voraussetzung fortschrittlicher, demokratischer Politik, und
das Problem der eigenen Minderheiten, etwa der Indianer in
den USA, der Schotten und Waliser in Großbritannien, der
Bretonen oder Elsässer in Frankreich schien durch das Versprechen der demokratischen Teilhabe an den gesetzgeben-
den Körperschaften entschärft. In Mittel- und Osteuropa
dagegen, wo großräumige, ethnisch einheitliche Siedlungs-
gebiete kaum existierten, wo sich sprachliche, konfessionelle
und kulturelle Zusammenhänge überkreuzten, wo eine
kleinteilige Gemengelage von Nationalitäten der Normalfall
war, war die Forderung nach der Einheit von Nation, Sprache und Staatsgebiet einfach sinnlos. Die Nationalstaaten,
die 1918 und 1919 aus den Trümmern der Großreiche Osteuropas, des Osmanischen Reichs, Rußlands und vor allem
Österreich-Ungarns aufstiegen, waren in Wirklichkeit staatliche Agenturen nationaler Mehrheiten, die über beträchtliche nationale Minderheiten herrschten, welche in den meisten Fällen schrankenloser Unterdrückung ausgesetzt waren.
«Es gibt keine einzige Völkerschaft oder Provinz des Habsburgerreichs, der das Erlangen der Unabhängigkeit nicht
jene Qualen gebracht hätte, wie sie von den alten Dichtern
und Theologen für die zur Hölle Verdammten vorgesehen
sind», urteilte Winston Churchill später.[171] Die offiziellen
Angaben über die Größe der jeweiligen Minderheiten liegen
in der Regel beträchtlich unter den Schätzungen von Wissen-
schaftlern, Minderheitsvertretern und Völkerbundsaus-
schüssen:

Albanien (1930)	22,3 %
Bulgarien (1930)	10,3 %
Estland (1934)	11,8 %
Jugoslawien (1931)	57 % (nur Serben, Kroaten und Slowenen gezählt)
Lettland (1930)	26,6 %
Litauen (1923)	16 %

Polen (1921)	30 %
Rumänien (1930)	29 %
Tschechoslowakei (1921)	52 % (inoffizielle Schätzung)
Ungarn (1920)	10,4 %

(Quelle: Paul Lendvai: Sprengstoff im gemeinsamen Haus. Nationalitätenkonflikte in Osteuropa, in: Europäische Rundschau 2/91, S. 17)

Während in West- und Mitteleuropa die Drohung der sozialistischen Revolution den Horizont verdunkelte, waren es in Osteuropa hauptsächlich die unbewältigten Nationalitätenprobleme, die zum Ausnahmezustand und zu diktatorischen Lösungen drängten; nur ein einziges der neuen Staatswesen, die nach dem Weltkrieg aus den Trümmern der osteuropäischen Vielvölkerreiche entstanden waren, konnte sich als Demokratie behaupten: die Tschechoslowakei; aber gerade deren mißglückte Minderheitenpolitik lieferte 1938 den entscheidenden Vorwand für die Sudetenkrise und die Annexion der Tschechei durch Deutschland.

Die berühmte Prophezeiung des britischen Außenministers Sir Edward Grey (1862–1933) bei Ausbruch des Ersten Weltkriegs hatte sich in einem tieferen Sinn erfüllt, als ihrem Urheber bewußt gewesen war: «Überall in Europa gehen die Lichter aus; solange wir leben, werden wir sie nicht wieder leuchten sehen.»[172] Europa war durch das Blutbad des Weltkriegs hindurchgegangen, und anstelle des alten zusammenhängenden, ausbalancierten Staatensystems hatte sich eine Vielfalt von Nationalstaaten etabliert, die in gegnerische Bündnisse, Pakte und Abkommen zerfielen; der Völkerbund in Genf stellte sich in den Augen der Verlierer des Weltkriegs, vor allem der beiden Parias der Völkergemeinschaft Deutschland und Sowjetunion, in erster Linie als Machtinstrument der Siegermächte dar. Kaum eine Grenze, die nicht umstritten war; die Idee der Revanche, der Revision der Pariser Friedensverträge von 1919 herrschte nicht allein bei den Verlierern, sondern auch bei einer Anzahl von Siegern, die sich für

zu kurz gekommen hielten: Der Weltkrieg war suspendiert,
aber noch nicht beendet.

Die politische Zersplitterung des Kontinents entsprach
der wirtschaftlichen – das Weltwirtschaftssystem, das sich
nach Beendigung des Kriegs nur teilweise hatte wieder-
herstellen lassen, war unter dem Druck der Weltwirt-
schaftskrise seit 1929 erneut zusammengebrochen. Mit den
nationalen Schranken wuchsen Wirtschaftsbarrieren, Im-
portbeschränkungen, Devisenbewirtschaftungen; die Staaten Europas befanden sich auf dem Weg zurück zum Ideal
des geschlossenen Handelsstaats. Innerhalb der Staaten wucherten die Antagonismen nicht weniger als zwischen ihnen
– die extremen Parteien, Nationalisten und Kommunisten,
gewannen auf Kosten der demokratischen Mitte an Boden
und bestimmten den Ton der öffentlichen Auseinandersetzung, und die nationalen Minderheiten Osteuropas, die dasselbe Recht der Nationalstaatsbildung für sich reklamierten,
das man anderen, glücklicheren Nationen zugesprochen
hatte, bedrohten den inneren Frieden der neuentstandenen
Nachfolgestaaten des habsburgischen, des russischen und
des türkischen Reichs. Mit einem Wort: Europa stand am
Rande des Kriegs, innerhalb der Staaten wie zwischen
ihnen.

Auf die latent-bedrohliche Bürgerkriegssituation Europas
in der Zwischenkriegszeit bot sich dieselbe Antwort an, die
schon einmal, im 16. und 17. Jahrhundert, dem europäischen Bürger- und Konfessionskrieg ein Ende gesetzt hatte:
der starke Staat, damals der des Absolutismus, nunmehr in
seiner zeitgemäßen Variante des autoritären, wenn nicht
totalitären Nationalstaats, wie ihn die Theoretiker des integralen Nationalismus im *fin de siècle* bereits gedacht hatten, der
seine gesellschaftliche Konfiguration in der Mobilisierung
der nationalistischen, imperialistischen und militaristischen
Massenorganisationen der Vorkriegszeit gefunden hatte, der
in den Materialschlachten des Kriegs und im Kriegssozialismus seine Bestätigung erlebt hatte, und der sich jetzt als das
Heilmittel eines nachliberalen, aus der Balance geratenen,
schwer kranken Europa anbot. Die Epoche des totalen Staates war angebrochen.

Als Reichspräsident von Hindenburg am 30. Januar 1933 den Führer der Nationalsozialisten Adolf Hitler zum deutschen Reichskanzler ernannte, war das im europäischen Vergleich keine erhebliche Sensation. Auch wenn man die Illusionen seiner konservativen Steigbügelhalter nicht teilte, die glaubten, Hitler «einrahmen» und «in die Ecke drücken» zu können, mußte man doch zugeben, daß Diktaturen in Europa allmählich zum Normalfall wurden, und wo das nicht der Fall war, wie im Frankreich der *République des camarades*, da herrschte innenpolitische Unsicherheit, die nicht gerade für die Demokratie warb. Der Eindruck war verbreitet, daß in der großen Wirtschaftskrise die Demokratien abgewirtschaftet hatten, daß die Verwandlung des liberalen Staates in den sozialen Wohlfahrtsstaat nur ein Übergang war, daß der sozialistische, totale Zwangsstaat folgen mußte. Jetzt war eine Zeit der starken Männer und der nationalen Konzentration gekommen – Italiens Mussolini stand dabei vor jedermanns Augen, ein Diktator, der in den ersten Jahren seines Regimes selbst von Liberalen in ganz Europa offen bewundert wurde.

Benito Mussolini (1883–1945) war der erste europäische Diktator, sieht man von Lenins Herrschaft in Rußland ab, aber nicht der einzige. Auf seinen Griff nach der Macht in Rom 1922 war eine ununterbrochene Reihe von autoritären Umstürzen gefolgt – 1923 in Bulgarien, Spanien und der Türkei, 1925 in Albanien, 1926 in Polen, Portugal und Litauen, 1929 in Jugoslawien, 1930 in Rumänien, 1932 in Portugal und Litauen. Auf die Machtergreifung Hitlers 1933 folgte noch im selben Jahr die Errichtung des Dollfuß-Regimes in Österreich, 1934 wurden Estland und Lettland Diktaturen, 1936 Griechenland und Spanien. Von den 28 europäischen Staaten waren 1939 nur noch 11 Staaten demokratisch verfaßt.

Dabei ist die Sowjetunion mitgezählt, die nach dem Ausbleiben der Weltrevolution mit Stalins Formel vom «Sozialismus in einem Lande» den eigenen, nationalen Weg zum Sozialismus erklärte und später im Zweiten Weltkrieg den Kampf gegen Hitler-Deutschland als «Großen Vaterländischen Krieg» führte, insofern also ebenfalls ein diktatorisches Regime, das auf nationale Integration setzte. Die Sowjetunion und ihre feindlichen Gegenparts im Lager der

autoritären und faschistischen Diktaturen fußten zwar auf
teilweise gegensätzlichen Ideologien, waren sich aber ähnlich,
was die wesentlichen Merkmale realer staatlicher Verfassung
anging: Sie alle besaßen eine offizielle, in ihrem Geltungsan-
spruch totalitäre Ideologie, eine zentralisierte Massenbewegung als Einheitspartei, weiterhin die totale Kontrolle aller
Zwangs- und Kommunikationsmittel, und schließlich die
bürokratische Kontrolle der Wirtschaft mittels Dirigismus,
Sozialisierung und Verstaatlichung. Gewiß trafen diese
Merkmale nicht in allen Fällen mit gleicher Vollständigkeit
und auf gleichem Entwicklungsstand zu, aber insgesamt
gilt, daß alle europäischen Diktaturen der Zwischenkriegszeit die Merkmale totalitärer Staaten besaßen oder sie jedenfalls anstrebten.

Nicht nur die Verlierer – Deutschland, Rußland, Österreich, die Türkei –, sondern auch zahlreiche Sieger des
Weltkriegs gingen in das Lager der Diktaturen über. Der
Ausgang des Krieges entsprach selten den hochgespannten
Erwartungen, die im Kriegsverlauf von den annexionistischen
Gruppen und meist auch von den Regierungen geweckt
worden waren. Insbesondere in Italien schlug die Enttäu-
schung hohe Wellen; zwar waren die territorialen Gewinne
bedeutend – Triest, das Trentino und Südtirol wurden italienisch –, aber man hatte noch mehr erwartet. Die Verbündeten hatten sich aber geweigert, auch noch die Annexion von
Dalmatien und Fiume, das Protektorat über Albanien und
eine Interessenzone in Kleinasien zuzugestehen, und die italienischen Friedensunterhändler hatten den Pariser Verhandlungstisch verärgert und gedemütigt verlassen. Das Schlagwort von der *vittoria mutilata*, vom verstümmelten Sieg
machte in Italien die Runde, und hinzu kam, daß die bren-
nenden sozialen Probleme des Landes durch die Kriegslasten
noch ärger geworden waren. Das Defizit des italienischen
Staatshaushalts wurde durch enorme Steuererhöhungen aus-
geglichen, die Hoffnung auf eine gerechte Landverteilung,
die man den Soldaten gemacht hatte, blieb unerfüllt, und
spektakuläre Firmenzusammenbrüche, durch Spekulations-
geschäfte verursacht, taten ein übriges, um die Krise zu schüren. Die Serie von Fabrikbesetzungen und Dauerstreiks riß

nicht ab, und alle paar Monate kam es zum Regierungswechsel in Rom. Bei den Wahlen von 1919 zeigte sich bereits die Agonie des demokratischen Staatswesens – die Wahlbeteiligung lag bei etwa 50 Prozent der Wahlberechtigten. Es war eine klassische Bürgerkriegssituation, die dadurch verschärft wurde, daß der italienische Liberalismus völlig versagte. Die liberale Regierung Giolitti (1920–21) weigerte sich, in die schweren Unruhen in Landwirtschaft und Industrie einzugreifen, und gab so den Faschisten Mussolinis Gelegenheit, als einzige Kraft gegen die kommunistische Gefahr dazustehen. Weder Präfekten noch Polizei griffen bei Gewalttaten der faschistischen *squadri* ein, und selbst große liberale Zeitungen wie der *Corriere de la Sera* übergingen Gewalt und Terrorismus einiger faschistischer Ortsgruppen mit Schweigen. Als schließlich die Sozialisten im August 1922 den Generalstreik ausriefen, war für Mussolini die Gelegenheit gekommen, dem Sozialismus offen den Krieg zu erklären. Sein «Marsch auf Rom» vom 28. Oktober 1922, mit Royalisten und kirchlichen Kreisen sorgfältig abgesprochen, stieß bereits in ein Machtvakuum; König Viktor Emanuel III. weigerte sich, seinem Ministerpräsidenten Luigi Facta die Ausrufung des Kriegsrechts zu gestatten, und ernannte statt dessen Mussolini zu dessen Nachfolger.

Mussolinis Weg zur Macht war in gewisser Hinsicht vorbildlich für viele der großen und kleinen «Führer». Die Voraussetzungen waren in vielen Fällen ähnlich. Da war eine Schicht von Besitz- und Bildungsbürgern, Staatsbediensteten und Angestellten, Handwerkern und Kleinunternehmern, historisch gesehen die eigentlichen Träger der Nationalidee, die deshalb unter nationalen Diskriminierungen durch Niederlage, «verlorene Siege», Verlust von nationalem Territorium oder unter der Verweigerung nationaler Ausdehnungswünsche besonders litten. Das galt nicht nur in ideeller, sondern auch in materieller Hinsicht, denn die Inflation, die nach dem Krieg ganz Europa erfaßte, nahm gerade diesen Menschen ihre Vermögen und bedrohte sie mit dem Abstieg in ein gesichtsloses Proletariat.

In diesen Schichten herrschte der archetypische Schrecken vor den revolutionären Arbeitermassen, die aus der rußig-

lärmenden Fabrikwelt geradewegs in die Wohnzimmer ein-
brachen und die heiligen Güter der bürgerlichen Kultur bedrohten. Der Ruf «Friede den Hütten, Krieg den Palästen»,
der bereits den aufstrebenden Mittelstand des vorherigen
Jahrhunderts das Fürchten vor dem Sozialismus gelehrt
hatte, hatte in den blutigen Umwälzungen der russischen
Revolution, aber auch in den Bürgerkriegen und sozialen
Wirren der Nachkriegszeit in Mittel- und Westeuropa an Anschauung und Wirklichkeit gewonnen. Der gesellschaftliche
Zustand der Gegenwart wurde als Verlust empfunden; der
spanische Philosoph Ortega y Gasset (1883–1955) formulierte dieses Empfinden so: «Dem Massenmenschen geht
Sittlichkeit schlechthin ab; denn Sittlichkeit ist wesentlich
ein Erlebnis der Unterordnung, Dienst- und Pflichtauffas-
sung.»[173] Das waren noch überlieferte ständische Wertmaßstäbe, der Traum von einer Welt, in der jedermann wußte,
wohin er gehörte, wo Unter- oder Überordnung als ebenso
natur- oder gottgegeben empfunden wurden wie Reichtum
und Armut. Die Gesellschaft Europas, in den Industriestaaten ebenso wie in denen, die auf der Schwelle zwischen
Agrar- und Industriewirtschaft standen, war mit sich un-
glücklich, weil das Ende aller Sicherheit gekommen schien.

Die faschistischen Parteien versprachen Sicherheit, und sie
gaben ihr Versprechen auf bisher nie dagewesene Weise.
Mussolini in Italien, Hitler in Deutschland, wie auch die vie-
len kleineren Führer, die es diesen beiden großen Vorbildern
nachtaten, Corneliu Codreanu (1899–1938) in Rumänien,
José Antonio Primo de Rivera (1903–1936) in Spanien, Joris
van Severen (1894–1940) im flämischsprachigen, Leon
Degrelle (1906–1994) im französischsprachigen Teil Belgiens:
Sie alle verfügten über einen beträchtlichen persönlichen
Magnetismus, und sie wußten ein explosives Ideengemisch
herzustellen, in dem ihre Zuhörer sich wiedererkannten: die
Wut über die Kriegsgewinnler, Währungsspekulanten und
Nahrungsmittelschieber, die Geschäftemacher mit der Not
der Soldaten und Arbeiter – in diesem Zusammenhang
wirkte vor allem in Deutschland, Frankreich und Osteuropa
das Zerrbild vom Juden als rassistische Variante des sozialistischen Negativbilds vom Kapitalisten; die Übertragung

der Metaphern des Kriegs auf die Politik, die geistige Mobilmachung der Massen für den Bürgerkrieg; die Verherrlichung der Tat, deren Vorrang vor der Vernunft den irrationalen Grundcharakter faschistischer und nationalsozialistischer
Propaganda bildete und den Vorsprung dieser Propaganda
im Kampf gegen die matten, kaum geglaubten Programme
und Grundsätze der konservativen, liberalen und sozialdemokratischen Parteien ausmachte. Einen erheblichen Anteil
an ihren Reden hatte der Mythos von Nation und Rasse; hinter der Anklage gegen die Demokraten, die die Nation ver-
rieten, stand eine übersteigerte Verabsolutierung und Heiligung der Nation, als deren einziger legitimer Anwalt und
Vertreter die Partei und deren Führer erschien. In den meisten Fällen ging es um die Revision der Ergebnisse des Ersten Weltkriegs, und oft um noch weiter gesteckte territoriale Ziele: die Deutschen seien ein «Volk ohne Raum», in
ihrer natürlichen Entwicklung durch die drangvolle Enge
und Verstädterung Mitteleuropas behindert, weshalb in va-
ger Form die Ausdehnung Deutschlands nach Osten und der
Erwerb neuer Kolonien notwendig seien; Großfinnland, imperialistische Ausdehnungen in Afrika, der Mittelmeerraum
als *mare nostro* der italienischen Nation, ein Großniederlän-
discher Staat: das alles waren Fortsetzungen von Ideen, die
schon der integrale Nationalismus der Vorkriegszeit entwik-
kelt hatte.

Auf Aussagen oder Theorien kam es bei Rednerauftritten
Hitlers oder Mussolinis auch nur in zweiter Linie an. Vor allem war es die Wirkung dieser beiden großen Demagogen
selbst, denen es gelang, wie Brennspiegel die Wünsche und
Sehnsüchte der Zuhörer einzufangen, sie in beeindruckender
und suggestiver Weise zu benennen und auf die Bevölkerung
zurückzuprojizieren. Sie faszinierten die Menschen, die
Wähler und Anhänger, indem sie Wünsche, Ängste und Vor-
urteile aus einer vorbewußten, irrationalen Tiefe des kollektiven Bewußtseins ans Licht zu heben und zu formulieren
verstanden. Darin zeigten sich Faschisten und Nationalsozialisten als weitaus moderner als alle ihre politischen Konkurrenten. Die herkömmlichen Parteien waren in ihrer ideologischen und programmatischen Ausrichtung und in ihrer

Entstehungsgeschichte Erben eines Zeitalters des Rationalismus, in dem man geglaubt hatte, es genüge, die Menschen mit Programmen bekanntzumachen, um sie zu überzeugen. Ihnen war nicht klar, daß Menschen nicht von Natur aus rationale Wesen sind, sondern erst durch Anstrengung und Selbstüberwindung dazu werden müssen. Hitler dagegen wußte das und rechnete mit dem Gefühlsdefizit, das die etablierten Parteien unberücksichtigt ließen: «Die Triebkraft zu den gewaltigsten Umwälzungen auf dieser Erde», schrieb er, «lag zu allen Zeiten weniger in einer die Massen beherrschenden wissenschaftlichen Erkenntnis als in einem sie beseelenden Fanatismus und manchmal in einer sie vorwärtsjagenden Hysterie. Wer die breite Masse gewinnen will, muß den Schlüssel kennen, der das Tor zu ihrem Herzen öffnet. Er heißt nicht Objektivität, also Schwäche, sondern Wille und Kraft.»[174] Aus derselben Erkenntnis zog Mussolini die Schlußfolgerung, die Demokratie habe die Nation ihrem «Stil» entfremdet – «das heißt eine Linie des Verhaltens, die Farbe, die Macht, das Malerische, das Unerwartete, das Mystische; im ganzen all jenes, was im Gemüte der Massen zählt. Wir spielen die Leier auf allen Saiten: von der Gewalt bis zur Religion, von der Kunst bis zur Politik.»[175] Dem heutigen Leser der Reden Hitlers oder Mussolinis fällt es oft schwer, deren Wirkung auf das Publikum zu verstehen. Die Zuhörer waren verzweifelte, gehetzte, von Dämonen verfolgte, nach Wundern und Erregung hungernde Menschen, und programmatische Unstimmigkeiten, logische Fehler, inhaltliche Widersprüche waren ihnen gleichgültig. Der «Duce» wie der «Führer» forderten von ihnen Glauben und Hingabe und boten dafür Gewißheit und Geborgenheit in einer neuen, schützenden und umhegenden Gemeinschaft: das war es, was die Anhängerschaft suchte und fand.

Der Erfolg wurde bereits in den Zahlen sichtbar; schon vor der politischen Machtergreifung waren die italienische *Partito Nazionale Fascista* (PNF) und die Nationalsozialistische Deutsche Arbeiterpartei (NSDAP) mit etwa 300000 beziehungsweise einer Million Mitglieder Massenparteien – auch dies im Unterschied zu den «bürgerlichen» Parteien ihrer Zeit, die immer noch nicht ihre Eierschalen als Hono-

ratiorenparteien losgeworden waren. Harter Kern der Parteien waren oft aus dem Krieg zurückgekehrte Soldaten, die
den Weg zurück in das Zivilleben nicht fanden, über die Ergebnisse der Friedensschlüsse besonders verbittert waren
und, frei von traditionellen Bindungen, im Dienst der nationalen Idee den Krieg im Frieden fortsetzten. Sie bildeten ein
aktivistisches, revolutionäres Ferment in den faschistischen
Parteien; man denke an die Legionäre Gabriele d'Annunzios,
deren Handstreich auf Fiume vom 11. November 1919 die
italienische Regierung in schwere Verlegenheit versetzte,
oder an ihre Nachfolger in der faschistischen Partei, die
squadri d'azione, Spezialisten für blutigen Straßenterror.
Oder an die deutschen Freikorps, die im innerdeutschen
Bürgerkrieg 1918/19 Räterepubliken und kommunistische
Aufstände ebenso niedergeworfen hatten wie die in den
preußischen Ostprovinzen vordrängenden polnischen Freischaren, die sich dann von der deutschen Regierung verraten
vorkamen, weil sie nicht in die kleine Reichswehr übernommen wurden, und die zum größten Teil in der SA Adolf Hitlers landeten. Ähnlich die «Legion Erzengel Michael» Corneliu Codreanus in Rumänien, der estnische «Verband der
Freiheitskämpfer» unter General Larka oder die französischen Feuerkreuzler (*Croix de feu*). Diese Parteiarmeen waren nach militärischem Muster organisiert und uniformiert,
zugleich Propaganda- und Kampfinstrumente.

Der militärische Anstrich, der allen faschistischen Parteien
eigen war, und der den einheitlich-massenhaften Charakter
der Bewegungen unterstrich, deutet allerdings nicht auf herkömmliche militärische Über- und Unterordnungsverhält-
nisse hin. In Armeen herrscht das Prinzip von Befehl und
Gehorsam; der Untergebene gehorcht dem Vorgesetzten
ohne Ansehen der jeweiligen Person; «Generalstabsoffiziere
haben keine Namen» (Helmuth von Moltke). In den faschistischen Parteiarmeen und den Parteien selbst dagegen hatte
sich, überkommen aus romantischen Gemeinschaftsideen
der Vorkriegszeit und verfestigt im «Fronterlebnis» des Weltkriegs, das Prinzip von Führer und Gefolgschaft etabliert –
an der Spitze der Führer, *Duce, Caudillo* oder *Poglavnik*, dessen wirkliches oder behauptetes Charisma ihn zum eigent-

lichen Willenskern der Partei werden ließ, die ihrem Führer in fanatischer Gefolgschaft huldigte.

Die faschistischen Parteien Europas verstanden sich als «Bewegungen», deren permanente Mobilisierung, deren ununterbrochener Druck auf die Institutionen den demokratischen Staat reif machte für die «Machtübernahme». Mit dem Übergang von der «Bewegungs-Phase» zur «System-Phase» war allerdings ein Punkt erreicht, an dem wesentliche Unterschiede sichtbar wurden. In Italien und Deutschland gab es eine Mischung von Staatsstreich und legaler Machtübernahme, von Bürgerkriegsdrohung und formell rechtmäßiger Ernennung des jeweiligen Parteichefs zum Regierungschef, gefolgt von einer Übergangszeit, in der die demokratischen Institutionen und die übrigen Parteien noch begrenzte Handlungsmöglichkeiten besaßen, bevor der Einheitsstaat unter der allein maßgeblichen Einheitspartei installiert worden war; in Italien dauerte diese Phase immerhin von 1922 bis 1926, als alle oppositionellen Parteien und Organisationen aufgelöst wurden, während in Deutschland der knappe Zeitraum zwischen Ende Januar 1933 und dem 2. August 1934, dem Todestag des Reichspräsidenten von Hindenburg, genügte, um die NS-Herrschaft schrankenlos durchzusetzen.

Doch in allen übrigen europäischen Ländern war die Errichtung der Diktatur keineswegs mit dem Sieg einer faschistischen Bewegung verbunden. Das galt beispielsweise für Lettland, wo der Führer des Bauernbunds Karlis Ulmanis (1877–1941) im Mai 1934 zum Staatsstreich griff und die sozialdemokratische Partei ebenso verbot wie die faschistische «Donnerkreuz»-Bewegung, um hinfort ein nationalistisches Regierungsprogramm unter der Devise «Lettland den Letten» zu verwirklichen. Auch das autoritäre Regime des estnischen Präsidenten Konstantin Päts (1874–1956) zögerte nicht, die radikale nationalistische «Freiheitskämpfer»-Organisation wegen «Gefährdung der öffentlichen Ordnung» aufzulösen, und unter dem polnischen Marschall Pilsudski (1867–1935), der 1926 durch einen Militärputsch an die Macht gekommen war, verkümmerten die verschiedenen faschistischen Gruppierungen zur Bedeutungslosigkeit. In Portugal wurden der Führer der faschistischen National-

Syndikalisten, Rolâo Preto, von dem Diktator Salazar (1879–1968) ins Exil geschickt und seine Bewegung unterdrückt. In Rumänien putschte 1938, wie zuvor in Jugoslawien, der König, der umgehend die faschistische «Eiserne Garde» Codreanus verbieten ließ; Marschall Ion Antonescu (1882–1946), der seit 1940 die Führung des rumänischen Staates übernommen hatte, schaltete trotz des Kriegsbündnisses mit dem nationalsozialistischen Deutschland die «Eiserne Garde» vollends aus und ließ ihren nach Deutschland geflohenen Führer zum Tode verurteilen. Die austrofaschistische Dollfuß-Diktatur stützte sich auf die Heimwehren, die zwar antimarxistisch und antidemokratisch gesinnt waren und in Mussolinis Italien ein Vorbild sahen, aber mit der Errichtung des autoritären Ständestaats zufrieden waren und keine weitergehenden politischen Ambitionen besaßen; die radikaleren Nationalsozialisten dagegen wurden verboten.

In Spanien fand in der Zwischenkriegszeit zweimal ein Militärputsch gegen eine demokratische Verfassungsordnung statt, 1923 durch den Generalkapitän von Katalonien, Miguel Primo de Rivera (1870–1930), und 1936 durch eine Anzahl von Generälen, unter denen sich General Francisco Franco (1892–1975) schnell in den Vordergrund schob. Weder Primo de Rivera noch Franco waren Faschisten, sondern Soldaten, die die «dekadente» und ineffiziente parlamentarische Demokratie zugunsten einer nationalistischen, zentralistisch organisierten Militärdiktatur beseitigen wollten, und die damit einer in das 19. Jahrhundert zurückreichenden Tradition folgten. Die *Unión Patriótica*, die erst 1925 ins Leben trat, um die Bevölkerung im Sinne der Diktatur Primo de Riveras zu mobilisieren, bestand hauptsächlich aus Konservativen, die darauf aus waren, patriotische Gefühle zu erzeugen, ohne darüber hinauszugehen. Erst 1933, nachdem das Regime Primo de Riveras längst zusammengebrochen und in Spanien erneut eine Demokratie errichtet war, erschien eine faschistische Partei auf der Bildfläche, die *Falange Española* unter dem *Jefe* (Führer) José Antonio Primo de Rivera (1903–1936), dem Sohn des Ex-Diktators – mit einem Programm, das sowohl antidemokratisch und nationalbetont als auch, ähnlich dem Programm der rumänischen

«Eisernen Garde» oder der ungarischen Nationalsozialisten, scharf sozialrevolutionär war. Aber Franco benutzte die *Falange* lediglich als Werkzeug seines Putschs und verschmolz sie nach seinem Sieg mit den *Requetés*, der Miliz der karlistischen Monarchisten, zu einer Einheitspartei, die Franco sich selbst unterstellte, während die Kampforganisationen dem Generalstab untergeordnet wurden, so daß die militärische Kontrolle der Partei stets gewährleistet war; Manuel Hedilla (1898–1970), der Nachfolger des *Falange*-Gründers José Antonio Primo de Rivera, wurde verhaftet. Fortan war die *Falange* nur noch ein Akklamationsinstrument des Franco-Regimes; ein vertraulicher deutscher Bericht aus dem Jahr 1941 betonte, «die Falange sollte die breiten Massen der Nationalen und Roten erfassen und eine Weltanschauung begründen. Diese Aufgabe hat sie nicht gelöst. Sie ist vielmehr zu einem Instrument in der Hand Francos geworden, als eine Art Privatexekutive aufgezogen ... Unter diesen Umständen ist es für den Nationalsozialismus schwer belastend, wenn ohne Kenntnis der wahren Sachlage die Falange in der deutschen Presse mit der NSDAP gleichgestellt und gelobt wird.»[176]

Bei näherem Hinsehen wird also deutlich, daß zweierlei voneinander unterschieden werden muß: Da war einerseits der Aufstieg der faschistischen Parteien und Bewegungen in Europa, der kein Land ausließ und das öffentliche Meinungsklima des Kontinents, namentlich in den Dreißiger Jahren, in hohem Maße bestimmte. Und da waren zum anderen die diktatorisch regierten Staaten, die häufig in Bausch und Bogen als «faschistisch» bezeichnet werden, obwohl eine «Machtübernahme» in dem Sinne, daß eine faschistische Partei zur alleinigen Regierungspartei eines Staates wurde und sich diesen Staat anverwandelte, nur in zwei Fällen stattfand: In Italien und in Deutschland – denn die faschistischen Staatsbildungen, zu denen es während des Zweiten Weltkriegs kam, also in der Slowakei, in Ungarn und Kroatien, verdankten ihr kurzes Bestehen ausschließlich den deutschen Bajonetten. Alle übrigen Diktaturen Zwischenkrieg-Europas, die Staaten Pilsudskis, Horthys, Salazars, Antonescus und selbst das Franco-Regime, waren entweder Militärdiktaturen oder von zivilen Politikern autoritär regiert, aber sie waren keine faschistischen Staaten. In ihnen herrschte das konservative Establishment, das mit Hilfe der Armee die Macht im Staat für sich monopolisierte und gegen revolutionäre Zumutungen von links wie von rechts abschottete. Der herkömmliche Staat wurde in seiner Substanz nicht angetastet, sondern seine Machtmittel wurden ausgeweitet, um die gesellschaftliche Ruhe notfalls durch Repression zu erzwingen. Diese autoritären Diktaturen waren bemüht, Massen zu demobilisieren und von der Teilnahme am öffentlichen Leben auszuschließen; statt dessen boten sie der Bevölkerung soziale Modelle an, die Eigentumsverhältnisse und gesellschaftliche Gliederung festschrieben und zu Gemeinschaftsvorstellungen aus der Zeit vor der industriellen Revolution zurückführten; ständestaatliche und korporative Ideologien erfreuten sich besonderer Beliebtheit.

Ganz anders die Staaten Mussolinis und Hitlers. Ihr tragender Grund war die Einheitspartei, die nicht Partei wie die anderen Parteien des verhaßten liberalen Parlamentarismus sein wollte, sondern Bewegung. Sie sollte die Revolution in Staat und Gesellschaft hineintragen und permanent vorantreiben, sie sollte die Massen in ständiger Erregung und Einsatzbereitschaft halten; die gesamte Nation sollte durch Propaganda, Aufmärsche, Kundgebungen, durch eine Dauerritualisierung des öffentlichen Lebens mobilisiert, integriert und sich permanent ihrer selbst bewußt werden. Das Ziel bestand in der Verwandlung der Nation in eine sozial gegliederte, aber politisch homogene Masse, die nur einen Willen kannte: den des Führers, und nur einen Wert: die Nation. So war es nur folgerichtig, daß mit Gesetz vom 9. Dezember 1928 der Faschistische Großrat, die oberste Beratungskörperschaft des *Partito Nazionale Fascista*, zum «höchsten Organ» erklärt wurde, «das alle Tätigkeit des Regimes, das aus der Revolution vom Oktober 1922 hervorging, koordinieren und integrieren» und damit «die Einheit von Partei und Staat» auf der höchsten Stufe darstellen sollte. So wurden Partei und Staat immer enger miteinander verbunden; das Parteisymbol, die *fasci*, wurde zum Staatssymbol, die Parteihymne zur Staatshymne, die faschistischen *squadri* zum staatlichen Wehrverband.

Dabei sollte nach Mussolinis Willen die Partei eine ähnliche Rolle spielen wie die bolschewistische Partei der Sowjetunion nach dem Willen Lenins: Die eines Transmissionsriemens, mit dem der politische Wille der Führung auf die Massen und den Staat übertragen wurde. Mussolinis Idee vom Staat war stark von der Staatsvergottung Hegels beeinflußt; der Staat stand für ihn über der Nation und über der Partei. Die Nation, erklärte er, sei eine überragende Kollektivpersönlichkeit, «geeint durch eine Idee, welche aus Existenz- und Machtwillen besteht», allerdings nur, «insofern sie Staat ist. Die Nation erzeugt aber nicht den Staat, gemäß den veralteten naturalistischen Anschauungen, die der Schriftstellerei der Nationalstaaten im neunzehnten Jahrhundert als Grundlage dienten. Vielmehr wird die Nation vom Staate geschaffen, der dem Volke, das sich seiner eigenen sittlichen Einheit bewußt ist, einen Willen und seine eigentliche Existenz verleiht . . .»[177] In der Tat neigten sich im Laufe der Regierungszeit Mussolinis die Gewichte zugunsten der Verstaatlichung des faschistischen Regimes, während sich die Partei entpolitisierte und weitgehend zu einem Institut zur Versorgung und zum Aufstieg von Parteimitgliedern zu attraktiven Staatsposten verkam.

In noch viel stärkerem Maße als im faschistischen Italien verschmolzen im nationalsozialistischen Deutschland Staat, Partei und Volk miteinander. Mit dem *Gesetz zur Sicherung der Einheit von Partei und Staat* vom 1. Dezember 1933 war die NSDAP «die Trägerin des deutschen Staatsgedankens und mit dem Staat unlöslich verbunden»; Adolf Hitler nannte sich in bewußter Reihenfolge «Führer und Reichskanzler». Die Partei erreicht weit über die Parteigenossen hinaus die gesamte Bevölkerung. Im Jahr 1939 entsprachen den 36 Ländern und Provinzen des Staates auf der Ebene der Parteigliederungen 40 Gaue, deren Gauleiter in immer stärkerem Ausmaß staatliche Aufgaben übernahmen. Unter den Gauen standen die Kreise, dann die Ortsgruppen, die Zellen und, ganz unten an der Basis, die Blocks mit einer Zuständigkeit für jeweils etwa 50 Haushalte. Die Blockwarte und Zellenleiter hatten in ihrem Zuständigkeitsbereich mühelosen Einblick in das Privatleben jedes einzelnen Volksgenossen; sie konnten die Treue der Bevölkerung zum herrschenden Regime kontrollieren und Abweichler anzeigen, waren also Parteifunktionäre und Polizeiorgane zugleich. Über ein ganzes Netz von angeschlossenen, durch alle Berufsgruppen reichenden Verbänden erfaßte die Partei zusätzlich Millionen von Bürgern im Alltagsleben, ganz gleich, wie sie zum Nationalsozialismus stehen mochten, und zwar über deren Mitgliedschaft in nationalsozialistisch organisierten und kontrollierten Berufsverbänden, vom NS-Ärztebund bis zur Deutschen Arbeitsfront, der gleichgeschalteten Gewerkschaftsorganisation – es gab kein Entrinnen, denn die Mitgliedsbeiträge wurden meistens wie die Steuern und Sozialbeiträge vom Lohn einbehalten.

Wo die Partei, die die große Masse der Bevölkerung im Ungeist ihrer Weltanschauung erziehen sollte, zu schwerfällig erschien, da setzten die Eliteorganisationen der Partei an: SS, Sicherheitsdienst (SD) und Geheime Staatspolizei (Gestapo), von Heinrich Himmler (1900–1945) und Reinhard Heydrich (1904–1942) zum allmächtigen Säuberungs-, Terror- und Erziehungsinstrument der Nation entwickelt. Mit dieser Truppe schuf Himmler zugleich die auf der Rassenlehre des Nationalsozialismus gegründete neue Elite: Wer nicht zu den alten Führungsschichten von Adel, Besitz oder Bildung gehörte, der konnte in die neue aufsteigen, wenn sein Körperbau dem Leitbild des «nordischen Menschen» entsprach. Als «Orden germanischer Sippen» verstand der ehemalige Geflügelzüchter Himmler seine schwarzuniformierte Truppe, deren Eheschließungen nach streng rassischen Regeln stattfanden.

Die Verwandlung der deutschen Nation zu einer homogenen Einheit nach den Maßstäben der NSDAP beschleunigte sich unter dem Druck des Zweiten Weltkriegs. Jetzt trat in den Vordergrund, was von Anfang an das Gesicht des Nationalsozialismus geprägt hatte: Die umfassende Militarisierung und Uniformisierung. Hitler war davon überzeugt – und hier schloß sich der Kreis zu Erich Ludendorffs Weltkriegsphantasien –, daß der Krieg das letzte Ziel der Politik

sei, eine charakteristische Perversion der bekannten Clause-
witzschen Definition. Wie kaum ein anderer Satz gehörte
dieser zu den unumstößlichen Maximen seines Weltbilds.
Den dem zugrunde liegenden Gedankenschritt hat er in seinen Schriften, in zahlreichen Reden und Gesprächen immer
wieder entwickelt: Politik sei die Sicherung des Lebensrau-
mes eines Volkes; der erforderliche Lebensraum sei seit alters
her nur durch Kampf zu erobern und zu bewahren, folglich
sei Politik eine Art permanenter Kriegführung, und die be-
waffnete Auseinandersetzung nur deren folgerichtige Konsequenz – «die stärkste und klassischste Ausprägung» nicht
nur der Politik, wie Hitler formulierte, sondern des Lebens
überhaupt. Im dauernden Frieden dagegen müßten die Menschen vergehen und an ihre Stelle wieder Tiere treten, die
dem Gesetz der Natur unbeirrbarer folgten. «Solange die
Erde sich um die Sonne drehe», äußerte er in feierlicher Ton-
lage im Dezember 1940 zu dem bulgarischen Gesandten
Draganoff, «solange es Kälte und Wärme gebe, Fruchtbar-
keit und Unfruchtbarkeit, Sturm und Sonnenschein, solange
werde der Kampf dauern, auch unter den Menschen und den
Völkern ... Wenn die Menschen im Garten Eden lebten,
würden sie verfaulen. Das, was die Menschheit geworden
ist, ist sie durch den Kampf geworden.»[178] Ähnliche Aussagen Hitlers finden sich hundertfach; die verbohrte Fixie-
rung auf Begriff und Idee des Krieges war Hitlers stärkster
Antrieb, einer seiner engsten Mitarbeiter sprach geradezu
von seiner «pathologischen Kampfnatur». Sie ging tatsächlich weit über den sozialdarwinistischen Ansatz hinaus, sie war in einem kaum nachvollziehbaren Ausmaß aus
dem Fronterlebnis des Ersten Weltkriegs geboren, sie hat
die Sentiments, die Machtpraxis und die Ideologie des Nationalsozialismus gleichermaßen bestimmt. Der Weltkrieg, pflegte Hitler unablässig zu wiederholen, habe für
ihn nie aufgehört.
    Wo das Wesen aller Gemeinschaft der Krieg ist, da werden
frühere Differenzierungen unerheblich. Die deutsche Gesellschaft der wilhelminischen Ära war insofern eine militari-
sierte Gesellschaft gewesen, als hier starke Tendenzen bestanden hatten, das Wert- und Normensystem der Armee auf das

Zivilleben zu übertragen und den Potsdamer Gardeleutnant zum gesellschaftlichen Leitbild zu erheben. Dennoch waren die Trennungen immer eindeutig gewesen; der Soldat, der Offizier hatte mit elitärem Hochmut dem Zivilisten gegenüber gestanden, dem es höchstens gelungen war, in seiner Erscheinung eine Karikatur des bewunderten Militärs zustandezubringen – Heinrich Manns Professor Unrat war eben kein Soldat, sondern ein höchst bedauernswerter und lächerlicher Untertan.

Jetzt, im «Dritten Reich», sah die Sachlage völlig anders aus. Nach dem Willen des Führers und der Partei war das Volk vollständig nach militaristischen Grundsätzen organisiert, es wurde gewissermaßen im Ganzen aus dem verachteten Stand des Zivils zum Soldatischen befördert. Wer eine öffentliche Funktion ausübte, trug selbstverständlich Uniform, und wenn seine Tätigkeit noch so zivil war. Juristen wurden vom offiziellen Propagandajargon zu «Offizieren des Rechts» gemacht, Gelehrte wurden «Soldaten der Wissenschaft», und kein Bereich, auch nicht der wissenschaftliche, entzog sich den Grundsätzen von Befehl und Gehorsam im Namen eines alles umfassenden Führerprinzips. Im Zeichen der militaristischen Gleichschaltung fanden überall im Lande, bei Behörden, in Schulen und Universitäten, in den Betrieben, «Appelle» statt, auf daß das ganze Volk den richtigen Schritt und Tritt fasse. Im Originalton Goebbels hieß das: «Im neuen Deutschland kennen wir nur eine Marschordnung, die Marschordnung Adolf Hitlers. Die Kompanie heißt Deutschland!» Das totale politische Soldatentum sollte nach dem Willen Hitlers zur Lebensform aller Deutschen werden. In diesem militaristischen Führerstaat verschmolz altpreußisches Soldatenerbe und deutsch-romantisches Nationalbewußtsein zur Kolossalfigur eines totalitären Terror- und Zwangsregimes. «Innere Wahrhaftigkeit» mit Terror und Konzentrationslagern und «äußere Wehrhaftigkeit» mit dem Vorsatz zum Angriffskrieg gleichzusetzen, das war die paranoide Zerrmaske des soldatischen Preußen und des nationalen Deutschland, strikt ausgerichtet auf die eine Person des «Führers», des schlechthinnigen Übermilitaristen.

Hier wird ein entscheidender Unterschied zwischen
dem faschistischen Italien und dem nationalsozialistischen
Deutschland erkennbar: Das Italien Mussolinis verlor niemals alle Merkmale eines bürgerlichen Rechtsstaates, das
tägliche Leben war nicht durch Gleichschaltung geprägt, der
totalitäre Anspruch der Partei war kaum mehr als eine gewaltige Fassade, hinter der sich die italienische Gesellschaft kaum veränderte, ähnlich dem *Vittoriano*, dem italienischen Nationaldenkmal am Ende des römischen
Corso, einer riesigen Bühne aus Marmor ohne räumliche
Tiefe. Die Versuche des Regimes, während des Zweiten
Weltkriegs die Gesellschaft künstlich zu homogenisieren,
indem anstelle der herkömmlichen Höflichkeitsformel «Sie»
(*Lei*) das «Ihr» (*voi*) vorgeschrieben und anstelle des Hände-
drucks der faschistische Gruß eingeführt wurde, wurden allgemein als alberne Anmaßung betrachtet und nicht ernst
genommen.

Im Deutschland Adolf Hitlers herrschte dagegen eine
wirklich totalitäre Diktatur, die durch Terror und Gleichschaltung bestimmt war und in der totalen Erfassung und
Nivellierung der «Volksgenossen» weit vorangeschritten
war. Die monströse, sich ständig verändernde und ausdeh-
nende nationalsozialistische Partei überwucherte mit zahllosen politischen Maßnahmen polypenartig den Staat mit
seiner herkömmlichen Behördenstruktur, raubte ihm die
wichtigsten Zuständigkeiten und zerstörte die Einheit der
Verwaltung. Zugespitzt ließe sich sagen: Die nationalsozialistische Partei, die für sich in Anspruch nahm, den Willen der
deutschen Nation zu verkörpern, hat alles getan, um den
deutschen Staat zu zersetzen und aufzulösen.

Wie im Innern, so auch nach außen: Mussolini führte
einen völlig anderen Krieg als Hitler. Mussolini stand ganz
im Bann des heroischen Imperialismus Enrico Corradinis
aus der Vorkriegszeit, den er zuspitzte, aber nie überschritt:
«Der faschistische Staat ist Wille zu Macht und Herrschaft,»
erklärte er. «Die römische Überlieferung ist ihm eine Idee
des Antriebs. In der Doktrin des Faschismus ist ›impero‹
nicht nur ein territorialer, militärischer oder merkantiler,
sondern ein geistiger oder moralischer Begriff . . . Für den

Faschismus ist das Streben zum ›impero‹, das heißt zur Expansion der Nation, ein Ausdruck der Vitalität. Sein Gegensatz, das Zuhausebleibenwollen, ist ein Zeichen des Verfalls.
Völker, die aufsteigen oder wiederaufsteigen, sind imperia-
listisch, nur niedergehende Völker können verzichten . . .»[179]
Es handelte sich also bei den Kriegen des faschistischen
Italien gegen Äthiopien, der Beteiligung am spanischen
Bürgerkrieg und der Teilnahme am Zweiten Weltkrieg an
der Seite Deutschlands um einigermaßen klassische Aus-
dehnungs-, Einfluß- und Kolonialpolitik im Stil der Vorkriegszeit, deren Ziele nie klar bestimmt waren, sondern
weitgehend von der jeweiligen politischen und militärischen Konstellation abhingen, allerdings mit bombasti-
schen Erklärungen und Rechtfertigungen versehen, mit
denen Mussolini sich in die direkte Nachfolge der römischen Cäsaren zu stellen suchte. Rassistische Untertöne
fehlten in der italienischen Kriegsführung weitgehend;
zwar gab es in Imitation der Nürnberger Gesetze auch in Italien Rassengesetze, aber sie wurden nie konsequent umgesetzt; ihre Verwirklichung scheiterte teils an der Schlamperei
der Verwaltung, teils an der Menschlichkeit der italienischen
Bevölkerung.

Hitlers Krieg dagegen war vollkommen anderer Art. Man
hat oft geglaubt, Hitlers Weltmachtpläne seien nihilistisch,
irrational, prinzipienlos, von reiner Machtbesessenheit geprägt gewesen, wie Hermann Rauschning und später der
bedeutende Hitler-Biograph Alan Bullock in ihren Werken
dargelegt haben; der Weltkrieg wie die dorthinführenden
Schritte waren in dieser Beleuchtung einfach der Versuch
eines abenteuerlichen Opportunisten, mehr oder weniger
risikolose Eroberungen zu machen. Diese «Revolution des
Nihilismus», wie Hermann Rauschning den Nationalsozialismus genannt hat, war daher singulär, fiel aus der deutschen
Geschichte gewissermaßen heraus, und die Auslösung des
Weltkriegs ist rational nicht verständlich.

Die Geschichtswissenschaft hat jedoch mittlerweile gezeigt, daß sich bereits in der Zeit des Wilhelminischen Reichs
wie des Ersten Weltkriegs Elemente entwickelt haben, die in
manchem mit den späteren nationalsozialistischen Zielen

vergleichbar gewesen sind. Wir wissen, daß der Hitlersche
Rassen-Antisemitismus seine geistigen Vorläufer im
19. Jahrhundert besessen hat, daß die kaltblütige Ausrottung
ganzer Bevölkerungen bereits in den Kolonialkriegen vor
dem Ersten Weltkrieg geübt wurde – man denke nur, um
beim deutschen Beispiel zu bleiben, an die Niederwerfung
des Herero-Aufstands in Südwest-Afrika 1904 bis 1907. Und
auch die Theorie von den Deutschen als einem «Volk ohne
Raum» war bereits vorgefertigt – der Geopolitiker Friedrich
Ratzel beispielsweise hatte bereits Ende des 19. Jahrhunderts
die Meinung vertreten, Geschichte sei nichts anderes als der
permanente Kampf um «Lebensraum», und im Verlauf des
Ersten Weltkriegs war dieses Argument von mächtigen deutschen Interessengruppen übernommen und mit Annexions-
forderungen, von der Kanalküste bis zur Ukraine, konkreti-
siert worden.

Stand also Hitler, stand die Entfesselung des Zweiten
Weltkriegs durch ihn in einer Tradition deutschen Denkens
und deutscher Politik, sind der Nationalsozialismus und dessen Folgen die letzte Wahrheit der deutschen Geschichte?
Auch das ist oft behauptet worden, aber es ist so falsch wie
sein Gegenteil. Abgesehen davon, daß weder der Rassen-
Antisemitismus, noch die Lebensraum-Theorie, noch die Bereitschaft zum Völkermord ausschließlich auf Deutschland
beschränkt gewesen sind – seine wirklich mörderische Übersteigerung, seine volle zerstörerische Wirkung entfalteten
dies alles erst, indem es in Hitlers Denken miteinander
verknüpft wurde und so eine völlig neue Qualität erhielt.
Vom ersten Tag der Ernennung Hitlers zum Reichskanzler
an, also seit dem 30. Januar 1933, folgte die Politik des
Deutschen Reichs, wenn auch in taktisch wendiger Weise,
den Grundprinzipien dieses Hitlerschen Denkens, dem Geschichtsbild eines permanenten, gnadenlosen Kampfes der
Völker um einen ihrer zunehmenden Größe angemessenen
Lebensraum, der allerdings nur durch «Rasseeinheit» zu bewahren sei. «Jedes Wesen», so hatte Hitler schon 1930 vor
Studenten in Erlangen erklärt, «strebt nach Expansion, und
jedes Volk strebt nach der Weltherrschaft. Nur wer dieses
letzte Ziel im Auge behält, gerät auf den richtigen Weg.»

Bis hierher bewegte sich Hitlers Denken in den Bahnen eines gewissermaßen klassischen Nationalismus in dessen imperialistischer Überhöhung; Cecil Rhodes oder Enrico Corradini hatten nichts anderes gepredigt. Aber dann folgte der Schritt, der die Idee der Nation in die mörderische Rassenideologie transzendierte und damit eine Schlußfolgerung aus dem Konzept der einen und unteilbaren Nation zog, vor dem auch die radikalsten Nationalisten des 19. Jahrhunderts zurückgeschreckt waren. Nur rassisch hochwertige und homogene Völker waren nämlich nach Hitlers Meinung imstande, dauerhaft zu herrschen; verhindert werde dies durch den weltgeschichtlichen Gegner der arischen Rasse, durch das Judentum, und durch dessen «zersetzende» Natur. Die Weimarer Republik wie die westlichen Demokratien, meinte Hitler, seien dieser «Zersetzung» bereits weitgehend zum Opfer gefallen, die Sowjetunion gar sei das erste ganz und gar jüdisch durchsetzte Staatswesen, ein Ansteckungsherd für die übrige Welt. In der kranken Logik Hitlers ergab sich daraus mit zwingender Konsequenz die Notwendigkeit, den deutschen Volkskörper vom Judentum zu befreien und den ihm zustehenden Lebensraum in den Weiten Osteuropas zu suchen, wobei den Deutschen die Rolle der Herren, den angeblich rassisch minderwertigen Slaven die der kolonialen Sklavenvölkern zufallen sollte. Der Weltkrieg mußte also nach dieser Irrsinnslogik geführt werden, um das Judentum auszurotten.

Der deutschen Führung ging es daher im Zweiten Weltkrieg nicht in erster Linie um die Revision der Ergebnisse des Ersten Weltkriegs, wie viele der konservativen Helfer Hitlers geglaubt haben, und wie manch einer noch heute glaubt; es ging nicht um Vorherrschaft im klassischen Sinne europäischer Außenpolitik, nicht um die Eroberung von Wirtschaftsräumen, nicht um die Entladung innerer Spannungen in kriegerische Aktivitäten – das alles läßt sich von Mussolini sagen, aber nicht von Hitler. Keiner der bisher in der Geschichte Europas bekannten Kriegsgründe trifft auf das deutsche Handeln im Zweiten Weltkrieg zu; es ging vielmehr, mit Hitlers Worten, um die «Einleitung des Endkampfes gegen den jüdisch-bolschewistischen Tod-

feind» in einem nationalsozialistisch beherrschten Groß-
raum.

Alles, was bis zum Krieg gegen die Sowjetunion geschah,
bewegte sich daher nur im taktischen Vorfeld. Der Angriff
auf Polen sollte den Raum für den Aufmarsch der Wehr-
macht gen Osten freimachen. Der Kampf gegen Frankreich
sollte ebenso die Rückenfreiheit herstellen wie das Bemühen, mit Großbritannien auf der Grundlage einer Teilung der
Welt den Ausgleich zu finden. Aber schon seit dem Sieg in
Polen wurden Millionen von Juden ausgesondert und in
den Ghettos polnischer Großstädte zusammengepfercht,
ebenso wie die Aussonderung und Markierung der deutschen Juden lediglich die Vorbereitung auf das, was dann im
direkten Zusammenhang mit der Operation «Barbarossa»,
dem Krieg gegen die Sowjetunion, geschah: Die gezielte und
gnadenlose Vernichtung des Judentums als Voraussetzung
für die Errichtung einer germanischen Weltherrschaft. Stalingrad und Auschwitz gehörten zusammen, bedingten sich
gegenseitig.

Wie wichtig Hitler dieses Ziel war, zeigt sich auch darin,
daß er selbst dann noch die Ausrottung des europäischen
Judentums mit höchster Energie betrieb, als die Kriegslage
bereits hoffnungslos geworden war; schon während des
Sommerfeldzugs 1942 in Richtung Stalingrad hatte es den
deutschen Truppen an Transportmitteln gefehlt, weil zugleich aus ganz West- und Mitteleuropa die Eisenbahntrans-
porte mit Juden in die polnischen Vernichtungslager rollten.
So war es auch nur konsequent, daß angesichts der sich ab-
zeichnenden Niederlage Hitler schließlich das deutsche Volk
vernichtet sehen wollte, weil es sich zu schwach gezeigt
hatte, die Weltherrschaft der arischen Rasse auf den Knochen
des Judentums zu begründen.

Das Ungeheure am Zweiten Weltkrieg war nicht nur das
alle Phantasie übersteigende Massentöten, sondern auch die
ausschließliche, mörderische Herrschaft einer Idee. Hitlers
Krieg sprengte alle Normen von Vernunft und Politik; seither wissen wir, in welche Abgründe die Menschheit geführt
werden kann, wenn totale Ideologie mit totaler Macht ein-
hergeht. In Hitlers «Drittem Reich» hat sich gezeigt, wozu

der totale Nationalstaat fähig ist, wenn er mit äußerster Konsequenz zuende gedacht wird. Das war ganz folgerichtig,
denn es lag von Anfang an in der Idee der Nation, sich durch
den Feind zu definieren, zu bestätigen und zu rechtfertigen –
nationales Selbstbild und Feindbild sind zwei Seiten derselben Medaille. Mit der Totalisierung des Nationalen, seiner
Absolutsetzung und Heiligung im integralen Nationalismus
und Faschismus und erst recht in dessen letzter und kon-
sequentester Übersteigerung, dem Nationalsozialismus,
wuchs auch der Feind ins Absolute und damit der Krieg, der
jetzt aus allen Grenzen heraustrat, die die europäische Zivilisation bisher gezogen hatte.

Viertes Kapitel

Nationen, Staaten und Europa

Wissen wir heute wirklich schon, wohin das führte, was am 1. September 1939 mit dem Überfall deutscher Truppen auf Polen begann? Der Zweite Weltkrieg und seine Folgen: Das hieß Hekatomben von Toten – die Historiker reden von 55 Millionen, genau weiß es niemand –, das hieß Flüchtlingsströme in apokalyptischem Ausmaß, das hieß industrialisierter, technisch effizienter Massenmord, das hieß Vorstoß der Sowjetunion bis ins Herz der Alten Welt, das hieß Untergang des deutschen Nationalstaats. Zwar scheint Europa in ein neues Zeitalter eingetreten, seit Osteuropa sich 1989/90 plötzlich wandelte, seit die Sowjetunion sich auf ihr Sanktuarium zurückzog, seit ihr Imperium sich auflöste und Rußland auf seine Grenzen im 18. Jahrhundert schrumpfte. Aber noch können wir nicht sicher sein, daß die Epoche beendet ist, die mit dem Krachen der Granaten auf der Danziger Westerplatte und dem Jaulen der Stukas über Krakau und Warschau eingeläutet wurde. Möglich, daß spätere Generationen darin die letzte große Explosion erkennen werden, mit der Europa zugrundeging, so wie ein Stern in einer Supernova verglüht, um anschließend nur noch als geschrumpftes, kaltes, schwarzes Gestirn weiterzuexistieren. Wir Nachlebenden bewohnten dann einen Kontinent, dessen einstige Lebensform nur noch hier und da unter der Asche glühte, in dem barbarische Bürgerkriege und Stammeskämpfe das ehemals stabile Staatsystem zerfetzten, während in Wahrheit die Erben Europas – Amerika, Japan, China, vielleicht Rußland – längst die Weltherrschaft angetreten hätten und die hungrigen Staaten der Dritten Welt auf ihre Chance warteten, über die immer noch reichen, aber leblosen Überreste ihrer Beherrscher von einst herzufallen.

Das wäre der schlimmste Fall, der nicht eintreten muß, wenn auch Europa bereits einige Schritte in dieser Richtung getan hat. Sicher ist jedenfalls, daß der Kontinent 1945 ein völlig anderes Gesicht besaß als nach dem Ersten Weltkrieg, der mit dem Sieg des Nationalitätsprinzips geendet hatte. Zwar fehlte es nicht an Stimmen, die Europa erneut als – nunmehr befreite und demokratisierte – Familie von Nationalstaaten beschrieben, wie dies die Atlantic-Charta in Artikel 2 verhieß, und in der Tat wurden 1945 sämtliche Vorkriegsstaaten wiederhergestellt, mit Ausnahme der drei baltischen Staaten, die die Sowjetunion annektiert hatte. Selbst Deutschland sollte nach dem Willen der Alliierten als Ganzes weiterexistieren, wobei allerdings die Souveränität auf die Oberkommandierenden der Truppen der vier Hauptsiegermächte in Deutschland überging.

Aber eine Rekonstruktion der traditionellen europäischen Staatenordnung scheiterte bereits an den Voraussetzungen. Man kann die Geschichte Europas als den immerwiederkehrenden Versuch deuten, die verlorene Einheit des Kontinents durch die Errichtung der Hegemonie eines Staates herzustellen – beginnend mit Spanien im 16. und 17. Jahrhundert, das die Schätze seiner überseeischen Reiche nutzte und von dem Glauben an seine Sendung beflügelt war, die katholische Einheit Europas wiederherzustellen; gefolgt von Frankreich, das sich zweimal zur europäischen Vormacht aufzuschwingen versuchte, das erste Mal unter Ludwig XIV., das zweite Mal, von der Französischen Revolution mit einem Missionsauftrag versehen, unter Napoleon. England nutzte die beiden Niederlagen Frankreichs Anfang des 18. und dann wieder des 19. Jahrhunderts, um eine Art indirekter Hegemonialherrschaft in Europa zu errichten, interessiert allerdings in erster Linie an seinen überseeischen Gebieten, während sich Rußland seit dem Wiener Kongreß langsam in Richtung Südost- und Mitteleuropa vorschob. Alle diese Hegemonialversuche sind am Widerstand der übrigen Staaten Europas gescheitert, die sich zu Koalitionen gegen die jeweilige Vormacht zusammenschlossen und früher oder später das gesamteuropäische Gleichgewicht der Staaten wieder herstellten.

Der Versuch des Deutschen Reichs, zweimal im Laufe des 20. Jahrhunderts die europäische Vormacht zu erobern, ist

Teil dieser Kontinuität von Hegemonialstreben und Gleichgewicht; der letzte Anlauf allerdings, Adolf Hitlers Weltkrieg, war von einer so einzigartigen und zerstörerischen
Machtentfaltung, daß das europäische Staatensystem die
Kraft zur eigenen Reaktion nicht mehr aufbrachte; die Rettung Europas kam aus der asiatischen Steppe und von jenseits des Atlantiks. Europa bezahlte für seine Rettung mit seiner Aufteilung und der Eingliederung seiner Teile in die
weltweiten Interessensphären der Weltmächte USA und
Sowjetunion.

Das wurde bereits vor Kriegsende sichtbar. Die Kriegs-
konferenzen der Alliierten behandelten Europa von Anfang
an gewissermaßen von außen her, im Rahmen einer globalen
Politik; Europa selbst hatte kaum noch Möglichkeiten, auf
sein Schicksal Einfluß zu nehmen. Von den europäischen
Mächten unternahm Großbritannien unter seinem macht-
und zielbewußten Kriegspremier Winston Churchill alle An-
strengungen, die englische Weltmachtstellung für die Nachkriegszeit zu retten; dabei war die britische Politik aber in
erster Linie auf den Erhalt des über die ganze Welt verstreuten
Commonwealth gerichtet. Das besiegte Frankreich suchte sich
unter General de Gaulle (1890–1970) wieder in den Kreis der
Großmächte einzureihen, blieb aber vorerst von den großen
Entscheidungen ausgeschlossen. Nicht unerheblich für das
Kriegsgeschehen wie für die europäische Nachkriegspolitik
waren die Widerstandsbewegungen im von den Deutschen
besetzten Europa, von denen einige bereits Programme für
einen europäischen Zusammenschluß nach dem Krieg vor-
legten; aber weltpolitisch war das folgenlos. Zwar war
während des Kriegs der Antagonismus zwischen den liberalen Westmächten und der Sowjetunion im Zeichen des Anti-
Hitler-Bündnisses zurückgestellt worden, aber er war keineswegs aus der Welt geschafft; die schnell erkennbaren
Ausdehnungsabsichten Stalins riefen Mißtrauen bei seinen
westlichen Partnern und den Wunsch hervor, die Ziele der
sowjetischen Europa-Politik nach dem Krieg rechtzeitig zu
begrenzen.

Das hieß: Errichtung von Interessensphären – schon am
9. Oktober 1944 schlug Churchill Stalin unumwunden vor,

den Grad des Einflusses der Westmächte einerseits und der Sowjetunion andererseits in den Balkanstaaten prozentual festzulegen: In Rumänien sollte danach der sowjetische Einfluß 90 % betragen, der westliche 10 %; in Griechenland der westliche 90 %, der sowjetische 10 %; in Jugoslawien der westliche und der sowjetische jeweils 50 %, desgleichen in Ungarn; in Bulgarien der sowjetische 75 %, der westliche 25 %. Im nachhinein scheint das ein illusionäres Zahlenspiel, aber Churchill meinte es damit viel ernster, als er später in seinen Memoiren behauptete, und auch Stalin war sehr angetan. Damit hatte man sich bereits weit von der Idee des Selbstbestimmungsrechts der europäischen Völker entfernt, und die Beschlüsse der «Großen Drei», Stalin, Roosevelt und Churchill auf der Konferenz von Jalta vom 4. bis zum 11. Februar 1945 bestätigten diese Richtung. Zwar war von «Einflußsphären» nicht die Rede, weil der amerikanische Präsident Roosevelt dieses Wort nicht schätzte, aber der Sache nach ging es in allen Entscheidungen von Jalta um den westlichen gegen den sowjetischen Einfluß in der Nachkriegsordnung Europas, sei es auf dem Balkan, in Polen oder in Mitteleuropa.

Die Teilung Europas war also schon bei Kriegsende vorbereitet, durch den Kalten Krieg wurde sie lediglich vertieft. Der Druck der jeweiligen Gegenseite auf das eigene Lager ließ den Hang zur nationalstaatlichen Exklusivität schwinden, und es kam hinzu, daß nach der Explosion der Atombombe über Hiroshima am 6. August 1945 und der ersten sowjetischen Atombombe im August 1949 staatliche Souveränität neu definiert wurde – Handlungsfreiheit im Ernstfall schienen hinfort nur noch die Nuklearmächte zu besitzen, während die Souveränität der Staaten Europas allenfalls von der jeweiligen Vormacht abgeleitet war, welche ihren Nuklearschirm über ihrer Interessensphäre aufspannte und die inneren politischen, ideologischen und wirtschaftlichen Verhältnisse diktierte, die unter diesem Schirm herrschen sollten. Der traditionelle Selbstbestimmungsanspruch der Nationalstaaten wurde von der bipolaren Politik überlagert, die militärisch, ideologisch und ökonomisch dominierte.

Das traf vor allem auf das europäische Vorfeld der Sowjetunion zu, das eben jene Länder umfaßte, welche nach dem
Ersten Weltkrieg den gegen die Sowjetunion gerichteten *cor-
don sanitaire* gebildet hatten, erweitert um die sowjetische Be-
satzungszonen in Deutschland sowie, bis zum Staatsvertrag
von 1955, in Österreich. Stalin hatte schon im Frühjahr 1945
im Gespräch mit jugoslawischen Kommunisten klargestellt:
«Dieser Krieg ist nicht wie in der Vergangenheit; wer immer
ein Gebiet besitzt, erlegt ihm auch sein eigenes gesellschaftliches System auf. Jeder führt sein eigenes System ein, soweit seine Armee vordringen kann. Es kann gar nicht anders
sein.»[180] In den ersten Nachkriegsjahren nahm die sowjetische Vormacht durchaus Rücksicht auf die nationalen Unterschiede in den von ihr beherrschten Staaten; der «eigene Weg
zum Sozialismus» war gestattet, solange die innen- wie außenpolitische Herrschaft der Sowjetunion gesichert war. Es
war die Zeit, in der die kommunistische Gleichschaltung in
Osteuropa voranschritt, während Kommunisten an der französischen Regierung beteiligt waren, die italienischen Kommunisten im Bündnis mit den Nenni-Sozialisten kurz vor
der Machtübernahme standen und der Bürgerkrieg in Griechenland erneut aufflammte. Unerwartet für Stalin beschloß
in dieser Situation die US-Regierung unter der Präsident-
schaft von Harry S. Truman (1884–1972), Widerstand gegen
eine Machterweiterung der Sowjetunion in Europa zu leisten; die Truman-Doktrin vom 12. März 1947, mit der den
Völkern amerikanische Unterstützung zugesagt wurde, die
noch nicht unter kommunistischer Herrschaft standen, sowie der Marshall-Plan vom selben Jahr, mit dem die Wirtschaft in Europa angekurbelt werden sollte, signalisierten
eine westliche Widerstandsbereitschaft, die von Stalin als be-
drohlich wahrgenommen wurde. Der sowjetische Zugriff
auf die inneren Verhältnisse des Ostblocks verstärkte sich, der
Parteienpluralismus verschwand endgültig und machte der
Alleinherrschaft kommunistischer, vollkommen auf die Politik der KPdSU ausgerichteter Parteien Platz, allenfalls mit
scheindemokratischer Unterstützung von «Blockparteien».
    Für nationalstaatliche Eigenentwicklungen war innerhalb
des sowjetischen Machtbereichs kein Platz mehr. Der «natio-

nalkommunistische» Kurs Władislaw Gomulkas, der auf die polnischen Bauern Rücksicht zu nehmen versuchte und einen Ausgleich mit der katholischen Kirche anstrebte, wurde 1948 abrupt beendet, die von «Rechtsabweichlern» durchsetzte polnische Armee ein Jahr später mit der Ernennung des Marschalls und sowjetischen Staatsbürgers Konstantin Rokossovskij zum polnischen Verteidigungsminister fest an die Moskauer Kandare genommen. Schwieriger hatte es die sowjetische Politik mit Jugoslawien, denn dort standen keine Sowjettruppen, die dem Willen Stalins notfalls Nachdruck verleihen konnten. Als 1948 die Kommunistische Partei Jugoslawiens unter der Führung Marschall Titos (1892–1982) mit der Moskauer Führung brach und eine Politik der Blockfreiheit ankündigte, blieb es bei wüsten Beschimpfungen der «Tito-Clique» aus Moskau und dem Versuch, Jugoslawien zu isolieren; der sowjetische Vorwurf, die KPJ habe sich auf «den Weg des Nationalismus begeben», schien auch westlichen Beobachtern plausibel. In Wirklichkeit wurde der eigene jugoslawische Weg zum Sozialismus erst später «nationalkommunistisch» begründet, nicht anders als in den siebziger und achziger Jahren der Anspruch der rumänischen Führung auf außenpolitische Selbständigkeit; tatsächlich aber hatte sich Tito vor allem deswegen von Moskau gelöst, weil ihm die sowjetische Außenpolitik zu «national» erschienen war, zu taktisch und ausschließlich von den Interessen der Sowjetunion geleitet, während der «Nationalist» Tito mit der Unterstützung kommunistischer Befreiungsbewegungen die internationalen Ziele der Kommunismus bis zum Durchbruch der Weltrevolution befördern wollte.

Von nun an bis zum Zusammenbruch des sowjetischen Machtbereichs Ende der achtziger Jahre galt «Nationalismus» als gefährliche politische «Rechtsabweichung». Zwar konnte es nach Stalins Tod 1953 einige Jahre lang scheinen, als sei die sowjetische Führung erneut bereit, nationale Sonderwege in ihrem Machtbereich zu akzeptieren, aber im November 1956 erklärte das für ideologische Fragen zuständige sowjetische Politbüromitglied Suslow, für Länder, die sich auf dem Weg zum Sozialismus befänden, seien bestimmte

Prinzipien verbindlich – so die Führungsrolle der marxistisch-leninistischen Partei, der «Schutz der Errungenschaften des Sozialismus gegen Anschläge äußerer und innerer Feinde» sowie der proletarische Internationalismus. Was unter letzterem Prinzip praktisch zu verstehen sei, wurde anläßlich der sowjetischen Intervention in Ungarn im Oktober 1956 demonstriert: Die Sowjetunion war nicht bereit, einen «nationalen» Kommunismus zu dulden, der die fest zusammengefügte Gemeinschaft der Staaten des Warschauer Pakts und die unumschränkte Führungsrolle der Sowjetunion in Frage stellte. Die Breschnew-Doktrin, die anläßlich des Einmarschs von Truppen des Warschauer Pakts in der Tschechoslowakei 1968 verkündet wurde, war nichts anderes als die Präzisierung des Prinzips des «sozialistischen Internationalismus»: Sozialistische Staaten besaßen demnach lediglich «beschränkte Souveränität» und ein «beschränktes Selbstbestimmungsrecht»; wo nationale Eigenentwicklungen drohten, war mit «brüderlicher Hilfe» der verbündeten sozialistischen Staaten und insbesondere der Sowjetunion zu rechnen, notfalls auch mit Panzern. Die *pax sovietica* überdeckte die nationalen Ambitionen der Staatsvölker wie der nationalen Minderheiten in Osteuropa und hielt sie mit der Androhung von polizeilicher und militärischer Gewalt in Schach. Es schien, als seien zumindest die politischen Eliten dieser Staaten so eng an die Kommunistische Partei der Sowjetunion gebunden, daß nationale Eigeninteressen hinter dem Gemeininteresse von Comecon und Warschauer Pakt zurücktraten; die ideologische Begründung lief darauf hinaus, daß Nationalismus eine Frage des Bewußtseins, dieses aber abhängig vom gesellschaftlichen Sein sei, weshalb im Zeitalter des Sozialismus der «bürgerliche Nationalismus» vom «sozialistischen Patriotismus» und «proletarischen Internationalismus» überwunden worden sei.

Das hieß nicht, daß die Sowjetunion nicht an nationale Staatsinteressen in Westeuropa appellierte, wenn Sieger und Besiegte gegeneinander ausgespielt werden konnten; der deutsch-sowjetische Vertrag von Rapallo, das Bündnis der beiden Parias der Völkergemeinsschaft nach dem Ersten Weltkrieg, hatte 1922 das Vorbild geliefert. 1952 knüpfte

Stalin im Grunde erneut an die alte Rapallo-Politik an, als er
in Noten an die Westmächte wie an die Regierung der Bundesrepublik Deutschland die deutsche Wiedervereinigung
um den Preis der Neutralität und begrenzten Souveränität
Deutschlands anbot. Der Appell an die Interessen des deutschen Nationalstaats hatte zweifellos den Zweck, die Integration Westdeutschland in eine westliches Militärbündnis
zu torpedieren. Realistischerweise hat damals kein verant-
wortlicher westdeutscher Politiker die von Stalin zugespielte
nationale Karte aufgenommen; daß das nationale Interesse
Westdeutschlands geradezu in dem Verzicht auf nationale
Interessen im klassischen Wortsinn lag, war in dem Europa
von Jalta kaum umstritten.

Auch für Westeuropa traf zu, daß die Vormacht, hier also
die Vereinigten Staaten, die Vorbildrolle übernahm. Fast
überall außerhalb des Ostblocks setzte sich das Modell der
parlamentarisch-liberalen Demokratie durch, dessen Anziehungskraft über die Mitgliedstaaten des atlantischen Bündnisses hinaus auch auf die neutralen Staaten des Westens
wirkte, von Finnland und Schweden bis Österreich und die
Schweiz; lediglich an der europäischen Peripherie, in Spanien,
Portugal und Griechenland, konnten sich vorübergehend
autoritäre Regierungen halten.

Anders als nach 1918 stabilisierte sich auf unerwartete
Weise der westliche Typ der Parlamentsdemokratie, entstanden hauptsächlich aus den Traditionen der französischen und
der britischen Verfassungsgeschichte. Während die Demokratie nach den Erfahrungen der Zwischenkriegszeit
schwach und gefährdet und zudem von geringer Effizienz
und Glaubwürdigkeit erschien, änderte sich dies nun, weil
wesentliche Bedingungen sich wandelten. Da war einmal die
Erfahrung mit den Gefährdungen der Demokratie, die jetzt
in verfassungsmäßigen Bestimmungen zum Schutz des parlamentarischen Systems und seiner Stabilität Ausdruck fanden – das traf besonders für die Bundesrepublik Deutschland
zu, deren Bonner Grundgesetz von 1949 in erheblichem
Maße als Gegenentwurf zur Weimarer Reichsverfassung gelesen werden muß, aber auch für die Verfassung der Fünften
Republik Frankreichs, die die französische Parteiendemo-

kratie stabilisierte. Hinzu kam, daß die massenhaften Völkerwanderungen und gesellschaftlichen Umwälzungen in der
Folge des Zweiten Weltkriegs die traditionellen Gesellschaftsordnungen Europas durcheinandergeschüttelt hatten,
was der Pragmatik und Entideologisierung der Politik zugute kam und die Bereitschaft der Bevölkerungsgruppen
zum demokratischen Kompromiß stärkte. Ein wesentlicher
Vorteil für die westeuropäischen Demokratien bestand auch
in der gut zwanzigjährigen Hochkonjunktur der Weltwirtschaft, an der die europäische Wirtschaft seit Anfang der
fünfziger Jahre in besonderem Maße teilhatte; der jährliche
Zuwachs des Bruttosozialprodukts sämtlicher westeuropäischer Volkswirtschaften war groß genug, um beträchtliche
Verteilungsspielräume zu eröffnen, den sozialen Frieden zu
gewährleisten und die Menschen ohne Angst um das tägliche Brot an die Vorzüge der parlamentarischen Demokratie
zu gewöhnen. Das erste Mal waren die Völker Westeuropas
in dem Bewußtsein vereint, daß Demokrat zu sein hieß, auf
der Siegerseite zu stehen.

Die Entscheidung der USA, sich nicht wie nach dem Ersten Weltkrieg zurückzuziehen, sondern mit Marshall-Plan
und NATO-Bündnis, mit Abschirmung und Eindämmung
gegenüber der Sowjetunion die Sicherheit Westeuropas zu
garantieren, tat ein übriges, um hier die Neigung zu europäischen Zusammenschlüssen zu fördern. Schon wärend des
Kriegs hatten sich Widerstandsbewegungen gegen die nationalsozialistische Unterdrückung auf ihre Gemeinsamkeit im
Geist der humanistischen und christlichen Überlieferungen
Europas besonnen. Carl Goerdeler (1884–1944) erklärte in
seinem Friedensplan vom Herbst 1943: «Daher erscheint uns
der Zusammenschluß der europäischen Völker zu einem
europäischen Staatenbunde geboten. Sein Ziel muß es sein,
Europa vor jeder Wiederkehr eines europäischen Krieges
vollkommen zu sichern . . .»[181] Und im Juli 1944 hatte eine
«Deklaration über europäische Zusammenarbeit», ausgearbeitet von Widerstandsgruppen mehrerer europäischer Länder, für die Nachkriegszeit die Einsetzung einer europäischen Regierung, eines europäischen Gerichtshofs und einer
gemeinsamen europäischen Armee gefordert.[182]

Der europäische Widerstand gegen Hitlers Diktatur war also eine Wurzel der Europabewegung nach dem Zweiten Weltkrieg; eine andere war der Kalte Krieg: Ohne die beiden großen Despoten des 20. Jahrhunderts, Hitler und Stalin, wäre eine europäische Einigungsbewegung, die das erste Mal in der Geschichte des Kontinents dauerhafte, übernationale Institutionen hervorbringen sollte, nicht möglich gewesen. Der Blick auf die Entwicklung des europäischen «Wir»-Gefühls von der Schlacht von Salamis bis in die Gegenwart gibt dafür eine ebenso einfache wie bedrückende Erklärung: Europa hat sich immer nur gegen etwas, nie für etwas zusammenschließen können. Europa erlebt seine Einheit vor allem dann, wenn es um die Abwehr einer gemeinsamen, gedachten oder wirklichen Gefahr geht, und es verliert diese Einheit, wenn die Gefahr geschwunden ist. Wenn die Araber in Gallien einfielen und bei Tours und Poitiers geschlagen wurden, wenn die Mongolen über Ungarn und Schlesien hereinbrachen, wenn die Türken vor Wien standen, wurde die Einheit Europas ebenso beschworen wie angesichts des chinesischen Boxer-Aufstands von 1900, in dem die Angstphantasien von der «Gelben Gefahr» ihre Evidenz zu finden schienen, und zu dessen Niederschlagung sich noch vierzehn Jahre vor dem Ersten Weltkrieg, als Nationalismus und Imperialismus den Blick auf gesamteuropäische Zusammenhänge schon weitgehend versperrt hatten, ein gesamteuropäisches Expeditionskorps zusammenfinden konnte.

Die Gefahr eines neuen Weltkriegs, eines Angriffs der Truppen des Warschauer Pakts auf Westeuropa, wurde zwar durch das zwischen Ost und West herrschende nukleare Patt verringert, aber sie hatte seit dem Ausbruch des Korea-Kriegs 1950 beträchtliche Nahrung erhalten, so daß nicht nur die Bereitschaft der Westeuropäer zum militärischen Zusammenschluß wuchs, sondern auch die Erkenntnis, daß die ökonomischen, militärischen und politischen Verflechtungen eine Abwendung von isolierter, nationalstaatlicher Politik erforderten. Als Winston Churchill in seiner Züricher Rede vom 16. Dezember 1946 die Schaffung der «Vereinigten Staaten von Europa» forderte, die, zu diesem Zeitpunkt noch eine schockierende Idee, auf der Partnerschaft zwi-

schen Frankreich und Deutschland beruhen sollte, da nahm
er Großbritannien noch aus; das war im Geist der klassischen britischen *balance-of-power*-Politik gedacht, die das
unruhige Europa vor den Toren Englands durch Paktsy-
steme ruhigzustellen suchte, um sich selbst den überseeischen Interessen ihrer britischen Majestät zu widmen. Aber
der Zusammenbruch des britischen wie des französischen
Kolonialreichs machte im Laufe der 50er Jahre deutlich, daß
die Zeit europäischer Weltherrschaft für immer beendet,
daß Europa ganz auf sich selbst zurückgeworfen worden
war und nur dann eigenes Gewicht im Bündnis mit den
Vereinigten Staaten behalten konnte, wenn es seine verblie-
benen Kräfte bündelte und konzentrierte. Die Gründung
des «Gemeinsamen Markts für Kohle und Stahl» 1951,
auch «Montanunion» genannt, durch die die Produktion
von Kohle und Stahl in Frankreich, Deutschland, den Niederlanden, Belgien und Luxemburg einer gemeinsamen
Behörde unterstellt wurde, war der erste Schritt zu einer
wirtschaftlichen Verflechtung Europas, an deren vorläu-
figem Ende die heutige «Europäische Union» mit ihrem
mächtigen Überbau von Kommissionen, Räten, General-
direktorien und Bürokraten steht. Dem heutigen Betrachter ist die Welt der Gründerzeit bereits weit entschwunden;
das hoffnungsvolle Pathos, das die ersten Schritte der europäischen Einigung begleitete, scheint kaum weniger er-
staunlich als die selbstverständliche Bereitschaft aller Beteiligten, zu diesem Ziel auf nationale Eigenständigkeit zu
verzichten.

War unter diesen Umständen der Nationalstaat nicht ob-
solet geworden? In den 40er und namentlich den 50er Jahren
gab es starke Kräfte in der europäischen Öffentlichkeit, die
darauf hinwirkten. Es war das Jahrzehnt der christlich-de-
mokratischen Parteien, eine Neuheit in der europäischen
Parteiengeschichte, trotz ihrer christlich-konfessionellen
Ausrichtung große Volksparteien, die zu Koalitionen nach
allen Seiten und zur Versöhnung von Arbeit und Kapital aufriefen. Ihre großen Gründer, Alcide de Gasperi (1881–1954)
in Italien, Robert Schuman (1886–1963) in Frankreich, Konrad Adenauer (1876–1967) in Deutschland, Paul-Henri Spaak

(1899–1972) in Belgien, sie alle traten für die Einheit Europas als Bollwerk des christlichen Abendlands gegen den Bolschewismus ein. Das war nicht nur politischer und wirtschaftlicher Opportunismus, sondern eine gemeinsame Idee, die sich auf große gemeinsame Traditionen der europäischen Geschichte und Philosophie berufen konnte. In dieser Sicht war die Geschichte des europäischen Nationalstaats an ihrem Ende angelangt.

Namentlich auf deutscher Seite wucherten die Illusionen. Der Traum vom deutschen Nationalstaat hatte im 19. Jahrhundert eine große Verheißung für die Zukunft der deutschen Nation enthalten; die Wirklichkeit war von Niederlagen, Zusammenbrüchen und Verbrechen verdunkelt. Die nationalen Hoffnungen vom Reich aller Deutschen waren im Alptraum des «Großdeutschen Reichs» Adolf Hitlers Wirklichkeit geworden; der Weg zur Einheit des deutschen Volks hatte in Unterdrückung, Verfolgung und Ermordung der Außenseiter und Minderheiten gemündet; das Außerordentliche, Niedagewesene, das im Namen der deutschen Nation geschah, waren die Verbrechen von Auschwitz und Treblinka, und die Folge war die Zerschlagung des deutschen Nationalstaats.

Der Schweizer Historiker Jacob Burckhardt hatte einst den «siegesdeutschen Anstrich» der deutschen Geschichtsschreibung ironisiert; mit der Auflösung dieses Anstrichs fiel die deutsche Identität auseinander. Die Wendung nach Europa war also auch für viele Deutsche ein Versuch, der eigenen nationalen Vergangenheit zu entkommen; das «Ende des Nationalstaats» zu beschwören, hatte etwas von der Geschichte vom Fuchs und den sauren Trauben. Der Stolz auf die eigene Nationalität, Triebkraft des Massennationalismus früherer Zeiten, hat sich jedoch im Laufe der zweiten Jahrhunderthälfte nicht nur in Deutschland, sondern in ganz Westeuropa abgeflacht, wenn auch von Land zu Land in kennzeichnend unterschiedlichem Ausmaß. Auf die Frage eines demoskopischen Instituts an Erwachsene über 18 Jahren in den Ländern der europäischen Gemeinschaft sowie in den USA, ob sie stolz auf ihre Nation seien, antworteten 1981 mit «sehr stolz»:

Bundesrepublik Deutschland	21 %
Dänemark	30 %
Großbritannien	55 %
Irland	66 %
Niederlande	19 %
Belgien	27 %
Frankreich	33 %
Spanien	49 %
Italien	41 %
EG-Europa insgesamt	38 %
USA	79 %

(Quelle: Institut für Demoskopie Allensbach, Internationale Wertestudie 1981/82)

Der niedrige Wert für Deutschland fällt zwar ins Auge, er unterscheidet sich aber nicht sehr erheblich von den Angaben der übrigen kontinentalen Nordwest-Europäer; im übrigen liegt der EG-europäische Durchschnittswert bemerkenswert niedrig, verglichen mit dem der USA. Gewiß ist dies lediglich eine Momentaufnahme, aber es spricht viel dafür, daß die westeuropäische Integration nicht nur ein Vorgang auf hoher politischer und bürokratischer Ebene war, sondern daß die Bevölkerungen der beteiligten Staaten diese Integration mitvollzogen haben. Jenseit der nationalen Kulturen und Besonderheiten, die jeder europäischen Nationalgeschichte einen «Sonderweg» zuweisen, sind sich die Gesellschaften West- und Mitteuropas im Laufe der zweiten Hälfte des 20. Jahrhunderts immer ähnlicher geworden. Während sich die Industrialisierung des Kontinents auch auf dessen Peripherie ausdehnte, glich sich die Beschäftigungsstruktur der meisten Länder Europas stark aneinander an; das gilt für die Industrie, aber auch für den immer noch stark zunehmenden Dienstleistungssektor. Das frühere Bildungsgefälle zwischen Nord und Süd und in gewisser Hinsicht auch zwischen reich und arm gleicht sich allmählich aus. Die Verstädterung West- und Mitteleuropas hat zu der Entstehung einer europäischen Stadtkultur geführt, in der die Ähnlichkeiten die Besonderheiten immer stärker überwiegen. Nicht zuletzt hat der in den verschiedenen Staaten unterschiedliche, aber für ganz Europa kennzeichnende Ausbau des Wohlfahrtsstaats dafür gesorgt, daß die Lebensbedingungen der Europäer einander sehr viel ähnlicher sind als beispielsweise im Vergleich zu den Vereinigten Staaten oder Japan. Die massenhafte Verbreitung von Nachrichten und Kulturgütern sowie der Massentourismus tun ein übriges, die Fremdheit der europäischen Nationen abzutragen.

Daß allerdings noch starke nationale Besonderheiten herrschen, weiß jeder Wissenschaftler, der an internationalen Kongressen teilnimmt und die Schwierigkeiten erlebt, die sich aus dem Zusammenprall unterschiedlicher Kultur- und Wissenschaftstraditionen und nicht zuletzt aus dem Sprachenproblem ergeben. Und auch die einheitliche Kommunikationsgesellschaft hat sich in Europa noch nicht eingestellt, wie das Beispiel des *European Business Channel* zeigte, eines in Genf niedergelassenen englischsprachigen Fernsehsenders, der 1990 daran ging, über Satellit ein an die europäische Wirtschaftselite gerichtetes Nachrichtenprogramm auszustrahlen, und schon ein Jahr später aufgeben mußte – es zeigte sich, daß die Erwartungen der europäischen Wirtschaftsmanager an Nachrichten noch völlig national bestimmt waren: in jedem Land Europas wurde eine andere Mischung von regionalen, nationalen und internationalen Neuigkeiten erwartet, und nur die nationalen Fernsehprogramme erwiesen sich als imstande, diese Erwartungen zu befriedigen. Offenbar werden also die Gesellschaften Europas – einstweilen in erster Linie Westeuropas – einander in wesentlichen Bereichen ähnlicher. Aber das gesellschaftliche und wirtschaftliche Zusammenwachsen Europas wird häufig nicht deutlich erkannt; vor allem die kulturellen Unterschiede erweisen ein zähes Beharrungsvermögen, wozu die sprachliche Zersplitterung Europas trotz des Siegeszugs des Englischen das ihre beiträgt.

Insgesamt jedoch hatten sich die Westeuropäer in ihrem
Halbkontinent behaglich eingerichtet; die wirtschaftspolitische Integration vertiefte sich Schritt für Schritt, die Europäische Wirtschaftsgemeinschaft, ursprünglich ein Verein von
sechs Staaten – Frankreich, Italien, Bundesrepublik Deutschland, Niederlande, Belgien, Luxemburg – erweiterte sich um
Großbritannien, Irland, Dänemark, Spanien, Portugal und
Griechenland, und am Horizont winkte ein unklares politisches Gebilde namens «Vereinigte Staaten von Europa», eine
defensive Idee, entstanden aus Kommunismus-Furcht und An-
schmiegsamkeit an die westliche Hegemonialmacht. Daß die
Einigung Westeuropas auf völlig anderen Voraussetzungen beruhte als die der Vereinigten Staaten von Amerika zweihundert
Jahre zuvor, wurde selten gesehen; de Gaulles «Europa der
Vaterländer» besaß gerade wegen seines realistischen Aus-
gangspunkts außerhalb Frankreichs nur wenige Anhänger.

Die Einigung des freien Teils des Kontinents schien greif-
bar nahe zu sein. Es gehört zu den größten Enttäuschungen
der Nachkriegszeit, daß trotz beachtlicher wirtschaftlicher
und auch politischer Integrationserfolge das Prinzip des Nationalstaats unerschütterlich seine Rechte behauptet hat.
Dies gilt um so mehr, als wir heute vor einer Wiederkehr Europas stehen, mit der auch manches wiederkehrt, was bisher
mitsamt Alteuropa dem Untergang geweiht schien. Man
muß lange in die Geschichte zurückblicken, um einen Moment zu finden, in dem die Lage Europas so ungewiß, die
Zukunft des Kontinents so offen schien wie heute. Fast über
Nacht finden wir uns in einer dramatisch veränderten Welt,
aus der jahrzehntealte Orientierungsgewißheiten geschwunden sind. Der Eiserne Vorhang, der fast ein halbes Jahrhundert lang den letzten Bezug aller europäischen Politik gebildet hat, ist gefallen, der Geist von Jalta hat sich in Europa
verflüchtigt; was übrigbleibt, ist die Vielzahl der nationalen,
regionalen, wirtschaftlichen, gesellschaftlichen Individuali-
täten, die mühsam aus den bequemen weltanschaulichen Gehäusen des Kalten Kriegs herausgekrochen kommen, und
die jetzt lernen müssen, sich in der neuen Wirklichkeit zu-
rechtzufinden und sich auf neue und vernünftige Weise miteinander zu arrangieren.

Kaum ist der Druck der Sowjetarmee geschwunden, da stellt Weißrußland Gebietsansprüche an Litauen, zerfällt die kleine Moldau-Republik in Nationalitätenkämpfen, kommt es in Siebenbürgen zu blutigen Kämpfen zwischen Rumänen und Ungarn, zerbricht der jugoslawische Vielvölkerstaat im Krieg zwischen Serben, Kroaten, Bosniern, Slowenen und Albanern. Schon 1991 sagte Vaclav Havel voraus, daß «die jugoslawische Tragödie im postkommunistischen Europa überall erneut geschehen kann». Nach Jahrzehnten einer fatalen Unterschätzung von Nation und Nationalbewußtsein trifft die atemberaubende Geschwindigkeit, mit der sich nationale und partikularistische Bewegungen ausbreiten, westliche Beobachter wie ein Kulturschock. Selbst eine der am meisten verbreiteten westlichen Annahmen scheint widerlegt: Daß nämlich der dringende Bedarf an westlichem Kapital und westlichen Investitionen ausreichenden Druck auf osteuropäische Staaten ausüben werde, um nationalistische Ambitionen zu schwächen und sich auf friedliche Weise westlichen Demokratiemodellen anzunähern. Die westeuropäischen Wohlstandsmaterialisten müssen erkennen, daß nationale Gefühle stärker sein können als ökonomische Interessen. Man sieht das am Fall deutscher industrieller Investitionen in der Tschechischen Republik oder in Polen, die dort keineswegs nur auf Zustimmung stoßen. Tatsächlich hat die relativ starke wirtschaftliche deutsche Präsenz in beiden Staaten nationalistischen Argumenten Auftrieb gegeben, die sich schädlich für den Aufbau einer Marktwirtschaft und sogar für liberale politische Reformen auswirken. Es gibt starke und – angesichts historischer Erinnerungen – auch verständliche Befürchtungen in Polen und in der Tschechischen Republik, daß Deutschland seine ökonomische Stärke nutzen könnte, um zukünftig die nationalen Eigeninteressen dieser Staaten zu beeinträchtigen. Dieses Argument wird namentlich von den Nachfolgern der alten kommunistischen Parteien ausgebeutet, und zwar als erfolgreiches Kampfmittel gegen demokratischen und liberalen Wandel, wie sich in allen Wahlen erweist.

Francis Fukuyamas einleitend zitierte Prophetie vom «Ende der Geschichte» und vom Sieg der westlichen Demokratie über einen «zahnlosen und unbedeutenden europäischen Nationalismus», wie er es nennt, ist jedenfalls voreilig. Auch in Westeuropa erwachen nationale und regionale Ambitionen, die den Prozeß der europäischen Einigung verlangsamen – man konnte das zuletzt in den dänischen, englischen und französischen Reaktionen auf den Vertrag von Maastricht erleben. Wie sollte auch die Europäische Gemeinschaft ein gemeinsames politisches Konzept gegenüber Osteuropa entwickeln, wenn sich die alten zentralisierten Staatswesen Westeuropas ihrerseits mit Unabhängigkeits- oder wenigstens Autonomie-Forderungen seitens ihrer nationalen Minderheiten konfrontiert sehen? Die gemeinsame europäische Antwort auf die Jugoslawienkrise ist vor allem auch wegen der innenpolitischen Probleme ausgeblieben, die sich für Großbritannien, Frankreich, Spanien und Italien mit Irland, Korsika, Katalanien oder Süd-Tirol ergeben.

Gleichzeitig lockern sich die engen sicherheitspolitischen Bindungen Westeuropas. Angesichts der deutschen Einheit und der unterschiedlichen nationalen Sicherheitsinteressen, wie sie unter anderem vor dem Hintergrund des Golf-Kriegs sichtbar wurden, tauchen mögliche Bündniskonstellationen aus dem Abgrund der Geschichte unseres Kontinents auf, die man längst für historisch überwunden gehalten hatte: Der polnische Ministerpräsident beschwört in Paris die alte Freundschaft Polens mit Frankreich, in Planspielen des Londoner *Foreign Office* feiert die britisch-französische *entente cordiale* gespenstische Auferstehung, und die Chimäre eines erneuten deutsch-russischen Bündnisses erschreckt die Leser westeuropäischer Feuilletons. Das öffentliche Echo auf die Konferenz von Maastricht 1991, namentlich auf das Scheitern einer demokratischen Komponente hat erwiesen, daß nicht nur die Einzelinteressen der beteiligten westeuropäischen Staaten, sondern auch in den Gesellschaften verwurzelte Traditionen und Instinkte immer noch stark genug sind, um den Prozeß der europäischen Integration nachhaltig zu bremsen. Man denke nur an den Aufschrei im deutschen Publikum, als sich herumsprach, daß die künftige europäische Währung nicht eine deutsche «Mark», sondern ein französisch klingender «Ecu» sein solle. Keine europäische Entscheidung hat die Einstellung der Deutschen zur europäischen Einigung so tiefgreifend beeinflußt wie diese; die Zustimmung in der deutschen Bevölkerung zur politischen Einigung Europas fiel von 72 % vor Maastricht auf 42 % danach, und in den übrigen Mitgliedstaaten der EG sah es nicht anders aus.

Eine Generation, die weder die nationalsozialistische noch die stalinistische Diktatur erlebt hat, die sich zudem derzeit militärisch kaum bedroht fühlt, neigt dazu, das reale Europa eher als Ärgernis anzusehen, als ein Gewirr von bürokratischen Institutionen, deren Handeln oft schwer zu verstehen ist, als einen Kontinent von Butterbergen und Milchseen, als ein Feld der mörderischen Konflikte zwischen holländischen und französischen Schweinezüchtern, aber ohne inneren, geistigen Zusammenhang, ohne wirkliche Notwendigkeit und Legitimation. Statt dessen scheint die Perspektive der Nationalstaaten ein weiteres Mal den Blick auf die europäischen Gemeinsamkeiten zu verstellen; selbst in Fragen grundsätzlicher gemeinsamer Interessen, wie denen der Friedenssicherung oder des Umweltschutzes, unterscheiden sich die Einstellungen und Verhaltensweisen nicht nur der nationalen Regierungen, sondern auch der Völker.

Keine Frage: Das Gift des Massennationalismus, an dem Europa schon einmal fast zugrundegegangen ist, wirkt immer noch fort. Aber es wäre falsch, dieses Ferment ausschließlich von seiner zerstörerischen Seite aus zu betrachten. Ohne die einigende und mobilisierende Kraft des Nationalismus in den osteuropäischen Ländern wäre die Befreiung vom Kommunismus kaum möglich gewesen. Nationale Selbstbestimmung und der Wechsel von der leninistischen Klassenkampf-Ideologie zum nationalen Grundkonsens stellten das einzige gemeinsame Band dar, das die vielen verschiedenen Gruppen und Interessen in diesen Ländern vereinigte. In einer Zeit, in der die traditionellen religiösen Glaubensformen ihre Wirkung verloren haben, gibt die Idee der Nation den Menschen im Kampf gegen fremde und despotische Herrschaft nach wie vor einen neuen Glauben und neue Ziele, die ihnen befriedigend, glaubwürdig und sinnvoll erscheinen.

Nicht die Teilung in Nationen ist es, die Europa gefährdet, sondern der Drang zu Nationalstaaten für alle noch so kleinen Nationalitäten, in denen die unerfüllbare und chimärische Einheit von Nation, Sprache und Staatsgebiet herbeigeführt werden soll. Die Unmöglichkeit dieses Projekts in der Enge Europas wird zudem noch potenziert durch das Erbe der romantischen Nationalidee eines Herder oder Fichte, die sich nicht auf Institutionen und Verfassungen, auf Volkssouveränität und Menschenrechte berief, sondern auf die Geschichte, auf die Sprache, auf die Kultur und das gemeinsame Blut, das in den Adern eines Volkes seit Urzeiten rolle und seine Einheit über die Jahrtausende hinweg verbürge. Dieses Konzept von Nation, das in Mittel- und Osteuropa stärker als die einigende Kraft liberaler und demokratischer Überzeugungen war und noch ist, macht Nationalismus erst eigentlich zur zerstörerischen Gefahr für Europa; der Weg der deutschen Geschichte im 19. und in der ersten Hälfte des 20. Jahrhunderts, gebahnt von der Idee der mystischen Blutseinheit des Volkes, die den Zusammenschluß aller Deutschen in einem Staat gebiete, mußte deshalb unweigerlich 1945 im Höllensturz des ersten deutschen Nationalstaats enden. Wie recht hatte doch Ernest Renan gehabt, der 1871, nach der völkisch und historisch begründeten Annexion Elsaß-Lothringens durch das Deutsche Reich, einem deutschen Kollegen geschrieben hatte: «An die Stelle von Maßstäben liberaler Politik habt ihr in der Welt solche ethnographischer und archäologischer Politik errichtet. Diese Politik wird euch zum Verhängnis werden ... Was werdet ihr sagen, wenn eines Tages die Slawen kommen und das eigentliche Preußen, Pommern, Schlesien, Berlin beanspruchen, weil deren Namen slawisch sind, wenn sie an dem Oderufer tun, was ihr jetzt am Moselufer tut, wenn sie an Hand der Landkarte auf Dörfer hinweisen, die einst von slawischen Stämmen bevölkert waren? ... Deutschland hat ein übermütiges Pferd bestiegen, das es hintragen wird, wohin es nicht will.» [183]

Renans Voraussage hat sich mit gespenstischer Genauigkeit erfüllt; aber trotz der Lektion von 1945 scheint es, als habe Europa nichts gelernt. Die Kriege und Konflikte Osteuropas werden nach wie vor historisch und ethnisch motiviert, ob es um die Unterdrückung der albanischen Bevölkerung im Kossovo geht, wo angeblich die Schicksalsschlacht auf dem Amselfeld von 1389 unsterbliche serbische Rechte begründet hat, oder um die Blockade Mazedoniens durch Griechenland, weil Griechenland das Erbe des makedonischen Reichs Philipps II. und Alexanders des Großen für sich alleine beansprucht – dabei ist selbst die kulturelle Kontinuität zwischen dem alten Hellas und dem modernen griechischen Staatswesen durchaus zweifelhaft. Daß das zerstörerische Prinzip der Ethnokratie, des Primats des durch Blutsbande geeinten Volkes, die Demokratie immer noch bedrohen und Europa in neue, schwere Bewährungsproben stürzen kann, beweist der schaurige Massenmord im zerfallenen Jugoslawien. Nicht die Idee der Nation muß in Europa überwunden werden, sondern die Fiktion der schicksalhaften, objektiven und unentrinnbaren Einheit von Volk, Nation, Geschichte, Sprache und Staat. Angesichts der Unmöglichkeit, dieses Vorhaben in der Enge Europas ohne Krieg und dauerhafte Unterdrückung, «ethnische Säuberungen» und Massenmord zu verwirklichen, hat diese Fiktion immer wieder zu der Massenneurose des integralen Nationalismus geführt, zu dem Glauben, daß die Nation den höchsten Wert einer Gemeinschaft darstellen müsse, und daß diese Gemeinschaft sich im ethnisch einheitlichen Nationalstaat offenbaren müsse.

Der Blick auf die Wirklichkeit zumindest Westeuropas macht sichtbar, daß der Nationalstaat auf manchen Ebenen überholt ist. Von der Notwendigkeit weit ausgreifender Wirtschaftsräume über Fragen der Verteidigung und der Verbrechensbekämpfung, der Organisation der Verkehrs- und Kommunikationsnetze bis zu den Umweltproblemen haben staatliche Institutionen sich mittlerweile als zu begrenzt erwiesen. Der Nationalstaat, der im vergangenen Jahrhundert als Gehäuse der entstehenden Industriegesellschaft und als Regelmechanismus für deren Konflikte unvermeidlich war, der darüber hinaus den einzigen Rahmen für demokratische Institutionen und Verfassungen bildete, kann

heute die Bedürfnisse der Menschen alleine nicht mehr zu-
friedenstellen; andere, weiträumigere Ordnungen müssen
hinzutreten.

Und welchen Zweck sollen Staatsgrenzen innerhalb Europas noch haben, wenn die Verfassungsordnungen und
die Wirtschaftssysteme einander immer ähnlicher werden?
Was bedeutet noch die deutsch-polnische Grenze, wenn
Deutsche und Polen hüben wie drüben unter ähnlichen
Umständen leben und arbeiten können? Was schon seit langem für die eidgenössischen, elsässischen und badischen
Alemannen, was für die dänischen und deutschen Schles-
wiger gilt, kann auch Wirklichkeit für die deutschen und
die polnischen Schlesier, die österreichischen und die slo-
wenischen Kärntner, die griechischen und die jugoslawischen Mazedonier, die spanischen und französischen Bas-
ken werden: Daß die kulturelle und wirtschaftliche Einheit
der Region stärker sein kann als die trennende Staats-
grenze. Der Nationalstaat ist weniger wichtig geworden;
er ist aber auch noch nicht überflüssig, denn viele seiner
politischen und rechtlichen Einrichtungen, von den Verfas-
sungs- und Rechtsordnungen bis zu den Verwaltungsorga-
nisationen, sind einstweilen durch nichts ersetzt. Nur der
nationalstaatliche Rahmen ist einstweilen imstande, schüt-
zende Hülle für demokratische und freiheitliche Institutionen zu sein.

Ebensowenig wie der Nationalstaat sind die Nationen
selbst überwunden. Der Glaube überzeugter Europäer der
vierziger und fünfziger Jahre, die Nationen seien lediglich
Folge einer überholten Ideologie und könnten beliebig abgeschafft werden, zerschellte an der Realität der bestehenden
politischen, mehr aber noch geistigen Strukturen Europas:
Die europäischen Nationen, im Anfang des 19. Jahrhunderts
noch utopische Gebilde, erweisen sich in der Gegenwart als
lebendige kulturelle und geistige Wesen, mehr noch: als Ausdruck jener Vielfalt, ohne die Europa sein Wesen verlieren
müßte. Robert Schuman, Lothringer von Geburt, Initiator
der Montanunion und Vorkämpfer des europäischen Zusam-
menschlusses, hat bereits in den fünfziger Jahren deutlicher
als viele andere seiner Generation gesehen, daß Europa sich

nicht ohne weiteres von seiner Geschichte verabschieden kann: «Die politischen Grenzen waren das Ergebnis einer ehrwürdigen historischen und ethnischen Entwicklung, eines langen Strebens nach nationaler Einheit; sie abzuschaffen, käme gewiß niemand in den Sinn. Früher wurden sie durch gewaltsame Eroberungen oder einträgliche Heiraten verschoben. Heute genügt es, sie zu entwerten. Unsere europäischen Grenzen sollten den Austausch von Gedanken, Personen und Gütern immer weniger beschränken. Über den veralteten Nationalismen soll in Zukunft das Gefühl der Solidarität der Nationen stehen. Verdienst der Nationalismen war es, den Staaten eine Tradition und eine solide innere Struktur zu geben. Auf diesem alten Unterbau muß ein neues Stockwerk errichtet werden. Das Überstaatliche wird auf nationaler Grundlage beruhen. Somit wird die ruhmreiche Vergangenheit nicht verleugnet, die nationalen Energien werden sich aber durch ihre gemeinsame Verwendung im Dienst der überstaatlichen Gemeinschaft neu entfalten.»[184] Wenn es eine Lehre gibt, die sich aus den zahlreichen Fehlschlägen der europäischen Einigungsbemühungen herauskristallisiert, so die, daß die europäische Einigung nur mit, nicht gegen die Nationen und ihre legitimen Eigenheiten vor sich gehen kann, wie auch die Nationen ihrerseits zu lernen beginnen, daß auch sie keineswegs «eins und unteilbar» sind, sondern daß sie sich aus einer Vielzahl von ethnischen, sprachlichen und regionalen Einheiten zusammensetzen.

Die dauerhafte Einheit der europäischen Vielfalt – das ist nicht durch einen zentralistischen, mit allen modernen Machtbefugnissen ausgestatteten Einheitsstaat zu verwirklichen, wie er in der heutigen Brüsseler Kommission mit ihren weitreichenden wirtschaftspolitischen Kompetenzen bereits vorgegeben zu sein scheint. Dauerhaft kann eine europäische Verfassung nur sein, wenn sie mit den Nationen, ihrer langen Geschichte, ihren Sprachen und ihren Staaten rechnet. Zudem sind da die Regionen und Länder, meist ebenfalls aus langen Traditionen erwachsen und zu Heimaten geworden, den Herzen der Menschen besonders nahe. Und da sind die Gemeinden, in denen sich das überschaubare alltägliche Leben und die naheliegenden Entscheidungen ab-spielen.

Alles dies kann nur zu einem Ganzen zusammengefügt werden, wenn das künftige Europa im Geist der Subsidiarität errichtet wird: Ein verhältnismäßig lockeres Staaten-gebilde aus mehreren politischen Etagen, in dem nur das an die nächsthöhere Etage abgegeben werden darf, was auf den unteren nicht erledigt werden kann.

In gewisser Hinsicht stehen wir Europäer heute vor einer ähnlichen Situation wie die Menschen des beginnenden 19. Jahrhunderts. Wieder zwingen noch nie dagewesene wirtschaftliche und technologische Veränderungen zum Zu-sammenschluß. Anders als im Fall der entstehenden Natio-nalstaaten im 19. Jahrhundert jedoch sind es heute lediglich die Regierungen, die mit mehr oder weniger Entschlossen-heit wirtschaftspolitische und administrative Weichen stel-len, während die Bevölkerung Europas erkennbar geringen Enthusiasmus für das große Ziel eines vereinten europäi-schen Kontinents unter den Auspizien von Freiheit und Selbstbestimmung aufzubringen scheint; man vergleiche nur die Beteiligung an den Wahlen zum europäischen Par-lament mit den entsprechenden Zahlen bei nationalen Parla-mentswahlen. Offenbar sprechen heute die Argumente *für* Europa lediglich die Köpfe, die Argumente *gegen* Europa dagegen die Herzen an.

Das entscheidende Hindernis für ein starkes europäisches Identitätsgefühl liegt in den Europäern selbst. Denn weil Menschen ihre Gemeinsamkeit stets als gemeinsame Ver-gangenheit empfinden, erkennen sie sich in erster Linie in ihren nationalen Geschichten wieder; «eine Nation», so sagt es der französische Soziologe Edgar Morin, «wird durch ein kollektives Gedächtnis und durch gemeinsame Normen und Regeln zusammengehalten. Die Gemein-schaft einer Nation schöpft aus einer langen Vergangen-heit, die reich ist an Erfahrungen und Prüfungen, Leid und Freude, Niederlagen, Siegen und Ruhm, die in jeder Generation jedem Individuum durch Elternhaus und Schule weitervermittelt und von ihm tief verinnerlicht werden . . .»[185]

Im historischen Gedächtnis der Europäer steht deshalb immer noch ihre nationale Identität im Vordergrund; wie man den Wald manchmal vor Bäumen nicht sieht, nehmen die Europäer ihren Kontinent vor lauter Nationen nicht wahr. Wir werden lernen, Europa zu denken und anzuerkennen, damit es Wirklichkeit werden kann. Im Laufe von tausend Jahren haben wir Europäer uns an unsere alten Staaten und Nationen gewöhnt; sie werden noch lange da sein, und sie werden gebraucht. Aber sie haben sich in der Vergangenheit immer wieder verwandelt, und auch künftig werden sie sich verändern; allmählich können sie verblassen und zurücktreten, um Platz zu machen für eine Nation Europa, deren Gestalt wir heute nur undeutlich ahnen.

Anhang

Anmerkungen

1 Francis Fukuyama: The End of History, New York 1992
2 Otto Hintze: Wesen und Wandlung des modernen Staats (1931), in: ders., Staat und Verfassung. Gesammelte Abhandlungen zur allgemeinen Verfassungsgeschichte, hrsg. v. Gerhard Oestreich, Göttingen ³1970, S. 470–496
3 Vgl. u. a. G. A. Almond/J. S. Coleman (Eds.): The Politics of Developing Areas, Princeton 1960; L. W. Pye/S. Verba (Eds.): Political Culture and Political Development, Princeton 1965; Wolfgang Zapf (Hrsg.): Theorien des sozialen Wandels, Köln/ Berlin 1971
4 G. W. F. Hegel: Vorlesungen über die Philosophie der Geschichte, hrsg. v. F. Brunstädt, Stuttgart 1961, S. 497
5 Luis Diez del Corral: Der Raub der Europa. Eine historische Deutung unserer Zeit, München 1959, S. 247
6 Leopold v. Ranke: Das politische Gespräch, in: ders.: Sämmtliche Werke, Bd. 49/50, Leipzig 1887, S. 329
7 Jacob Burckhardt: Die Kultur der Renaissance in Italien, hrsg. v. Horst Günther, Frankfurt/M. 1989, S. 13
8 Monumenta Germaniae Historica Epp. pont. I, 357 s (5. 7. 1231), übersetzt bei Ernst Kantorowicz: Kaiser Friedrich der Zweite, Berlin 4. Aufl. 1936, S. 238 f.
9 Recueil des actes de Philippe Auguste, I, 4/6, nach Hans Hattenhauer: Europäische Rechtsgeschichte, Heidelberg 1992, S. 310
10 Wilhelm von Ockham: Traktat gegen Benedikt V.; Dialogus III, trac. II, 1/4, 2/17, zit. nach: Geschichte in Quellen, hrsg. v. W. Lautemann/M. Schlenke, Bd. II: Mittelalter, bearb. v. W. Lautemann, München, 2. Aufl. 1978, S. 795 f.
11 Nach Hans K. Schulze: Hegemoniales Kaisertum. Ottonen und Salier, Berlin 1991, S. 92
12 Johan Huizinga: Herbst des Mittelalters, hrsg. v. Kurt Köster, Stuttgart, 8. Aufl. 1961, S. 33
13 Niccolò Machiavelli: Der Fürst, hrsg. v. Hans Freyer, Stuttgart 1961, 25. Kapitel, S. 134 f.
14 Ebd., S. 135
15 Niccolò Machiavelli: Betrachtungen über die ersten zehn

Bücher des Titus Livius, übers. v. J. Ziegler, Karlsruhe 1832, Buch I, Kap. 3, S. 17

16 Machiavelli, Fürst, 18. Kapitel, S. 106

17 Francesco Guicciardini: Opere, hrsg. v. Roberto Palmarocchi, Bd. II, Mailand 1941, S. 667

18 Francesco Guicciardini: Dialogo e Discorsi del Reggimento di Firenze, Bari 1932, S. 163

19 Machiavelli, Fürst, 9. Kapitel, S. 72

20 Nach Fernand Braudel: Das Mittelmeer und die mediterrane Welt in der Epoche Philipps II., Bd. II, Frankfurt 1990, S. 28, 37

21 Nach Hellmut Diwald: Anspruch auf Mündigkeit (= Propyläen Geschichte Europas I), Berlin 1975, S. 272

22 Antonio de Nebrija: Gramática de la lengua castellana, hrsg. v. J. González-Llubera, Madrid 1926, S. 3–9, nach: Horst Rabe: Die iberischen Staaten im 16. und 17. Jahrhundert, in: Theodor Schieder (Hrsg.): Handbuch der europäischen Geschichte, Bd. III, Stuttgart 1979, S. 587

23 Römer 13, 1

24 Cardinal de Retz: Mémoires, hrsg. v. Maurice Allem (= Bibliothèque de la Pléiade 53), Paris 1956, S. 63 f.

25 Ebd., S. 65

26 Jean Bodin: Les six Livres de la République avec l'Apologie de R. Herpin, Faksimiledruck der Ausgabe Paris 1583, Aalen 1962, S. 1

27 Ebd., S. 122

28 Paul Hazard: Die Krise des europäischen Geistes. La Crise de la Conscience Européenne 1680–1715, Hamburg 1939, S. 85

29 Ludwig XIV.: Memoiren, übertragen von Leopold Steinfeld, Basel 1931, Jahr 1662, 2. Teil, S. 138

30 Pierre Goubert: Ludwig XIV und zwanzig Millionen Franzosen, Berlin 1973, S. 286 f.

31 Nach Friedrich Foerster: Friedrich Wilhelm I., König von Preußen, Bd. I, Potsdam 1834, S. 35. Eine ungefähre Übersetzung könnte lauten: «Das ganze Land wird ruiniert sein? Ich glaube nichts, aber das glaube ich, daß den Junkern ihr politisches Widerspruchsrecht ruiniert wird. Ich stabilisiere die fürstliche Souveränität wie einen Felsen aus Bronze.» *Nie pozwalam* (= Ich stimme nicht zu) war die Formel, mit der auf dem polnischen Reichstag das Recht des *liberum veto* ausgeübt wurde.

32 Instruktion Friedrich Wilhelms I. für seinen Nachfolger, Januar 1722, in: Acta Borussica: Behördenorganisation, bearb. v. G. Schmoller u. a., III, Berlin 1893, Nr. 249, S. 450

33 Ivo Schöffer: Die Republik der Vereinigten Niederlande von 1648 bis 1795, in: Theodor Schieder (Hrsg.): Handbuch der europäischen Geschichte, Bd. IV, Stuttgart 1968, S. 654

34 Max Weber: Politik als Beruf, in: ders., Gesammelte politische Schriften, hrsg. v. Johannes Winckelmann, 2. erw. Aufl. Tübingen 1958, S. 494

35 Michael Roberts: The Military Revolution, 1560–1660, Belfast 1956; G. N. Clark: War and Society in the Seventeenth Century, Cambridge 1958; Geoffrey Parker: The Military Revolution, Cambridge 1988

36 Otto Hintze: Wesen und Wandlung des modernen Staats, in: ders., Staat und Verfassung, hrsg. v. Gerhard Oestreich, Göttingen, 3. erw. Aufl. 1970, S. 479

37 Nach Friedrich Brie: Imperialistische Strömungen in der englischen Literatur, Halle 1928, S. 56

38 Charles Montesquieu: Vom Geist der Gesetze, in neuer Übersetzung eingeleitet und hrsg. v. Ernst Forsthoff, Tübingen 1951, Buch XI, Kap. 3

39 Johann Wilhelm von Archenholtz: England und Italien, Bd. I, Leipzig 1785, S. 16

40 Friedrich der Große: Regierungsformen und Herrscherpflichten (1777), in: Ausgewählte Werke Friedrichs des Großen in deutscher Übersetzung, hrsg. v. Gustav Berthold Volz, Bd. II/2, Berlin 1918, S. 26

41 Max Weber: Wirtschaft und Gesellschaft. Grundriß der verstehenden Soziologie, hrsg. v. Johannes Winckelmann, Tübingen, 5. Aufl. 1976, Kapitel III/5, S. 128 ff.

42 Carl Gottlieb Svarez: Vorträge über Recht und Staat, hrsg. v. H. Conrad und G. Kleinheyer, Köln 1960, S. 635 f.

43 Ebd., S. 586

44 Jean-Jacques Rousseau: Vorwort zu «Narcisse», in: Œuvres Complètes, éd. Hachette, Bd. V, Paris 1905, S. 106

45 Nach: Geschichte in Quellen, hrsg. v. Wolfgang Lautemann und Manfred Schlenke: Amerikanische und Französische Revolution, bearb. v. Wolfgang Lautemann, München 1981, S. 90

46 Jean-Jacques Rousseau: Der Gesellschaftsvertrag, Buch 2, Kap. 6, in: Walter Schätzel (Hrsg.): Der Staat (= Sammlung Dieterich 80), Wiesbaden o. J., S. 208

47 Karl Frhr. vom Stein zum Altenstein: Über die Leitung des preußischen Staats. Denkschrift vom 11. 9. 1807, in: Georg Winter: Die Reorganisation des preußischen Staates unter Stein und Hardenberg, 1. Teil, Bd. I, Leipzig 1931, S. 369, 462

48 Nach Reinhardt Koselleck: Preußen zwischen Reform und Revolution. Allgemeines Landrecht, Verwaltung und soziale Bewegung von 1791 bis 1848, Stuttgart 1967, S. 160

49 Rousseau, Gesellschaftsvertrag, Buch 1, Kap. 1, S. 203

50 Hanno Kesting: Der Befreier Arminius im Lichte der geschichtlichen Quellen und der wissenschaftlichen Forschung, Detmold, 20. Aufl. (!) 1991, S. 3, 128

51 «Le 17 Septembre 1985, au Mont Beuvray François Mitterand, président de la Republique a proclamé site national Bibracte, haut lieu de l'histoire de France. Ici s'est faite l'union des chef Gaulois autour de Vercingetorix.»

52 Ernest Renan: Was ist eine Nation?, in: Michael Jeismann, Henning Ritter (Hrsg.): Grenzfälle. Über alten und neuen Nationalismus, S. 290–311, Zitat S. 308 f.

53 Siehe u. a. Emile Durckheim: Les règles de la méthode sociologique, Paris, 11. Aufl. 1950; Theodor Geiger: Die Gruppe und die Kategorien Gemeinschaft und Gesellschaft, in: Arch. f. Soz. wiss. u. Soz. pol. (58) 1927, S. 143–173; Peter R. Hofstätter: Gruppendynamik, Hamburg 1957; René König: Gruppe, in: Soziologie, hrsg. v. R. König, Frankfurt/M. 1964, S. 104–112; Kurt Lewin: Resolving Social Conflicts, New York 1948; H. W. Riecken/G. C. Homans: Psychological Aspects of Social Structure, in: Handbook of Social Psychology, Bd. II, Cambridge, Mass. 1974, S. 156–312; M. Sherif und C. W. Sherif: Groups in Harmony and in Tension, New York 1953

54 Karl Ferdinand Werner: Volk, Nation, Nationalismus, Masse: Mittelalter, in: Otto Brunner et al. (Hrsg.): Geschichtliche Grundbegriffe, Bd. VII, Stuttgart 1992, S. 223

55 Bernard Guenée: État et nation en france au Moyen Age, in: Rev. Hist. 237 (1967), S. 27

56 Philippe de Commynes: Memoiren, in neuer Übersetzung hrsg. v. Fritz Ernst, Stuttgart 1952, 2. Buch, 8. Kapitel, S. 72

57 Nach: Hagen Schulze/Ina Ulrike Paul (Hrsg.): Europäische Geschichte. Quellen und Materialien, München 1994, S. 1104

58 William Stubbs (Hrsg.): Select Charters and Other Illustrations of English Constitutional History from the Earliest Times to the Reign of Edward the First. 9th edition revised by H. W. Davis, Oxford 1913, Nachdruck 1962, S. 480 Nr. II

59 Ebd., S. 460, Nr. VI a

60 Nach: J. A. Watt: The Church and the Two Nations in Medieval Ireland, Cambridge 1917, S. 184 ff.

61 Georges Duby: 27 juillet 1214. Le dimanche de Bouvines, Paris 1973

62 Severinus de Mozambano (= Samuel Freiherr v. Pufendorf.): De statu imperii germanici (1667), hrsg. v. Harry Breßlau, Berlin 1922, S. 94

63 Goethe und Schiller: Xenien (1796), hrsg. v. E. Schmid und B. Suphan, Weimar 1893, S. 14

64 William Shakespeare: Richard II., II, 1, 40–47, 50

65 Nach Kurt-Ulrich Jäschke: Imperialismus, Nationalismus und Nationenentstehung im mittelalterlichen England, in: Jörg Albertz (Hrsg.): Was ist das mit Volk und Nation?, Berlin 1992, S. 90 f.

66 Nach Karl J. Holzknecht (Hrsg.): Sixteenth-Century English Prose, New York 1954, S. 478

67 Nach ebd., S. 412

68 Rede vom 22. 1. 1655, in: Oliver Cromwell: Letters and Speeches, hrsg. v. Thomas Carlyle, Bd. III, London 1857

69 The Globe Edition of the Works of Edmund Spenser, ed. by R. Morris, London 1929, p. 138

70 William Blake: Jerusalem, in: The Complete Poems, ed. by W. H. Stevenson, London, 22nd ed. 1989, p. 492

71 John Milton: Milton's Prose, ed. by M. W. Wallace, Oxford 1925, p. 333, dt. Übersetzung nach Hans Kohn: Die Idee des Nationalismus, Frankfurt 1962, S. 166

72 Pellisson et d'Olivet: Histoire de l'Académie Française, éd. par Ch. L. Livet, vol. I, Paris 1858, p. 33

73 Francisco de Quevedo: España difendida y los tiempos de ahora (1609), in: Obras completas, vol. I, Madrid 1961, p. 521

74 Nach: Hartmut Boockmann: Das Mittelalter, München 1988, S. 191

75 Johannes Lysura: Aufzeichnung zur Reichsreform (12./13. 5. 1454), in: Deutsche Reichstagsakten. Ältere Reihe, hrsg. durch die Historische Kommission bei der Bayerischen Akademie der Wissenschaften, Bd. 19/1, Göttingen 1969, S. 245

76 Der Mainzer Kanzler Martin Mayr an Enea Silvio Piccolomini, 31. 8. 1457, zit. nach: Bruno Gebhardt: Die gravamina der deutschen Nation gegen den römischen Hof, Breslau, 2. Aufl. 1895, S. 10

77 Erasmus von Rotterdam: Studienausgabe, Bd. 2: Sive laus stultitiae (Lob der Torheit), übers. v. Alfred Hartmann, Darmstadt 1975, S. 102

78 Jacob Grimm: Deutsche Grammatik (1819), hrsg. v. Wilhelm Scherer, Berlin 1870, S. XI

79 Justus Möser: Der Autor am Hofe, in: Sämtliche Werke, 2. Ab-
   teilung, bearb. v. Ludwig Schirmeyer, Bd. 6, Berlin 1943,
   S. 12

80 Friedrich Gottlieb Klopstocks Oden, hrsg. v. Franz Munker,
   Bd. 1, Stuttgart 1889, S. 222

81 Germaine de Staël: De l'Allemagne (1813), Paris 1862, pp. 24–
   25: dt. hrsg. v. Sigrid Metken, Stuttgart 1962, S. 68

82 Carlo Vivanti: Le campagne del Mantovano nell'età delle ri-
   formi, Mailand 1959, S. 224 f.

83 Quarterly Review 1839 (63), S. 22

84 Hegel an Niethammer, 28. 10. 1808, in: Johannes Hoffmeister
   (Hrsg.): Briefe von und zu Hegel, Bd. I (= Georg Friedrich
   Hegel: Werke, Bd. XXVII), Hamburg 1952, S. 253

85 Heinrich Heine in Lutetia. Berichte über Politik, Kunst und
   Volksleben, 2. Teil LVII vom 5. 5. 1843, Paris, in: Heinrich
   Heine: Werke und Briefe, VI, Berlin 1962, S. 478 f.

86 Ernst Moritz Arndt an G. A. Reimers, 6. 1. 1826, in: Briefe,
   hrsg. v. A. Dühr, II, Darmstadt 1973, S. 326

87 Jacob Burckhardt: Historische Fragmente. Aus dem Nachlaß
   gesammelt von Emil Dürr, Stuttgart 1957, S. 279

88 Justus Möser: Der jetzige Hang zu allgemeinen Gesetzen und
   Verordnungen ist der gemeinen Freiheit gefährlich, in: ders.:
   Patriotische Phantasien. Ausgewählte Schriften, hrsg. v. Wil-
   fried Zieger, Leipzig 1986, S. 98

89 Emmanuel Joseph Sieyès: Was ist der dritte Stand? (1789), in:
   ders., Politische Schriften 1788–1790, hrsg. v. E. Schmidt und
   R. Reichardt, Darmstadt, Neuwied 1975, S. 122 ff.

90 Ebd., S. 166 f.

91 Abgedr. in Jacques Godechot (ed.): Les constitutions de la
   France depuis 1789, Paris 1970, pp. 33–34

92 Johann Christoph Adelung: Versuch eines vollständigen gram-
   matisch-kritischen Wörterbuches der hochdeutschen Mund-
   art, Bd. 2, Leipzig 1776, S. 488 f.

93 Nach Suzanne Citron: Le mythe national. L'histoire de France
   en question, Paris 1987, p. 272

94 Nach Karin Apostolidis-Kusserow: Die griechische Nationalbewegung, in: Norbert Reiter (Hrsg.): Nationalbewegungen
   auf dem Balkan, Berlin 1983, S. 116

95 Dragoslav Stranjaković: «Načertanije» Ilije Garašanina, in:
   Glasnik Istoriskog drustva u Novom Sadu IV (1931), S. 78,
   nach Wolf Dietrich Behschnitt: Nationalismus bei Serben und
   Kroaten 1830–1914, München 1980, S. 56 f.

96 Leopold v. Ranke: Zur Geschichte Deutschlands und Frank-

reichs im 19. Jahrhundert, in: Sämtliche Werke, Bd. 49/50, hrsg. v. Alfred Dove, Leipzig 1887, S. 78

97 Friedrich Ludwig Jahn: Deutsches Volkstum, Lübeck 1810, S. 76

98 Johann Georg Fichte: Reden an die deutsche Nation, Berlin 1808

99 Heinrich Luden: Geschichte des Teutschen Volkes, 12 Bde., Gotha 1825–1829

100 Christoph Martin Wieland: Der allgemeine Mangel deutschen Gemeinsinnes. Vorrede zu Schillers Historischem Calender für Damen für das Jahr 1792, Leipzig 1792, S. 118

101 Wilhelm von Humboldt: Über die Behandlung der Angelegenheiten des Deutschen Bundes durch Preußen, 30. 9. 1816, in: Gesammelte Werke, XII, S. 53 f.

102 Johann Gustav Droysen: Geschichte der preußischen Politik, 5 Teile in 14 Bänden, Leipzig 1855–1886

103 Frhr. vom Stein: Über die deutsche Verfassung. Denkschrift, 18. 9. 1812, in: Briefe und amtliche Schriften, hrsg. v. E. Botzenhart und W. Hubatsch, Bd. III, Stuttgart 1961, S. 745–751

104 Wilhelm Giesebrecht: Geschichte der Deutschen Kaiserzeit, Bd. I, Leipzig 1855, S. 9

105 E. de Las Cases: Mémorial de Sainte-Hélène, ed. par A. Fugier, I, Paris 1961, S. 609

106 Contrôle de Police Militaire du Gouvernement Générale de Prusse à Berlin, in: Geheimes Staatsarchiv Berlin, IV. HA B Nr. 226, Aufzeichnungen vom 17. 7. 1807, 18. 9. 1808; Ungezeichneter Berichtsentwurf für das Secrétariat d'État, Berlin, 1. 5. 1809, in: Archives Nationales Paris, AF^{IV} 1690

107 Synoptischer Abdruck des spanischen Urtextes mit mehreren Übersetzungen, darunter auch Kleists *Katechismus der Deutschen,* in: Rainer Wohlfeil: Spanien und die deutsche Erhebung 1808–1814, Wiesbaden 1965, S. 309 ff.

108 Ungezeichnete Aufzeichnung, Berlin, Dezember 1808, in: Archiv des Quai d'Orsay Paris, C. P. Prusse/242

109 Gentz an Ompteda, Teplitz, 4. 9. 1808, in: F. v. Ompteda (Hrsg.): Politischer Nachlaß des hannoverschen Staats- und Cabinets-Ministers Ludwig v. Ompteda aus den Jahren 1804–1813, Bd. I, S. 397 ff.

110 Heinrich Hahn (= der ehem. brit. Generalkonsul Lewis de Drusina) an das Foreign Office, o. O. (Königsberg), 13. 12. 1808, in: Public Record Office London FO 64/78

111 Nach Helmut Rössler: Graf Johann Philipp Stadion, Bd. I, Wien/München 1966, S. 291

112 Nach ebd., S. 293

113 Nach Heinrich Hammer: Oesterreichs Propaganda zum Feld-
    zug 1809, München 1935, S. 25

114 In Helmut Rößler: Österreichs Kampf um Deutschlands Be-
    freiung, Bd. I, Hamburg 1940, S. 498

115 Abschrift in: Bayerisches Hauptstaatsarchiv München, MA
    2390

116 Gesandter Reinhard an Talleyrand, Kassel, 24. 4. 1809, in: Ar-
    chiv des Quai d'Orsay Paris, C. P. Westphalie/3

117 Oberstvogteiamt Überlingen an Hofcommissair v. Wechmar,
    15. 6. 1809, in: Generallandesarchiv Karlsruhe, 48/4195; v.
    Wechmar an das Cabinetts-Ministerium, Donaueschingen, 24.
    6. 1809, in: ebd., 48/4161; v. Wechmar an das Cabinetts-Mini-
    sterium, Donaueschingen, 2. 7. 1809, in: ebd.

118 Linda Colley: Britons. Forging the Nation 1707–1837, New
    Haven/London 1993, pp. 283–320

119 Nach Colley, Britons, p. 318

120 Thomas Nipperdey: Deutsche Geschichte 1800–1866. Bürger-
    welt und starker Staat, München 1983, S. 268

121 Abschrift in: Bayerisches Hauptstaatsarchiv München, MA
    7737

122 Friedrich v. Gentz: Französische Kritik der deutschen Bundes-
    beschlüsse von 1819, in: ders., Schriften, hrsg. v. Gustav Schle-
    sier, Bd. II, Mannheim 1838, S. 200 f.

123 Graf Reinhard an Decazes, Frankfurt, 26. 3. 1819, in: Archiv
    des Quai d'Orsay Paris, C. P. Allemagne/758

124 Clemens Fürst von Metternich in seiner «Autobiographischen
    Denkschrift», in: Aus Metternich's nachgelassenen Papieren,
    hrsg. v. Richard Fürst von Metternich-Winneburg, Bd. I, Wien
    1881, S. 216

125 Talleyrand an Ludwig XVIII., Wien, 17. 10. 1814, in: Talley-
    rand's Briefwechsel mit König Ludwig XVIII. während des
    Wiener Congresses, hrsg. v. G. Pallain, dt. Ausgabe besorgt
    von Paul Bailleu, Leipzig/Paris 1881, S. 47

126 Nach Werner Markert: Metternich und Alexander I., in: Wal-
    ther Hubatsch (Hrsg.): Schicksalswege deutscher Vergangen-
    heit, Düsseldorf 1950, S. 164

127 Sir Stratford Canning an Lord Palmerston, 3. 4. 1848, nach
    M. Stürmer: Die Geburt eines Dilemmas, in: Merkur 35
    (1981), S. 5

128 Bunsen an König Friedrich Wilhelm IV., 1. 9. 1848, nach:
    H. Precht: Englands Stellung zur deutschen Einheit 1848–
    1850, München/Berlin 1925, S. 74

129 Adresse des Prager Slawenkongresses an Kaiser Ferdinand I., nach: H. Schulze/I. U. Paul: Europäische Geschichte. Quellen und Materialien, S. 194

130 Pasquale Stanislao Mancini: Della Nazionalità come fondamento del diritto delle genti, zit. nach Theodor Schieder: Typologie und Erscheinungsformen des Nationalstaats, in: HZ 202 (1966), S. 60

131 Johann Caspar Bluntschli: Die nationale Staatenbildung und der moderne deutsche Staat, in: ders., Gesammelte kleine Schriften, Bd. II: Aufsätze über Politik und Völkerrecht, Nördlingen 1881, S. 90

132 Cavour an König Viktor Emanuel II., 24. 7. 1858, in: Luigi Chiala (Hrsg.): Camillo Cavours gedruckte und ungedruckte Briefe. Autorisierte Übersetzung von M. Bernardi, Bd. III, Leipzig 1887, S. 2

133 Otto von Bismarck: Die gesammelten Werke. Friedrichsruher Ausgabe, Bd. 10, Berlin 1926, S. 139

134 Johann Caspar Bluntschli an Heinrich von Sybel, Anfang Februar 1863, in: Johann Heyerdorff, Paul Wentzke (Hrsg.): Deutscher Liberalismus im Zeitalter Bismarcks, Bd. I, Bonn 1921, S. 131

135 Hermann Baumgarten an Heinrich von Sybel, 22. 5. 1863, in: ebd., Bd. I, S. 151

136 A. Pf.: Die neue Heilige Allianz, in: Wochenschrift des Nationalvereins, Nr. 156, 24. 4. 1863

137 Rudolf von Ihering an Bernhard Windschied, 19. 8. 1866, in: Karl-Georg Faber: Realpolitik als Ideologie, in: Historische Zeitschrift 203 (1966), S. 16

138 In: Raymond Grew: A sterner plan for Italian Unity. The Italian National Society in the Risorgimento, Princeton 1963, S. 233 f.

139 Nach W. F. Monypenny, G. E. Buckle: The Life of Benjamin Disraeli, Earl of Beaconsfield, Bd. II, London 1929, S. 473

140 Bismarcks Runderlaß an die preußischen Missionen, 27. 5. 1866, in: Gesammelte Werke, Bd. 5, Nr. 359

141 Otto Fürst von Bismarck: Gedanken und Erinnerungen, Bd. I, Stuttgart 1899, S. 293

142 Nach Pierre Nora: Ernest Lavisse, son rôle dans la formation du sentiment national, in: Revue Historique 228 (1962), p. 73

143 Nach Raoul Girardet: Le nationalisme français, 1871–1914, Paris 1966, S. 129

144 Nach Jacques Droz: Der Nationalismus der Linken und der Nationalismus der Rechten in Frankreich 1871–1914, in: Historische Zeitschrift 210 (1970), S. 11

145 Helmut Viebrock (Ed.): Disraeli. Speech at the Banquet of the National Union of Conservative and Constitutional Associations, at the Crystal Palace, on June 24, 1872; dt.: Wiesbaden 1968, S. 12

146 Ebd., S. 15

147 Nach Colin C. Eldrige: England's Mission, the Imperial Idea in the Age of Gladstone and Disraeli 1868–1880, London 1973, S. 11

148 Rede Joseph Chamberlains, Glasgow, 6. 10. 1903, dt. in: J. Jastrow (Hrsg.): Textbücher zu Studien über Wirtschaft und Staat, Bd. 1: Handelspolitik, Berlin 1912, S. 126

149 Duke of Westminster: Practical Imperialism, in: Nineteenth Century 72 (1912), S. 870

150 Nach John M. MacKenzie: Propaganda and Empire, Manchester 1984, S. 24

151 Nach Wolfgang Mock: The Function of ›Race‹ in Imperialist Ideologies, in: Paul M. Kennedy/Anthony Nicholls (Eds): Nationalist and Racial Movements in Britain and Germany before 1914, London 1981, S. 194

152 Nach MacKenzie, Propaganda, S. 56

153 Max Weber: Freiburger Antrittsrede, 1895, in: ders., Gesammelte politische Schriften, Tübingen 1963, S. 21

154 Friedrich von Bernhardi: Deutschland und der nächste Krieg, Stuttgart, Berlin, 6. Aufl. 1913, S. 5

155 Hans Delbrück: Unser Programm, in: Preußische Jahrbücher 95 (1899), S. 383 f.

156 Enrico Corradini: La conquista di Tripoli, Mailand 1912, S. 213, dt. in: Wolfgang J. Mommsen (Hrsg.): Imperialismus. Seine geistigen, politischen und wirtschaftlichen Grundlagen, Hamburg 1977, S. 194

157 Arthur Shadwell: Industrial Efficiency, London 1909, p. 653

158 Cecil Rhodes: Draft of Ideas (1877), in: The Last Will and Testament of C. J. Rhodes, hrsg.v. William T. Stead, London 1902, S. 57, 97 f., dt. in: Mommsen, Imperialismus, S. 48 f.

159 R. A. Fadejew: Gedanken über die orientalische Frage (1870), nach L. Zimmermann (Hrsg.): Der Imperialismus, seine geistigen, wirtschaftlichen und politischen Zielsetzungen, Stuttgart 1955, S. 15 f.

160 Nach A. Klima: Die Entstehung der Arbeiterklasse und die Anfänge der Arbeiterbewegung in Böhmen, in: Wolfram Fischer (Hrsg.): Wirtschafts- und sozialgeschichtliche Probleme der frühen Industrialisierung, Berlin 1968, S. 438 f.

161 Otto v. Bismarck: Rede im Preußischen Herrenhaus, 24. 4.

1873, in: Gesammelte Werke, Friedrichsruher Ausgabe, Bd. 11, S. 298

162 Heinrich von Treitschke: Unsere Aussichten (1879), zit. nach: H. Schulze/I. U. Paul: Europäische Geschichte. Quellen und Materialien, S. 963 f.

163 Édouard Drumont: La France Juive, zit. nach: ebd., S. 965

164 Georges Sorel: Über die Gewalt, aus dem Französischen von Ludwig Oppenheimer, hrsg. v. Georg Lichtheim, Frankfurt/ M. 1969, S. 90 f.

165 Bethmann Hollweg am 12. 4. 1912, in: Stenographische Berichte über die Verhandlungen des Deutschen Reichstages, Berlin 1912, Bd. 284, Sp. 1300

166 Winston Churchill: The World Crisis, Bd. I, London 1923, S. 10 f.

167 Walther Rathenau: Die Organisation der Rohstoffversorgung, Vortrag vor der Deutschen Gesellschaft, 20. 12. 1915, in: Walter Steitz (Hrsg.): Quellen zur deutschen Wirtschafts- und Sozialgeschichte vom Ersten Weltkrieg bis zum Ende der Weimarer Republik, Darmstadt 1993, S. 40

168 Nach: Arthur Marwick: Britain in the Century of Total War, London, Sydney 1968, S. 76

169 Ebd., S. 78

170 Nach Jan Romein: The Watershed of two Eras. Europe in 1900, Middletown/Conn. 1978, S. 275

171 Winston S. Churchill: The Second World War, London [3]1961, S. 6

172 «The lamps are going out all over Europe; we shall not see them lit again in our lifetime.»

173 José Ortega y Gasset: Der Aufstand der Massen, Berlin 1930, S. 140

174 Adolf Hitler: Mein Kampf, 424.–428. Tausend, München 1939, S. 371

175 Benito Mussolini: Opera Omnia, Bd. XVIII, Firenze 1955, S. 438

176 «Memorandum über meinen Aufenthalt in Spanien vom 25. Februar bis 28. März 1941», ohne Verfasser, in: Staatsarchiv Prag; zit. nach Francis L. Carsten: Der Aufstieg des Faschismus in Europa, Frankfurt/M. 1968, S. 240 f.

177 Nach Benito Mussolini: Der Geist des Faschismus. Ein Quellenwerk, hrsg. v. Horst Wagenführ, München, 5. Aufl. 1943, S. 6 f.

178 Nach Joachim Fest: Hitler, Frankfurt/Berlin/Wien 1973, S. 831 f.

179 Zit. nach Benito Mussolini: Der Geist des Faschismus. Ein

Quellenwerk, hrsg. v. Horst Wagenführ, München [5]1943, S. 24f.

180 Milovan Djilas: Gespräche mit Stalin, Stuttgart 1962, S. 156f.

181 In: Europa. Dokumente zur Frage der europäischen Einigung, I, hrsg. im Auftrag des Auswärtigen Amts, Bonn 1962, S. 101

182 Ebd., S. 105

183 Ernest Renan an David Friedrich Strauß, 13. 9. 1870, nach Hans Kohn: Wege und Irrwege. Vom Geist deutschen Bürgertums, Düsseldorf 1962, S. 176; auch in: David Friedrich Strauß: Krieg und Friede. zwei Briefe an Ernest Renan nebst dessen Antwort auf den ersten, Leipzig 1870, S. 32ff.

184 Robert Schumann: Für Europa. Vorwort von Konrad Adenauer, dt. Übers. v. Eva Rapsilber, Genf 1963, S. 219ff.

185 Edgar Morin: Europa denken, Frankfurt/M. 1988, S. 168.

Literaturhinweise

I. Allgemein

Akzin, B.: State and Nation, London 1964.

Albertini, M., et al.: L'Idée de nation, Paris 1969.

Albertino, M.: Lo stato nazionale, Napoli [2]1980.

Alter, P.: Nationalismus, Frankfurt/M. 1985.

Anderson, B.: Imagined Communities. Reflections on the Origin and Spread of Nationalism, London 1983.

André, P. J.: Le réveil des nationalismes. La nouvelle évolution du monde, Paris 1968.

Barker, E.: National Character and the Factors in its Formation, London [4]1948.

Bay, C. et al.: Nationalism. A Study of Identification with People and Power, 3 Bde., Oslo 1950–53.

Bell, W. und Freeman, W. (Hrsg.): Ethnicity and Nation Building. Comparative, International and Historical Perspectives, Beverly Hills 1974.

Bendix, R.: Nation Building and citizenship. Studies of our Changing Social Order, Berkeley 1977.

Boerner, P. (Hrsg.): Concept of National Identity. An Interdisciplinary Dialogue, Baden-Baden 1986.

Braunthal, J.: The Paradox of Nationalism, London 1946.

Buse, D. K.: German Nationalism. A Bibliographic Approach, New York/London 1985.

Chabod, F.: L'Idea di nazione, Bari 1961.

Clément, M.: Enquête sur le nationalisme, Paris 1957

Deutsch, K. W.: Nationalism and Social Communication. An Enquiry into the Foundations of Nationality, Cambridge/Mass. 1953.

Deutsch, K. W./Merrit, R. L.: Nationalism and National Development. An Interdisciplinary Bibliography, Cambridge (Mass.) 1970.

Deutsch, K. W.: Nationalism and its Alternatives, New York 1969.

Deutsch, K. W. und Foltz, W. J. (Hrsg.): Nation-Building, New York 1963.

Eisenstadt, S. N. und Rokkan, S. (Hrsg.): Building States and Nations, Beverly Hills o. J. (1974).

Fougeyrollas, P.: La Nation. Essor et déclin des sociétés modernes, Paris 1987.

Gellner, E.: Nations and Nationalism, Oxford 1983.

Gooch, G. P.: Nationalism, London 1920.

Guiomar, J. Y.: L'Idéologie nationale: nation, représentation, propriété, Paris 1974

Haarmann, H.: Die Sprachenwelt Europas. Geschichte und Zukunft der Sprachnationen zwischen Atlantik und Ural, Frankfurt/M., New York 1993.

Hayes, C. J. H.: Nationalism: A Religion, New York 1960.

Hayes, C. J. H.: The Historical Evolution of Modern Nationalism, New York [3]1968.

Hertz, F.: Nationality in History and Politics. A Psychology and Sociology of National Sentiment and Nationalism, London [3]1951.

Hobsbawm, E. J.: Nations and Nationalism since 1780, Cambridge 1990

Hotz, F. O.: Nationality in History and Politics. A Study of the Psychology of National Sentiment and Character, London 1945.

Jessup, P. C.: The Birth of Nations, New York 1974.

Kamenka, E. (Hrsg.): Nationalism. The Nature and Evolution of an Idea, New York 1976.

Kemiläinen, A.: Nationalism. Problems Concerning the Word, the Concept and Classification, Jyväskylä 1964.

Kohn, H.: The Idea of Nationalism. A Study in its Origins and Background, New York 1944.

Kohn, H.: Essai sur l'étude de l'histoire du sentiment national, Oslo 1951.

Kohn, H.: Nationalism: Its Meaning and History, Princeton 1955.

Leclercq, J.-M.: La nation et son idéologie, Paris 1979

Lemberg, E.: Nationalismus, 2 Bde., Reinbeck 1964.

Martelli, R.: La nation, Paris 1979.

Minogue, K. R.: Nationalism, London 1967.

Nationalism. A Report by a Study Group of Members of the Royal Institute of International Affairs, London 1939/New York [3]1966.

Le nationalisme: facteur belligène. Colloques de 4, 5, 6 Mai 1971, hrsg. vom Institut de Sociologie, Solvay. Centre de Sociologie de guerre, Brüssel 1972.

Pinson, K. S.: A Bibliographical Introduction to Nationalism, New York 1935.

Ploncard d'Assac, J.: Doctrines du nationalisme, Paris [2]1965.

Pomian, K.: L'Europe et ses nations, Paris 1990.

al-Razzaz, M.: The Evolution of the Meaning of Nationalism, Garden City 1963.

Renan, E.: Qu'est ce que c'est une nation? (Conférence faite en Sorbonne le 11 mars 1882), Paris 1882.

Shafer, B. C.: Nationalism: Interpreters and Interpretations, New York [2]1963.

Smith, A. D.: Theories of Nationalism, London [2]1983.

Snyder, L. L.: The Dynamics of Nationalism. Readings in its Meaning and Development, Princeton 1964.

Snyder, L. L.: Varieties of Nationalism. A Comparative Study, Hinsdale 1970

Symmons-Symonolewicz, K.: Modern Nationalism. Towards a Consensus in Theory, New York 1968

Symmons-Symonolewicz, K.: Nationalist Movements. A Comparative View, Meadville 1970.

Szücs, Jenö: Nation und Geschichte. Studien, Budapest 1981.

Véliz, C.: Centralismo, nacionalismo e integración, in: Estudios Internacionales 3 (1969), 3–22.

Vergnaud, P.: L'Idée de la nationalité et la libre disposition des peuples dans ses rapports avec l'idée de l'Etat, Genéve 1955.

Weingärtner, A.: Nation und Staat, Wien 1979.

Winkler, H. A. (Hrsg.): Nationalismus, Kronberg im Taunus 1978.

Winkler, H. A./ Schnabel, Th.: Bibliographie zum Nationalismus, Göttingen 1979.

II. Staaten

Addio, M. d': Lo Stato democratio. Origini, formazione ed evoluzione storica, Bergamo 1979 (= Politica e Società. Saggi e Documenti 6).

Amado, J.: L'Etat et les sociétés, Paris 1987.

Anderson, J.: The Rise of the Modern State, Brighton 1986.

Balladore, P. G.: Dottrina dello Stato, Padova [2]1964.

Bellomo, M.: Società e istituzioni in Italia tra Medioevo ed età moderna, Catania [2]1977.

Breuer, S. und Treiber, H. (Hrsg.): Entstehung und Strukturwandel des Staates, Opladen 1982.

Browne, R. W. (Hrsg.): Leviathan in Crisis. An International Symposium on the State, its Past, Present and Future by 54 Twentieth Century Writers, New York 1946.

Brunner, O.: Land und Herrschaft. Grundfragen der territorialen

Verfassungsgeschichte Österreichs im Mittelalter, Wien, Wiesbaden [4]1959.

Burdeau, G.: L'Etat, Paris 1970.

Chodak, S.: The New State. Etatization of Western Societies, Boulder 1989.

Claessen, H. H. M. und Skalnik, P. (Hrsg.): The Early State, The Hague 1978.

Cohen, R. und Rogers, E. (Hrsg.): Origins of the State, Philadelphia 1978.

Culture et idéologie dans la genése de l'Etat moderne. Actes de la table ronde org. par le Centre nat. de la recherche scientifique et l'Ecole Française de Rome, Rome 1985

Dehio, L.: Gleichgewicht oder Hegemonie. Betrachtungen über ein Grundproblem der neueren Staatengeschichte, Krefeld 1948.

Deutsch, K. W.: Functions and Transformation of the State: Notes toward a General Theory, Berlin 1980.

Dyson, K. H. F.: The State Tradition in Western Europe. A Study of an Idea and Institution, Oxford 1980.

Evans, P./Rueschemeyer D./Skocpol T. (Eds.): Bringing The State Back In, Cambridge 1985.

Hartung, F.: Staatsbildende Kräfte der Neuzeit, Berlin 1961.

Hättich, M. (Hrsg.): Zum Staatsverständnis der Gegenwart, München 1987.

Held, D.: Political Theory and the Modern State. Essays on State, Power and Democracy, Cambridge 1989.

Herzog, R.: Staaten der Frühzeit. Ursprünge und Herrschaftsformen, München 1988.

Heydte, F. A. Freiherr von: Die Geburtsstunde des souveränen Staates, Regensburg 1952.

Hintze, O.: Wesen und Wandlung des modernen Staats (1931), in: ders., Staat und Verfassung. Gesammelte Abhandlungen zur allgemeinen Verfassungsgeschichte, hrsg. v. G. Oestreich, Göttingen [3]1970, S. 470–496

Hofmann, H. H. (Hrsg.): Die Entstehung des modernen souveränen Staates, Köln 1967.

Huber, E. R.: Nationalstaat und Verfassungsstaat. Studien zur Geschichte der modernen Staatsidee, Stuttgart 1955.

Iaboni, E.: La Concezione dello Stato nello dottrine filosofico-giuridiche, Padova 1976.

Laski, H. J.: The Foundations of Sovereignty and other Essays, London 1931.

Les grands Empires, Bruxelles 1973 (= Recueils de la société Jean Bodin pour l'histoire comparative des institutions, vol. 31).

Loock, H.-D. und Schulze, H. (Hrsg.): Parlamentarismus und Demokratie im Europa des 19. Jahrhunderts, München 1982.

Lowie, R. H.: The Origin of the State, New York 1962.

Lucinge, R. de: De la naissance, durée et chute des états, ed. par M. J. Heath, Genéve 1984.

Mager, W.: Zur Entstehung des modernen Staatsbegriffs. Akad. d. Wiss. u. Lit. in Mainz, Abh. d. Geistes- und Sozialwiss. Kl., Nr. 9, Mainz 1968.

Maravall, A.: Estado moderno y mentalidad social, 2 Bde., Madrid 1972

Mitteis, H.: Der Staat des hohen Mittelalters, Weimar [8]1968.

Näf, W.: Staat und Staatsgedanke, Bern 1935.

Oestreich, G.: Geist und Gestalt des frühmodernen Staates, Berlin 1969.

Passerin D'Entrèves, A.: La Dottrina dello Stato, Torino [2]1967.

Poggi, G.: The Development of the Modern State. A Sociological Introduction, Stanford (Calif.) 1978.

Schneider, R. (Hrsg.): Das spätmittelalterliche Königtum im europäischen Vergleich, Sigmaringen 1987.

Skalweit, S.: Der «moderne Staat». Ein historischer Begriff und seine Problematik, Opladen 1975.

Solari, G.: La Formazione storica e filosofica dello Stato moderno, Napoli 1974.

Strayer, J. R.: On the Medieval Origins of the Modern State. Princeton 1970.

Voigt, R. (Hrsg.): Abschied vom Staat – Rückkehr zum Staat?, Baden-Baden 1993.

Weinacht, P. L.: Staat. Studien zur Bedeutungsgeschichte des Wortes von den Anfängen bis ins 19. Jahrhundert, Berlin 1968.

III. Nationen

Agnew, H.: Czech National Consciousness between Enlightenment and Romanticism, 1780–1815, Ann Arbor 1981.

Alonso, A.: Castellano, español, idioma nacional: Historia espiritual de tres nombres, Buenos Aires 1949

Alter, P.: Die irische Nationalbewegung zwischen Parlament und Revolution. Der Konstitutionelle Nationalismus in Irland, München 1971.

André. P.-J.: Le réveil des nationalismes, Paris 1958.

Armbruster, A.: Romanitea românilor. Istoria unei idei, Bucuresti 1972.

Armstrong, J.: Nations before Nationalism, Chapel Hill 1982.

Auriac, J. d': La nationalité française. Sa formation, Paris 1913.

Banac, I.: The National Question in Yugoslavia. Origins, History, Politics, Ithaca/London 1984.

Baranyi, G.: Stephen Szechenyi and the Awakening of Hungarian Nationalism 1791–1841, Princeton 1956.

Baumann, H./Schröder, W. (Hrsg.): Nationes. Historische und philologische Untersuchungen zur Entstehung der europäischen Nationen im Mittelalter, Bd. III, Sigmaringen 1980.

Beaune, C.: Naissance de la nation France, Paris 1985.

Behschnitt, W. D.: Nationalismus bei Serben und Kroaten 1830–1914. Analyse und Typologie der nationalen Ideologie. (= Südosteuropäische Arbeiten 74), München 1980.

Beumann, H. (Hrsg.): Beiträge zur Bildung der französischen Nation im Früh- und Hochmittelalter, Sigmaringen 1983.

Beumann, H./Schröder, W. (Hg.): Aspekte der Nationalbildung im Mittelalter, Sigmaringen 1978.

Bluhm, W. T.: Building an Austrian Nation, New Haven 1973.

Boyce, D. G.: Nationalism in Ireland, London 1982.

Bradley, J. F. N.: Czech Nationalism in the Nineteenth Century, New York 1984.

Brandt, J.: The National Movement in Scotland, London 1978.

Brian, G.: Scottish Nationalism and Cultural Identity in the Twentieth Century, Westport 1984.

Brock, P.: Nationalism and Populism in Partitioned Poland, London 1973.

Brock, P.: The Slovak National Awaking: An Essay in the Intellectual History of East Central Europe, Toronto 1976.

Chaunu, P.: La France. Histoire de la sensibilité des Francais à la France, Paris 1982.

Citron, S.: Le mythe national. L'histoire de France en question, Paris 1987.

Colley, L.: Britons. Forging the Nation 1707–1837, New Haven/London 1992.

Conze, W.: Die deutsche Nation. Ergebnis der Geschichte, Göttingen 1963.

Dann, O. (Hrsg.): Nationalismus in vorindustrieller Zeit, München 1986.

Dann, O. und Dinwiddy, J. (Hrsg.): Nationalism in the Age of the French Revolution, London/Ronceverte 1988.

Dann, O.: Nation und Nationalismus in Deutschland 1770–1990, München 1993.

Davies, C. A.: Welsh Nationalism in the Twentieth Century. The Ethnic Option and the Modern State, New York 1989.

Deutsch, K. W.: Die Schweiz als ein paradigmatischer Fall politischer Integration, Berlin 1976.

Diaz del Corral, L.: La monarquía hispánica en el pensiamento político europeo, Madrid 1976

Djordjevic, D.: Revolutions nationales des peuples balkaniques 1804–1914, Belgrad 1965.

Düding, D.: Organisierter gesellschaftlicher Nationalismus in Deutschland (1808–1847), München 1984.

Duijker, H. C. J./Frijda, N. H.: National Character and National Stereotypes, Amsterdam 1960.

Dunlop, J. B.: The Faces of Contemporary Russian Nationalism, Princeton 1983.

Ehlers, J. (Hrsg.): Ansätze und Diskontinuitäten deutscher Nationsbildung im Mittelalter (= Nationes, Bd. 8), Sigmaringen 1989.

Elviken, A.: Die Entwicklung des norwegischen Nationalismus, Berlin 1930.

Essen, L. v. d.: Le sentiment national dans les Pays-Bas, Bruxelles [2]1944.

Farmer, K. C.: Ukrainian Nationalism in the Post-Stalin Era. Myth, Symbols and Ideology in Soviet Nationalities Politicy, The Hague 1980.

Fishman, D. A.: Language and Nationalism. Two Integrative Essays, Rowley (Mass.) 1973.

Gaeta, F.: Nazionalismo italiano, Napoli 1965.

Garber, K. (Hrsg.): Nation und Literatur im Europa der Frühen Neuzeit, Tübingen 1989.

Gewehr, W. M.: The Rise of Nationalism in the Balkans 1800–1930, New York 1931.

Girardet, P. (Hrsg.): Le nationalisme français, Paris 1983.

Graus, F.: Die Nationenbildung der Westslawen im Mittelalter, Sigmaringen 1980.

Harrie, C.: Scotland and Nationalism. Scottish Society and Politics, 1707–1977, London 1977.

Hitchins, K.: The Rumanian National Movement in Transsylvania, 1780–1848, Cambridge 1969.

Holtzmann, W.: Das mittelalterliche Imperium und die werdenden Nationen, Köln 1953.

Hroch, M.: Die Vorkämpfer der nationalen Bewegung bei den kleinen Völkern Europas. Eine vergleichende Analyse zur gesellschaftlichen Schichtung der patriotischen Gruppen, Prag 1968.

Hugelmann, H. G.: Stämme, Nation und Nationalstaat im deutschen Mittelalter, Stuttgart 1955.

Immer, I.: Struggle for Slovakia. 1780–1918, Ann Arbor 1979.

James, H.: A German Identity, 1770–1990, London 1989.

Jeismann, M.: Das Vaterland der Feinde. Studien zum nationalen Feindbegriff und Selbstverständnis in Deutschland und Frankreich 1792–1918, Stuttgart 1992.

Joachimsen, P.: Vom deutschen Volk zum deutschen Staat. Eine Geschichte des deutschen Nationalbewußtseins, Göttingen [4]1967.

Koenigsberger, H. G.: National Consciousness in Early Modern Spain, in: ders., Politicians and Virtuosos. Essays in Early Modern History, London 1985

Kohn, H.: Prelude to Nation-States: The French and German Experience, 1789–1815, Princeton 1967.

Kohn, H.: Prophets and Peoples. Studies in 19th Century Nationalism, New York o. D.

Koppelmann, H.: Nation, Sprache, Nationalismus, Leiden 1956.

Lefebvre, H.: Le nationalisme contre les nations, Paris 1988.

Leoni, F.: Origini del nazionalismo italiano, Napoli 1970.

Lestocquoy, J.: Histoire du patriotisme en France des origines à nos jours, Paris 1968.

Mitchinson, R. (Hrsg.): The Roots of Nationalism. Studies in Northern Europe, Edinburgh 1980.

Molinelli, R.: Per una storia del nazionalismo italiano, Urbino 1966.

Mosse, G. L.: Die Nationalisierung der Massen. Politische Symbolik und Massenbewegungen in Deutschland von den Napoleonischen Kriegen bis zum Dritten Reich, Frankfurt/M. 1976.

Newman, G.: The Rise of English Nationalism. A Cultural History 1740–1830, London 1987.

Niederhauser, E.: The Rise of Nationality in Eastern Europe, Budapest 1982.

Reiter, N. (Hrsg.): Nationalbewegungen auf dem Balkan (= Balkanologische Veröffentlichungen 5), Wiesbaden 1983.

Reiter, N.: Gruppe, Sprache, Nation, Wiesbaden 1984.

Renouvin, P.: Le sentiment national et le nationalisme dans l'Europe occidentale, Paris 1963.

Robek, A.: Lidoré zdroje národniho obrozeni, Praha 1974.

Samuel, R. (Ed.): Patriotism. The Making and Unmaking of British National Identity. 3 Bde., London 1989.

Sánchez-Albornoz, C.: España. Un enigma històrico, 2 Bde., Buenos Aires 1956

Sánchez-Albornoz, C.: El drama de la formación de España y los españoles, Barcelona 1973

Schieder, T. und Burian, P. (Hrsg.): Sozialstruktur und Organisation europäischer Nationalbewegungen, München 1971.

Schulze, H.: Der Weg zum Nationalstaat. Die deutsche Nationalbewegung vom 18. Jahrhundert bis zur Reichsgründung, München 1985.

Schulze, H.: Gibt es überhaupt eine deutsche Geschichte?, Berlin 1989.

Sestan, E.: Stato e nazione nell' alto medioevo. Richerche sulle origini nazionali in Francia, Italia, Germania, Napoli 1952.

Seton-Watson, H.: Nations and States. An Enquiry into the Origins of Nations and the Politics of Nationalism, London 1977.

Skendi, St.: The Albanian National Awakening 1878–1912, Princeton 1967.

Smith, A. D.: Nationalist Movements, London 1976.

Tipton, C. L.: Nationalism in the Middle Ages, New York 1972.

Urban, Z.: Problemy slovenského národniho hnuti na konci 19. stoleti, Praha 1972.

Venero, M. G.: Historia del Nacionalismo Catalàn, 2 Bde., Madrid 1967

Walicki, A.: Philosophy and Romantic Nationalism. The Case of Poland, Oxford 1982.

IV. Nationalstaaten

Anderson, P. R.: The Background of Anti-English Feeling in Germany 1890–1902, New York [2]1969.

August, T. G.: The Selling of the Empire. British and French Imperialist Propaganda, 1890–1940, Westport, London 1985.

Barclay, G. St.: Twentieth-Century Nationalism, London 1971.

Beales, D.: The Risorgimento and the Unification of Italy, London 1971.

Benaerts, P., et al.: Nationalité et nationalisme 1860–1878, Paris 1968.

Bertelsen, I. S.: Non-State Nations in International Politics, London 1977.

Bertsch, G. K.: Nation-Building in Yugoslavia: A Study of Political Integration and Attitudinal Consensus, Beverly Hills 1971.

Bossenbrook, W. J. (Hrsg.): Mid-Twentieth Century Nationalism, Detroit 1965.

Brackmann, A.: Der mittelalterliche Ursprung der Nationalstaaten, Berlin 1936.

Brandt, H.: Nationalstaat und Nationalismus im 19. Jahrhundert, Paderborn 1981.

Breuilly, J.: Nationalism and the State, Manchester 1982.

Büsch, O. und Sheehan, J. J. (Hrsg.): Die Rolle der Nation in der deutschen Geschichte und Gegenwart, Berlin 1985.

Buthman, W. C.: The Rise of Integral Nationalism in France with Special Reference to the Ideas and Activities of Charles Maurras, New York [2]1970.

Campanella, M.: Stato-Nazione e ordine sociale, Milano 1984.

Chadwick, H. M.: The Nationalities of Europe and the Growth of National Ideologies, Cambridge 1945.

Cobban, A.: The Nation State and National Self-Determination, rev. ed. London [2]1969.

Droz, J.: Le nationalisme en Europe centrale de 1871 à 1939, Paris 1963.

Eldridge, C. C.: The Imperial Idea in the Age of Gladstone and Disraeli, 1868–1880, London 1973.

Esman, J. (Hrsg.): Ethnic Conflict in the Western World, Ithaca 1977.

Fallers, L. A.: The Social Anthropology of the Nation-State, Chicago 1974.

Fehrenbach, E.: Über die Bedeutung der politischen Symbole im Nationalstaat, in: Historische Zeitschrift 213 (1971), 296–357.

Friedrich, J.: Europa – Nation im Werden?, Bonn 1972.

Geyer, P.: Der russische Imperialismus. Studien über den Zusammenhang von innerer und auswärtiger Politik 1860–1914, Göttingen 1977.

Gille, H.-W.: Nation heute. Probleme des Staatsbewußtseins und Nationalitätsgefühls, München 1972.

Godechot, J.: La Grande Nation. L'expansion révolutionnaire de la France dans le monde, Bd. 1, Paris 1956.

Guiomar, J.-Y.: L'Idéologie nationale. Nation, representation, propriéte, Paris 1974.

Hättich, M.: Nationalbewußtsein und Staatsbewußtsein in der pluralistischen Gesellschaft, Mainz 1966.

Hanak, P. (Hrsg.): Die nationale Frage in der österreichisch-ungarischen Monarchie 1900–1918, Budapest 1966.

Hartl, H.: Nationalitätenprobleme im heutigen Südosteuropa, München 1973.

Hartley, A.: Gaullism. The Rise and Fall of a Political Movement, New York 1971.

Holt, E.: Risorgimento. The Making of Italy 1815–1870, London 1970.

Hopkins, M.: The Relationship between Nation Status and Aspects of Multinational Association in the Modern International System, Ann Arbor 1975.

Kann, R. A.: Das Nationalitätenproblem der Habsburgermonarchie. Geschichte und Ideengehalt der nationalen Bestrebungen vom Vormärz bis zur Auflösung des Reiches im Jahre 1918. 2 Bde., Graz, Köln, [2]1964.

King, R. R.: Minorities under Communism: Nationalities as a Source of Tension among Balkan Communist States, Cambridge (Mass.) 1973.

Kluke, P.: Selbstbestimmung. Vom Weg einer Idee durch die Geschichte, Göttingen 1963.

Knapp, W.: Unity and Nationalism in Europa since 1945, Oxford 1969.

Koch, H. W.: Der Sozialdarwinismus. Seine Genese und sein Einfluß auf das imperialistische Denken, München 1973.

Kohn, H.: Die Slawen und der Westen. Die Geschichte des Panslawismus, Wien 1956.

Lendvai, P.: Eagles in Cobwebs. Nationalism and Communism in the Balkans, Garden City 1969

Lengyel, E.: Nationalism. The Last Stage of Communism, New York 1969.

Lepsius, R.: Extremer Nationalismus. Strukturbedingungen vor der nationalsozialistischen Machtergreifung, Stuttgart 1966.

Lill, R. und Valsecchi, F. (Hrsg.): Il nazionalismo in Italia e in Germania fino alla Prima Guerra Mondiale, Bologna 1983.

MacCartnex, C. A.: National States and National Minorities, London 1934.

Mackenzie, J. M.: Propaganda and Empire: The Manipulation of British public opinion 1880–1960, Manchester 1984.

Mandic, O.: Ende und Auflösung der Nation, München 1967.

Meier, V. E.: Neuer Nationalismus in Südosteuropa, Opladen 1968.

Meinecke, F.: Weltbürgertum und Nationalstaat, Neuausgabe München 1962. (= Werke, Bd. 5).

Mommsen, W. J.: Der moderne Imperialismus, Stuttgart u. a. 1971.

Moody, T. W. (Hrsg.): Nationality and the Pursuit of National Independence, Belfast 1978.

Nacionalismo y Regionalismo en España. El horizonte político institucional, económico, social e internacional de nuestre tiempo. Seminario celebrado en Córdoba, 23–25 de febrero, 1984, Córdoba 1985.

Nationale Minderheiten in Europa. Eine Darstellung der Problematik mit Dokumenten und Materialien zur Situation der europäischen Volksgruppen und Sprachminderheiten, hrsg. von R. Grulich und P. Pulte, Opladen 1975.

Pi-Sunyer, O.: The Limits of Integration: Ethnicity and Nationalism in Modern Europe, Amherst 1971.

Plessner, H.: Die verspätete Nation. Über die politische Verführbarkeit bürgerlichen Geistes, Stuttgart 1959.

Poliakov, L.: Le mythe aryen. Essai sur les sources du racisme et des nationalismes, Paris 1971

Robbins, K.: Nineteenth-Century Britain. Integration and Diversity, Oxford 1988.

Romeo, R.: Il guidizio storico sul Risorgimento, Catania, 2. 1967.

Salvatorelli, L.: Spiriti e figure del Risorgimento, Florenz 1962.

Schieder, Th.: Nationalismus und Nationalstaat. Studien zum nationalen Problem im modernen Europa, hrsg. v. Otto Dann und Hans-Ulrich Wehler, Göttingen 1991.

Schmidt, G.: Der europäische Imperialismus, München 1985.

Schulze, H.: Der Weg zum Nationalstaat. Die deutsche Nationalbewegung vom 18. Jahrhundert bis zur Reichsgründung, München 1985.

Schulze, H. (Ed.): Nation-Building in Central Europe, Oxford/ Hamburg/New York 1987.

Singh, H.: Nationalism After World War II, Jullunder City 1967.

Snyder, L. L.: Macro-Nationalism. A History of the Pan-Movements, Westport 1984.

Snyder, L. L.: German Nationalism. The Tragedy of a People. Extremism Contra Liberalism in Modern German History, Port Washington [2]1969.

Stambrook, F. G.: European Nationalism in the 19. Century, Melbourne 1969.

Sternhell, Z.: Maurice Barrès et le nationalisme français, Paris 1972.

Tilly, C. (Hrsg.): The Formation of National States in Western Europe, Princeton 1975.

Tinker, H.: Race Conflict and the International Order. From Empire to the United Nations, New York 1977.

Valsecchi, F.: L'Italia del Risorgimento e l'Europa della nazionalità, Mailand 1978.

Wilharm, I.: Die Anfänge des griechischen Nationalstaats 1933 – 1843, München, Wien 1973.

Woolf, S. J. : The Italian Risorgimento, London 1969.

Personenregister